"十三五"普通高等教育本科部委级规划教材

王小黎　陈领弟／主编
左晓敏　李宗民　刘克兴／副主编

电子商务实务

E-commerce Practice

中国纺织出版社

内 容 提 要

本书系统介绍了电子商务的基本知识和电子商务的具体应用。全书共分12章，分别介绍了电子商务基础知识、电子商务企业整体规划、电子商务网站建设、电子商务的主要模式、网络营销、移动电子商务、网络服务业、电子商务物流、电子支付、电子商务交易安全、电子商务与法律、电子商务与税收等内容。

本书内容丰富，结构清晰，语言简练，具有很强的实用性，既可作为普通高等院校、高等专科学校和高等职业技术院校教材，也可作为电子商务方面的培训教材和相关人员的学习参考用书。

图书在版编目（CIP）数据

电子商务实务 / 王小黎，陈领弟主编．—北京：中国纺织出版社，2017.4（2022.7重印）
"十三五"普通高等教育本科部委级规划教材
ISBN 978-7-5180-2889-4

Ⅰ.①电… Ⅱ.①王… ②陈… Ⅲ.①电子商务－高等学校－教材 Ⅳ.①F713.36

中国版本图书馆CIP数据核字（2016）第202739号

策划编辑：刘 丹　　　　　　　　责任印制：储志伟

中国纺织出版社出版发行
地址：北京市朝阳区百子湾东里A407号楼　邮政编码：100124
销售电话：010—67004422　传真：010—87155801
http://www.c-textilep.com
E-mail: faxing@c-textilep.com
中国纺织出版社天猫旗舰店
官方微博 http://weibo.com/2119887771
三河市延风印装有限公司印刷　各地新华书店经销
2017年4月第1版　2022年7月第3次印刷
开本：710×1000　1/16　印张：23.5
字数：447千字　定价：49.80元

凡购本书，如有缺页、倒页、脱页，由本社图书营销中心调换

高等院校"十三五"部委级规划教材

经济管理类编委会

主　任：
　　倪阳生：中国纺织服装教育学会会长
　　赵　宏：天津工业大学副校长、教授、博导
　　郑伟良：中国纺织出版社社长
　　赵晓康：东华大学旭日工商管理学院院长、教授、博导

编　委：（按姓氏音序排列）
　　蔡为民：天津工业大学管理学院院长、教授、硕导
　　郭　伟：西安工程大学党委常委、教授、博导
　　胡剑峰：浙江理工大学经济管理学院院长、教授、博导
　　黎继子：武汉纺织大学国际教育学院院长、教授、硕导
　　琚春华：浙江工商大学计算机与信息工程学院院长、教授、博导
　　李晓慧：北京服装学院教务处处长兼商学院院长、教授、硕导
　　李志军：中央财经大学文化与传媒学院党总支书记、副教授、硕导
　　林一鸣：北京吉利学院执行院长、教授
　　刘晓喆：西安工程大学高教研究室主任、教务处副处长、副研究员
　　刘箴言：中国纺织出版社工商管理分社社长、编审
　　苏文平：北京航空航天大学经济管理学院副教授、硕导
　　单红忠：北京服装学院商学院副院长、副教授、硕导
　　石　涛：山西大学经济与工商管理学院副院长、教授、博导
　　王核成：杭州电子科技大学管理学院院长、教授、博导
　　王进富：西安工程大学管理学院院长、教授、硕导

王若军：北京经济管理职业学院院长、教授
乌丹星：北京吉利学院健康产业学院院长、教授
吴中元：天津工业大学科研处处长、教授
夏火松：武汉纺织大学管理学院院长、教授、博导
张健东：大连工业大学管理学院院长、教授、硕导
张科静：东华大学旭日工商管理学院副院长、教授、硕导
张芝萍：浙江纺织服装职业技术学院商学院院长、教授
赵开华：北京吉利学院副院长、教授
赵志泉：中原工学院经济管理学院院长、教授、硕导
朱春红：天津工业大学经济学院院长、教授、硕导

前言
Preface

本书从电子商务的基础知识及核心技术入手，对电子商务的主要模式进行分析，从管理与应用的视角描述了电子商务规划的主要内容、电子商务网站的建设，并且针对网络营销、移动电子商务、网络服务业、电子支付、电子商务物流、电子商务交易安全、电子商务税收与法律等方面进行了说明。

全书融概念、技术、管理、流程及应用为一体，内容充实、新颖、深入浅出并且结构模块化，突出了电子商务应用的特点。本书尤其是紧跟时代发展，加入最新的电子商务相关的统计与预测数据，丰富了移动电子商务、网络服务业等新兴的电子商务模式及服务形式，如 P2P 网贷、网络教育、网络社交等。本书的内容旨在增强读者电子商务的综合知识、素质及应用能力，以期提高读者理论联系实际的能力，更好地掌握电子商务的应用知识，并在此基础上培养读者在电子商务应用过程中解决问题的能力。

参与本书编写的作者是在教学一线、具有多年教学经验的教师，也是具有企业电子商务系统开发、运营维护、管理咨询等方面丰富经验的实践者，从而使得本书既注重理论知识的传授，又注重实践能力的培养。

本书由王小黎、陈领弟担任主编，左晓敏、李宗民、刘克兴担任副主编，第 1 章由刘克兴编写，第 2 章由李宗民编写，第 3、第 4、第 5、第 8、第 9 章由王小黎编写，第 6、第 7 章由左晓敏编写，第 10、第 11、第 12 章由陈领弟编写，并且由王小黎负责本书的大纲组织与统稿工作。

本书吸收和改进了王小黎主编、南京大学出版社出版的《电子商务实务》一书中的主要章节，并在此书的基础上增加了电子商务网站建设、移动电子商务、网络服务业等新内容，以飨读者。

由于时间仓促及作者的水平有限，加之电子商务的涉及面广，发展日新月异，因此书中难免出现不当之处，敬请广大读者批评指正。

编 者
2016 年 10 月

目录 CONTENTS

第1章　电子商务基本知识

学习目标 ··· 001
学习要求 ··· 001
　　1.1　电子商务的概念 ·· 002
　　1.2　电子商务的功能 ·· 002
　　1.3　电子商务带来的效益 ·· 004
　　1.4　电子商务的交易过程 ·· 006
本章小结 ··· 007
复习思考题 ··· 008

第2章　电子商务企业整体规划

学习目标 ··· 009
学习要求 ··· 009
　　2.1　企业流程重组 ·· 010
　　2.2　企业资源计划（ERP） ··· 015
　　2.3　客户关系管理（CRM） ·· 017

2.4 供应链管理 …………………………………………………………………… 022

　　本章小结 ………………………………………………………………………… 025

　　复习思考题 ……………………………………………………………………… 026

第 3 章　电子商务网站构建

　　学习目标 ………………………………………………………………………… 027

　　学习要求 ………………………………………………………………………… 027

　　　　3.1 电子商务网站规划 ……………………………………………………… 028

　　　　3.2 电子商务网站版面风格 ………………………………………………… 035

　　　　3.3 电子商务网站架构 ……………………………………………………… 044

　　　　3.4 电子商务网站内容设计 ………………………………………………… 048

　　本章小结 ………………………………………………………………………… 052

　　复习思考题 ……………………………………………………………………… 053

第 4 章　电子商务的主要模式

　　学习目标 ………………………………………………………………………… 055

　　学习要求 ………………………………………………………………………… 055

　　　　4.1 B2C 模式 ………………………………………………………………… 056

　　　　4.2 B2B 模式 ………………………………………………………………… 066

　　　　4.3 C2C 模式 ………………………………………………………………… 077

　　　　4.4 O2O 模式 ………………………………………………………………… 082

　　本章小结 ………………………………………………………………………… 088

　　复习思考题 ……………………………………………………………………… 089

第 5 章　网络营销

学习目标	091
学习要求	091
5.1 网络营销概述	092
5.2 网上市场调查	099
5.3 网络消费者购买行为分析	108
5.4 网络营销策略	118
5.5 网络广告	124
5.6 微信营销	128
本章小结	137
复习思考题	138

第 6 章　移动电子商务

学习目标	141
学习要求	141
6.1 移动电子商务概述	142
6.2 移动电子商务商业模式	146
6.3 移动电子商务市场分类及运营策略	151
6.4 移动电子商务发展趋势	154
本章小结	158
复习思考题	159

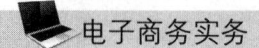

第 7 章　网络服务业

学习目标	161
学习要求	161
7.1 网络服务业概述	162
7.2 网络金融	165
7.3 网络旅游	173
7.4 网络招聘	175
7.5 网络多媒体	178
7.6 网络社交	186
7.7 网络教育	189
本章小结	194
复习思考题	195

第 8 章　电子商务物流

学习目标	197
学习要求	197
8.1 电子商务物流概述	198
8.2 电子商务物流管理	205
8.3 电子商务物流配送	214
8.4 国外电子商务物流	224
8.5 中国电子商务物流	226
本章小结	230
复习思考题	231

第 9 章　电子支付

学习目标 ·· 233
学习要求 ·· 233
 9.1　传统支付 ·· 234
 9.2　电子支付概述 ··· 241
 9.3　网上银行 ·· 251
 9.4　电子支付存在的问题及对策 ·· 260
本章小结 ·· 265
复习思考题 ··· 265

第 10 章　电子商务交易安全

学习目标 ·· 267
学习要求 ·· 267
 10.1　电子商务交易安全的重要性 ·· 268
 10.2　防火墙和用户管理 ·· 275
 10.3　加密技术 ·· 279
 10.4　安全协议技术 ·· 284
 10.5　认证技术 ·· 289
 10.6　电子商务交易安全的管理 ·· 296
本章小结 ·· 301
复习思考题 ··· 301

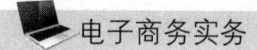

第 11 章 电子商务与法律

学习目标 ····· 303
学习要求 ····· 303
  11.1 电子商务法律概述 ····· 304
  11.2 保护隐私与隐私权 ····· 313
  11.3 知识产权及其保护 ····· 319
  11.4 电子合同的法律问题 ····· 328
  11.5 虚拟财产的法律保护 ····· 331
  11.6 《电子商务示范法》 ····· 333
本章小结 ····· 335
复习思考题 ····· 336

第 12 章 电子商务与税收

学习目标 ····· 337
学习要求 ····· 337
  12.1 电子商务给现行税收体制带来挑战 ····· 339
  12.2 电子商务中相关税收问题分析与对策 ····· 341
  12.3 国外解决电子商务税收问题的方式 ····· 345
  12.4 我国电子商务的征税探索 ····· 352
本章小结 ····· 358
复习思考题 ····· 359

参考文献 ····· 360

第1章　电子商务基本知识

学习目标

本章重点介绍电子商务的基本概念和功能,帮助读者了解电子商务的交易过程及对企业产生的影响。

学习要求

了解:电子商务的基本功能及企业实施电子商务后所能得到的效益。

掌握:电子商务的基本概念及其交易过程中的各个环节。

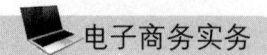

» 1.1 电子商务的概念

电子商务并不是一个新概念，可以说，在几十年前主机系统出现时就诞生了。但是，近年来，Internet 的出现给了电子商务以新的活力，基于 Internet 的电子商务已经引起了全世界的注意。

电子商务虽然正在以难以置信的速度渗透到人们的日常生活，但是至今也没有一个统一的定义。世人众说纷纭，各国政府、学者、企业界人士都根据自己所处的地位和对电子商务的参与程度，给出了许多不同的表述。

国内专家认为："从广义上讲，电子商务可定义为：电子工具在商务活动中的应用。电子工具包括从初级的电报、电话到 NII（国家信息基本建设，National Information Infrastructure）、GII（全球信息基础设施，Global Information Infrastructure）和 Internet 等现代系统；商务活动是从商品（实物与非实物，商品与商品化的生产要素等）的需求活动到商品的合理、合法的消费除去典型的生产过程后的所有活动。从狭义上讲，电子商务可定义为：在技术、经济高度发达的现代社会里，掌握信息技术和商务规则的人，系统化运用电子工具，高效率、低成本地从事以商品交换为中心的各种活动的总称。"

学术界一般都认为电子商务是利用现有的计算机硬件设备、软件和网络基础设施，通过一定的协议连接起来的电子网络环境进行各种各样商务活动的方式。因此，对于电子商务概念的科学理解应包括以下几个基本方面。

（1）电子商务是整个贸易活动的自动化和电子化。

（2）电子商务是利用各种电子工具和电子技术从事各种商务活动的过程。其中电子工具是指计算机硬件和网络基础设施（包括 Internet、Intranet（企业内部网）、各种局域网等）；电子技术是指处理、传递、交换和获得数据的多技术集合。

（3）电子商务渗透到贸易活动的各个阶段，因而内容广泛，包括信息交换、售前售后服务、销售、电子支付、运输、组建虚拟企业、共享资源等。

（4）电子商务的参与者包括消费者、销售商、供货商、企业雇员、银行或金融机构以及政府等各种机构或个人。

（5）电子商务的目的就是要实现企业乃至全社会的高效率、低成本的贸易活动。

» 1.2 电子商务的功能

电子商务的应用正随着世界经济的多极化、区域化、一体化及国际贸易自由化的发展，逐步渗透到社会经济的各个环节。随着互联网络的惊人成长以及信息科技的快速进步，新一代电子商务将提供更多的功能，逐步改变着企业经营的面貌，同时也为企业带来巨大的效益。

电子商务可提供网上交易和管理等全过程的服务，因此它具有广告宣传、咨询洽谈、网上订购、网上支付、电子账户、服务传递、意见征询、交易管理等多项功能。

1.2.1 广告宣传功能

电子商务可凭借企业的 Web 服务器和客户的浏览器，在 Internet 上发布各类商业信息。客户可借助网上的检索工具（Search）迅速地找到所需的商品信息，而商家可利用网上主页（Home Page）和电子邮件（E-mail）在全球范围内做广告宣传。与以往的各类广告相比，网上的广告成本最为低廉，而给顾客的信息量却最为丰富。

1.2.2 咨询洽谈功能

电子商务可借助非实时的电子邮件（E-mail）、新闻组（News Group）和实时的讨论组（Chat）来了解市场和商品信息、洽谈交易事务，如有进一步的需求，还可用网上的白板会议（Whiteboard Conference）来交流即时的图形信息。网上的咨询和洽谈能超越人们面对面的限制、提供多种方便的异地交谈形式。

1.2.3 网上订购功能

电子商务可借助 Web 中的邮件交互传送实现网上的订购。网上的订购通常都是在产品介绍的页面上提供十分友好的订购提示信息和订购交互格式框。当客户填完订购单后，通常系统会回复确认订单信息来保证订购信息的收悉。订购信息也可采用加密的方式使客户和商家的商业信息不被泄漏。

1.2.4 网上支付功能

电子商务要成为一个完整的交易过程。网上支付是重要的环节。客户和商家之间可采用信用卡账号进行支付。在网上直接采用电子支付手段将可省略交易中的人员开销。当然网上支付将需要更为可靠的信息传输安全性控制以防止欺骗、窃听、冒用等非法行为。

1.2.5 电子账户功能

网上的支付必须有电子金融来支持，即银行或信用卡公司及保险公司等金融单位为资金融通提供网上操作服务。而电子账户管理是其基本的组成部分。信用卡号或银行账号都是电子账户的一种标志。而其可信度需配以必要的技术措施来保证。如数字证书、数字签名、加密等手段的应用提供了电子账户操作的安全性。

1.2.6 服务传递功能

对于已付了款的客户应将其订购的货物尽快地传递到他们的手中。而有些货物在本地，有些货物在异地，电子邮件可以在网络中进行物流的调配。而最适合在网上直接传递的货物是信息产品，如软件、电子读物、信息服务等。它能直接从电子仓库中将货物发到用户端。

1.2.7 意见征询功能

电子商务能十分方便地采用网页上的"选择"、"填空"等格式文件来收集用户对销售服务的反馈意见。这样使企业的市场运营能形成一个封闭的回路。客户的反馈意见不仅能提高售后服务的水平，更使企业获得改进产品、发现市场的商业机会。

1.2.8 交易管理功能

整个交易的管理将涉及人、财、物多个方面，企业与企业、企业与客户及企业内部等

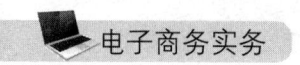

各方面的协调和管理。因此,交易管理是涉及商务活动全过程的管理。电子商务的发展,将提供一个良好的交易管理的网络环境及多种多样的应用服务系统,这就保障了电子商务获得更广泛的应用。

» 1.3 电子商务带来的效益

1.3.1 为企业提供良好的战略优势

企业通过在 Internet 上建立自己公司的网站,可以在最大范围内宣传并确立自己公司的企业形象,具有良好的战略优势。

在现代商战中,一个良好的企业形象对一个企业的生存至关重要。过去按照传统商业模式,树立一个良好的企业形象不知要经过多少人长时间的奋斗才可以达到,然而现在企业可以在很短的时间内做到这一点。首先,在 Internet 上建立 WWW 站点,把公司的各种经营数据和服务承诺在自己的站点向公众发布,使潜在的顾客对本公司有一个直观的第一印象。同时,良好的经营业绩和可靠、优质的服务承诺将对顾客产生巨大的影响。其次,企业可根据自身需要对各种反馈回来的市场信息进行及时处理,适时地调整自己的产品以及企业的经营战略,使企业能够对市场变化做出快速反应,这在传统的商业模式下是不可能做到的。

1.3.2 带给企业新的销售机会

随着社会科技水平的不断提高,计算机应用的不断普及,越来越多的人会加入到 Internet 这个大家庭中。与此同时,随着 Internet 技术的发展和跨国企业的增加,电子商务呈现出的强劲发展势头已经是没有什么可以阻挡的了,整个产业将呈现出巨大的变革。伴随着 Internet 在全世界的运行,在 Web 站点上的企业可以进入一个新的市场,这个市场是他们以往通过人员促销和广告宣传所无法有效进入的。

以往企业为了开发新的客户,必须花费令人咋舌的大笔经费,更不用说留住既有客户了。各种促销活动、邮寄广告、客户优惠等活动统统都需耗费大笔的投资。而采用 Internet 进行商务活动,为企业提供了经济有效的方式与客户通过网络站点联系沟通,让客户可以搜寻他们所需要的信息。同时,能够让客户了解公司的基本信息和提供的商品与服务的状况,从最基本的角度改变了公司与客户之间的关系,为公司与客户之间的沟通提供了良好的基础。

网络站点可以不分日夜地提供全天候技术支持来回答客户的问题。24 小时站点的开放,没有休息时间,等于延长了营业时间,访问人数增加,无形中也增加了潜在的消费者。电子商务让企业在这竞争激烈的年代更快地抓住广大的消费群体,从而为企业创造出更多的商机。

1.3.3 降低促销成本

网上营销的营销费用非常低廉,尽管建立和维护公司的网站需要一定的投资,但是与其他销售渠道相比,使用国际互联网大大地降低了成本。同时网上查询节约了很多的广告印刷费和电话咨询费，而且还节省了发展新客户的许多费用。

1.3.4 降低采购价格

企业采购原材料是一项程序繁琐的过程，但通过电脑网络的商务活动，企业可以加强与主要供应商之间的协作关系，将原材料的采购与产品的制造过程有机地配合起来，形成一体化的信息传递和信息处理过程，从而大大降低采购价格，节省了大量的业务活动费、差旅费等业务开支，降低了采购成本。

1.3.5 缩短生产周期

生产周期是制造产品所需的总时间。制造任何一件产品总是与一些固定的开销相联系，这些固定开销不随产量的变化而变化，但却与时间有关。这些固定开销包括设备折旧费、大部分公用设施和建筑物使用或租赁费用以及大部分管理和监督费用。如果制造产品的时间可以从 10 天缩短到 7 天，那么，由于时间减少了，每件产品的固定开销就可以降低。

电子商务活动可以使公司与大的供应商和客户之间实现用电子数据交换信息，可使公司在比以前短得多的时间内发送和接收采购订单、发货单和发货通知。某些公司甚至还开始在增值网上共享产品性能指标和图纸，以加速产品的设计与研制过程，从而大大缩短了生产周期，使企业可以以同等的或较低的费用生产更多的产品，进一步加大了利润率。

1.3.6 减少库存和产品积压

产品生产周期越长，企业越需要较多的库存来应付可能出现的交货延迟、交货失误，从而对市场需求变化的反应也越来越慢。同时，公司的库存越多，其运转费用就越高，效益就越低。

通过电子商务，企业可以在较短的生产周期内实现在材料处理、库房和一般性管理费用方面实质性的节省，在企业计划人员之间的协调下减少库存和积压。

1.3.7 更有效的客户服务

降低成本还不是电子商务的主要目的和收获，改善供应商与客户的关系才是最大的收获，这样才能带来更丰厚的回报。

每个精明的客商都懂得进行广泛联系和接洽的重要性，交易过程的很大一部分就是建立与其他人之间的联系。电子商务将使企业有可能接触更多的新客户，可以在全世界范围内向客户提供远距离、低成本的访问。

提供商业信息是企业提供客户服务的重要方式之一，采用电子商务可以有更多的途径为客户提供服务，让客户能够方便地以自己喜爱的方式提供其他信息反馈。同时企业定期把产品更新、经营政策、企业电子期刊等各方面信息传送到客户的电子信箱中，进行客户跟踪。利用 Internet 页面，可以征求反馈信息，而且在没有额外费用的情况下，就能及时得到反馈信息。

此外，可以通过 Internet 每天 24 小时既便宜又轻松地传递商业信息给潜在顾客与合作伙伴，告诉他们企业经营的业务。另外，客户还可以通过网站跟踪订货情况，供应商也可以通过网站及时收集市场的反馈信息，满足客户的需要。

» 1.4 电子商务的交易过程

电子商务的商业流通主要考虑在实际商业交易过程中的实际操作步骤和处理过程是如何利用电子商务模式来完成的,如图 1-1 所示。如果按照组织内部管理的方式来分析,实际商业交易过程可细分为:事务流,即商业交易过程中的所有业务操作过程;物流,即商品的流动过程;资金流,即交易过程中资金在双方单位(包括银行)中的流动过程。而电子商务系统要处理的是一个取代事务流、资金流和反映物流过程的信息流。电子商务的交易过程大致可以分为三个阶段:交易前、交易中、交易后。

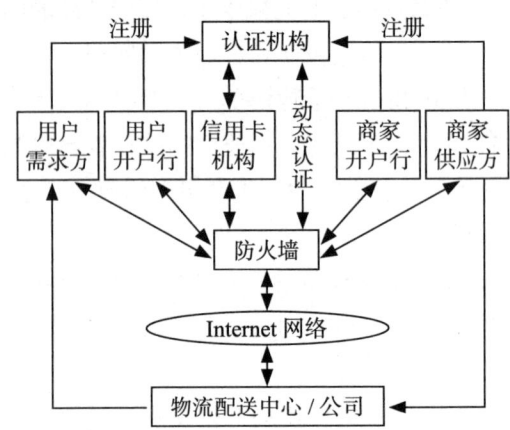

图 1-1　电子商务的商业流通格局

1.4.1 交易前

这一阶段主要是指买卖双方和参与交易各方在签约前的准备活动,包括在各种商务网络和因特网上寻找交易机会,通过交换信息来比较价格和条件、了解各方的贸易政策、选择交易对象等。

买方根据自己要买的商品,准备购货款,制订购货计划,进行资源市场调查和市场分析,反复进行市场查询,了解各个卖方国家的贸易政策,反复修改购货计划和进货计划,确定和审批购货计划。再按计划确定购买商品的种类、数量、规格、价格、购货地点和交易方式等,尤其要利用 Internet 和各种电子商务网站寻找自己满意的商品和商家。

卖方根据自己所销售的商品,全面进行市场调查和市场分析,制定各种销售策略和销售方式,了解各个买方国家的贸易政策,利用 Internet 和各种电子商务网站发布商品信息,寻找贸易合作伙伴和交易机会,扩大贸易范围和商品所占的市场份额。

其他参加交易各方如中介、银行金融机构、信用卡公司、海关系统、商检系统、保险公司、税务系统、运输公司也都应为进行电子商务交易做好准备。

1.4.2 交易中

交易中包括交易谈判和签订合同和办理交易进行前的手续等。

1.4.2.1 交易谈判和签订合同

主要是指买卖双方利用电子商务系统对所有交易细节进行网上谈判，将双方磋商的结果以文件的形式确定下来，以电子文件形式签订贸易合同。明确在交易中的权利、所承担的义务、所购买商品的种类、数量、价格、交货地点、交货期、交易方式和运输方式、违约和索赔等合同条款，合同双方可以利用电子数据交换（EDI）进行签约，也可以通过数字签字等方式签约。

1.4.2.2 办理交易进行前的手续

主要是指买卖双方签订合同后到合同开始履行之前办理各种手续的过程，也是双方贸易前交易的准备过程。交易中要涉及有关各方，即可能要涉及中介方、银行金融机构、信用卡公司、海关系统、商检系统、保险公司、税务系统、运输公司等。买卖双方要利用EDI与有关各方进行各种电子票据和电子单证的交换，直到办理完可以将所购商品从卖方按合同规定开始向买方发货的一切手续为止。

1.4.3 交易后

交易后包括交易合同的履行、服务和索赔等活动。这一阶段是从买卖双方办完所有各种手续之后开始的。卖方要备货、组货、发货。买卖双方可以通过电子商务服务器跟踪发出的货物。银行和金融机构也按照合同，处理双方收付款、进行结算，出具相应的银行单据等，直到买方收到自己所购商品，完成了整个交易过程。索赔是在买卖双方交易过程中出现违约时，需要进行违约处理的工作，受损方要向违约方索赔。

▶ 本章小结

1. 本章介绍了不同组织给出的电子商务的不同概念，从中对其规律性进行了总结，得到了电子商务概念应该涵盖的内容。电子商务可提供网上交易和管理等全过程的服务，因此它具有广告宣传、咨询洽谈、网上订购、网上支付、电子账户、服务传递、意见征询、交易管理等多项功能。电子商务之所以能够快速发展，与其本身所能提供的功能和具有的优势是分不开的。

2. 电子商务的开展使得很多企业从中受益，具体表现在：①为企业提供良好的战略优势；②带给企业新的销售机会；③降低促销成本；④降低采购价格；⑤缩短生产周期。

我国的电子商务虽然发展较快，但其中还存在很多问题，比如区域差别、宏观环境、配套设施、全民信息化的程度、企业发展障碍等问题，当然总体上发展还是健康向前的。随着基础设施的不断完善，电子政务的官方应用，法律问题的逐步解决，行业的快速发展，人们观念的改变等，电子商务将在我国迎来又一个发展的春天。

3. 如果按照组织内部管理的方式来分析，实际商业交易过程可细分为：事务流，即商贸交易过程中的所有业务操作过程；物流，即商品的流动过程；资金流，即交易过程中资金在双方单位（包括银行）中的流动过程。而电子商务系统要处理的是一个取代事务流、资金流和反映物流过程的信息流。电子商务的交易过程大致可以分为三个阶段：交易前、交易中、交易后。

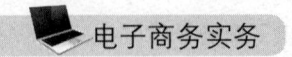

📖 复习思考题

（1）寻找身边的电子商务活动，并且进行比较分析。

（2）选择一个电子商务网站，对照图1-1，考察有没有交易环节没有表示出来。

（3）什么是电子商务，电子商务的必要性体现在哪些方面？

（4）如何正确理解电子商务所带来的效益？

（5）怎样理解电子商务是一种业务转型？

第2章 电子商务企业整体规划

学习目标

本章重点介绍企业资源计划；客户关系管理的基本概念、核心思想和功能；供应链管理的概念和构建。

学习要求

了解：企业进行流程重组的基本概念、原则和注意要点；客户关系管理、供应链管理和企业资源计划之间的关系。

掌握：企业资源计划的基本概念、核心思想和功能；供应链管理的概念和构建。

2.1 企业流程重组

企业流程重组是企业战略规划的重要内容，重组的方案及实现程度与电子商务系统实施密不可分，决定系统范围和边界，是系统规划中的一个约束条件，需要把企业流程重组纳入系统规划之中，并同步实施。

2.1.1 企业流程重组的概念

企业流程重组不是面向功能或组织的，而是面向流程的，它着眼于一个或几个基本流程，使每一步都获得价值增值。当然，实施企业流程重组也必然会引起其他方面的变革，但它的核心是流程。

亚当·斯密描述的别针工厂，经过分工，工人各自负责别针的一个工序，比每个工人独自完成全过程生产的效率高几百倍；汽车业的先驱者福特改进了斯密的思想，使用生产线，把工作送到专业化工人面前；斯隆又把这种体系应用于整个企业管理。但是，由于管理过度细化，使管理成本加大，日渐膨胀的信息量和信息流通量正在成为无形的障碍。有人发现，此问题不在于工作本身，也不在于工作的人，而是在于整个流程的结构。于是，在信息技术的推动下，亚当·斯密正在成为过去，企业流程重组则应运而生。

企业流程重组（Business Process Reengineering，BPR）最初是在1990年由美国的迈克尔·哈默在《Reengineering Work：Don't Automate，But obliterate》一文中提出的。之后，企业流程重组被企业界普遍接受，并像一股风潮席卷美国和其他工业化国家。企业流程重组被称作是"恢复美国竞争力的唯一途径"，并将"取代工业革命，使之进入重建革命的时代"。

尽管许多企业的企业流程重组项目取得了巨大的成功，但据估计，70%以上的企业流程重组项目归于失败。企业流程重组不是神话，也不是洪水猛兽，而是一种新兴的管理思想，它的观点和方法对于解决我国当前企业面临的问题，或许有可借鉴之处。

企业流程重组是对企业的业务流程作根本性的思考和彻底重建，其目的是在成本、质量、服务和速度等方面取得显著的改善，使得企业能最大限度地适应以"顾客、竞争、变化"为特征的现代企业经营环境。在这个过程中，包含4个关键特征：显著的、根本的、流程和重新设计。企业流程重组追求的是一种彻底的重构，而不是追加式的改进。它要求人们在实施企业流程重组时做这样的思考：为什么要做现在的事？为什么要以现在的方式做事？这种对企业运营方式的根本性改变，目的是追求绩效的飞跃，而不是改善。有效的企业流程重组可以使企业在很多方面焕然一新，如图2-1所示。

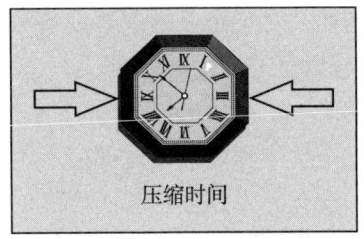 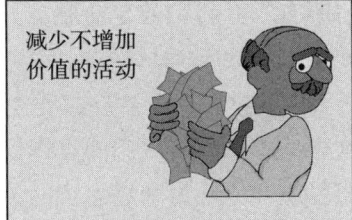 
 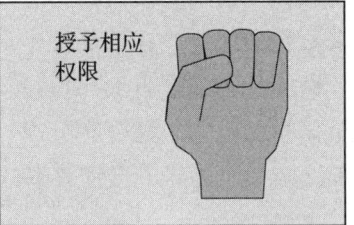 

图 2-1 企业流程重组的效果

2.1.2 企业流程重组的原则

企业流程重组的思想是人们对企业流程重组本质及其内在规律的一些基本看法，这是解决企业流程重组问题的指导思想。从本质上说，企业流程重组的思想正是建立在辩证唯物主义世界观之上的系统思想，突出联系、运动和发展的观点，强调主要矛盾和矛盾的主要方面。所以说企业流程重组思想是一种着眼于长远和全局，突出发展与合作的变革理念。归纳起来，企业流程重组有以下几条原则。

2.1.2.1 组织结构应该以产出为中心，而不是以任务为中心

这条原则是说明应该有一个人或一个小组来完成流程中的所有步骤；围绕目标和产出而不是单个任务来设计人员的工作。

2.1.2.2 让那些需要得到流程产出的人自己执行流程

过去由于专业化精密分工，企业的各个专业化部门只做一项工作，同时又是其他部门的顾客。例如，会计部就只做会计工作；如果该部门需要一些新铅笔就只能求助于采购部；于是采购部需要寻找供货商，讨价还价，发出订单，验收货物，然后付款；最后会计部才能得到所需的铅笔。这一流程的确能完成工作，并且对于采购贵重物品也能显示出专业化采购优势。但是对于铅笔这类廉价的非战略性物品，这一流程就显得笨拙而缓慢了，并且往往用于采购的各项间接费用的总和超过所购产品本身的成本。

现在有了基于信息技术的信息系统，一切变得容易了。通过数据库和专家系统，会计部可以在保持专业化采购所具有的优势的条件下，自己做出采购计划。当与流程关系最密切的人自己可以完成流程时，就大大消除了原有各工作组之间的摩擦，从而减少了管理费

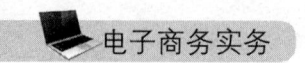

用。但是，这并不意味着要取消所有专业部门的专业职能。例如，对于企业的主要设备和原材料，还是需要由采购部门来专门完成的。具体如何安排，应以全局最优为标准。

2.1.2.3 将信息处理工作纳入产生这些信息的实际工作中去

过去大部分企业都建立了这样一些部门，它们的工作仅仅是收集和处理其他部门产生的信息。这种安排反映了一种旧思想，即认为基层组织的员工没有能力处理自己产生的信息。而今伴随着信息技术的运用和员工素质的提高，信息处理工作完全可以由基层组织的员工自己完成。福特公司就是个很好的例子。在旧流程中，验收部门虽然产生了关于货物到达的信息，但却无权处理它，而需将验收报告交至应付款部门。在新流程下，福特公司采用了新的计算机系统，实现了信息的收集、储存和分享，使得验收部门自己就能够独立完成产生信息和处理信息的工作，极大地提高了流程效率，使得精简75%员工的目标成为可能。

2.1.2.4 将各地分散的资源视为一体

集权和分权的矛盾是长期困扰企业的问题。集权的优势在于规模效益，而缺点是缺乏灵活性。分权，即将人、设备、资金等资源分散开来，能够满足更大范围的服务，但却随之带来冗员、官僚主义和丧失规模的后果。有了数据库、远程通信网络以及标准处理系统，人们不再为"鱼和熊掌不可兼得"而伤透脑筋，企业完全可以在保持灵活服务的同时，获得规模效益。

惠普公司在采购方面一贯是放权给下面的，50多个制造单位在采购上完全自主，因为他们最清楚自己需要什么。这种安排具有较强的灵活性，对于变化着的市场需求有较快的反应速度。但是对于总公司来说，这样可能损失采购时的数量折扣优惠。现在运用信息技术，惠普公司重建其采购流程，总公司与各制造单位使用一个共同的采购软件系统，各部门依然是订自己的货，但必须使用标准采购系统。总部据此掌握全公司的需求状况，并派出采购部与供应商谈判，签订总合同。在执行合同时，各单位根据数据库，向供应商发出各自的订单。这一流程重建使所购产品的成本大为降低。

2.1.2.5 将并行工作联系起来，而不是仅仅联系它们的产出

这条原则存在着两种形式的并行：一种是各独立单位从事相同的工作；另一种是各独立单位从事不同的工作，而这些工作最终必须组合到一起。新产品的开发就属于后一种。并行的好处在于将研究开发工作分隔成一个个业务，同时进行，可以缩短开发周期。但是传统的并行流程缺乏各部门间的协作，因此，在组装和测试阶段往往就会暴露出各种问题，从而延误了新产品的上市。现在，配合各项信息技术，如网络通信、共享数据库和远程会议，企业可以协调并行各独立团体的活动，而不是在最后才进行简单的组合，这样可以缩短产品开发周期，减少不必要的浪费。柯达（上海）公司就是成功的一例。面对竞争对手——富士公司不断推出新产品的挑战，柯达毅然放弃沿用数十年的连续性产品开发流程，引用CAD/CAM与并行工程技术，注意开发过程中各组织的协调，把原来70周的产品开发周期缩短至38周，保持了市场的领先地位。

2.1.2.6 使决策位于工作执行的地方，在业务流程中建立控制程序

在大多数企业中，执行者、监控者和决策者是严格分开的。这是基于一种传统的假设，

即认为一线工人既没有时间也没有意愿去监控流程,同时他们也没有足够的知识和眼界去做出决策。这种假设就构成了整个金字塔式管理结构的基础。而今,信息技术能够捕捉和处理信息,专家系统又扩展了人们的知识,于是一线工作者可以自行决策,在流程中建立控制,这就为压缩管理层次和实现扁平组织提供了技术支持。而一旦员工成为自我管理、自我决策者,金字塔式组织结构以及伴随着它的效率低下和官僚主义也都会消失。

【例 2-1】 MBL（Mutual Benefit Life insurance）公司重建其保单申请程序的例子

MBL 是全美第 18 大人寿保险公司。在重建前,从顾客填写保单开始,须经过信用评估、承保、开具保单等一系列过程。这其间包括 30 个步骤,跨越 5 个部门,需经 19 位员工之手。因此,他们最快也需要 24 小时才能完成申请过程,而正常情况时要 5~25 天。在这么漫长的时间中,究竟有多少时间是用来创造附加价值的呢?有人推算,假设整个过程需要 22 天的话,则真正创造价值的只有 17 分钟,还不到 0.05%,99.95% 的时间都在从事不创造价值的无用工作。这种僵化的处理程序将大部分时间都消耗在部门间的信息传递上,使本应简单的工作变得复杂。

面对上述这种情形,MBL 的总裁提出了将效率提高 60% 的目标。这种野心勃勃的目标是不可能通过修补现有流程达到的,唯一的方案就是实施企业流程重组。

MBL 的新做法是扫清原有的工作界限和组织障碍,设立一个新职位专案经理,他对从接收保单到签发保单的全部过程负有全部责任,也同时具有全部权力。好在有共享数据库、计算机网络以及专家系统的支持,专案经理对日常工作处理起来游刃有余,只有当遇到棘手的问题时,他才寻求专家帮助。

由"专案经理"处理整个流程的做法,不仅压缩了现行工序的工作,而且消除了中间管理层。这种从两方面同时进行的压缩,取得了惊人的成效。MBL 在削减 100 个原有职位的同时,每天的工作量却增加了 1 倍,处理一份保单只需要 4 个小时,即使是较复杂的任务也只需要 2～5 天就可完成。

2.1.2.7 从信息来源地一次性地获取信息

在信息难以传递的时代,人们往往会重复采集信息。但是,由于不同人、不同部门和组织对于信息有各自的要求和格式,不可避免地造成企业业务延迟、输入错误和额外费用。正确的做法是企业采集一条信息之后,可以直接将它储存于在线数据库中,与所有需要该信息的用户实现共享。

2.1.3 企业流程重组的要点

2.1.3.1 面向企业流程

作业流程是指进行一系列活动,即进行一项或多项投入,以创造出顾客所认同的有价值的产品。在传统劳动分工的影响下,作业流程被分隔成各种简单的任务,经理们将精力集中于个别任务效率的提高上,而忽略了最终目标,即满足顾客的需求。而实施企业流程重组,就是要有全局的思想,从总体上确认企业的作业流程,追求全局最优,而不是个别

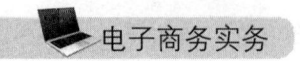

最优。

企业的作业流程可分为核心作业流程和支持作业流程。核心作业流程如下。

(1) 各单项作业活动：包括了解顾客需求、满足这些需求、接受订单、评估信用、设计产品、采购物料、制作加工、包装发运、结账、产品保修等。

(2) 管理活动：包括计划、组织、用人、协调、监控、预算和汇报，用以确保作业流程以最小成本及时准确地运行。

(3) 信息系统：通过提供必要的信息技术以确保作业活动和管理活动的完成。支持作业流程包括设施、人员、培训、后勤、资金，用以支持和保证核心流程。

2.1.3.2 面向顾客

企业流程重组诞生在美国是有其必然性的。长期以来，美国企业以技术为主，忽视了顾客的核心地位，故难以适应瞬息万变的市场环境。回顾历史，战后美国在世界经济格局中举足轻重，长期缺乏竞争对手，使之将精力大量投入到学院式的基础研究中，走上了一条技术推动型道路。而日本则相反，它以科研为生产服务，因此到了20世纪80年代，日本的竞争力已经大大加强，并在机械、钢铁、汽车、化工等美国传统优势行业中显示出明显的竞争优势。正如前文所说，顾客的选择范围扩大、期望值提高，如何满足客户需求、解决"个性化提高"和"交货期缩短"之间的矛盾，已成为困扰企业发展的主要问题。实施企业流程重组如同"白纸上作画"，这张白纸仍是为顾客准备的。首先，应当由顾客根据自己的意愿填写，其中包括产品的品种、质量、款式、交货期、价格、办事程序、售后服务等；然后，企业围绕顾客的意愿，开展重建工作。这是企业流程重组能够成功的关键，因此必须投入大量的精力。例如有的企业为了能充分了解顾客和市场，甚至在企业流程重组小组中吸纳几名顾客来开展工作。通过这些顾客的反馈信息，企业可以及时调整重建方向，以避免企业流程重组的结果与其意愿相违背。

2.1.3.3 合理使用信息技术

企业流程重组与信息技术的关系紧密，但是两者绝非是等同的。它们的关系可以归纳如下：企业流程重组是一种思想，而信息技术是一种技术；企业流程重组可以独立于信息技术而存在；这种独立是相对的，在企业流程重组由思想到现实的转变过程中，信息技术起了一种良好的催化剂的作用。

具体而言，现代信息技术在企业流程重组中究竟扮演什么样的角色呢？IBM信贷公司是为IBM公司的计算机、软件销售和服务提供金融支持的企业。其传统的作业流程如下：销售人员通过电话请求资金支持，电话由专人记录，并交至信用评级部，再转给营业部修改贷款协议，然后由信贷员确定利率，最后由工作组制定报价单，之后再交给销售员，整个流程要花费7天。对这种作业流程有两种改造方案：一种方案是运用计算机技术，将有关信贷申请的5个相关部门联网，而原程序不变，这种改革将减少10%的文件传递时间；另一种方案是取消专职办事员，而由全职办事员对整个过程负责，这样根本无需信息传递。该公司最后采用了第二种方案，运作效率得到很大的提高，处理时间由7天减少到4小时。

不难看出，实施企业流程重组不是单纯的技术问题，而是一种思维方式的转变。而多数企业却将信息技术镶嵌于现有的经营过程中，他们想的是"如何运用信息技术来改善现有流程"，却没有从根本上考虑"要不要沿用现有的流程"。其实，后者才是企业流程重组的观点，它不是单纯地搞自动化，不是单纯地用技术来解决问题，而是一种管理创新。

那么，有没有不需要信息技术的企业流程重组项目呢？理论上应该是有的。但从全球范围看，随着国际互联网（Internet）、企业内部网（Intranet）和电子商务的飞速发展，信息技术正广泛而深入地介入所有人的生活，改变着世界的生活方式和思维模式，在这种情形下，想脱离信息技术而完成企业流程重组几乎是不可能的。若把企业流程重组比作一种化学反应，那么信息技术就是催化剂，离开了它，反应虽可进行，但却难以达到理想的结果。

正因为如此，合理利用信息技术已成为企业流程重组的难点和要点所在。

2.2 企业资源计划（ERP）

2.2.1 企业资源计划的基本概念

ERP（企业资源计划，Enterprise Resource Planning）是在20世纪90年代初美国著名咨询公司Gartner Group总结了MRP-II（"制造资源计划"，Manufacturing Resource Planning）软件的发展趋势基础上提出的，很快被学术界承认，并逐步推广使用。ERP利用了最新的信息科学成果，根据市场的要求把企业的业务流程当做一个完整的内外供应链系统，以财务管理为中心，几个相互协同作业的子系统有机结合的一个系统，通过物流、信息流、资金流、人流的最佳组合，并结合企业的外部信息，实现企业的内外管理一体化，从而提高企业的预测与决策能力，实现降低成本，提高企业效益的最终目的（其结构见图2-2）。

通过ERP系统可以实现企业各方面资源的充分调配和均衡，使原来企业内部分散、孤立的"信息化孤岛"通过Intranet和Internet连接到一起，实现企业由相对封闭走向开放，信息处理由事后走向实时；为企业的决策层和员工提供决策运行手段，反映时代对企业合理调配资源、力争效益最佳化的要求，成为现代企业的运行模式。

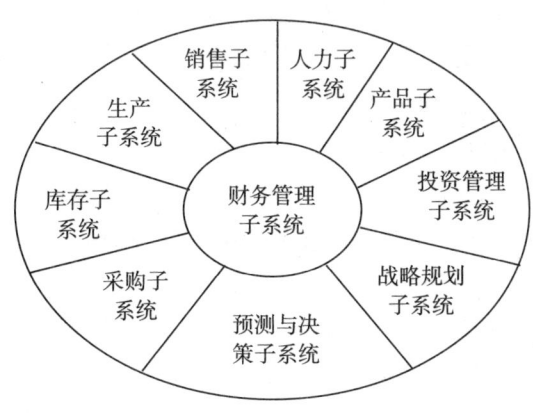

图2-2 ERP系统的基本结构

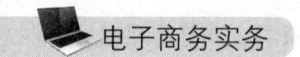

2.2.2 企业资源计划的核心思想

2.2.2.1 对整个供应链资源进行管理的思想

在知识经济时代仅靠自己企业的资源不可能有效地参与市场竞争，还必须把经营过程中的有关各方如供应商、制造工厂、分销网络、客户等纳入一个紧密的供应链中，才能有效地安排企业的产、供、销活动，满足企业利用全社会一切市场资源快速高效地进行生产经营的需求，以期进一步提高效率和在市场上获得竞争优势。换句话说，现代企业竞争不是单一企业与单一企业间的竞争，而是一个企业供应链与另一个企业供应链之间的竞争。ERP 系统实现了对整个企业供应链的管理，适应了企业在知识经济时代市场竞争的需要。

2.2.2.2 体现精益生产、同步工程和敏捷制造的思想

ERP 系统支持对混合型生产方式的管理，其管理思想表现在两个方面：其一是"精益生产"（Lean Production，LP）的思想，即企业按大批量生产方式组织生产时，把客户、销售代理商、供应商、协作单位纳入生产体系，企业同其销售代理、客户和供应商的关系，已不再简单地是业务往来关系，而是利益共享的合作伙伴关系，这种合作伙伴关系组成了一个企业的供应链，这即是精益生产的核心思想。其二是"敏捷制造"（AM，Agile Manufacturing）的思想。当市场发生变化，企业遇到特定的市场和产品需求时，企业的基本合作伙伴不一定能满足新产品开发生产的要求，这时，企业会组织一个由特定的供应商和销售渠道组成的短期或一次性供应链，形成"虚拟工厂"，把供应和协作单位看成是企业的一个组成部分，运用"同步工程"（Synchronization Engineering or Simultaneous Engineering，SE），组织生产，用最短的时间将新产品打入市场，时刻保持产品的高质量、多样化和灵活性，这即是"敏捷制造"的核心思想。

2.2.2.3 体现事先计划与事中控制的思想

ERP 系统中的计划体系主要包括：主生产计划、物料需求计划、能力计划、采购计划、销售执行计划、利润计划、财务预算和人力资源计划等，而且这些计划功能与价值控制功能已完全集成到整个供应链系统中。计划、事务处理、控制与决策功能都在整个供应链的业务处理流程中实现，要求在每个流程业务处理过程中最大限度地发挥每个人的工作潜能与责任心，流程与流程之间则强调人与人之间的合作精神，以便在有机组织中充分发挥每个人的主观能动性与潜能。实现企业管理从"高耸式"组织结构向"扁平式"组织结构的转变，提高企业对市场动态变化的响应速度。

2.2.3 企业资源计划系统的功能

ERP 系统在 MRP-II 系统功能的基础上，向内、外两个方向延伸。向内，主张以精益生产方式改造企业生产管理系统；向外，则增加战略决策功能和供需链管理功能。除了 MRP-II 系统的制造、财务、销售等功能外，还增加了分销、人力资源、运输管理、项目管理、供应商管理、客户管理等功能，支持集团化、跨地区、跨国界运行，也能适应柔性和敏捷生产方式，多货币、多语言、多税种，在线实时分析监控销售、生产、采购等各作业环节，可以及时提供决策信息。因此 ERP 系统是对 MRPII 系统的继承和发展。

ERP 系统主要有以下功能。

2.2.3.1 坚持企业整体发展战略的战略经营系统

该系统的目标是在多变的市场环境中建立与企业整体发展战略相适应的战略经营系统，实现基于 Intranet/Internet 环境的战略信息系统，完善决策支持服务体系，为决策者提供全方位的信息支持；完善人力资源开发与管理系统，既面向市场又注重企业内部人员的培训。

2.2.3.2 全面成本管理系统（Total Cost Management）

在一个不完全竞争的市场环境中，价格在竞争中仍然占据着重要的地位。ERP 的全面成本管理系统的作用和目标就是建立和保持企业的成本优势，并由企业成本领先战略体系和全面成本管理系统予以保障。

2.2.3.3 敏捷后勤管理系统

很多企业存在着供应链影响企业生产柔性的情况。ERP 的一个重要目标就是在 MRP 的基础上建立敏捷的后勤管理系统（Agile Logistics），以解决如供应柔性差、生产准备周期长等制约柔性生产的瓶颈，增加与外部协作单位技术和生产信息的及时交互，改进现场管理的方法，缩短关键物料供应的周期。

目前，ERP 的概念和产品风靡全球。发达国家的大多数跨国企业集团和一些中型企业，已经实施或正在实施 ERP 及相关技术。据统计，全球 500 强企业有 80% 以上实施了 ERP，全球共有 4 万多家公司实施了 40 多万套 ERP 系统。相关资料显示，全球市场对 ERP 系统的需求在 2003～2004 年间增长率超过 30%。

ERP 在中国的发展与应用也非常迅速。2004 年中国 ERP 市场的产品销售及实施服务超过 40 亿元人民币，比 2003 年增长了 150%。国外著名的 ERP 厂商逐步进入中国市场，IBM、SAP、MICROSOFT、ORACAL 等公司的产品占据了中国高端市场的一半份额，国内的著名软件企业也纷纷推出了自己的 ERP 产品，比如用友的 U86、金蝶的 K/3、新中大的 URP、速达的 MERP 等。ERP 已经在中国的海尔、联想、TCL、长虹、许继、三全等国内不同行业有计划地得到应用，一些企业已经取得了良好实施效果。当然也有一些企业在实施 ERP 的过程中有着别人没法体会的酸甜苦辣。

» 2.3 客户关系管理（CRM）

2.3.1 客户关系管理的内涵

客户关系管理（Customer Relationship Management，CRM）是一种以客户为中心的经营策略，通过满足客户的个性化需要、提高客户的忠诚度、实现缩短销售周期、降低销售成本、增加收入、拓展市场、全面提升企业的赢利能力和竞争能力为目的的系统。

CRM 的内涵主要包含 3 个主要内容，即客户价值、关系价值和信息技术。如图 2-3 所示。

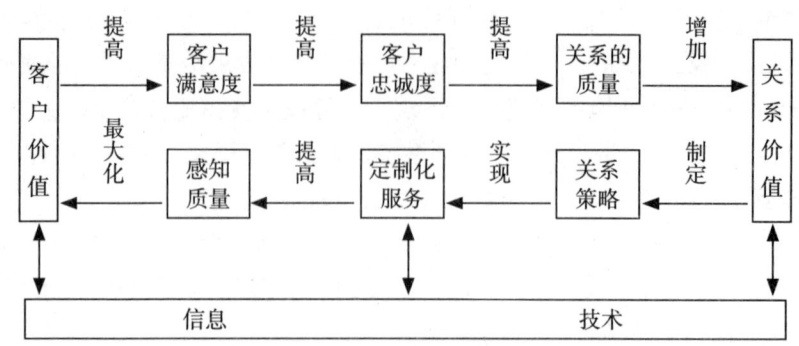

图 2-3 客户关系管理的内涵

客户关系管理的目的是实现客户价值最大化和企业收益最大化之间的平衡。任何企业实施客户关系管理的意图都是想为客户创造更多的价值，实现客户与企业的"双赢"。坚持以客户为中心，为客户创造价值是任何客户关系管理战略必须具备的理论基石。为客户创造的价值越多，就越会增强客户的满意度，提高客户的忠诚度，从而实现与客户的维系，有利于增加客户为企业创造更多的价值，使企业收益最大化。

建立客户关系时，企业必须考虑关系价值，即建立和维持特定客户的关系能够为企业带来更大的价值。从逻辑上讲，企业的总价值应该等于所有过去的、现在的或将来的客户的关系价值的总和。关系价值高所创造的利润就高，企业应该将精力放在客户的身上。而对那些价值较低的，不具有培养前景，甚至会带来负面效应的客户关系，企业应该果断终止。关系价值是客户关系管理的核心，而管理关系价值的关键却在于对关系价值的识别与培养。

信息技术是客户关系管理的关键因素，没有信息技术的支撑，客户关系管理可能还停留在早期的关系营销和关系管理阶段。正是因为信息技术的出现，使得企业能够有效地分析客户数据，积累和共享客户资源，根据不同客户的偏好和特性提供相应的服务，从而提高客户价值。同时，信息技术也可以辅助企业识别具有不同关系价值的客户关系，针对不同的客户关系采用不同的策略，从而实现客户价值最大化与企业利润最大化之间的平衡。

图 2-3 中客户价值与关系价值之间存在着互动，这种互动也反映了客户价值最大化与关系价值最大化这对矛盾统一体之间的平衡和互动。通过对关系价值的管理，企业将资源和能力集中在关系价值最高的客户身上，为其提供高质量的产品或服务，满足其需要，进而实现客户价值的最大化；同时，从客户的角度而言，客户价值能够提高客户的满意度，促进其供应商的忠诚，进而促进关系的质和量的全面提升，进一步增加该客户的关系价值。信息技术不仅支持了客户价值最大化和关系价值管理这两项活动，而且支持了两者之间的互动过程。

2.3.2 客户关系管理的核心思想

在当前的环境下，市场竞争的焦点已经从产品的竞争转向品牌的竞争、服务的竞争和客户的竞争。与客户建立和保持一种长期的、良好的伙伴关系，掌握客户资源、赢得客户信任、分析客户需求，提供满意的客户服务等客户关系管理的核心思想在实践中的具体运用是企业提高市场占有率，获取最大利润的关键。客户关系管理的核心思想主要包括以下几个方面。

2.3.2.1 客户让渡价值是建立高质量客户关系的基础

客户让渡价值是指客户购买产品或服务的总价值与客户购买该项产品或服务付出的总价值之间的差额。客户实现购买的总价值指客户购买产品或服务时所获得或期望获得的利益总和，包括产品的价值、服务的价值、消费活动的价值和潜在价值等。客户购买总成本则指客户为购买该项产品或服务所消耗的货币、时间、精神和体力等成本的总和。

企业只有实现了客户让渡价值的增值，才能保证客户真正满意，也才能提高客户的忠诚度。因此，客户让渡价值成为企业建立、维持和增进客户关系的基础。事实上，因为客户处于能够在市场上众多的产品或服务之间进行选择的地位，每位客户在购买产品或服务时，总希望把各项成本降到最低限度，而同时又希望从中获得尽可能多的收益，以使自己的需要得到最大限度的满足。因此，只有那些针对具体客户群提供比竞争对手更令客户满意的商品、实现客户让渡价值更大增值的企业，才能长期保持住客户。

2.3.2.2 重视客户的个性化特征，实现一对一营销

进入信息时代后，企业的竞争不断加剧以及产品和服务的极大丰富化，特别是信息工具和渠道的快速发展，使得客户对产品和服务的选择范围不断扩大，选择能力不断提高，同时选择的欲望也不断加强，因而使得客户的需求也呈现出个性化特征。因此每位客户的需求都是唯一的，可以将其视为细分的市场，对每一位客户实行"一对一营销"。

所谓"一对一营销"是指企业根据客户的特殊需求来相应调整自己的经营策略的行为。它要求企业与每一位客户建立一种伙伴型的关系，尤其是那些对企业具有价值的VIP客户。企业通过与客户的交往不断加深对客户的了解，不断地改进产品和服务，从而满足客户的需求。

2.3.2.3 不断提高客户的满意度和忠诚度

市场激烈竞争的结果，使得许多商品或服务在品质方面的区别越来越小，同质化的结构，使商品品质不再是客户消费选择的主要标准，客户越来越注重厂商能否满足他们的个性化的需求和能否提供及时的高质量的服务。在企业越来越感觉到客户将是市场竞争至关重要的资源时，客户满意度和忠诚度显得越来越重要。

客户满意度是指客户通过对一个产品或服务的可感知效果与他期望值相比较后的，所形成的愉悦或失望的感觉状态。较高的客户满意度能使客户对产品品牌在心理上产生稳定的信赖和喜爱，也正是这种满意度创造了客户对该产品品牌的高度忠诚。对于企业来说，仅仅知道和了解了客户对企业已经或正在提供的产品或服务的满意度，一般只具有借鉴和参考的作用，只是意味着企业获得了进入市场的"通行证"，而只有通过对客户满意度的研究，掌握了客户对企业产品的信任和忠诚程度，对于企业发掘潜在的客户需求，增长未来市场销售才具有重要意义。

要想提高客户的忠诚度，企业要完整地认识整个客户生命周期，从技术上提供与客户交流沟通手段，提高员工与客户接触的效率和客户反馈率，建立多样化的沟通渠道和灵活高效的激励机制，形成一个完整的反馈流，从而既能为消费者提供完全一致的高品质服务，

使消费者在意想不到的时刻感受来自产品供应商的点到点、面对面的关怀，同时还可以实时掌握市场动态，迅速开发新的市场。

2.3.2.4 客户关系始终贯穿于市场营销的全过程

最初客户关系的发展领域是服务业。由于服务的无形特点，注重客户关系可以明显地增强服务的效果，为企业带来更多的效益。现在客户关系不断地向实物产品的销售领域扩展，客户关系已经贯穿到了市场营销的所有环节，即客户从购买前、购买后及客户体验的全过程之中。

2.3.2.5 进一步延伸企业供应链管理

20世纪90年代提出的ERP系统，原本是为了满足企业的供应链管理需求，但ERP系统的实际应用并没有达到企业供应链管理的目标，这既有ERP系统本身功能方面的局限性，也有IT技术发展阶段的局限性，最终ERP系统又退回到帮助企业实现内部资金流、物流与信息流一体化管理的状态。

CRM系统作为ERP系统中销售管理的延伸，借助Internet Web技术，突破了供应链上企业间的地域边界和不同企业之间信息交流的组织边界，建立起企业自己的B2B网络营销模式。CRM与ERP系统的集成运行才真正解决了企业供应链中的下游链管理，将客户、经销商、企业销售部全部整合到一起，实现企业对客户个性化需求的快速响应。同时也帮助企业清除了营销体系中的中间环节，通过新的扁平化营销体系，缩短响应时间，降低销售成本。

2.3.3 客户关系管理三个层次的功能

2.3.3.1 接触中心层

接触中心将传统的电话呼叫与网站、电子邮件、传真、信件、直接接触和客户喜欢使用的其他方式有机结合，形成处理各种通信媒介的客户服务中心。客户可以采用任何一种自己喜欢的方式，与企业进行有效的信息沟通和互动。

2.3.3.2 功能层

操作层次的CRM实现销售，营销和客户服务三部分业务流程的自动化。销售自动化（SFA，Sales Force Automation）用于解决方案管理和客户之间的关系，一般包括工作日历和日程表安排。联系人和客户管理、销售预测、建议书制作和管理与定价等。营销自动化的着眼点在于通过设计、执行和评估市场营销行动和其他相关活动的全面框架，赋予市场营销人员更强的能力。它作为SFA的补充，提供一些独有的功能，主要有促销宣传管理和内容管理等。具体来讲，包括基于Web的和传统的市场营销宣传行动策划、执行和分析；宣传品的生成和市场营销材料管理；对有需求客户的跟踪、分配和管理等。客户服务是客户关系管理中的核心内容之一，企业提供的客户服务是能否保留满意的忠诚客户的关键。随着上网用户的增多，自助服务的要求也不断增加，与客户积极主动的关系成为客户服务的重要组成部分。客户服务自动化能够处理客户各种类型的询问，包括有关的产品、需要的信息、订单请求、订单执行情况，以及高质量的现场服务。

2.3.3.3 数据库分析层

分析层次的CRM将接触中心和操作层次CRM产生的信息通过共享的客户数据仓库，

把销售、营销和客户服务连接起来。基于统一的客户数据和融入所有企业业务应用系统的分析环境，CRM 就可对其进行加工处理，提供既定量又定性的及时分析。然后将分析结果反馈给管理层和整个企业内部。这样便增强了信息分析的价值，为企业的战略决策提供支持。企业决策者权衡这些信息，做出更全面及时的商业决策。客户关系管理一般模型，如图 2-4 所示。

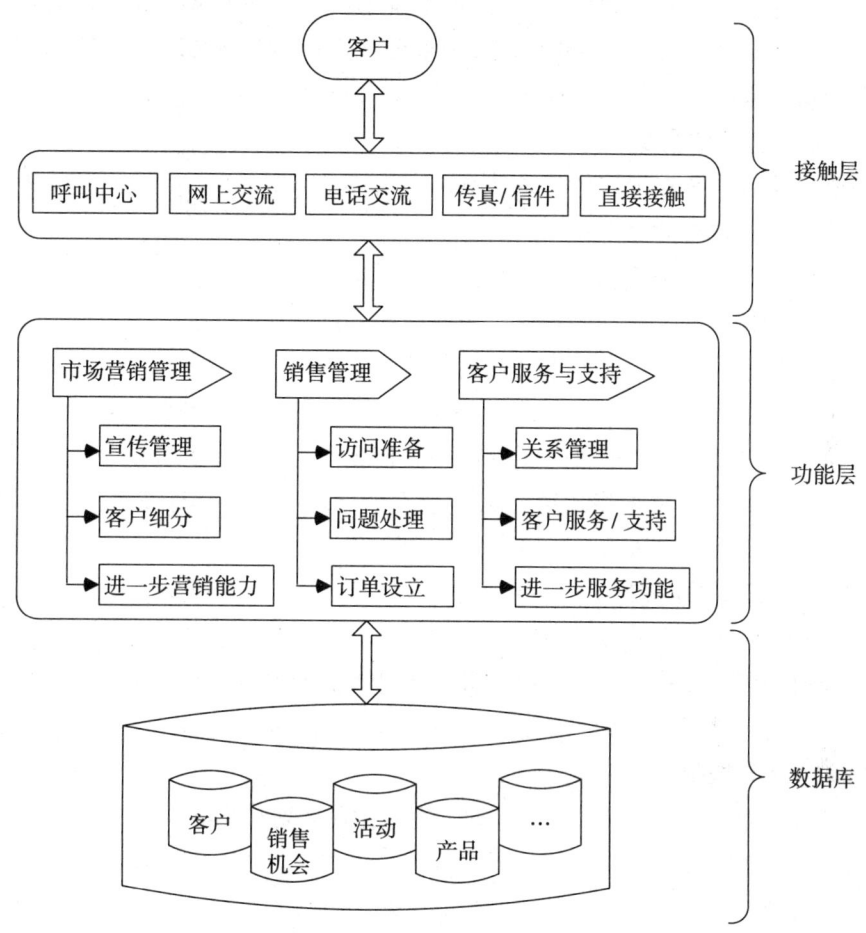

图 2-4　客户关系管理一般模型

2.3.4　客户关系管理系统在我国的应用

中国的 CRM 市场，按照计算机报中国赛迪网对中国 CRM 市场容量的调查，2000 年 CRM 市场总额为人民币 6000 万元，2001 年为人民币 9000 万元，2004 年达到人民币 3 亿多元，2005 年达到人民币 5 亿多元。总的来说，我国 CRM 市场还是处于培育阶段，在近期内，中国大量的中小企业需要集 ERP 和 CRM 功能于一体的电子商务解决方案。中国已出现了以创智、用友等软件厂商为代表的 CRM 提供商。同时随着 CRM 的不断运用和发展，CRM 的理念也将向 XRM（客户也包括员工及合作伙伴）和 CMR（Customer Managed Relationship）扩展。

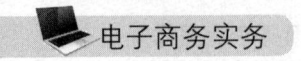

2.4 供应链管理

供应链管理是指人们在认识和掌握了供应链的各环节内在规律和相互联系基础上,利用管理的计划、组织、指挥、协调、控制和激励职能,对产品生产和流通过程中各个环节所涉及的物流、信息流、资金流、价值流以及业务流进行的合理调控,以期达到最佳组合,发挥最大的效益,迅速以最小的成本为客户提供最大的附加值。

2.4.1 供应链管理的含义

供应链管理实际上是在现代科技条件下,产品极其丰富的条件下发展起来的一种新的管理思想。它涉及各种企业及企业管理的方方面面,是一种跨行业的管理,企业与企业互作贸易伙伴,为追求共同经济利益的最大化而共同努力。它强调核心企业与世界上最杰出的企业建立战略合作伙伴关系,委托这些企业完成一部分业务工作,自己集中精力和各种资源通过技术程序重新设计,做好本企业能创造特殊价值的、必须长期控制,比竞争对手更擅长的关键性业务工作。这样可以极大地提高企业的竞争力和经济效益。基于这一思想,供应链管理应当是围绕着核心企业,供应链中其他企业与核心企业共同合作并参与共同管理的一种模式。核心企业要把供应链作为一个不可分割的整体,打破存在于采购、生产、分销和销售之间的障碍,做到供应链的统一和协调。

2.4.2 供应链管理的内容

供应链管理的内容主要包括:

(1)供应链的组织结构设计,如供应商、制造商、经销商、用户的选择,信息网络的设计等;

(2)协调管理与控制;

(3)需求预测、计划与管理、生产计划、生产作业计划和跟踪控制、库存管理;

(4)供应商与采购管理;

(5)制造管理;

(6)分销(渠道)管理;

(7)用户管理与服务;

(8)物流管理;

(9)资金流管理;

(10)信息流管理等。

2.4.3 供应链管理系统

供应链管理(Supply Chain Management,SCM)系统,是全方位的企业管理应用软件,可以帮助企业实现整个业务运作的全面自动化。业界分析家认为,供应链管理系统软件又将是具有前途的热门商用软件,因为它的主要作用是将企业与外界供应商和制造商联系起来,将与CRM、ERP一起构成网络时代企业核心竞争力的引擎。升蓝软件公司是国内做SCM系统比较出色的一个企业,它的SCM软件系统结构如图2-5所示。

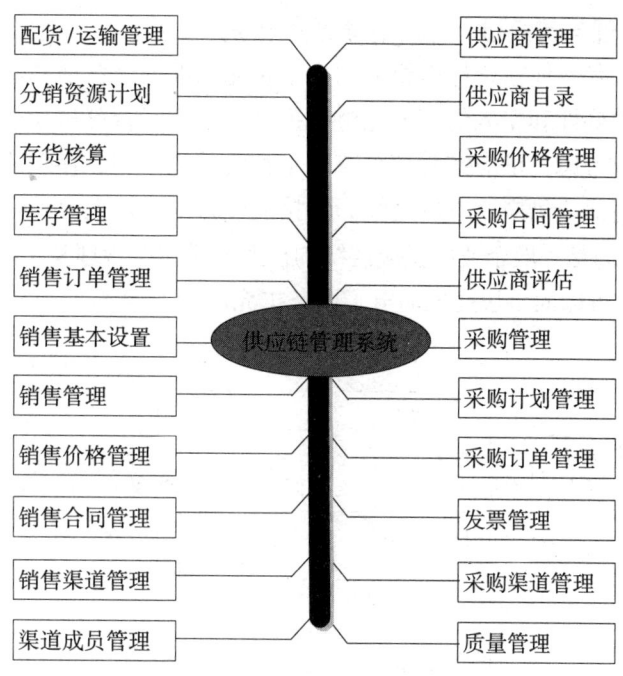

图 2-5 升蓝软件 SCM 系统结构

SCM 应用是在 ERP 基础上发展起来的。它把公司的制造过程、库存系统和供应商产生的数据合并在一起，从一个统一的视角展示产品建造过程的各种影响因素。供应链管理解决方案是随着 Internet 和电子商务的发展应运而生的一种新型的管理系统，它涉及生产企业、分销商、零售企业、批发企业及客户等整个产品制造、销售的全部流程。使用它可同步并且优化由用户驱动的产品流、服务流、信息流、资金流，以满足客户的需求，且在目标市场上获得最大的财务、运作和竞争优势。供应链管理目标，是通过贸易伙伴间的亲密合作，以最小的成本和费用提供最大的价值和最好的服务，最终达到提高企业的核心竞争力，获取最大的生存空间和利润空间的目的。SCM 以其灵活性和上市速度快而闻名，它帮助管理人员有效地分配资源，最大限度地提高效率和缩短工作周期。

SCM 是在生产流通及流通领域过程中，为将货物或服务提供给最终消费者，联结上游与下游企业创造价值而形成的组织网络，是对商品、信息和资金在由供应商、制造商、分销商和顾客组成的网络中的流动进行管理。它是在企业 ERP 的基础上构筑的与客户及供应商的互动系统，实现产品供应的合理、高效以及高弹性、客户可以通过网络了解产品的供货周期、订单的执行情况等，企业则可以即时了解客户的销售情况，提高决策执行的准确性、及时性，缩短供应链的运作周期，降低交易成本。对公司内和公司间的商品、信息、资金的流动进行协调和集成，是有效供应链管理的关键。

SCM 拆除了企业间的"围墙"，将各个企业独立的信息化孤岛连接在一起，建立起一种跨企业的协作，以此追求和分享市场机会，通过 Internet、电子商务把过去分离的业务过程集成起来，覆盖了从供应商到客户的全过程，包括原材料供应商、外协加工和组装、生产制造、销售分销与运输、批发商、零售商、仓储和客户服务等，实现了从生产领域到流通领域一步到位的企业业务过程。

2.4.4 供应链管理与传统进、销、存管理的区别

传统的进、销、存管理在设计思想上侧重于企业内部的经营活动，强调减轻人员的工作量，保证数据的准确性和账务的清晰完整，提供一定的经营分析功能，在电子商务的扩充、发展上基本没有考虑。供应链管理系统除了传统的进、销、存功能外，在设计思路上侧重于客户、企业内部、供应商三者之间为连接的经营活动，大大加强了经营分析和决策的功能，图2-6所示的是一般企业的供应链结构模型。供应链管理基于Internet构筑与客户、供应商的互动系统，可以简单快捷地向电子商务扩充。

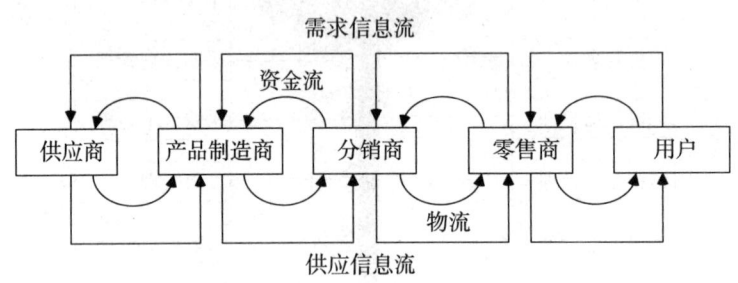

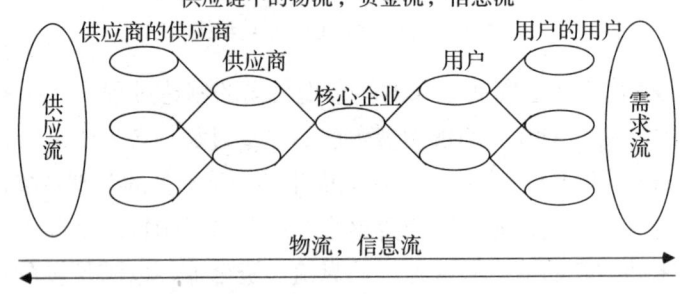

图 2-6 供应链的结构模型

2.4.5 供应链竞争——新世纪的竞争模式

有人预言，21世纪的市场竞争将不再是企业与企业之间的竞争，而是供应链与供应链之间的竞争。任何一个企业只有与其他的企业结成为供应链才有可能取得竞争的主动权。这已不是竞争的范围问题，而是一个竞争的层次问题。一个新产品研制出来很容易被模仿，但谁听说过供应链被模仿？智慧加独特，就是一种竞争优势。传统上，大多数企业认为自己是和其他企业独立存在的，并且为了生存而与他们竞争，达尔文的"适者生存"观左右着企业战略。供应商与上下游企业之间的关系经常是对抗多于合作。许多企业仍谋求把成本降低或利润增加建立在损害供应链的其他成员的利益之上。许多企业没有认识到，将自己的成本简单地转移到上下游企业并不能使他们增强竞争力，因为到底所有成本都要设法由市场转嫁给最终消费者。领先的企业认识到这种传统观念的错误，力图通过增加整个供应链提供给消费者的价值以及减少整个供应链的成本，来增强整个供应链的竞争力。他们知道，真正的竞争不在企业与企业之间，而是供应链与供应链之间的竞争。

> **注意**
>
> 中国加入 WTO 使国内大型制造企业面临国外大企业竞争的严峻局面。这种竞争中一个最重要的体现是全球供应链的竞争。中国企业在没有大规模建立海外供应网络的时期,必须最大限度地联合国内的相关业务合作伙伴,形成有效的扩展供应链体系,通过群体竞争优势与跨国企业竞争。对于广大的中小企业,需要尽快提高企业自身的管理水平,加入到相关的扩展供应链体系之中,提高竞争力,更快地成长,避免由于强大的市场压力而遭淘汰。

本章小结

1. 企业流程重组是对企业的业务流程作根本性的思考和彻底重建,其目的是在成本、质量、服务和速度等方面取得显著的改善,使得企业能最大限度地适应以"顾客、竞争、变化"为特征的现代企业经营环境。

企业流程重组有以下 7 条原则:
(1) 组织结构应该以产出为中心,而不是以任务为中心;
(2) 让那些需要得到流程产出的人自己执行流程;
(3) 将信息处理工作纳入产生这些信息的实际工作中去;
(4) 将各地分散的资源视为一体;
(5) 将并行工作联系起来,而不是仅仅联系它们的产出;
(6) 使决策位于工作执行的地方,在业务流程中建立控制程序;
(7) 从信息来源地一次性地获取信息。

企业流程重组需要注意的问题包括:面向企业流程、面向顾客、合理使用信息技术。

2. ERP 利用了最新的信息科学成果,根据市场的要求把企业的业务流程当做一个完整的内外供应链系统,以财务管理为中心,将几个相互协同作业的子系统有机结合为一个系统,通过物流、信息流、资金流、人流的最佳组合,并结合企业的外部信息,实现企业的内外管理一体化,从而提高了企业的预测与决策能力,实现降低成本,提高企业效益的最终目的。

ERP 的核心思想包括:①对整个供应链资源进行管理的思想;②体现精益生产、同步工程和敏捷制造的思想;③体现事先计划与事中控制的思想。

ERP 系统的功能主要包括:①坚持企业整体发展战略的战略经营系统;②全面成本管理系统(Total Cost Management);③敏捷后勤管理系统。

目前,ERP 的概念和产品风靡全球,ERP 在中国的发展与应用也非常迅速,一些企业已经取得了良好的实施效果。然而另一些企业却有着别人无法体会的酸甜苦辣。

3. 客户关系管理是一种以客户为中心的经营策略,通过满足客户的个性化需要、提高客户的忠诚度、缩短销售周期、降低销售成本、增加收入、拓展市场、全面提升企业的赢利能力和竞争能力为目的的系统。

CRM 的内涵主要包含 3 个主要内容，即客户价值、关系价值和信息技术。

客户关系管理的核心思想主要包括：①客户让渡价值是建立高质量客户关系的基础；②重视客户的个性化特征，实现一对一营销；③不断提高客户的满意度和忠诚度；④客户关系始终贯穿于市场营销的全过程；⑤进一步延伸企业供应链管理。

CRM 按照功能划分为 3 个层次：①接触中心层；②功能层；③数据库分析层。

4. 供应链管理是指人们在认识和掌握了供应链的各环节内在规律和相互联系基础上，利用管理的计划、组织、指挥、协调、控制和激励职能，对产品生产和流通过程中各个环节所涉及的物流、信息流、资金流、价值流以及业务流进行的合理调控，以期达到最佳组合，发挥最大的效益，迅速以最小的成本为客户提供最大的附加值。

供应链管理的内容主要包括：①供应链的组织结构设计，如供应商、制造商、经销商、用户的选择，信息网络的设计等；②协调管理与控制；③需求预测、计划与管理；生产计划、生产作业计划和跟踪控制、库存管理；④供应商与采购管理；⑤制造管理；⑥分销（渠道）管理；⑦用户管理与服务；⑧物流管理；⑨资金流管理；⑩信息流管理等。

供应链管理系统，是全方位的企业管理应用软件，可以帮助企业实现整个业务运作的全面自动化，它将与 CRM、ERP 一起构成网络时代企业核心竞争力的引擎。

越来越多的企业认识到，真正的竞争不在企业与企业之间，而是供应链与供应链之间的竞争。

复习思考题

（1）为什么要对一个企业的业务流程进行重组？试举例说明重组成功和失败的实例。

（2）试分析 MRPII 与 ERP 的联系与区别。

（3）简述客户关系管理的核心思想。

（4）供应链管理与客户关系管理存在交叉环节吗？如何理解？

（5）简述供应链管理与传统进、销、存管理的区别。

（6）分析客户关系管理的三个层次的功能结构在现实工作中的体现。

第3章 电子商务网站构建

学习目标

本章重点介绍网站的建设动因和功能定位研究的意义和方法；网站主题风格、版面设计的类型，以及各种类型的特点；网站结构设计中栏目设计、目录结构和连接结构的种类和特点；网站内容涉及的构成和设计方法；可视化要素设计的原则和注意事项。

学习要求

了解：网站的建设动因和功能定位研究的意义和方法；网站主题风格、版面设计的类型，以及各种类型的特点；网站内容涉及的构成和设计方法。

掌握：网站结构设计中栏目设计、目录结构和连接结构的种类和特点；可视化要素设计的原则和注意事项。

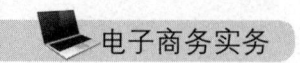

电子商务网站的规划是指：以完成企业核心业务转向电子商务为目标，依据未来企业的电子商务战略，设计支持未来这种转变的电子商务网站的体系结构，说明系统各个组成部分的结构及其组成，选择构造这一系统的技术方案，给出系统建设的实施步骤及时间安排，说明系统建设的人员组织，评估系统建设的开销和收益。

电子商务网站规划过程的基本思路是将电子商务网站划分为不同的层次，使复杂问题简单化，在每个层次解决特定的和有限的问题，通过逐层细化最终获得规划的完整结果。

3.1 电子商务网站规划

电子商务网站是企业向用户和网民提供信息（包括产品和服务）的一种方式，是企业开展电子商务的基础设施和信息平台，离开网站（或者只是利用第三方网站）去谈电子商务是不可能的。企业的网址被称为"网络商标"，也是企业无形资产的组成部分，而网站是利用 Internet 宣传和反映企业形象和文化的重要窗口。

3.1.1 电子商务网站设计的原则

电子商务网站设计显得极为重要，下面是一些电子商务网站设计中应注意的原则。

3.1.1.1 明确建立网站的目标和用户需求

Web 站点的设计是展现企业形象、介绍产品和服务、体现企业发展战略的重要途径，因此必须明确设计网站的目的和用户需求，从而做出切实可行的设计计划。要根据消费者的需求、市场的状况、企业自身的情况等进行综合分析，牢记以"消费者"为中心，而不是以"美术"为中心进行设计规划。

在设计规划之初需要考虑：

（1）建设网站的目的是什么？

（2）为谁提供产品和服务？

（3）企业能提供什么样的产品和服务？

（4）网站的目的消费者和受众的特点是什么？

（5）企业产品和服务适合什么样的表现方式（风格）？

3.1.1.2 网站总体设计方案主题鲜明

在目标明确的基础上，完成网站的构思创意即总体设计方案。对网站的整体风格和特色做出定位，规划网站的组织结构。Web 站点应针对所服务对象（机构或人）的不同而具有不同的形式。

有些站点只提供简洁文本信息；有些则采用多媒体表现手法，提供华丽的图像、闪烁的灯光、复杂的页面布置，甚至可以下载声音和录像片段。好的 Web 站点的设计应把图形表现手法和有效的组织与通信结合起来，做到主题鲜明突出，要点明确，以简单明确的语言和画面体现站点的主题；调动一切手段充分表现网站的个性和情趣。

Web 站点主页应具备的基本成分包括：

（1）页头：准确无误地标示站点和企业标志；

（2）E-mail 地址：用来接收用户垂询；

（3）联系信息：如普通邮件地址或电话；

（4）版权信息：声明版权所有者等。

图 3-1 所示的是专营起重设备的卫华集团主页，就是一个很典型的例子。

图 3-1 卫华集团主页

3.1.1.3 网页的版式设计要协调

网页设计作为一种视觉语言，要讲究编排和布局，虽然主页的设计不等同于平面设计，但它们有许多相近之处，应充分加以利用和借鉴。版式设计通过文字图形的空间组合，表达出和谐与美。

一个优秀的网页设计者应该知道哪一段文字图形该落于何处，才能使整个网页生辉。多页面站点的页面编排设计要求把页面之间的有机联系反映出来，特别要处理好页面之间和页面内的秩序与内容的关系。为了达到最佳的视觉表现效果，应讲究整体布局的合理性，使浏览者有一个流畅的视觉体验。

3.1.1.4 色彩在网页设计中的作用

色彩是艺术表现的要素之一。在网页设计中，根据和谐、均衡和重点突出的原则，将不同的色彩进行组合、搭配来构成美丽的页面。根据色彩对人们心理的影响，合理地加以运用。

按照色彩的记忆性原则，一般暖色较冷色的记忆性强；色彩还具有联想与象征的特质，如红色象征血、太阳；蓝色象征大海、天空和水面等。所以在设计出售冷食的虚拟店面时，应使用淡雅而沉静的颜色，使人心理上感觉凉爽一些。网页的颜色应用并没有数量的限制，但不能毫无节制地运用多种颜色。一般情况下，先根据总体风格的要求定出 1～2 种主色调，有CIS（企业形象识别系统，Corporate Identity System）的更应该按照其中的VI（视觉识别，Visual Identity）进行色彩运用。

> **注意**
>
> 由于国家、种族、宗教和信仰的不同，以及生活的地理位置、文化修养的差异等，不同的人群对色彩的喜恶程度有着很大的差异。如，儿童喜欢对比强烈，个性鲜明的纯颜色；生活在草原上的人喜欢红色；生活在闹市中的人喜欢淡雅的颜色；生活在"沙漠"中的人喜欢绿色。在设计中要考虑主要读者群的背景和构成。

3.1.1.5 网页形式与内容相统一

要将丰富的意义和多样的形式组织成统一的页面结构，形式语言必须符合页面的内容，体现内容的丰富含义。运用对比与调和、对称与平衡、节奏与韵律以及留白等手段，通过空间、文字、图形之间的相互关系建立整体的均衡状态，产生和谐的美感。

如对称原则在页面设计中，它的均衡有时会使页面显得呆板，但如果加入一些富有动感的文字、图案，或采用夸张的手法来表现内容往往会达到生动活泼的效果。点、线、面作为视觉语言中的基本元素，要使用点、线、面的互相穿插、互相衬托、互相补充构成最佳的页面效果。网页设计中点、线、面的运用并不是孤立的，很多时候都需要将它们结合起来，表达完美的设计意境。

3.1.1.6 合理利用三维空间的构成和虚拟现实

网络上的三维空间是一个假想空间，这种空间关系需借助动静变化、图像的比例关系等空间因素表现出来。

在页面中，图片、文字位置前后叠压，或页面位置变化所产生的视觉效果都各不相同。图片、文字前后叠压所构成的空间层次目前还不多见，网上更多的是一些设计比较规范、简明的页面，这种叠压排列能产生强节奏的空间层次，视觉效果强烈。网页上常见的是页面上、下、左、右、中位置所产生的空间关系，以及疏密的位置关系所产生的空间层次，这两种位置关系使产生的空间层次富有弹性，同时也让人产生轻松或紧迫的心理感受。

现在，人们已不满足于HTML语言编制的二维Web页面，三维世界的诱惑开始吸引更多的人，虚拟现实要在Web站点上展示其迷人的风采，于是VRML语言出现了。VRML是一种面向对象的语言，它类似Web超级链接所使用的HTML语言，也是一种基于文本的语言，并可以运行在多种平台之上，只不过能够更多地为虚拟现实环境服务。

3.1.1.7 多媒体功能的利用

网络资源的优势之一是多媒体功能。要吸引浏览者的注意力，页面的内容可以用三维动画、Flash等来表现。但要注意，由于网络带宽的限制，在使用多媒体形式表现网页的内容时应考虑客户端的传输速度。

3.1.1.8 用户参与网站测试和改进

测试实际上是模拟用户询问网站的过程，用以发现问题并改进设计。要注意让用户参与网站测试。

3.1.1.9 内容更新与沟通及时

企业 Web 站点建立后,要不断更新站点信息,让浏览者了解企业的发展动态等,以帮助企业建立良好的形象。

在企业的 Web 站点上,要认真回复用户的电子邮件和传统的联系方式如信件、电话垂询和传真,做到有问必答。最好将用户的用意进行分类,如售前一般了解、售后服务等,由相关部门处理,使网站访问者感受到企业的真实存在并由此产生信任感。

> **注意**
>
> 不要许诺实现不了的东西,在真正有能力处理回复之前,不要恳求用户输入信息或罗列一大堆自己不能及时答复的电话号码。如果要求访问者自愿提供其个人信息,应公布并认真履行个人隐私保护承诺条款,例如不向第三方提供用户个人信息等。

3.1.1.10 合理运用新技术

新的网页制作技术几乎每天都会出现,如果不是介绍网络技术的专业站点,一定要合理地运用网页制作的新技术,切忌将网站变为一个制作网页的技术展台,永远记住用户方便快捷地得到所需要的信息是最重要的。对于网站设计者来说,必须学习跟踪掌握网页设计的新技术如 Java、DHTML、XML 等,并根据网站的内容和形式的需要合理地将这些技术应用到设计中。

3.1.2 电子商务网站建设的阶段划分

电子商务网站是商务与技术结合的产物,所以在电子商务应用的全过程中,都必须充分兼顾商务和技术两个方面的因素,以科学、合理的程序展开系统设计、建设和应用工作。如果按阶段划分,要实现电子商务应用,电子商务网站建设大致需要经过下列 4 个阶段。

3.1.2.1 商务分析阶段

这是实现电子商务应用计划的第一步。这一阶段的工作主要是进行充分的商务分析,主要包括需求分析(如企业自身需求、市场需求以及客户需求等)和市场分析(如市场环境、客户分析、供求分析和竞争分析等)两个方面。

在电子商务条件下,市场范围扩大,创新速度加快,竞争的压力越来越大,竞争的频率越来越高,因此必须对拟建的电子商务网站在未来可能面临的竞争做出分析,最大限度地避免竞争失利。此外,还要对企业自身状况进行分析,包括对企业组织、管理、业务流程、资源、未来发展的分析,等等。要结合电子商务的特点,从供应链的角度重新审视企业组织、管理与业务流程,寻找与电子商务的最佳结合点。

3.1.2.2 规划设计阶段

在完成上述商务分析的基础上,在掌握电子商务最新技术进展的情况下,充分结合商务和技术两方面因素,提出电子商务网站的总体规划,提出电子商务网站的系统角色,提出电子商务网站的总体格局,亦即确定电子商务网站的商务模式,以及与商务模式密切相关的网上品牌、网上商品、服务支持和营销策略 4 个要素。

电子商务网站设计工作可以由此展开,也即从子系统、前台、后台、技术支持、系统流程、人员设置等各个方面全面构架电子商务网站。此阶段的工作完成的好坏，将直接关系到后续电子商务网站建设和将来电子商务网站运行和应用的成功与否。图3-2就是一个经过规范分析设计后的订单管理流程。

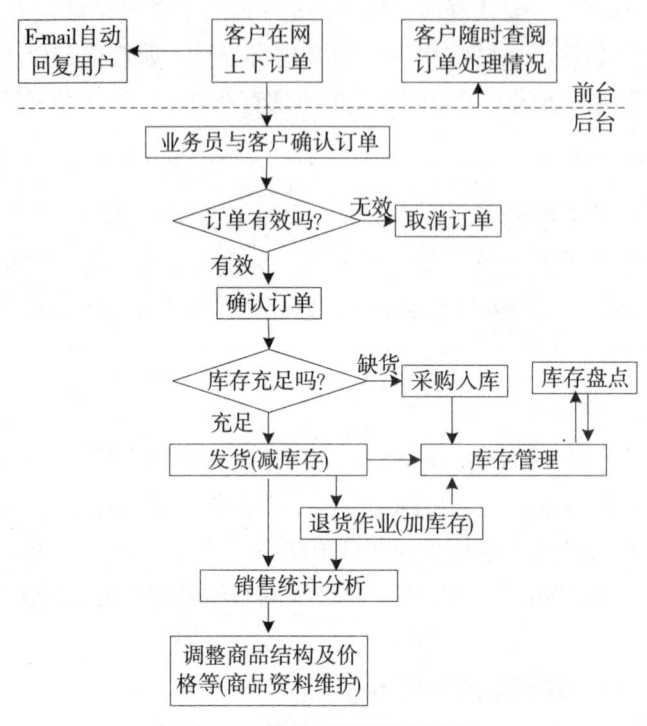

```
E-mail自动 ← 客户在网     客户随时查阅
回复用户      上下订单     订单处理情况
─────────────────────────────────  前台
                ↓                   后台
          业务员与客户确认订单
                ↓
          订单有效吗? ─无效→ 取消订单
                ↓有效
            确认订单
                ↓
          库存充足吗? ─缺货→ 采购入库 ⇄ 库存盘点
                ↓充足              ↕
          发货(减库存) ──────→ 库存管理
                ↓
          退货作业(加库存)
                ↓
          销售统计分析
                ↓
          调整商品结构及价
          格等(商品资料维护)
```

图3-2 某公司订单管理流程

3.1.2.3 建设变革阶段

这个阶段的工作分为两条线：一条线是按照电子商务网站设计，全面调整、变革传统的组织、管理和业务流程，以适应电子商务运作方式的要求；另一条线是按照电子商务网站设计，全面进行计算机软硬件配置、网络平台建设和电子商务网站集成，完成电子商务网站技术支持体系的建设，从技术上保障电子商务网站的正常运作。

3.1.2.4 整合运行阶段

上述建设变革阶段完成后，就可以将经过变革的组织、管理和业务流程，与已经建好的电子商务技术平台整合起来，进行电子商务网站的试运行。再经过必要的调整、改进以后，电子商务应用的工作就可以进入整合运行阶段，开始实现电子商务应用。

3.1.3 电子商务网站模式设计

电子商务网站模式设计基本思路以流程再造BPR（Business Process Rebuilding）为主线，对企业核心商务过程进行分析和评判，讨论电子商务环境对企业基本商务流程的影响，以缩短企业的产品供应链，加速客户服务响应，提高客户个性化服务，提高企业信息资源的共享和增值为目标，抽象企业电子商务的基本逻辑组成单元，界定其相互关系。最后明确企业信息流，资金流和商品流的关系，进而建立起企业商务模型。

在电子商务网站模式的设计过程中主要有以下工作。

3.1.3.1 分析电子商务手段对企业商务活动各环节的影响

企业哪些商务活动会受到电子商务技术的影响而可能发生变化？

可以采取哪些新的方式开展商务活动，是否需要采用新的服务方式开展企业的商务活动，原有的商务活动（如交易、客户服务）是否要用新的方式取代？

如何缩短企业产品供应链，是否可以对企业供应链进行追踪并使其向用户透明？

如何提供个性化服务，改善客户服务的电子化手段？

如何提供拓展企业增值服务的方式和手段？

3.1.3.2 分析内部信息系统对企业电子商务的支持作用

企业的商务活动是以企业内部的信息处理为背景的，企业电子商务网站依据的基础首先是企业内部完整的电子商务环境，在企业开展电子商务时，内部的信息化是完全必要的前提条件。

内部信息资源（包括内部电子化和非电子化的数据，组织方式及作用）是否完整？

内部信息系统的功能是否完善？

企业内部的工作流程是否合理？

是否使用内部信息系统管理企业生产及销售流程？

通过以上问题的解决，达到统合企业电子商务活动依赖的内部信息资源；界定企业内部信息系统与电子商务网站之间的界限；给出内部信息系统与电子商务网站之间的数据交换及接口关系；明确电子商务网站与企业内部信息系统的相互影响等目的。

3.1.3.3 确定与外部信息系统的接口

解决电子商务网站与外部信息系统接口的问题，包括电子商务网站与外部信息系统的边界、与外部信息系统的接口方式和标准等具体内容。

（1）商务自动化关系：通过电子商务网站共享市场及客户信息，进而使企业之间形成以信息为纽带的商务自动化关系。

（2）供应链关系：确定企业与供应商，企业与流通企业，企业与客户之间的信息接口。

（3）商务中介关系：商务中介主要为企业的交易过程提供服务，包括银行，认证，商务咨询等中介机构。

3.1.3.4 规划商务模型中的基本组成单元

1）明确电子商务网站及其支持的商务活动

根据业已明确的企业商务模式，确定企业商务活动中需要电子化的环节，判定实现企业增值业务的电子技术手段。

2）外部信息系统及其接口

其中包括：支持交易过程的系统；支持企业供应链、企业合作伙伴、企业客户管理等的外部系统。

从企业的物流供应链入手，分析企业与外部合作伙伴的关系，进而确定实现企业采购，商品支付和运输等环节的外部信息系统。通过分析和优化，确定企业电子商务活动中物流和信息流的匹配关系。

从产品销售入手，分析企业联机销售中需要的内部信息资源和外部信息系统，确定企业与银行及 CA 之间的数据流程，给出实现信息流和资金流相匹配的方式。

3）内部信息系统与接口

根据企业规划的商务模式，分析企业服务的客户具备的特征，挖掘企业增值服务的潜在客户群，在此基础上确定企业与客户之间的信息交流方式，个性化服务的内容以及客户管理的内容。

3.1.4 电子商务网站建设的一般流程

3.1.4.1 网站建设动因分析

企业建立自己的网站建设其目的是不同的。有的是为了展示企业产品，提升企业形象；有的是为了在自己的网站上建立一个卖场；有的是利用网站建立一个为用户进行服务的平台；还有的是要建立一个综合的电子商务平台。

所以，应该详细地分析网站建设的动因，明确网站建设所要达到的功能，这样有利于根据具体情况，对网站进行合理策划和设计，也对如何选择网络服务商和专业技术服务商起到相当重要的作用。

3.1.4.2 网站建设技术方案

根据网站不同的规模，选择不同的主机方案，搭建不同的网站建设平台；选择网络操作系统、Web 服务器和数据库系统；决定电子商务管理系统的解决方案，是选购还是自己开发电子商务的管理系统；确定相关的开发系统，如网页编辑软件、ASP、JSP、数据库软件等；确定网站的安全措施，如防黑客、病毒、商业欺诈等方案。

3.1.4.3 网站建设材料收集

一个优秀的站点需要大量的、有针对性的信息和资料。刊登的信息必须经常更换，网站才有生命力，其中的工作量是巨大的。因此，网站建设初期就应有明确的指导方针，对信息的收集和整理工作要做统筹规划。建立一个行之有效的营销性的网站决不能马马虎虎，草率行事，不能随便准备点资料，找一些象征性的图片来填充网站。资料的搜集要由专人负责，而且要能够站在企业、市场和消费者的角度上考虑文字的组织方式。

3.1.4.4 网站设计和网页制作

网站设计和网页的制作是技术性很强的工作。它将技术、艺术、企业形象与企业营销策略进行有机的组合，以先进的网页技术与平面设计为形象的展示手段，以合理的结构、层次和准确的链接关系表达企业营销策略。网站的设计，应充分利用网站分层即连续又间接的特点，在明确企业营销主题的基础上，以一种前后呼应，神态各异，既多姿多彩又持续不断的渗透表现手法，将企业的市场定位、品牌树立、服务承诺、产品优势、竞争力所在等体现在网站的各个层面上，用企业独特的文化特点、商业感召力及明确的经营理念吸引网站的游览者。

3.1.4.5 网站测试

基于 Web 的系统测试不但需要检查和验证是否按照设计的要求运行，而且还要测试网站在不同用户的浏览器端的显示是否合适。重要的是，还要从最终用户的角度进行安全性和可用性测试。然而，Internet 和 Web 媒体的不可预见性使测试基于 Web 的系统变得困难。

因此，随着基于 Web 的系统变得越来越复杂，普通用户自身是很难完成测试和评估复杂的 Web 系统的，这要依赖专门的技术服务公司来进行。即便如此，普通的用户还是可以做出一些简单的网站测评。

3.1.4.6 网站更新与维护

网站维护的目的是为了让网站能够长期稳定地运行在 Internet 上，及时地调整和更新网站内容，在瞬息万变的信息社会中抓住更多的网络商机。一个受欢迎的网站，不是一次性制作完美就可以的，由于企业经营在不断地变化，网站的内容也需要随之调整，给人一种与时俱进的感觉，公司网站才会更加吸引访问者，满足访问者更多的需求。这就要求对网站进行长期的不间断的维护和更新。

» 3.2 电子商务网站版面风格

3.2.1 主题及风格

网站的主题定位和整体风格的设计是最难的，主要在于没有一个固定的程式可以仿照。给定一个主题，任何两个人都不可能设计出完全一样的网站，同样也没有任何两个网站的风格会一模一样。那么如何设计一个与众不同的网站呢？这就必须研究网站的主题及进行风格的策划。

所谓主题也就是网站的题材。网络上的网站题材千姿百态，琳琅满目，只要想得到，就可以把它制作出来。下面是美国《个人电脑》杂志（PC Magazine）评出的 1999 年度排名前 100 位的全美知名网站的 10 类题材。

第 1 类：网上求职。

第 2 类：网上聊天 / 即时信息 /ICO。

第 3 类：网上社区 / 讨论 / 邮件列表。

第 4 类：计算机技术。

第 5 类：网页 / 网站开发。

第 6 类：娱乐网站。

第 7 类：旅行。

第 8 类：参考 / 资讯。

第 9 类：家庭 / 教育。

第 10 类：生活 / 时尚。

每个大类都可以继续细分，比如娱乐类再分为体育 / 电影 / 音乐大类，音乐又可以按格式分为 MP3、VQF、Ra，按表现形式分为古典、现代、摇滚等。以上都只是最常见的题材，还有许多专业的、另类的、独特的题材可以选择，比如中医、热带鱼、天气预报等，同时，各个题材相联系和交叉结合可以产生新的题材，例如旅游论坛（旅游＋讨论）、经典入球播放（足球＋影视）按这样分下去，题材可以有成千上万个。

为了使网站能够具有合适的题材和风格，要从选材和保持风格的一致性两方面入手。

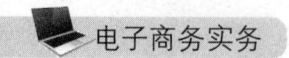

3.2.1.1 谨慎选择网站题材

1）主题要小而精，定位要准，内容要精

如果想制作一个包罗万象的站点，把所有认为精彩的东西都放在上面，那么往往会事与愿违，给访问者的感觉是没有主题，没有特色，样样有，却样样都很肤浅。网站内容的最大特点就是新和快。目前最热门的主页都是天天更新甚至几小时更新一次。最新的调查结果也显示，网络上的"主题站"比"万全站"更受人们喜爱。

> **注意**
>
> 一位网站制作者希望制作文学方面的题材，但是文学也包括许多内容，有小说、诗歌、散文、科幻、武侠、推理，仔细了解了他的擅长和想要提供的主要内容，最后将题材定位在网络文学上，删除了原有的一些无关的文学作品，集中扩大和整理网络文学作品。网站推出后，很快受到大家的喜爱。

2）题材选择专业内容

兴趣是制作网站的动力，没有热情，很难设计制作出优秀的作品。一位擅长编程的制作者，就可以建立一个编程爱好者网站；一个专注于足球的网站，可以为对足球感兴趣的访问者，报道最新的战况、球星动态等资讯。

3.2.1.2 保持网站风格一致

1）网站的风格要统一

因为一个网站是由很多个网页组成的，如果每个网页的风格都不一样的话，那么一定会使整个网站显得凌乱、不协调，甚至很容易使浏览者感到迷惑，不知自己是否还在同一个网站内浏览，所以一定要使网站的风格保持一致。特别是在一个网站由多个人来共同开发的情况下，更应注意这个问题。

2）版面设计要一致

如网页的主色调要一致，字体的风格要一致（包括字体的类型、大小、颜色等）。

3）网页中有代表性的标识要一致

如网站的名称、网站的徽标、有代表性的图形和动画等均要一致。

4）导航条的风格要一致

导航条实际上就是一组链接，它可以告诉浏览者目前所在的位置，而且可以使浏览者很方便地转向网站中的其他页面。一般来说，在网站中的每一页都要设置一个导航条，设置导航条的风格要一致，如导航条在网页中的位置要统一；所有的导航条要么都用文本，要么都用图形，如果用的是文本导航条，那么字体的大小、颜色均要统一。为了保持整个网站的风格统一，最好是使用 CSS 技术。CSS 就是一种叫做样式表（Style Sheet）的技术，也叫层叠样式表（Cascading Style Sheet）。使用 CSS，可以统一地对所有页面的布局、字体、颜色、行距、缩进量、背景等进行控制。

3.2.2 版面布局

网页可以说是网站构成的基本元素。当用户轻点鼠标，在网海中遨游时，一幅幅精彩的网页会呈现在他们面前。那么，网页精彩与否的因素是什么呢？色彩的搭配、文字的变化、图片的处理等，这些当然是不可忽视的因素，除了这些，还有一个非常重要的因素——网页的版面布局，就是以最适合浏览的方式将图片和文字排放在页面的不同位置。设计版面布局就像传统的报纸杂志编辑一样，将网页看作一张报纸或一本杂志来进行排版布局。

版面指的是浏览器看到的完整的一个页面（可以包含框架和层）。因为显示器的分辨率不同，同一个页面的大小可能出现 800×600 像素或 1024×768 像素等不同尺寸。

3.2.2.1 版面布局的步骤

1）草案

新建页面如同一张白纸，没有任何表格，框架和约定俗成的东西，可以尽可能地发挥制作者的想象力，将想到的"景象"画上去，可以用一张白纸和一支铅笔，也可以用作图软件 Photoshop 等。这属于创造阶段，不讲究细腻工整，不必考虑细节功能，只以粗陋的线条勾画出创意的轮廓即可。尽可能多画几张，最后选定一个满意的作为继续创作的脚本。

2）粗略布局

在草案的基础上，将确定需要放置的功能模块安排到页面上（功能模块主要包含网站标志、主菜单、新闻、搜索、友情链接、广告条、邮件列表、计数器、版权信息等）。这里必须注意遵循突出重点、平衡谐调的原则，将网站标志，主菜单等最重要的模块放在最明显、最突出的位置，然后再考虑次要模块的排放。

3）定案

将粗略布局精细化，具体化。

3.2.2.2 布局的原则

布局时遵循一定的原则，可以使制作者的工作变得更加有效。

1）正常平衡

亦称"匀称"，多指左右、上下对照形式，主要强调秩序，能达到稳健、诚实，值得信赖的效果。如图 3-3 所示。

2）异常平衡

即非对照形式，但也要平衡和韵律，当然都是不均整的，此种布局能达到强调性、不安性、高注目性的效果。如图 3-4 所示。

图 3-3 正常平衡

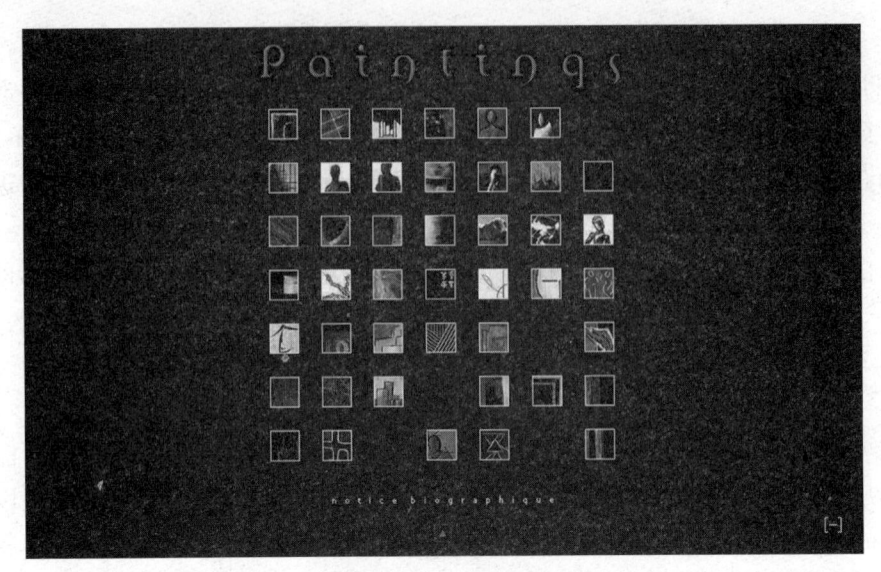

图 3-4　异常平衡

3）对比

所谓对比，不仅可以利用色彩、色调等技巧来表现，在内容上也可以涉及古与今、新与旧、贫与富等的对比。如图 3-5 所示。

图 3-5　对比

4）凝视

所谓凝视是利用页面中人物视线，使浏览者仿照跟随的心理，以达到注视页面的效果，一般多用明星凝视状。如图 3-6 所示。

图 3-6 凝视

5）空白

空白有两个方面的作用：一方面对其他网站表示突出卓越；另一方面也表示网页品位的优越感。这种表现方式对体现网页的格调十分有效。如图 3-7 所示。

图 3-7 空白

6）尽量用图片解说

此法对不能用语言说服或用语言无法表达的情感，特别有效。图片解说的内容，可以传达给浏览者更多的心理因素。

3.2.2.3 版面布局的类型

常见的网页版面布局大致可分为"国"字型、拐角型、标题正文型、左右框架型、上下框架型、综合框架型、封面型、Flash 型、变化型。下面分别讲述（粗线条标出的为框架

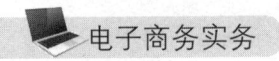

边框)。

1)"国"字型

也可以称为"同"字型,是一些大型网站所喜欢的类型,即最上面是网站的标题以及横幅广告条,接下来就是网站的主要内容,左右分列两小条内容,中间是主要部分,与左右一起罗列到底,最下面是网站的基本信息、联系方式、版权声明等。这种结构是网上最多见的一种结构类型,如图 3-8 所示。

图 3-8 "国"字型

2)拐角型

这种结构与上一种只是形式上的区别,其实是很相近的。网页上面是标题及广告横幅,接下来的左侧是一窄列链接等,右侧是很宽的正文,下面也是一些网站的辅助信息。在这种类型中,有一种很常见的形式是最上面是标题及广告,左侧是导航链接,如图 3-9 所示。

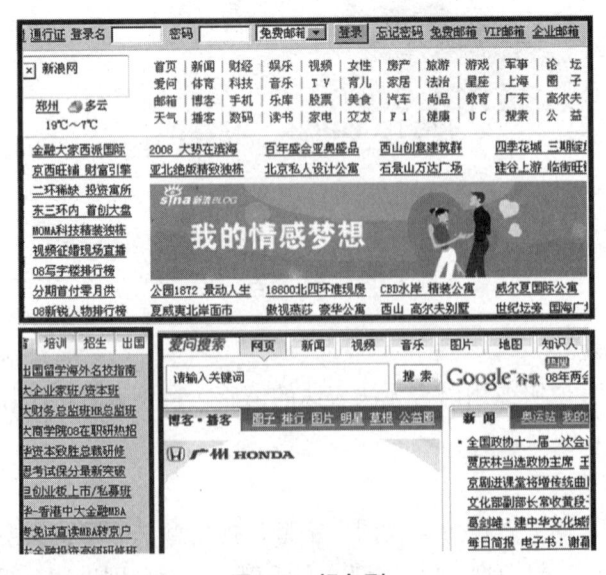

图 3-9 拐角型

3）标题正文型

这种类型即最上面是标题或类似的一些东西，下面是正文，比如一些文章页面或注册页面等，如图3-10所示。

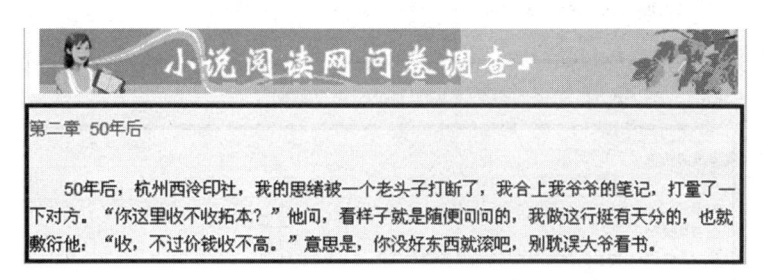

图 3-10　标题正文型

4）左右框架型

这是一种左右分别为两页的框架结构。一般左面是导航链接，有时最上面会有一个小的标题或标志；右面是正文。大部分的大型论坛网站都是这种结构的，有一些企业网站也喜欢采用。这种类型结构非常清晰，一目了然，如图3-11所示。

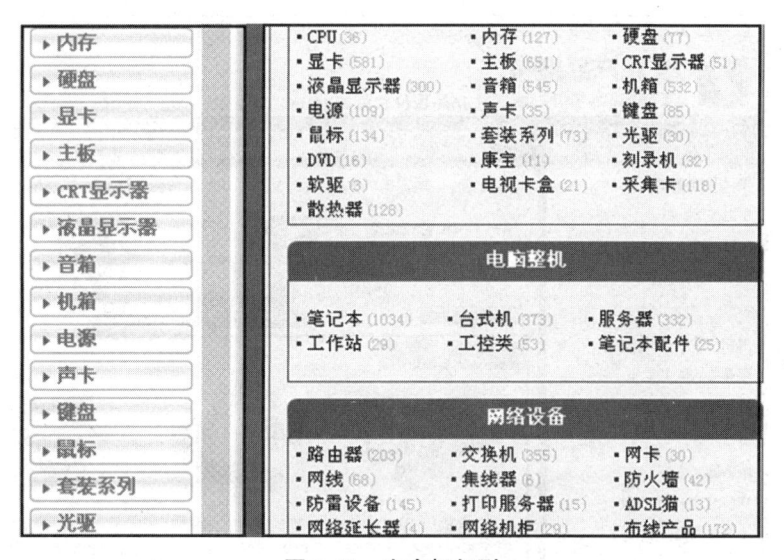

图 3-11　左右框架型

5）上下框架型

与左右框架型类似，区别仅仅在于是一种上下分为两页的框架结构，如图3-12所示。

6）综合框架型

上面两种结构的结合，是一种相对复杂的框架结构，较为常见的是类似于"拐角型"结构的，只是采用了框架结构，如图3-13所示。

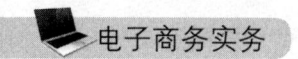

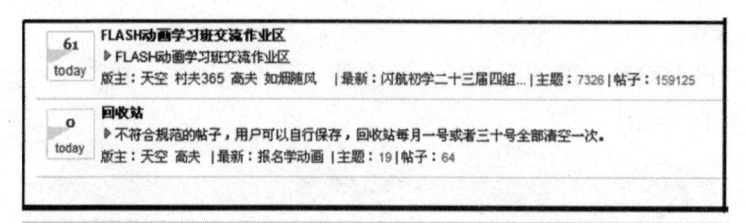

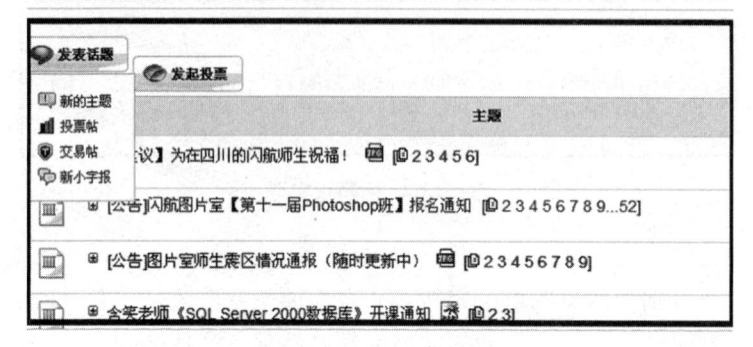

图 3-12　上下框架型

图 3-13　综合框架型

7）封面型

这种类型基本上是出现在一些网站的首页，大部分为一些精美的平面设计结合一些小的动画，放上几个简单的链接或者仅是一个"进入"的链接甚至直接在首页的图片上做链接而没有任何提示。这种类型大部分出现在企业网站和个人主页的设计上，如果处理得好，会给人带来赏心悦目的感觉，如图 3-14 所示。

图 3-14　封面型

8）Flash 型

Flash 型与封面型结构是类似的，只是这种类型采用了目前非常流行的 Flash 动画软件。与封面型不同的是，由于 Flash 强大的功能，页面所表达的信息更丰富，其视觉效果及听觉效果如果处理得当，绝不差于传统的多媒体，如图 3-15 所示。

图 3-15　Flash 型

9）变化型

即上面几种类型的结合与变化，比如艺术中国网站在视觉上是很接近拐角型的，但所实现的功能的实质是那种上、下、左、右结构的综合框架型，如图 3-16 所示。

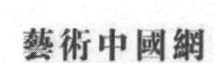

图 3-16 变化型

3.2.2.4 版面布局选择的标准

如何选择版面布局,这是制作者经常遇到的问题。版面布局的选择要根据具体情况具体分析,综合来看,有以下参考标准。

(1) 如果内容非常多,就要考虑用"国字型"或拐角型。

(2) 如果内容不算太多而一些说明性的东西比较多,则可以考虑标题正文型。

(3) 如果追求浏览方便、速度快,几种框架结构比较合适,但要注意其结构变化不灵活。

(4) 如果是一个企业需要展示一下企业形象或个人需要展示个人风采,封面型是首选;同时,Flash 型更灵活一些,好的 Flash 大大丰富了网页,但是它不能表达过多的文字信息。

3.3 电子商务网站架构

3.3.1 栏目设计

策划网站的中心工作,就是设置网站的栏目。栏目的实质是一个网站的大纲索引,索引应该将网站的主体明确显示出来。在制定栏目的时候,要仔细考虑,合理安排。划分栏目需要注意的是:尽可能删除与主题无关的栏目,尽可能将网站最有价值的内容列在栏目上,尽可能方便访问者的浏览和查询。

栏目的内容与功能往往决定了网站的质量以及受欢迎的程度。网站的题材确定后,网站制作者收集和组织了许多相关的资料内容,但是许多网站栏目(主菜单)的设计,并没有将最好的、最吸引人的内容放在最突出的位置,没有让重要的内容在版面分布上占绝对优势。

例如,有一个以提供动画素材为主题的网站,它的栏目是:关于站长、本站导航、动画宝库、本站论坛、本站留言本、联系站长。首页上写着本站网址和版权申明。这个网站中，最吸引人的动画素材在主栏目里占1/6，在首页上却没有反映出来。即使这个网站的确有大量的、精美的动画素材，这样的栏目设计也很难吸引浏览者继续挖掘。

一个网站的建设是一项长期性的工作，是需要分阶段、按步骤进行的。根据网站的目标用户需要，有针对性地设计栏目，分阶段地组织栏目，按步骤地实施计划，这是网站建设的基本原则。许多网站都是依靠创办一两个栏目起家的，如新浪网依托的是新闻栏目与网上论坛；搜狐网依托的是搜索引擎。

为了设计明确的网站结构，在栏目设计前必须明确以下问题：
（1）建立网站的目的是什么？
（2）网站需要哪些用户访问？
（3）这些用户的特点是什么？
（4）这些用户需要知道什么？
（5）这些用户希望能与使用者交流什么？

当使用者的栏目设计出来时，使用者还需要反问自己：
（1）网站的栏目是否满足了用户的需要？
（2）网站的栏目是否可以让用户很快了解信息并且方便与使用者交流？
（3）假设使用者是用户，使用者如何评价这个网站？
（4）使用者有足够的能力及时组织网站的信息资料吗？

弄清楚了上述问题，网站的结构就应该是非常清晰明确了。一般的网站栏目安排要注意以下几个方面。

3.3.1.1 紧扣主题

一般的做法是：将主题按一定的方法分类并将它们作为网站的主栏目。例如，可以将栏目分为动物动画、标志动画、三维动画、卡通动画等，在首页上标明最近更新的动画。主题栏目个数在总栏目中要占绝对优势，这样的网站显得专业，主题突出，容易给人留下深刻印象。

3.3.1.2 设立一个最近更新或网站指南栏目

如果首页没有安排版面放置最近更新内容信息，就有必要设立一个"最近更新"的栏目。这样做是为了照顾常来的访客，让主页更加人性化。

如果主页内容庞大（超过15MB），层次较多，而又没有站内的搜索引擎，可以设置"本站指南"栏目，可以帮助初访用户快速找到他们想要的内容。

3.3.1.3 设定一个可以双向交流的栏目

这样的栏目不需要很多，但一定要有诸如论坛、留言本、邮件列表等这样的栏目，以方便让浏览者留下他们的信息。有调查表明，提供双向交流的网站比简单地留一个电子邮件的网站更具有亲和力。

3.3.1.4 设定一个下载或常见问题回答栏目

网络的特点是信息共享。如果访问者看到一个网站有大量优秀的、有价值的资料，肯定希望能一次性下载，而不是一页一页浏览存盘。在主页上设置一个资料下载栏目，会得到访问者的欢迎。

有些网站为了加大广告显示量，一篇文章还要分几页显示，这将很大程度影响访问量。另外，如果网站经常收到访问者关于某方面问题的来信，最好设立一个常见问题回答的栏目，既方便了访问者，也可以节约自己更多时间。至于其他的辅助内容，如关于本站、版权信息等可以不放在主栏目里，以免冲淡主题。

3.3.2 目录设计

网站目录是指建立网站时创建的目录。例如，在用 FrontPage 或 Dreamweaver 建立网站时都默认建立了根目录和 Images 子目录。目录结构是一个容易忽略的问题，很多网站都是未经规划、随意创建子目录。目录结构的好坏，对浏览者来说并没有什么太大的感觉，但是对于网站本身的上传维护、内容的扩充和移植有着重要影响。规划合理的目录结构对于网站所有者来说，可以在今后的内容更新和维护中，节省大量的时间和精力。

随着网页技术的不断发展，利用数据库或者其他后台程序自动生成网页越来越普遍，网站的目录结构也升级到一个新的结构层次，为了建设一个便于管理的目录系统，应该注意以下方面。

3.3.2.1 减少根目录的文件存放数

有些制作者为了方便，将所有文件都放在根目录下。这样做造成的不利影响在于：

1）文件管理混乱

导致使用者常常搞不清哪些文件需要编辑和更新，哪些无用的文件可以删除，哪些是相关联的文件，影响了工作效率。

2）上传速度慢

服务器一般都会为根目录建立一个文件索引，当将所有文件都放在根目录下，那么即使使用者只上传更新一个文件，服务器也需要将所有文件再检索一遍，建立新的索引文件。很明显，文件量越大，等待的时间也就越长。

3.3.2.2 按栏目内容建立子目录

子目录的建立，首先按主菜单栏目建立。例如，网页教程类网站可以根据技术类别分别建立相应的目录，如 Flash、html、Java script 等；企业网站也可以按公司简介、产品介绍、价格、在线订单、反馈联系等建立相应目录。

其他次要栏目，类似 what's new、友情链接等内容较多、需要经常更新的栏目，可以建立独立的子目录。而一些相关性强，不需要经常更新的栏目，如关于本站、关于站长、网站经历等，可以合并放在一个统一目录下。

所有程序一般都存放在特定目录下，例如，CGI 程序放在 cgi\bin 目录下，便于维护管理。所有需要下载的内容也最好放在一个目录下。

3.3.2.3 在每个主目录下都建立独立的 Images 目录

默认的，一个网站根目录下都有一个 Images 目录。初期进行主页制作时，制作者往往习惯将所有图片都存放在这个目录里，可是随后会发现很不方便。当需要将某个主栏目打包供访问者下载，或者将某个栏目删除时，图片的管理就变得相当麻烦。因此，为每个主栏目建立一个独立的 Images 目录是最方便管理的，而根目录下的 Images 目录只是用来放首页和一些次要栏目的图片。

3.3.2.4 目录的层次不要太多

目录的层次建议不要超过 3 层，原因很简单，便于维护和管理。

3.3.2.5 其他注意事项

不要使用中文目录，使用中文目录可能对网址的正确显示造成困难；不要使用过长的目录名，尽管服务器支持长文件名，但是太长的目录名不便于记忆；尽量使用意义明确的目录名，上面的例子中，使用者可以用 Flash、html、Java script 来建立目录，也可以用数字 1、2、3 建立目录，但是前者的含义更明确、更便于记忆和管理。

3.3.3 链接结构

访问者进入网站，相关的信息都可以方便快捷地找到是一个网站的基本要素。其中要借助于相关的网站，所以做好引导工作是很重要的。超文本这种结构使全球所有联上 Internet 的计算机成为超大规模的信息库，链接到其他网站轻而易举。在设计网页的导引组织时，应该给出多个相关网站的链接，使得访问者感到想得到的信息就在鼠标马上可以点击的地方。

网站的链接结构是指页面之间相互链接的拓扑结构。它建立在目录结构的基础上，但可以跨越目录。形象地说：每个页面都是一个固定点，链接则是在两个固定点之间的连线。一个点可以和一个点连接，也可以和多个点连接。更重要的是，这些点并不是分布在一个平面上，而是存在于一个立体的空间中。

研究网站的链接结构的目的在于：用最少的链接，使得浏览最有效率。一般的，建立网站的链接结构有以下两种基本方式。

3.3.3.1 树状链接结构（一对一）

类似 DOS 的目录结构，首页链接指向一级页面，一级页面链接指向二级页面，立体结构看起来就像蒲公英。在浏览这样的链接结构时，逐级进入，逐级退出。

该结构的优点是条理清晰，访问者明确知道自己在什么位置，不会迷路；缺点是浏览效率低，一个栏目下的子页面到另一个栏目下的子页面，必须绕经首页。

3.3.3.2 星状链接结构（一对多）

类似网络服务器的链接，每个页面相互之间都建立有链接，立体结构像电视塔上的钢球。这种链接结构的优点是浏览方便，随时可以到达自己喜欢的页面；缺点是链接太多，容易使浏览者迷路，搞不清自己在什么位置，看了多少内容。

这两种基本结构都只是理想方式，在实际的网站设计中，总是将这两种结构混合起来使用。网站制作者希望浏览者既可以方便快速地到达自己需要的页面，又可以清晰地知道自己的位置。所以，最好的办法是：首页和一级页面之间用星状链接结构；一级页面和二级页面之间用树状链接结构，如图 3-17 所示。

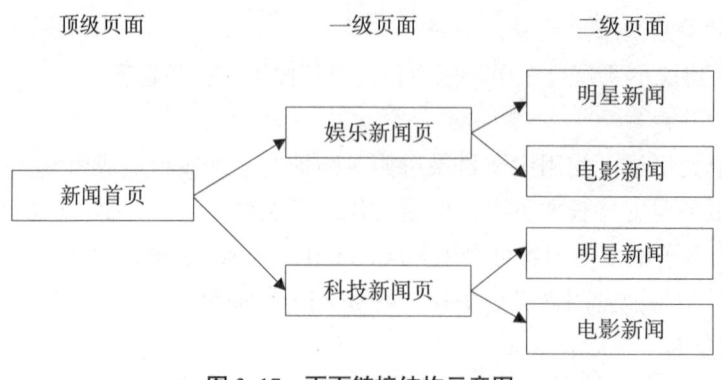

```
顶级页面              一级页面              二级页面
                                        ┌─ 明星新闻
                     ┌─ 娱乐新闻页 ─┤
                     │              └─ 电影新闻
         新闻首页 ──┤
                     │              ┌─ 明星新闻
                     └─ 科技新闻页 ─┤
                                    └─ 电影新闻
```

图 3-17　页面链接结构示意图

如果网站内容庞大，分类明细，超过了三级页面，那么需要在页面里显示导航条，可以帮助浏览者明确自己所处的位置。就是使用者经常看到许多网站页面顶部的，类似这样："您现在的位置是：艺术中国网 >> 设计 >> 平面设计 >> 色彩设计 >> 设计正文"，如图 3-18 所示。

>> 您现在的位置：艺术中国网 >> 设计 >> 平面设计 >> 色彩设计 >> 设计正文

图 3-18　导航条

关于链接结构的设计，在实际的网页制作中是非常重要的一环。采用什么样的链接结构直接影响到版面的布局。例如，主菜单放在什么位置，是否每页都需要放置，是否需要用分帧框架，是否需要加入返回首页的链接。在链接结构确定后，再开始考虑链接的效果和形式，是采用下拉表单，还是用 DHTML 动态菜单等。

> **注意**
>
> 随着电子商务的推广，网站竞争越来越激烈，对链接结构设计的要求已经不仅仅局限于可以方便快速地浏览，而是更加注重个性化和相关性。例如，一个爱婴主题网站，在 8 个月婴儿的营养问题页面上，需要加入 8 个月婴儿的健康问题链接、智力培养链接，或者是有关奶粉宣传的链接，一本图书、一个玩具的链接。因为父母不可能到每个栏目下去寻找关于 8 个月婴儿的信息，他们可能在找到需要的问题后就离开网站了。如何让访问者在自己的网站停留更长的时间，是网站设计者必须考虑的问题。

3.4　电子商务网站内容设计

Internet 最大的资源优势在于其多媒体功能，因而要尽一切努力挖掘它，吸引浏览者保持注意力。一个成功的网站不能不注重外观布局。外观是给访问者的第一印象，留下一个好的印象，那么访问者看下去或者说再次光顾的可能性才更大。但是网站的成功更要靠网站的内容，网站的内容对于访问者来说要有用，这才是最重要的。

例如，hao123 这个网站，如图 3-19 所示。很多人批评它缺少艺术性，缺少技术性，但是它却吸引了大量访问者持续地访问。原因就在于它提供了实用的网址导航，解决了网络访问者不愿意甚至不会输入那些冗长、难记的网址的问题。

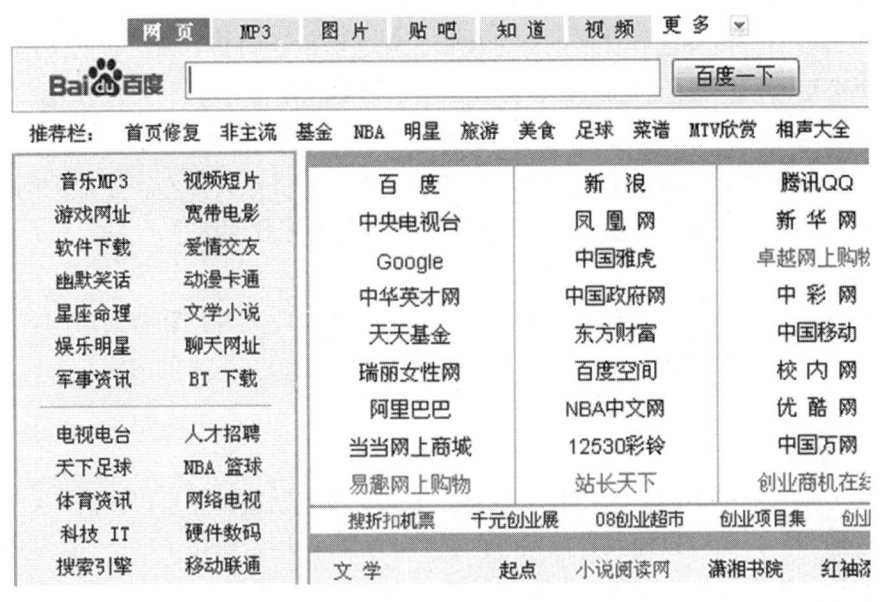

图 3-19　hao123 网站首页

3.4.1　电子商务企业网站的典型内容

虽然电子商务企业的经营状况千差万别，建设网站的目的也不尽相同，但是在电子商务企业的网站上基本应包含以下的内容。

3.4.1.1　企业的基本背景介绍

关于企业的基本背景介绍，网站最好能够提供中英文两个版本。简介文字则从简单到翔实。专业的电子版企业简介应该具有图文混排的非 HTMI 格式。例如，可以使用 Acrobat 的 PDF 格式供客户下载，Acrobat 文件能够保持图文排列的整体观感，这是完整体现企业形象的方法。同时应该在主页上加入 Acrobat Reader 查看程序的下载链接。

3.4.1.2　详细的产品资料或服务介绍

生产制造类企业应该把自己的主要产品的全貌反映在网站上，让客户能够查询到产品的主要技术参数、照片和其他可公开的信息。服务类企业更加应该通过各种手段把详尽的服务内容和条款列出。如果产品能够在网站上用更形象的方式体现，也可以采用 VRMI 编辑器构筑一些虚拟现实场景。

根据企业产品或服务门类的多少，企业网站也应该采用不同的内容构造方式。如果产品线比较复杂，并且经常有产品升级换代，那么最好用 Web 数据库技术，让访问者可以进行数据库查询和分类检索。

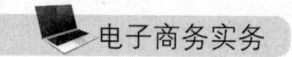

3.4.1.3 技术支持资料

除了产品说明书之外，企业还应该将自己产品的更多信息，如常见故障的处理方法、计算机产品的编程接口等能够公开的资料显示在企业的网站上。

3.4.1.4 企业营销网络

很多企业在总部以外都有其他的分支机构，那么应该在网站上列出全球范围内所有可接洽到的办公场所，包括他们的电话、传真、电子邮件，并列出他们各自的职能。

3.4.1.5 财务报告

对于股份制企业，尤其是上市企业，应该将重要的财务报告发布在企业的网站上，让投资者能够方便查询到这些信息，包括中报、年报、各种配股计划。

3.4.1.6 收集客户反馈

在企业网站上应该至少带有一个客户反馈表单，用于收集客户和普通访问者对企业改进产品和服务的意见和建议。网络管理员也应该经常检查提交上来的内容，及时转交给企业的决策部门。

3.4.1.7 其他有关企业经营特点的内容

这个部分视企业的不同需求而有所差异。例如，服装制造企业可以加入一些时尚网站的链接；音像制品厂商可以加入音乐站点的链接。如果使用者制作了一个含有公司广告的屏幕保护程序，也可以放到网站上供用户下载。

图3-20是万科网站首页，基本包含了上述内容。

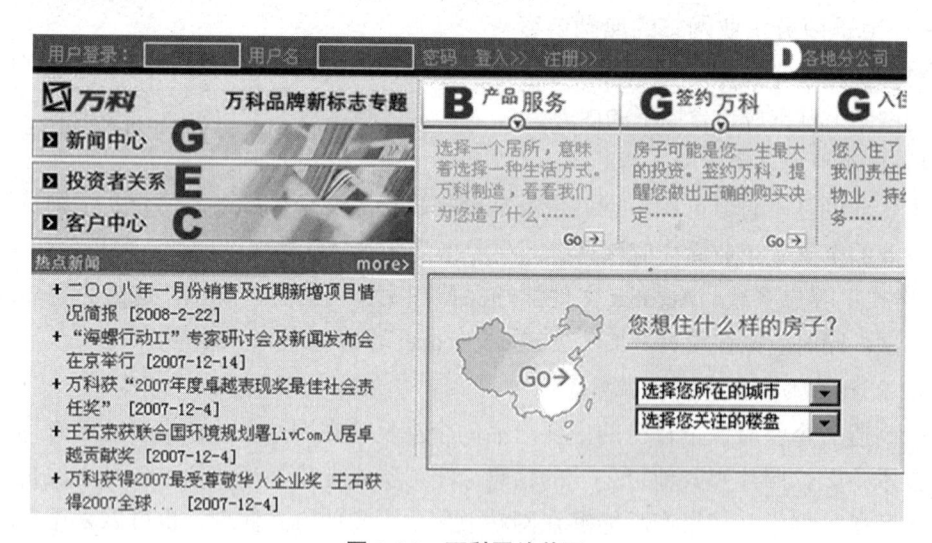

图3-20 万科网站首页

（1）点击"走进万科"可以看到企业的基本背景介绍；

（2）点击"产品服务"可以看到详细的产品资料或服务介绍；

（3）点击"客户中心"可以查询到技术支持资料；

（4）点击"各地分公司"可以查询到企业的营销网络；

（5）点击"投资者关系"可以查询到财务报告；

（6）点击"投诉与建议"可以收集客户反馈；

（7）签约万科、入住万科、万科周刊都是其他有关企业经营特点的内容。

3.4.2 网站内容设计的要点

影响网站成功的因素主要有网站结构的合理性、直观性，多媒体信息的实效性和费用等。成功网站的最大秘诀在于让用户感到网站对他们非常有用。因此，网站内容规划对于网站建设至关重要。进行网站内容规划的要点如下。

3.4.2.1 关注网站内容的浏览效果

HTML 文档的效果由其自身的质量和浏览器解释 HTML 的方法决定。由于不同浏览器的解释方法不尽相同，所以在网页设计时要充分考虑到这一点，让所有的浏览器都能够正常浏览。

3.4.2.2 网站信息层次要清晰

网站信息的组织没有简单快捷的方法，吸引用户的关键在于总体结构的层次分明。应该尽量避免形成复杂的网状结构。网状结构不仅不利于用户查找感兴趣的内容，而且在信息不断增多后还会使维护工作非常困难。

3.4.2.3 控制图像、声音和视频文件的数量

图像、声音和视频信息能够比普通文本提供更丰富和更直接的信息，产生更大的吸引力，但文本字符可提供较快的浏览速度。因此，图像和多媒体信息的使用要适中，减少文件数量和大小是必要的。

3.4.2.4 精心设计主页内容

对任何网站，每一个网页或主页都是非常重要的，因为它们能够给用户带去第一印象，好的第一印象能够吸引用户再次光临这个网站。

3.4.2.5 及时更新网站内容

网站内容应是动态的，随时进行修改和更新，以使自己的网站紧跟市场潮流。在主页上，注明更新日期及 URL 对于经常访问的用户非常有用。

3.4.2.6 设计辅助功能，帮助访问者高效访问相关信息

网页中应该提供一些联机帮助功能。比如，输入查询关键字就可以提供一些简单的例子，甚至列出常用的关键字，千万不能让访问者不知所措。

3.4.2.7 注意文本的设计

网页的文本内容应简单明了、通俗易懂。所有内容都要针对设计目标而写，不要节外生枝。文字要正确，不能有语法错误和错别字。

3.4.2.8 灵活采用设计技术，吸引访问者查看信息

网站内容进一步会影响到所使用的主页设计技术。事实上，如果提供的信息够好、够特殊，完全可以平铺直叙地表达，不需要使用什么炫目的主页设计技巧。但是，如果网站没有什么吸引人的信息，只是想帮助网站的使用者劝说用户购买某件商品的话，就可能要加入一些新奇的东西，例如游戏、竞赛、抽奖、动画、多媒体等，让用户感到新鲜有趣，进而浏览更多的、更深入的信息。

企业的网站建立后，要不断更新内容，利用这个新媒体宣传本企业的文化、理念、新产品。网站信息的不断更新和新产品的不断推出，让浏览者感到企业的实力和发展，同时也会使企业更加有信心。

➤ 本章小结

1.电子商务网站的规划是指：以完成企业核心业务转向电子商务为目标，依据未来企业的电子商务战略，设计支持未来这种转变的电子商务网站的体系结构，说明系统各个组成部分的结构及其组成，选择构造这一系统的技术方案，给出系统建设的实施步骤及时间安排，说明系统建设的人员组织，评估系统建设的开销和收益。

（1）电子商务网站设计中应注意的原则：①明确建立网站的目标和用户需求；②总体设计方案主题鲜明；③网站的版式设计协调；④注意色彩在网页设计中的作用；⑤网页形式与内容相统一；⑥合理利用三维空间的构成和虚拟现实；⑦多媒体功能的利用；⑧用户参与网站测试和改进；⑨内容更新与沟通；⑩合理运用新技术。

（2）要实现电子商务应用，电子商务网站建设大致需要经过4个阶段：①商务分析阶段；②规划设计阶段；③建设变革阶段；④整合运行阶段。

（3）在商业模式的设计过程中主要有以下工作：①分析电子商务手段对企业商务活动各环节的影响；②分析内部信息系统对企业电子商务的支持作用；③确定与外部信息系统的接口；④规划商务模型中的基本组成单元。

（4）电子商务网站建设一般流程包括：①网站建设动因分析；②网站建设技术方案；③网站建设材料收集；④网站设计和网页制作；⑤网站测试；⑥网站更新与维护。

2.电子商务网站的版面风格设计主要包括2个部分内容：①主题及风格；②版面布局。

（1）主题及风格。为了使网站能够具有合适的题材和风格，要从选材和保持风格的一致性两方面入手。

（2）版面布局。版面布局主要考虑3个方面的问题：①版面布局的步骤；②版面布局的原则；③版面布局的类型。

3.电子商务网站架构主要涉及3个方面的问题：①栏目设计；②目录设计；③链接结构。

（1）栏目设计要注意4个方面：①紧扣主题；②设立一个最近更新或网站指南栏目；③设定一个可以双向交流的栏目；④设定一个下载或常见问题回答栏目。

（2）目录设计要注意5个方面：①减少根目录的文件存放数；②按栏目内容建立子目录；③在每个主目录下都建立独立的Images目录；④目录的层次不要太多；⑤其他注意事项。

（3）建立网站的链接结构有2种基本方式：①树状链接结构（一对一）；②星状链接结构（一对多）。

4.从分析典型网站的特点入手，提出网站内容设计的要点：①关注网站内容的浏览效果；②网站信息层次要清晰；③控制图像、声音和视频文件的数量；④精心设计主页内容；⑤及时更新网站内容；⑥设计辅助功能，帮助访问者高效访问相关信息；⑦注意文本的设计；⑧灵活采用设计技术，吸引访问者查看信息。

复习思考题

（1）分析图 3-21 和图 3-22 所示两个网站的主题风格的异同。
（2）分析图 3-21 和图 3-22 所示两个网站页面布局的类型，相互之间的异同及优劣。
（3）分析图 3-21 和图 3-22 所示两个网站功能设计是否完善，有无可改进之处。
（4）分析图 3-21 和图 3-22 所示两个网站链接结构是否合理。
（5）分析图 3-21 和图 3-22 所示两个网站导航设计是否合理，如何改进。
（6）分析图 3-21 和图 3-22 所示两个网站内容设计如何。

图 3-21　任天堂（NINTENDO）GAMEBOY MICRO 的宣传网站

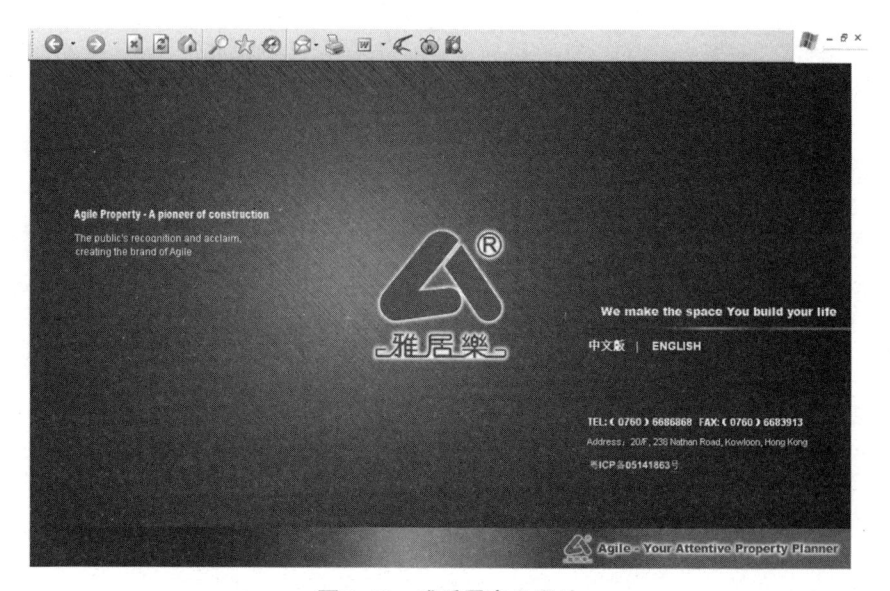

图 3-22　雅乐居商业网站

第4章　电子商务的主要模式

学习目标

本章重点介绍 B2B、B2C、C2C、O2O 几种电子商务模式，帮助用户熟悉各种电子商务模式的运营方式。

学习要求

了解：我国的电子商务网络接入模式的选择；C2C 的电子商务模式。

掌握：实际产品、无形产品和劳务的 B2C 的电子商务模式；B2B 的 4 种运营模式以及在线商店的具体运营模式及推广方法；O2O 的运营模式、消费流程、面临的问题等。

按照交易对象分类，电子商务可以分为6类：商业机构对商业机构的电子商务（Business-to-Business），商业机构对消费者的电子商务（Business-to-Consumer，B2C），商业机构对政府的电子商务（Business-to-Administrations，B2A），消费者对政府的电子商务（Consumer-to-Government，C2G），消费者对消费者的电子商务（Consumer-to-Consumer，C2C），在线离线/线上到线下（Online To Offline）。由于在电子商务中，政府、消费者的商务活动与企业有相似的地方，本书主要讨论商业机构对商业机构的电子商务（Business-to-Business，B2B），商业机构对消费者的电子商务（Business-to-Consumer），消费者对消费者的电子商务在线离线/线上到线下（Online To Offline，O2O）4种模式。

» 4.1 B2C 模式

商业机构对消费者的电子商务（B2C）模式又称直接市场销售。主要包括销售有形产品的电子商务模式及销售无形产品和劳务的电子商务模式。

根据艾瑞咨询（www.iresearch.cn）统计，中国2015年第三季度电子商务交易额达到3.93万亿元，同比增长17.3%，环比增长4.8%。图4-1显示了2014年第一季度到2015年第三季度中国电子商务发展情况。

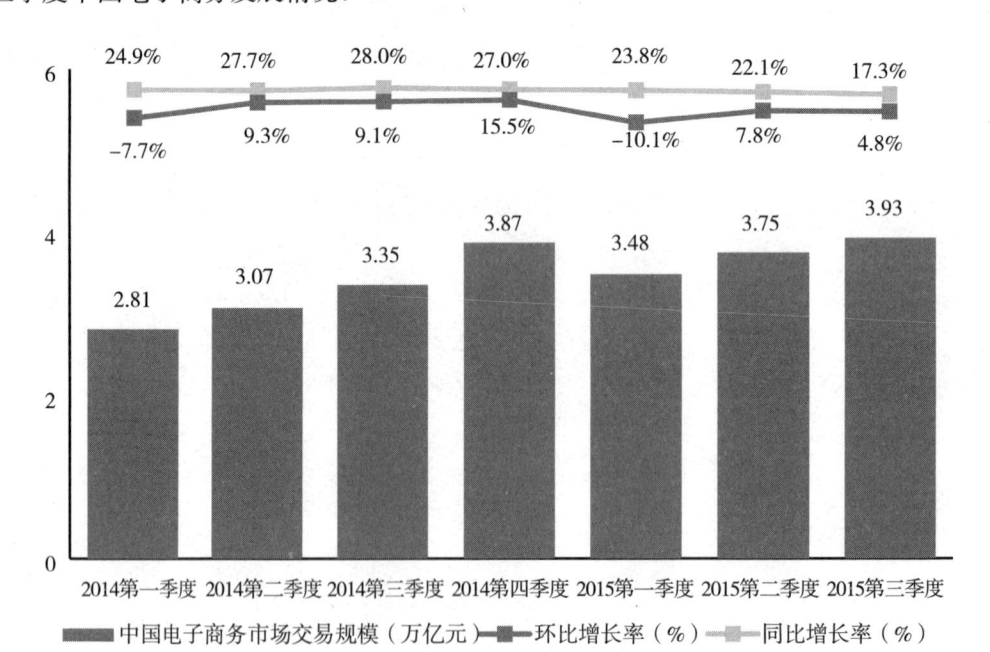

图 4-1 中国电子商务发展情况

注释：电子商务市场交易规模季度数据核算中不含O2O交易规模及在线租车交易规模。
来源：根据企业公开财报、行业访谈及艾瑞统计预测模型估算

为了充分利用国际互联网达到最佳的商业效果，不同的企业利用电子商务的模式是不同的。企业应根据自身的经营特点，开发适合企业发展的电子商务战略。就商业机构对消

费者来讲，其电子商务模式主要就是网上在线的商务模式。但是，网上销售无形产品和劳务与销售实物产品是有很大不同的。因此，以下分别针对这两种情况对 B2C 的电子商务模式进行介绍。

4.1.1 销售有形产品的电子商务模式

销售有形产品的电子商务模式又分为传统的有形产品的电子商务模式和特殊实物产品的电子商务模式。

4.1.1.1 传统的有形产品的电子商务模式

实物产品的电子商务模式指的是，这种产品或服务的成交是在国际互联网上进行的，而实际产品和劳务的交付仍然通过传统的方式，其所包含的具体产品和劳务的交付实现要按照传统的方式，这种产品和劳务的交付不能够通过电脑的信息载体来实现。

据调查，目前网上交易活跃、热销的实物产品依次为：

（1）电脑产品；

（2）旅游；

（3）娱乐；

（4）服饰；

（5）食品饮料；

（6）礼品鲜花。

虽然目前在互联网上所进行的实物产品的交易仍不十分普及，但还是取得了骄人的进步，网上成交额有增无减。

网上实物产品销售之所以火爆，是因为其独特的优势。网上实物产品销售的特点主要反映为网上在线销售使市场扩大了，机会增多了。与传统的店铺市场销售相比，无论企业（公司）的大小，网上销售都可以将业务伸展到世界的各个角落。美国的一种创新产品"无盖凉鞋"，其网上销售的订单有 2 万美元是来自于非洲国家、马来西亚和日本等非美国客户。

网上销售（虚拟商店）只需较少的雇员，可以直接从仓库销售。而且，有时虚拟商店可以直接从经销商处订货，省去了产品储存环节。特别是在网上销售的产品中，一些出售独特产品的虚拟商店较为成功。

比如，一家出售与大象有关的产品的虚拟商店开展在线销售仅两个月，其产品销售额就达 5000 美元。独特产品商店之所以较成功，是因为其产品特点和国际互联网的特点决定的。在实际市场上，对于特殊产品的需求是有限的，由于市场上特殊产品的消费者比较分散，传统的实物店铺市场的覆盖范围不足以支持店铺经营。而国际互联网触及世界市场的各个角落，人们可以根据自己的兴趣来搜索虚拟商店。因此，见缝插针式的产品在线销售方式就更容易成功。

4.1.1.2 特殊实物产品的电子商务模式

另一类在线销售较成功的产品是一些众所周知、内容较确切的实物产品，如书籍、CD盘和品牌电子产品等。这些产品除了有大量的销售分支机构进行销售外，网上销售也占有非常大的比例。

实物企业产品在线销售的形式目前有两种：一种是在网上设立独立的虚拟店铺，另一种是参与并成为网上在线购物中心的一部分。

国际互联网服务商（ISP）可以帮助企业设计网页，创建独立的虚拟商店，为用户提供接入服务。例如，Amazon（www.amazon.com）书店的绝大多数生意，都是在网上进行的，它是较成功的在线销售商店。

图 4-2 卓越亚马逊主页

卓越亚马逊（http://www.joyo.net/）是中文世界里比较出色的在线书店，它的主页（图 4-2）内容丰富生动，重要栏目很多，每周有 300 多个推荐书目；卓越亚马逊拥有许多出版社加盟；卓越亚马逊的书评是特意聘请专家撰写的，有些书评写的大胆直率、中肯，非常受读者欢迎。现在卓越亚马逊每天约有 5000 人次的访问量，平均每月超过 10 万人次，客户年龄层在 20～45 岁之间，主要兴趣与一般书店相仿，所以，卓越亚马逊很受读者欢迎。这一点也表明了电子商务的跨时空性。

然而，中国目前的在线购物似乎并不是特别成功，上海就有一家在线书店因经营不善而关门。卓越亚马逊的总经理表示在线书店的利润和街边的书店差不多。虽然卓越亚马逊节省了门面租金，但人工成本却超出了普通书店，因为卓越亚马逊需要一批拥有电脑网络知识的专业人员来管理整个网络结算系统。

卓越亚马逊在线购物的障碍主要有 3 个：

（1）网民太少，即使上网，也由于费用过高而减少了访问者，目前广大消费者还是通过传统的实物市场购物；

（2）国际互联网过于庞大，中小型公司要想打出牌子，必须在广告和公关方面大做文章；

（3）由于开发在线购物前期投入较大，而且投资回报周期较长，让很多中小型企业望而却步。

不过，随着网络知识的普及，在线购物很有前景，卓越亚马逊的发展会越来越顺利。

由于开发在线购物前期投入较大，而且投资回报周期较长，许多中小型公司对自己建立在线购物商场止步不前，纷纷选择其他公司开发的在线购物平台，租用人家的平台进行在线交易。如 IBM 目前已经开设 WorldAvenue 购物中心，参与销售活动的销售商至少需要支付 3 万美元的费用建立在线商店，其服务包括设计网上多达 30044 种商品的目录网页，费用为每月 2500 美元。除此之外，IBM 对每一笔交易按交易额收取 5% 的佣金。

国内，很多 ISP 也纷纷开始了电子商务服务，设立了自己的在线市场。

实际上，多数企业网上销售并不仅采用一种电子商务模式，它们采用的往往是综合模式，即将各种模式结合起来实施电子商务。

Golfweb 就是一家有 3500 页有关高尔夫球信息的网站。这家网站采用的就是综合模式，其中 40% 的收入来自于订阅费和服务费，35% 的收入来自于广告，还有 25% 的收入是该网站专业零售点的销售收入。该网站已经吸引了许多大公司的广告，美洲银行（Bank of America）、Lexus 公司、美国电报电话公司（AT&T）等都在这里做广告。专业零售点开始两个月的收入就高达 50 万美元，该网站既卖服务又卖产品，还卖广告，一举三得。

由此可见，一旦确定了电子商务的基本模式，企业不妨考虑一下在网上销售中采取综合模式的可能性。例如，一家旅行社的网页向客户提供旅游在线预订业务，同时不妨也接受度假村、航空公司、饭店和旅游等的促销广告，如有可能还可向客户提供一定的折扣或优惠，以便吸引更多的生意。一家书店不仅销售书籍，而且可以举办"读书俱乐部"，接受来自于其他行业或其他零售商店的广告。在网上尝试综合的电子商务模式有可能给企业带来额外的收入。

4.1.2 销售无形产品和劳务的电子商务模式

网络具有信息传递和信息处理的功能，因此，无形产品和劳务（如信息、计算机软件、视听娱乐产品等）就可以通过网络直接向消费者提供。无形产品和劳务的电子商务模式主要有 4 种：网上订阅模式、付费浏览模式、广告支持模式和网上赠与模式。

4.1.2.1 网上订阅模式

网上订阅模式（Subscription_based Sales）指的是企业通过网页安排向消费者提供网上直接订阅，直接信息浏览的电子商务模式。网上订阅模式主要被商业在线机构用来销售报纸杂志、有线电视节目等。网上订阅模式主要包括以下情况。

1) 在线服务（Online Services）

指在线经营商通过每月向消费者收取固定的费用而提供各种形式的在线信息服务。例如，美国在线（AOL）和微软网络（Microsoft Network）等在线服务商都使用这种形式，让订阅者每月支付固定的订阅费用以享受所提供的各种信息服务。

1996 年以前，在线服务商一般都是按实际使用时间向客户收取费用。从 1996 年起，一些网络服务商（ISP）改为收取固定的费用向消费者提供国际互联网的接入服务。在线服务商现在也遵从相同的做法，以固定费用的方式提供无限制的网络接入和各种增值服务。

在线服务商一般都有自己服务的客户群体。以美国的在线服务商为例：美国在线（AOL）的主要客户群体是家庭使用者；微软网络（Microsoft Network）的主要客户群体是Windows 的使用者；Prodigy 的主要客户群体是消费者。

在线服务商提供的服务有以下特点。

（1）基础信息服务到位。在线服务商所提供的基础信息服务一般可以满足订户对基础信息的要求。例如在线服务商一般都提供优秀的剪报信息，有的在线服务商还独家发布在线报纸、杂志和其他信息（如 AOL 就独家发布消费者报刊 Consumer Reports）。我国的网易也给广大客户提供信息服务。

（2）网络安全可靠。由于在线服务都是在专有的网络上运行，通过在线服务商连接的安全保障比直接连接国际互联网要可靠。在线服务商还提供额外的安全保障措施，如在线业务中可供下载的软件都要经过反病毒查询，证明安全可靠后才向客户提供。

AOL 不仅提供信息服务，而且还让客户享受到方便快捷的银行在线业务。目前，在在线服务的环境下，订户可以更放心地通过提供并传输信用卡的号码来进行网上在线购物。

（3）给客户提供支持服务系统。在线服务商既通过电脑网络，又通过电话向客户提供支持服务。在线服务商能够为他们解释技术问题的能力比网络经营商要强。强大的支持服务系统加上有竞争力的价格优势，使在线服务商在网络内容日益丰富的情况下能够继续生存下去。

（4）专业网络在线服务商也面临新的竞争。迅速崛起的国际互联网服务商（ISP）成为在线服务商的主要竞争对手，许多企业转向当地网络服务商寻求更快捷的网络文件下载方式。

（5）在线服务一般是针对某个社会群体提供服务，以培养客户的忠诚度。在美国，几乎每台所出售的电脑都预装了在线服务免费试用软件，在线服务商的强大营销攻势（如 AOL 的免费试用软件到处都能够看到），使得他们的订户数量稳步上升。

2）在线出版（Online Publications）

在线出版指的是出版商通过电脑互联网络向消费者提供除传统出版物之外的电子刊物。在线出版一般都不提供国际互联网的接入业务，仅在网上发布电子刊物，消费者可以通过订阅来下载刊物的信息。

但是，以订阅方式向一般消费者销售电子刊物被证明存在一定的困难。因为，一般消费者基本上可从其他的途径获取相同或类似的信息，因此，此项在线出版模式主要靠广告支持。1995 年美国的一些出版商网站开始尝试向访问该网站的用户收取一定的订阅费，后来在线杂志开始实施双轨制，即免费与订阅相结合，有些内容是免费的，而有些是专门向订户提供的收费内容。这样，这些网站既吸引了一般的访问者，保持了较高的访问率，同时又有一定的营业收入。由于订阅人数开始回升，1996 年 8 月《华尔街日报》（the Wall Street Journal）开始向访问该网站的 75 万订户收取每年 49 美元的订阅费。《今日美国》（USA Today）又重新开始对检索访问的用户收取费用。其他免费与订阅相结合的报纸杂志有时代华纳（Time-Warner）出版社的《Path finder》杂志，美国电话电报公司（AT & T）的个人在线服务（Personal Online Services）和 ESPN 的《体育地带》（Sport Zone）。

与大众化信息媒体相比，更趋于专业化的信息源的收费方式则比较成功。网上专业数据库一直就是付费订阅的。无论是网上的信息还是其他地方的信息，似乎研究人员相对更愿意支付费用。Forester Rcsearch 咨询公司的研究报告就在网上收费发布，一些大企业愿意支付这笔价格不菲的订阅费。

对于在线出版模式是否是一种成功的销售模式，许多研究和经验显示其并不是一种理想的在线销售模式。因为，在现今信息爆炸的时代，对于大众信息来讲，互联网的用户获取相同或相类似的信息渠道很多，因此，他们对价格非常敏感。即使对他们收取每月很少的费用，如果能免费从其他渠道获取类似的信息，这些消费者对付费网站还是敬而远之的。

然而，对于市场定位非常明确的在线出版商，在线出版还是卓有成效的。例如，ESPN（《体育地带》杂志）将免费浏览与收费订阅结合起来，特别是推出的一系列独家在线采访体育明星的内容吸引了不少订户。显然，内容独特，满足特定消费群体是在线出版成功的重要因素。《体育地带》杂志，定位准确，内容深入，订户自然不在少数。

网络传媒与传统报纸相比，在目前其地位还是较低的，但在未来的几年里会彻底改变，关键的是两者之间信息的互动影响。面对即将来临的数字化时代，一个个产业揽镜自问在信息化世界里有什么前途时，其实它们的前途百分之百地要看它们的产品能不能转化为数字形式。也就是说，传媒如果能同网络结合，不是作为工业社会中报纸的生产，而是充分演化为信息与传播的提供、发送，则必定有截然不同的前途。

正是基于此种认识，国内在 1997 年先后出现把网络架进电台直播间（瀛海威与北京人民广播电台开办"网络人生"节目，与上海东广合作主持"梦晓时间"综艺栏目）。与电视台直播合作（瀛海威与北京台、吉通金桥和有线台），密切联系球迷，中央台在其王牌体育节目中也每周专门介绍来自 1nternet 上的最新体育网站，东方时空 3·15 热线也走上网站发布，长篇小说《钥匙》的上网更是文学出版的进步。当然最多的还是电子报刊的大量涌现，截至 1997 年 10 月，全球上网报刊超过 3600 家，其中 1700 多家是在 1997 年之后上网的，我国到现在大约有 1500 家。

现在，我国网络报刊主要有以下 5 种模式。

（1）网上报刊完全是纸质母报的翻版。目前国内大多数网络报刊都属此类。无论是由于人力、技术原因，还是财政原因，这种模式适合于大报、老报。因为这类报纸资格老、历史久，品牌美誉度高，已得到读者的广泛认可并形成阅读习惯。世界著名的《纽约时报》网络版就是如此，它主要通过档案数据库的网络索引，给读者完整权威的资料。而国内上网的大多数是地方报，影响小、信息少、缺乏特色。

（2）网上报刊的内容不完全相同于纸质母报。其典型代表是《华尔街日报》，主要内容是财经类信息，读者对象是中高级阶层。这种模式适合于专业或特殊发行对象报刊，比如《中国计算机报》、《华声月报》（面向海外华人）。如自 2010 年 12 月初正式上线至 2011 年 7 月，读览天下独立开发的阅读软件扎客（ZAKER）的用户量已达 30 余万，这个可以把微博、杂志、报纸、资讯等内容编排为 iPad 终端上精美杂志的中国版 Flipboard 为数字阅读勾画出一幅全新图景。可见互补的网络信息吸引力其实不比绝技母报逊色。

（3）地区性综合平台。网上报刊的内容大大超过纸质母报的容量，形成一个跨媒体的地区性综合平台。《波士顿环球报》除了母报提供的信息外，还囊括了全市30多个信息源（有电台、电视台、杂志、博物馆、图书馆，甚至芭蕾舞团、音乐团、气象交通服务等），成为当地最丰富的信息平台。从信息平台上分析类似于169工程，但各地信息网站显然没有如此丰富和条理的服务，其实像《联合早报》、《星岛日报》、《华讯新闻网》就有此特色。国内有影响的地区大报不妨尝试一下此类信息服务模式。

（4）众多报刊联合经营创建大型新闻网站。未来的信息竞争将超越目前的导航浏览而成为信息量、速度和准确权威性的竞争。众多媒体以强强联合的形式而取得竞争优势，今后地域化报业集团将呼之欲出。像《南方日报》，上海的《解放日报》，北京的《中国经营报》（图4-3）系列都可逐步向此种网络信息服务方式过渡。

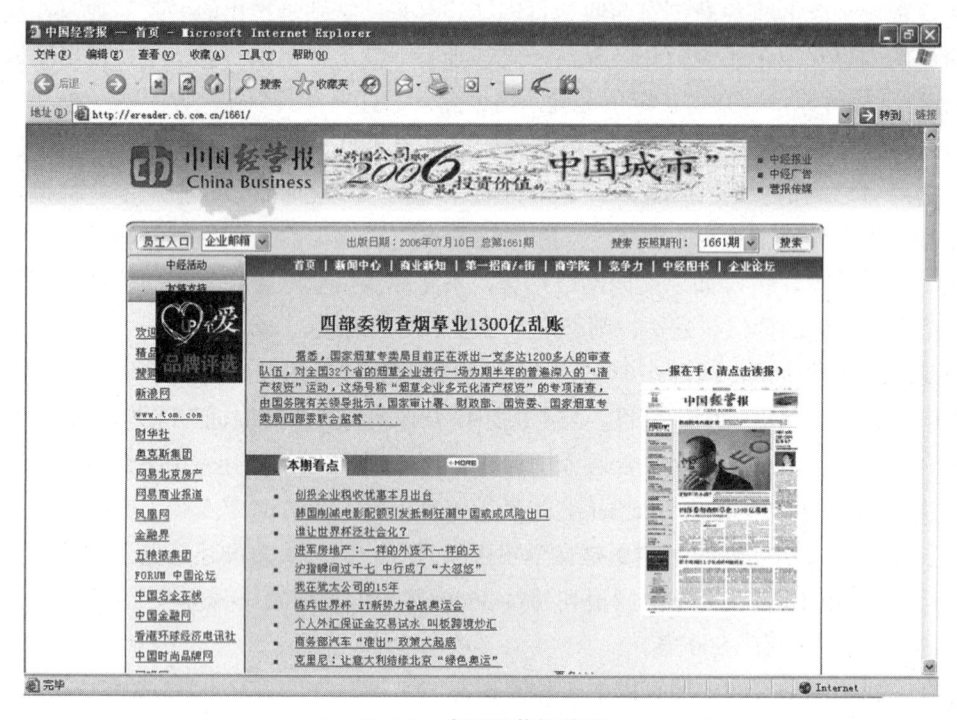

图4-3 中国经营报首页

（5）专业性信息服务网站。数家报刊或出版部门与网络服务商联合，形成专业性信息服务网站。国外众多中小报刊上网的主要驱动力就是担心分类广告被别人占据。"大众传媒将被重新定义为发送和接收个人化信息和娱乐的系统。在后信息时代中，大众传媒的受众往往只是单独一个人。"这种观点说明未来网络信息传播对象化、交互性的结果，导致以对象化、实用性为基本特征的分类广告将会广受欢迎。建立分类广告检索库、分类广告信息发布网站、与网络商联合经营创建专业的信息服务网站会成为潮流。国内目前做得比较好的有Chinabyte、金台源服装信息、和讯股票信息等。如果在信息容量和深度上再下工夫，实际上此领域会有深厚的市场潜力。

未来网络信息与传统传媒的互动，将在几个方向上推进：一是从事网络上更广范围的跨媒介经营。1996年、1997年默多克新闻集团在全球的表演充分展示了将来Internet跨媒介经营的优势，比特将涵盖所有媒体的文字、图像、声音，产生的交互性、实时性将为信息传播带来质的飞跃。随着上网人数和人们网络经验的增加，信息的提供方式面临新的革命，必然会有更多类似 Yahoo 这样的商业模式。二是建立完整规范的网络广告标准。虽然当前网络广告无论数量，还是经营额都还远远不够，但谁也不会忽视其未来的潜力，迫在眉睫的事是尽快制定开放的通用网络广告标准，包括统计方法、发布手段等。三是进一步开发网络信息传播的多媒体潜能，大众传播发展的历史表明每一次传播媒体的出现，都伴随信息传播功能的增加，数码相机、高精度扫描仪、网络电话的使用，为网上信息传播创造了广阔的多媒体天地。同时也为联机服务商们在信息制作、提供、发布上创造着无限商机。在线出版将成为网络的一道独特风景。

3）在线娱乐（Online Entertainment）

在线娱乐是无形产品和劳务在在线销售中令人注目的一个领域。一些网站向消费者提供在线游戏，并收取一定的订阅费。目前看来，这一领域做得还比较成功。

游戏成为继"网络门户"争夺战第二波攻击的核心。Microsoft、盛大以及金山、新浪等，纷纷在游戏方面强势出击，跟进先行一步的 Yahoo 和 Lycos，游戏之门顿时成为网络会战的售点。

Yahoo 早在 1998 年 3 月让它的游戏区初次登场，而 Lycos 在 5 月紧随而上。目前 Yahoo 的思路是最前卫的，包括 Microsoft 在内的其余各家，仅得这一阶段作战要领的皮毛，而没有把网络门户的战略目标与战术手段有机结合起来，思路上比 Yahoo 至少落后了 2 周。Microsoft 虽然早就开办了"Internet 游戏区"，但开办思路是在线式的。在线游戏是工业文明式的，以直接收费为目标，以不开放的专用软件为手段；"网络门户"游戏是信息文明式的，以猎取用户点击数为目标，以免费开放为手段。Yahoo 已经意识到一个问题：如果游戏收费，在获得眼前利益时，会损害增加用户点击量这个战略目标；而网络门户的战略目标，正是积累用户点击量这种信息资本。

Yahoo 门户上的游戏采用免费这种战术手段，是与网络门户的战略目标一致的。因此是深思熟虑、可以持久的。这是"在信息资产形成过程中不能与最终用户发生直接交换关系"这条规律的体现。从在线经营角度看，一般是在形成垄断后再采用封闭策略，而在竞争中则采用开放策略。

AOL 通过网上聊天等手段聚拢用户，并形成了某种垄断后，才敢于提高收费；Microsoft 网络并没有 AOL 那种强势，却去和 AOL 一样收费，赔了"用户点击量"这个"夫人"，并不一定就能得到"赚钱"这个"兵"。

可以看出，网络经营者们的眼光放得更远，他们通过一些免费的网上娱乐吸引访问者的点击量和忠诚度。

鉴于目前这一领域的发展，一些游戏将来很可能会发展为按使用次数或小时来计费。据预测，到 2016 年，50% 的上网人员要或多或少与订阅式的在线销售有关。

4.1.2.2 付费浏览模式

付费浏览模式（the Pay-per-View Model）指的是企业通过网页安排向消费者提供计次收费性网上信息浏览和信息下载的电子商务模式。付费浏览模式让消费者根据自己的需要，

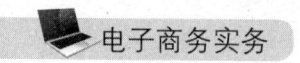

在网站上有选择性地购买想要的东西，在数据库里查询的内容也可付费获取。另外一次性付费参与游戏会是很流行的付费浏览方式之一。

1) 付费浏览模式的优缺点

付费浏览模式是目前电子商务中发展最快的模式之一，它的成功主要有以下几个因素。

首先，消费者事先知道要购买的信息，并且该信息值得付费获取。

其次，信息出售者必须有一套有效的交易方法，而且该方法在付款上要允许较低的交易金额。例如，对于只获取一页信息的小额交易，目前广泛使用的信用卡付款方式就需改进，因为信用卡付款手续费可能就要比实际支付的信息费要高。随着小额支付方式的出现，付费浏览模式有待进一步得到发展。

目前，在国际互联网上开展付费浏览模式的网站之一是 First Virtual's InfoHaus。该网站是一家信息交易市场，其付款方式采用该企业自己开发的国际互联网付款系统（First Virtual's Internet Payment System）。

该付款系统的运作方式是：消费者先下载所需要的信息，然后决定是否值得对该信息付费，如果值得就办理付款。这一系统看似对信息出售者有一定的风险，但是，First Virtual 公司在交易说明中指出，信息出售者几乎没有多大的损失，因为重新制作该信息的成本几乎接近零。另外，该公司的内部控制系统还可以对那些经常下载信息而不付账的消费者自动关闭账户。然而，令人遗憾的是，该网站目前没有办法维持下去了。该网站的拥有者目前在尝试其他方法来提供收费信息。从这一点看，付费浏览模式还在摸索之中。

2) 知识产权问题

网上信息的出售者最担心的是知识产权问题，他们担心客户从网站上获取了信息，又再次分发或出售。一些信息技术公司针对这个问题开发了网上信息知识产权保护的技术。例如，Cadillac 公司的知识产权保护技术就 IBM 的所谓密码信封技术，信息下载者打开密码信封，即自动引发网上付款行为。为了解决信息再次分发和出售的问题，密码信封的设计允许信息购买者作为代理人将信息再次出售，而且给予代售者一定的佣金，这样就鼓励了信息的合法传播。

密码信息技术还被用在 IBM 的信息交易市场（InfoMarket）上。美国在线（AOL）的用户可以直接连接该交易市场，其交易将计在每月的账单里。其他使用者还可以成为 InfoMarket 的信息销售代理人，IBM 向这些销售代理人就每笔交易收取 30%~40% 的费用。

4.1.2.3 广告支持模式

广告支持模式（Advertising-supported Model）是指在线服务商免费向消费者或用户提供信息在线服务，而营业活动全部用广告收入支持。此模式是目前最成功的电子商务模式之一。如 Yahoo 和 Lycos 等在线搜索服务网站就是依靠广告收入来维持经营活动。信息搜索对于上网人员在浩瀚的互联网上找寻相关信息是最基础的服务，企业也最愿意在信息搜索网站上设置广告，特别是通过付费方式在网上设置旗帜广告（Banners），有兴趣的上网人员通过点击"旗帜"就可以直接访问企业的网站。

2015 年，中国整体网络广告市场规模为 2093.7 亿元，同比增长 36.0%，达到新的量级。虽然不同的机构对远期目标的预测差异很大，但是有一点是肯定的，即网上广告会得到迅速的发展。迅速发展的网上广告已经使其广告总收入达到甚至超过广播广告的收入。

由于广告支持模式需要上网企业的商务活动靠广告收入来维持，因此，该企业网页能否吸引大量的广告就成为是否能成功的关键，能否吸引网上广告又主要靠网站的知名度，而知名度又在于该网站被访问的次数。

广告网站必须提供对广告效果的客观评价和测度方法，以便公平地确定广告费用的计费方法和计费额。目前大致有以下 3 种计费方法。

（1）按被点击的次数计费。网上广告按该广告在网上被点击的次数来计费是最普通的计费方式，其具体费率是按点击的次数多少金额来计算。目前网上广告的一般收费是每千次 300～400 美元。如果是有准确市场定位的广告，则费率会高一些。

（2）按用户录入的关键字计费。大多数的搜索网站，一般都是按用户录入的搜索关键字（Key words）来收费的。例如，Google 对中国用户录入的每个广告涉及的关键字向发布广告者收取 3500 元左右的费用。

（3）按点击广告图标计费。这种计费方法是按照用户在广告网页上点击广告图标的次数来计费。当然，用户看到广告并不意味着会点击广告图标。有研究表明：只有约 1% 的在线广告被用户点击广告图标。活动的广告图标，被点击的可能性要大一些。

> **注意**
> 很多服务商将上述各种计费方式结合起来使用，尽量提供市场定位更明确的广告服务。

4.1.2.4 网上赠与模式

网上赠与模式是一种非传统的商业运作模式。它指的是企业借助于国际互联网全球广泛性的优势，向互联网上的用户赠送软件产品，扩大知名度和市场份额。通过让消费者使用该产品，从而让消费者下载一个新版本的软件或购买另外一个相关的软件。

由于所赠送的是无形的计算机软件产品，用户是通过国际互联网自行下载的，企业所投入的成本很低。因此，如果软件的确有其实用特点，那么是很容易让消费者接受的。

微软公司使用这一模式来扩大市场份额非常成功，微软在网上赠送 IE 浏览器、网络服务器和国际互联网信息服务器（IIS）等。

网上赠与模式的实质就是"试用，然后购买"。用户可以从互联网站上免费下载喜欢的软件，在真正购买前对该软件进行全面的评测。以往人们在选择和购买软件时只是通过介绍和说明，以及人们的口碑，而现在可以免费下载，试用 60 天或 90 天后，再决定是否购买。

适宜采用网上赠与模式的企业主要有两类：软件公司和出版商。

电脑软件公司在发布新产品或新版本时通常在网上免费提供测试版，网上用户可以免费下载试用。这样，软件公司不仅可以取得一定的市场份额，而且也扩大了测试群体，保证了软件测试的效果。当最后版本公布时，测试用户可以购买该产品，或许因为参与了测试版的试用可以享受到一定的折扣。

有的出版商也采取网上赠与模式，先让用户试用，然后购买。例如，《华尔街日报》（TheWal1Street Journal），对绝大多数在线服务商以及其他出版社一般都提供免费试用期。《华尔街日报》在进行免费测试期间拥有65万用户，其中有很大一部分订户都成为后来的付费订户。

目前，国际互联网已经真正成为软件销售的测试市场。在以质取胜的同时，国际互联网使得小型软件公司更快速地进入市场并取得一定的市场份额。当然消费者在采购软件时对不太了解的软件会更加谨慎，而对于免费试用的软件就会有更自由的选择权。

» 4.2 B2B 模式

商业机构对商业机构（B2B）的电子商务模式就是企业与企业之间通过专用网络或Internet，以企业和企业为交易主体，以银行电子支付和结算为手段，进行数据信息的交换、传递，开展贸易活动的商业模式。在目前商业机构的在线商务中，EDI 所占的比重虽然最大，但是，商业机构之间的电子商务决不限于仅仅自动处理重复性程序化的交易。其中，就目前发展看，商业机构的在线式商店交易在网上增长很快。图 4-4 是欧盟 10 个行业的企业通过消费者网站接受订单的比例。

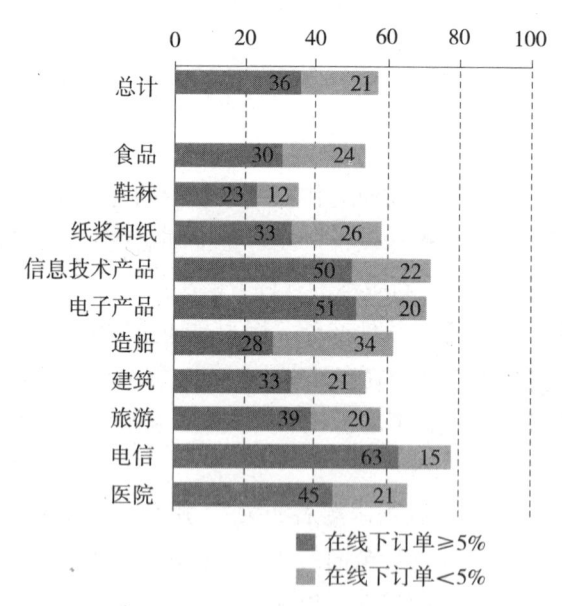

行业	在线下订单≥5%	在线下订单<5%
总计	36	21
食品	30	24
鞋袜	23	12
纸浆和纸	33	26
信息技术产品	50	22
电子产品	51	20
造船	28	34
建筑	33	21
旅游	39	20
电信	63	15
医院	45	21

图 4-4　欧盟 10 个行业的企业通过消费者网站接受订单的比例

商业机构对商业机构的电子商务模式大致有：在线商店模式、内部网模式、中介模式。其中，第三种模式是最普遍的。

4.2.1 在线商店模式

在线商店模式（Online Stores Model）指的是企业在网上开发虚拟商店，以此网站宣传和展示所经营的产品和服务，进而提供网上交易的便利。这种模式与网上在线零售市场类似，只不过专业性要强一些。

下面以几个成功开展在线商店模式的企业为例，说明在线商店模式的应用。

4.2.1.1 海尔与众不同的电子商务模式

1）3个月增长10倍速的海尔电子商务，做有鲜明个性和特点的垂直门户网站

以通过电子商务手段更进一步增强海尔在家电领域的竞争优势，不靠提高服务费来取得赢利，而是以提高在B2B的大量的交易额和B2C的个性化需求方面的创新为企业赢利。

2000年3月10日，海尔投资成立电子商务有限公司。4月18日海尔电子商务平台开始试运行，6月正式运营。截至2000年12月31日，B2B的采购额已达到77.8亿元，B2C的销售额已达到608万元。海尔的电子商务为什么魅力四射？用户为什么会有如此大的热情，可以看如下几个例子。

【例4-1】

我要一台自己的冰箱

青岛用户徐先生是一位艺术家，家里的摆设都非常富有艺术气息。徐先生一直想买台冰箱，他想，要是有一台表面看起来像一件艺术品但又实用的冰箱就好了。徐先生从网上看到"用户定制"模块，随即设计了一款自己的冰箱。他的杰作很快得到了海尔的回音：一周后，一台充满了艺术气息、自行设计的冰箱送到了徐先生家中。

【例4-2】

从网上给亲人送台冰箱

北京消费者吴先生的弟弟下个月结婚，吴先生打算送一台冰箱表达当哥哥的情意。可是弟弟住在市郊，要买大件送上门，还真不太方便。海尔作为国内同行业中第一家做电子商务的信息传来后，吴先生兴冲冲地上网下了一张订单，弟弟在当天就收到了冰箱。弟弟高兴地打来电话说，他们家住6楼，又没有电梯，但送货人员却把这么大的冰箱送到了家里，太方便了，今后他买家电也不用跑商场了，就在海尔网站上买。

2）优化供应链，变推动销售模式为拉动销售模式，提高新经济企业的核心竞争力

海尔电子商务从两个重要的方面促进了新经济的模式运作的变化。首先是就B2B（企业对企业）的电子商务来说，它促使外部供应链取代自己的部分制造业务，通过B2B业务，使双方的成本降低了8%～12%；然后从B2C的电子商务的角度，它促进了企业与消费者的继续深化的交流，这种交流全方位提升了企业的品牌价值。

一位供应商通过Internet与海尔进行业务后给海尔来了一封信："我是一家国际公司的中国业务代表，以前我每周都要到海尔，既要落实订单，还要每天向总部汇报工作进展，非常忙碌，常常顾不上拓展新的业务。自从海尔启用电子商务采购系统后，可以在网上参加招投标、查订单、跟踪订单等工作，大大节省了人力、物力和财力，真是一个公开、公

平、高效的平台。而且我也有更多的时间来了解海尔的需求，并为公司又谈下了一笔大生意，得到了公司的表扬。更重要的是，我作为中国人也为海尔自豪。我们总部也是刚刚采用类似的系统，而在中国海尔已经运作起来了，与海尔合作体现了国际先进手段的运用所带来的高效率！"

3）把客户也变成设计师

海尔电子商务最大的特点就是个性化。2006年海尔在内部就提出了与客户之间是零距离，而此前客户的选择余地是有限的，这对厂家有利，现在上网，客户可以定制自己的产品，这并不是所有企业都能做到的。

要做到与客户之间零距离，不能忽视商家的作用。因为商家最了解客户需要什么样的商品，要与客户之间零距离，就要与商家之间零距离，让商家代替客户来定制产品。B2B的模式符合实际情况，也帮助海尔培养了一大批客户设计师。

海尔提出的商家、消费者设计产品理念，是有选择的，企业不可能让一个普通的商家或消费者代替专家纯粹从零开始搞设计，这样他们不知从何下手，企业也难以生产。企业现共有冰箱、空调、洗衣机等58个门类的9200多个基本产品类型，这些基本产品类型，就相当于9200多种"素材"，再加上提供的上千种"佐料"——2万多个基本功能模块，这样我们的经销商和消费者就可在企业提供的平台上，有针对性地自由地将这些"素材"和"佐料"进行组合，设计出独具个性的产品。

当然，企业这种B2B的模式若只定位在某一地方就肯定不行，因为成本太高了，企业要着眼于全球市场，这样需求就大大地增加，成本就大大地降低了。一般来讲，每一种个性化的产品如产量能达到3万台，一个企业就能保证盈亏平衡，而事实上海尔的每一种个性化产品的产量都能达到3万台以上。这样成本平摊下来，商家和消费者所得到的产品价格的增长是很微小的。

图 4-5　海尔集团首页

4.2.1.2 天龙音像网上商场

天龙音像网上商场是"首都在线"设计的网上音像商店。目前它收集了近30家音像出版公司的音像制品，品种齐全，是国内规模较大的在线音像商店。

天龙音像网上商场目前只接受"招商银行"的"一网通"，不过他们现正规划除"招商银行一网通"之外的其他银行付款方式。当客户在使用"一网通"时，客户的账户还不会直接付款于商家，只有商家在确认商品无缺货等情形，并由交付物流单位寄出商品后，"招商银行"才向收款行执行请款作业，与"招商银行"结算交易金额。因邮寄需要几天时间，所以客户收到商品的日期与银行结算扣款日，可能不是同一天。

完成结账获得银行认可后，客户的订单会交由供货商立刻处理，将客户订购的商品包装成盒，完成后在次日以挂号或快递方式寄到客户指定的送货地址，但保留接受订单与否之权利（15个工作日内）。海外地区依照客户的居住地与选择的邮递方式有所不同。

4.2.2 内部网模式

内部网模式指的是企业将内部网络有限度地对商业伙伴开放，允许已有的或潜在的商业伙伴有条件地通过国际互联网进入自己的内部电脑网络，从而最大限度地实现商业信息传输和处理的自动化。

随着许多公司允许贸易伙伴和有选择的客户在一定程度上进入内部网，在线商店模式与内联网模式的界限也就越来越模糊。尽管许多公司担心内联网模式存在安全问题，但这一趋势仍然有增无减。一些大公司已经将内部网络有限度地开放，有些正在积极策划在不久的将来允许商业伙伴进入企业内部网。

企业允许商业伙伴进入自己的内部网对公司的业务运作有一定的好处，特别是在一些需要客户录入相关交易信息的场合，内部网模式是比较理想的模式。

企业可以将客户录入的表格放到网络服务器上，客户可以在线填制这些表格，结果是，商业伙伴和客户自己录入了交易信息，企业业务人员减少了重复录入。

美国乡村房屋贷款公司允许银行和商业伙伴进入其公司的内部网进行抵押申请。当这些第三者进入公司内部网时，它们只能看到与自己有关的信息。目前公司的500家客户中约有250家已经可以通过该公司的网络服务器进入其主机的数据库即内部网络。

Carveries Quilmes是阿根廷最大的酿酒公司。该公司使用内部网与供应商和经销商取得信息交流，该网络同时连接公司的6个酿造厂和4个经销中心。1996年底，该公司网络开始有限对外开放9个月后，公司全部交易信息交流的30%都在网上进行。

我国最大的IT巨子联想集团的联想电脑公司，就让其经销商进入到它的内部网络里，查看与其有关的销售信息、广告宣传费用反馈等信息。

图 4-6 联想集团首页

内部网对客户开放还可以对客户支持提供辅助手段。例如，用友财务软件公司让客户从该公司的网页上进入公司的内部网，输入信息就可以自动跟踪和了解财务软件的技术问题，并可以在线提交数据库里没有的技术问题，后台技术操作人员会在一定的时期内给出解决方案，并在数据库里公布。这样，通过企业的内部网，用友公司的技术人员就可以与用户进行交互性交流，以解决用户的技术问题。

还有一些公司通过企业的内部网，让客户进行在线产品更新，如一些杀毒软件公司。

4.2.3 中介模式

中介模式指的是一家中介机构在网上将销售商或采购商汇集一起，商业机构的采购代表从中介机构的网站就可查询销售商或销售的产品。多数中介机构通过向客户提供会员资格收取费用，也有的中介机构向销售商收取月租费或按每笔交易收费。

4.2.3.1 中国物流信息中心（http://www.clic.org.cn）

中国物流信息中心是直属于前内贸部的信息网站，是企业了解生产资料信息和交流生产资料信息的重要途径。

中国物流信息中心的主要功能有：负责全国生产资料市场信息统计，承担全国生产资料市场信息网的组建与管理；监测全国生产资料市场行情走势，为国务院和各级政府提供宏观决策依据，为企业提供微观经营指导信息；以统计数字为基础，采用先进的技术和科学的方法，实现信息的权威性、准确性和及时性。

中国物流信息中心拥有丰富的数据库：

政策法规库：国内外各项经济法规政策及其分析。

财经新闻库：国内外经济要闻，市场焦点及动态，商品专题分析。

价格监测库：全国 18 个城市 200 个产品的每周现货行情。

进出口库：1992 年以来 15 个大类商品的进出口数据。

国际价格库：主要交易品种期货价格和国际市场现货价格。

物流企业库：全国物资流通企业名录和亿元物流企业库。

中国物流信息中心覆盖全国的各大信息网络：

（1）统计信息网：全国 30 个省市物流系统和市场统计网，可进行全国普查和抽样调查统计。

（2）卫星通信网：国内主要期货交易所和批发市场。

（3）实时交易信息网：实时发布价格信息、交易信息和市场分析预测信息。

（4）全国生产资料市场信息网：全国生产资料流通行业全方位、大规模的综合信息网络，包括全国闲置设备信息网，全国生产资料（商品）供求网等。

（5）其他：与各部委、地方省市和国际机构联网，进行广泛交流。

中国物流信息中心根据用户的需要，以刊物、传真、快件、电子信箱和 Internet 联网等多种方式，以"面向市场，开创未来，最佳产品，最优服务"的宗旨为用户进行全方位、专项的咨询服务。

图 4-7　中国物流信息中心首页

中国物流信息中心平台主要包括的模块有：闲置设备网、物资供求网、华夏花卉网、中国市场、企业之窗。具体提供如下服务。

1）全国交易市场信息卫星网

采用先进的卫星数据通信方式，提供全国各交易所的实时交易信息和独立的财经新闻，并提供先进的技术分析方法和模型，以进行盘中、盘后分析。

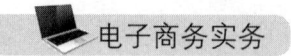

2）全国闲置设备信息网

全国闲置设备信息网由国内贸易部主办、中国物流信息中心和国内贸易部经济协作办公室承办，是国内首家在国际互联网上展示，以闲置设备（商品）的供应与需求信息为主体的专业信息市场，为广大生产企业、流通企业和其他事业单位提供一个高效率、低成本、公开方便的信息交流平台，以加速闲置设备的调剂利用、加快企业改革的步伐。任何企业都可以将自己的闲置设备信息（如设备的名称、型号、规格、性能指标等设备属性）发布于网络上。同时任何企业都可以上网查询，这是一个免费交易平台。

3）全国生产资料（商品）供求网

由国内贸易部主办，中国物流信息中心与有影响的物流企事业单位联办，全国第一个在国际互联网上展示，以生产资料（商品）的供应与需求信息为主体的专业信息市场，为全国生产、流通、使用单位之间提供一个高效率、低成本、公开方便的信息交流平台，以加速物资资源的流通。

4）华夏花卉网

提供中国花卉的市场动态、花卉价格及企业供求信息等。

5）物资市场信息

综合性信息刊物，周二刊，全年100期。定期发布全国物资走势分析和市场预测报告，提供宏观经济和重要物资生产、消费、进出口统计数据，并提供主要商品国际行情和发展趋势的分析报告。

6）物资价格监测周报

价格监测信息刊物，周刊，全年50期。提供国内18个城市8大类200种物资的价格和国际市场主要商品价格动态信息。

7）电子信箱服务

综合物资信息、物资价格信息和物资供求信息。

8）专项信息咨询

进出口专项咨询行业分析报告和商品市场专项分析企业资讯报告。

4.2.3.2 中国商品交易中心

中国商品交易中心（http://www.ccec.com/）是由国家经贸委批准组建，集商品信息查询、企业形象宣传、网上无纸交易、最新商品报价、寻找交易伙伴、品牌战略实施、商家决策依据、市场经济调研、政府宏观经济调控等众多形式于一体的，为企业提供商品交易中介服务的经济组织。它通过各种技术革新，融资渠道和创造市场机会等将Internet付诸商用，建立起一个巨大的，覆盖中国每一个角落的计算机网络。无论在功能上、技术上、服务上都堪称是世界一流的，并且，中国商品交易中心在这一新兴技术领域扮演着愈来愈重要的角色。

> **注意**
>
> 中国商品交易中心的目的是改变中国经济面貌，摆脱中国落后局面，帮助中国企业走出困境，运用新兴电子商务系统在浪潮中异军突起，构筑起信息高速路上一个强大而永恒的枢纽。中国商品交易中心的网站首页如图4-8所示。

中国商品交易中心主要从事以下业务。

（1）通过计算机网络为企业提供各种生产资料和生活资料的供求信息。

（2）通过计算机网络为交易双方提供网上谈判和签约服务。

（3）通过交易中心系统为交易各方提供交易和交割服务。

（4）通过国有商业银行为交易各方提供资金统一结算服务。

（5）为国家机关、企事业单位提供各项经济预测和统计分析。

（6）为企业提供产品信息广告及 Internet 主页制作与发布服务。

（7）为会员企业提供商品展示的场所。

（8）为企业办理入会入网手续及咨询服务。

中国商品交易中心具有以下功能。

（1）商品信息查询：查询所有上网商品，其中包括商品类别、品牌、产地、生产商、型号、规格等信息。

图 4-8 中国商品交易中心首页

（2）企业信息查询：查询所有上网企业，其中包括企业的经营范围、企业规模、企业性质、经营方式、详细地址、联系方法等信息。

（3）网上商品展销：通过中国商品交易中心在互联网上利用图像、声音、文字等多媒体技术全方位展示企业的商品，使其能够尽快占有市场。

（4）专业商品市场查询：全新的"专业市场"能够满足各行各业会员的要求，在组建不同产业的分中心的同时开辟网上专业栏目，带领用户进入不同的领域、不同的行业，使用户快速定位、准确抉择，全力把握挑战的机会。

(5)网上交易交割:打破传统交易模式,利用计算机互联网络,实现无纸化贸易。

(6)商品市场行情分析:全面调查、分析、研究中国商品市场行情、经济动态、大众商品走势、紧俏商品开发等信息。

(7)网上信息发布:利用信息高速公路适时面向世界发布企业信息、宣传企业形象、开拓发展市场。

(8)网络服务指南:让每个会员都能够充分运用中国商品交易中心的电子商务平台,进行决策、扩大贸易。

(9)寻找交易伙伴:通过中国商品交易中心网络,可以寻找到能够长期合作的贸易伙伴,共同发展、共创收益。

(10)最新商品报价:实时追踪报道全国商品最新报价,为企业提供投资依据,进而达到了解市场、把握行情的目的。

4.2.3.3 携程旅行网

携程旅行网创立于1999年,总部设在中国上海,目前在北京、广州、深圳、杭州、成都、青岛、厦门、沈阳、武汉、南京有10个分公司,并在33个城市有分支机构,现有员工4000余人,是中国领先的综合性旅行服务公司。携程旅行网向超过1000余万注册会员提供包括酒店预订、机票预订、度假预订、商旅管理、特惠商户以及旅游资讯在内的全方位旅行服务。目前,携程旅行网拥有国内外5000余家会员酒店可供预订,是中国领先的酒店预订服务中心,每月酒店预订量达到50余万间/夜。

在机票预订方面,携程旅行网是中国领先的机票预订服务平台,覆盖国内外所有航线,

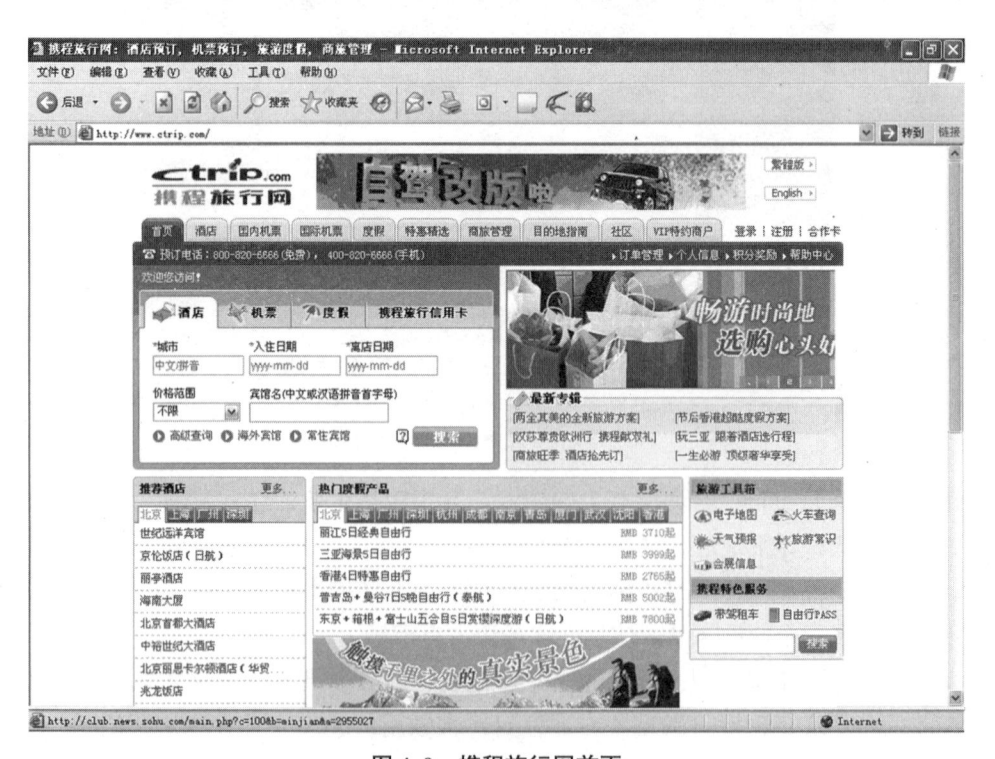

图 4-9 携程旅行网首页

并在 45 个大中城市提供免费送机票服务，每月出票量 40 余万张。

携程旅行网的度假超市提供近千条度假线路，覆盖海内外众多目的地，并且提供从北京、上海、广州、深圳、杭州、成都 6 地出发，是中国领先的度假旅行服务网络，每月为万余人次提供度假服务。

携程旅行网的 VIP 会员还可在全国主要商旅城市的近 3000 家特惠商户享受低至 6 折的消费优惠。

携程旅行网除了在自身网站上提供丰富的旅游资讯外，还委托出版了旅游丛书《携程走中国》，并委托发行旅游月刊杂志《携程自由行》。

就顾客价值而言，携程很好地做到了网上服务和网下服务的有效结合。通过携程网，顾客可以注册成为携程用户，实现如酒店机票的预订，度假产品查询预订，目的地信息指南，更可以通过携程社区和其他网友或者携程用户交流。

携程的核心竞争力在经营理念和服务质量方面。携程的经营理念是：以客户为中心，以团队间紧密无缝的合作机制，以一丝不苟的敬业精神、真实诚信的合作理念，来创造一套"多赢"的伙伴式合作体系，从而共同创造最大的价值。具体包括：Customer–客户（以客户为中心），Teamwork–团队（紧密无缝的合作机制），Respect–敬业（一丝不苟的敬业精神），Integrity–诚信（真实诚信的合作理念），Partner–伙伴（伙伴式的"多赢"合作体系）。携程是一家服务公司，因此对服务质量有着严格的控制。携程最先在全国范围内提供每周 7×24 小时不间断服务，最先提出了"以制造业的标准来做服务业"，能够给客户标准化体系化的信息。

4.2.3.4 中国粮食贸易网（www.cctn.com.cn；168.160.224.132）

中国粮食贸易网（China cereals trade net，CCTN）是由中国粮食贸易公司、中国粮食商业协会、北京新华国信科贸有限责任公司共同发起创办的，由北京新华国信科贸有限责任公司具体开发、承办和管理的，依托国际互联网（因特网）技术，面向全国粮食企业，多功能、全方位、迅捷的粮食贸易电子网络服务系统，是粮食产销、流通的现代化经营手段。中国粮食贸易网于 1997 年 11 月开始试运行，它集网上贸易、粮油信息、贸易担保、质量检验、储运保险、网上银行等多种服务功能于一体，建立了一个全国范围的全新概念的粮食交易市场。

中国粮食贸易网以粮为本，立足于建立贸易各个环节的电子网络化服务，同时配合中国粮油食品信息网——一个权威的粮油食品行业专业化信息服务的电子网络，以及《中国粮油食品信息》旬刊，成为在当今知识经济、信息时代到来之际，全国粮食企业实现粮食流通体制改革、面向现代化的不可缺少的经营工具。

中国粮食贸易网和中国粮油食品信息网，可以为网络会员提供高质量的贸易、信息及咨询服务，来为客户解决各种问题。

中国粮食贸易网系统信息量大，基本包括了各地粮食批发市场、集贸市场、粮食生产区、销售区的粮食供求状况和价格信息，以及国际粮食期货和现货行情等，网上信息主要有以下几类。

（1）政策法规、经济动态。
（2）生产信息（包括产量、播种面积、农业气象、储运、加工）。
（3）粮油市场信息（包括供求信息、市场动态、分析预测）。
（4）粮油行情信息（包括期货市场、批发市场、边贸口岸、集市贸易等）。
（5）国际粮油行情（包括现货行情和期货行情）。
（6）动态期货。

中国粮食贸易网具有6大主要的中介服务功能及4大辅助功能。

6大主要功能是：

1）贸易信息发布及查询

网络会员可以直接在网上发布自己的贸易供求信息（报盘），也可以根据情况随时修改或删除信息；可以按照地区、品种等查询遍及全国各地粮食企业的贸易信息，了解最新、最全面的粮食市场的真实供求状况。

2）网上成交和建立合同

针对基本符合自己要求的贸易供求信息和其他网络会员对自己发布信息的反馈，网络会员可以在网上与对方进行还盘、再还盘等贸易磋商，最终达成交易；并利用网上提供的标准合同格式建立合同，网上传输合同，打印并与对方签订书面合同。

3）贸易担保

网络会员成交后，为了降低交易风险，可以申请贸易担保。中国粮食贸易公司、中国新良储运贸易公司提供了对通过网上成交的贸易担保服务，按照网上提示的担保办法、申请表格、担保标准合同，贸易成交双方可以申请办理担保。

4）质量检验

网上建立了质量检验栏目，网络会员可以在达成交易后或发生贸易纠纷时，按照贸易网上的提示办法，申请国内有关的权威质量检验机构办理质量检验。

5）运输担保

贸易网正与有关单位合作建立有关运输的网络，目前由中国新良储运贸易公司在网上提供水路运输和担保服务，网员可以申请。

6）网上银行

贸易网与中国银行开办的网上银行合作，利用网上银行办理网上转账、支付等银行业务，网络会员可以通过网上银行的提示向中国银行申请网上银行服务、办理有关结算等事宜，迅捷地完成银行金融业务。

4大辅助功能是：

1）网上浏览和上网服务

贸易网为所有网络会员均提供了自己的Internet地址和电子信箱，网络会员之间可以相互浏览，还可以通过网络和电子邮件等多种方式相互联系，同时贸易网还为网络会员提供宣传自己、扩大影响的网上广告；网络会员还可以通过网络访问Internet的有关站点。

2）新闻和粮油信息服务

贸易网每日发布各种政治、经济、金融、证券及与粮食有关的重大新闻，各地批发市场的供求信息等。

3）历史数据的系统管理

网络会员发布过的贸易信息、交易记录，过去的新闻、供求信息等都会作为历史性的资料进行分类保存，便于用户的事后查阅和分析。

4）自动检索和参考资料

网络会员在贸易网上查阅各种信息时，贸易网提供了各种检索工具，可以按照地区、品种、价格高低等查询，网络自动排序，便于网络会员从信息海洋中迅速获取对自己有用的信息；此外，网上还有各种关于粮食贸易常识、计量单位换算等相关资料供查询，为网络会员进行贸易服务。

中国粮食贸易网适应了当今社会的技术潮流和贸易发展趋势，为中国粮食企业提供了利用高新技术手段、用较低的成本和风险获取最大贸易利益的最佳方式；它融有形市场与无形市场于一炉，建立了一个永不闭幕的粮食交易会，在粮食流通体制改革和知识经济到来之际，助企业把握好商机、运筹帷幄、决胜千里！

4.3 C2C 模式

C2C 实际是电子商务的专业用语，是个人与个人之间的电子商务。C2C 即消费者间，因为英文中的 two 的发音同 to，所以 C to C 简写为 C2C。C 指的是消费者，因为消费者的英文单词是 Customer（Consumer），所以简写为 C，而 C2C 即 Customer（Consumer）to Customer（Consumer）。C2C 的意思就是个人与个人之间的电子商务。比如一个消费者有一台电脑，通过网络进行交易，把它出售给另外一个消费者，此种交易类型就称为 C2C 电子商务，盈利模式包括增值服务费、广告费、搜索竞价等。

4.3.1 行业领航者

4.3.1.1 淘宝网

毫无疑问，淘宝网在 C2C 领域的领先地位暂时还没有人能够撼动。然而，淘宝却也不得不承受这份领先带来的沉甸甸压力，在领先与压力之间，淘宝在奋力往前走。

在中国 C2C 市场，淘宝的市场份额超过 60%。如果是在传统行业，淘宝完全可以高枕无忧了。然而在瞬息万变的互联网领域，这种优势并不是不可逾越的。早于 2006 年 5 月推出招财宝受挫，马云便意识到这样的市场地位并不稳固，竞争对手完全可能爆发出惊人的能量，直接挑战淘宝的权威地位。

就这样，领先本身就成为了一种压力。后有追兵，前路又是一片茫茫。前面的路该如何去走，迈出的每一步都成为一次小心翼翼的尝试，可能踏出一片广阔天地，也可能会一无所获，甚至陷入泥潭。在 2006 年至 2007 年内，淘宝显示了其在创新上的勇气，收购口碑网推出分类信息，大力拓展品牌商城，将团购做成一个频道，将交易的视野扩向全球推出"全球购"频道……很难说这些尝试给淘宝带来的直接收益有多大，但是淘宝却因此明白了什么可以做、什么可以不做。依靠不断的尝试，淘宝在小心翼翼地维护着自己的领先地位。

对于淘宝而言，领先还有一个代价，就是巨大的资金投入。不管马云夸口的20亿元资金投入是否属实，一个无可辩驳的事实是淘宝面临的资金压力越来越明显地显示出来。在悄无声息之中，淘宝对于入驻品牌/商城的用户开始收取服务费，而在政策和资源上对于该部分商户的倾斜，以及不自觉间对于小商户的忽视，使得免费的淘宝已经名存实亡。很显然，免费的淘宝已经不能承担巨大的资金压力。

4.3.1.2 拍拍网

2008年，拍拍网对外宣布，其在线商品数突破1000万件。商品数突破千万量级意味着，只要是正常的购买需求，用户都可以在拍拍网上得到满足。至此，拍拍网也正式跻身千万商品俱乐部，进入中国千万商品俱乐部的只有淘宝和拍拍两家。

2006年3月，拍拍网对外宣布正式运营。一年多的快速成长，让依托于腾讯的拍拍网已经成为中国C2C领域中一匹潜力十足的黑马。2006年5月，拍拍网发布的"蚂蚁搬家"让马云开始认真打量这个快速崛起的竞争对手。2007年3月，拍拍网正式宣布其在线商品数突破千万件，并且成为了最短时间内打破这一纪录的行业领先者，而这距其正式运营的时间不过一年，成长速度之快，令人咋舌。

当然，拍拍网的快速发展让中国的C2C市场格局也在悄然发生着变化。在线商品数突破千万件，让拍拍在不经意间又逼近了淘宝一步。在Alexa的世界网站排名上，拍拍网跃进国内C2C网站流量排名第二位的位置已经持续了很久。"对于购物网站来说，商品和人流量是两个关键指标。简而言之：当一个商场的商品非常丰富，而来商场的消费者又非常多的时候，商场成交额的提升将是一个必然。而在这两项指标上都跃居第二，这也意味着C2C的产业格局正在悄然改变，三足鼎立的传统格局很有可能会被淘宝、拍拍双峰对峙的局面所替代。"业内专家认为。

尽管背后有着2.3亿人庞大的活跃QQ用户群作为基础，然而，能够取得如此的成长速度仍属不易。业内资深人士认为，和腾讯其他业务的密切捆绑，使得拍拍拥有了很多其他购物平台所无法比拟的差异化优势，而这是拍拍网快速发展的另一个关键原因。以交易腾讯增值产品为主的QQ特区在拍拍中占据着重要的位置。在2006年10月，拍拍和QQ空间共同推出的QCC商城就取得了很大的成功。据保守估计，QCC商城给拍拍带来的流量和交易量的提升都在20%以上。

尽管有着业界最快的成长速度和强劲的发展势头，但是与淘宝网相比，拍拍网在市场份额上的差距也并不是凭一日之功就能解决的。对此，拍拍网负责人湛炜标有着非常清醒的认识："在线商品数突破千万，对于我们来说只是一个新的起点。接下来，我们会在商品搜索、购物流程、支付、物流等方面做持续改进，不断提升用户体验。比如说在最近推出的QQ新版本中，我们就融入了更多的拍拍元素，在进行对话时，可以清晰地显示卖家和商品信息，这样就有助于在沟通过程中快速达成交易。毕竟，用户的选择才是评判一个购物平台是否具有良好发展前景的最好标准。"图4-10为拍拍网拍卖流程。

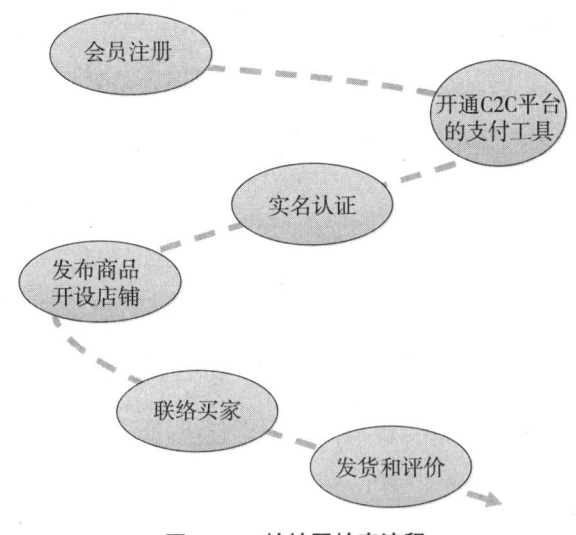

图 4-10　拍拍网拍卖流程

4.3.1.3 易趣网

从本土企业到跨国企业，再从跨国企业到本土企业，转了一个圈，易趣又回来了。不同的是其名字由易趣改成了 TOM 易趣，老板也从邵亦波变成了王雷雷。

在 2006 年易趣和 TOM 合并的时候，王雷雷曾经豪言："要在半年的时间内找到可行的盈利模式。"半年的时间还没到，豪言能否兑现尚未可知，但是可以看得到的是在 TOM 易趣身上明显的本土化气息。eBay 易趣是不大注重社区的，如今的 TOM 易趣再次把社区当作重点抓了起来。过完年，易趣忙不迭地推出了年货交易专区，并大做宣传文章，而这在以前的 eBay 易趣是不可想象的。

深入了解中国网民的习惯，并做出与之相对应的调整，易趣正在向一个纯粹的本土企业接近。然而，无可回避的事实是，几经周折的易趣已经元气大伤。在王雷雷的手中，易趣究竟能恢复几成的王者之风，还需要拭目以待。

易趣任何用户只要在易趣开店，无论是普通店铺、高级店铺还是超级店铺，都将终身免费。而在此之前，易趣上每个超级店铺每月收取 50 元的月租费，高级店铺 25 元。在 2006 年 8 月 30 日 TOM 收购易趣之前的旧平台则是超级店铺每月 500 元，高级店铺 150 元，一般店铺 50 元，同时在旧平台还有登录费和交易服务费等费用。

对于易趣推出终身免费的原因，易趣网营运副总裁常琳称："国内网上交易还处在初级阶段，但未来的发展空间和潜力巨大。我们还需要持续大力投入，培育用户的使用习惯并帮助形成良好的市场环境。"屠建路则承认，在用户并不是很稳固的情况下，坚持收费无疑是当年一项重大决策失误。之所以选在这个时候宣布免费，从竞争环境看，淘宝网逐渐转向收费的趋势让他们感到时机已经成熟。淘宝很早就开始不断探索收费模式，而一旦淘宝收费，将使大批中小卖家陷入生存困境。易趣在这个时候提出免费，就是想达到抢夺用户的目的。而业内人士表示，这是易趣的一次绝地反击。

4.3.2 购物流程

网上有不少 C2C 网站，其购物方式都大同小异，淘宝网的购物流程如图 4-11 所示。

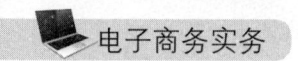

图 4-11 的购物流程看似简单，其实相对于 B2C 来说，C2C 更加复杂一些。

4.3.2.1 搜索

搜索有以下几种方法。

1）明确搜索词

用户只需要在搜索框中输入要搜索的宝贝店铺掌柜名称，然后点击"回车"，或单击"搜索"按钮即可得到相关资料。

2）巧用分类

不知道用户是否注意到，许多搜索框的后面都有下拉菜单，有宝贝的分类、限定的时间等选项，用鼠标轻轻一点，就不会混淆分类了。比如用户搜索"火柴盒"，会发现有很多汽车模型，原来它们都是"火柴盒"牌的。当您搜索时选择了"居家日用"分类，就会发现真正色彩斑斓的火柴盒在这里。

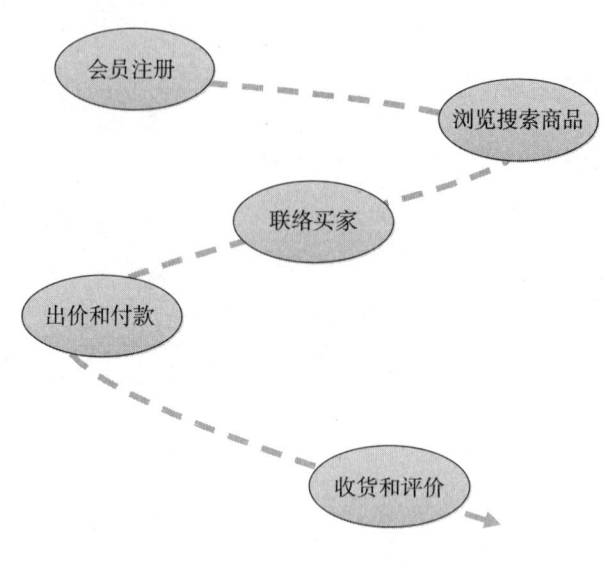

图 4-11 淘宝网的购物流程

3）妙用空格

想用多个词语搜索？在词语间加上空格，就这么简单！

4）精确搜索

（1）使用双引号：比如搜索"佳能相机"，它只会返回网页中有"佳能相机"这 4 个字连在一起的商品，而不会返回诸如"佳能 IXUSI5 专用数码相机包"之类的商品（注：此处引号为英文的引号）。

（2）使用加减号：在两个词语间用加号，意味着准确搜索包含着这两个词的内容；相反，使用减号，意味着避免搜索减号后面的那个词。

5）不必担心大小写

淘宝的搜索功能不区分英文字母大小写。无论用户输入大写字母还是小写字母都可以得到相同的搜索结果。输入"nike"，或"NIKE"，结果都是一样的，因此浏览者可以放心搜索。

4.3.2.2 联系卖家

找到宝贝了，那就该联系卖家了。

当看到感兴趣的宝贝时，建议先与卖家取得联络，多了解宝贝的细节，询问是否有货等。多沟通能增进买家对卖家的了解，可以避免很多误会。

1）发站内信件给卖家

站内信件是只有买家和卖家能看到的，相当于某些论坛里的短消息。买家可以询问卖家关于宝贝的细节、数量等问题，也可以试探地询问是否能有折扣。

2）给卖家留言

每件宝贝的下方都有一个空白框，在这里写上买家要问卖家的问题。请注意，只有卖家回复后这条留言和答复才能显示出来。因为这里显示的信息所有人都能看到,建议买家不要在这里公开自己的手机号码、邮寄地址等私人信息。

3)利用聊天工具

不同网站支持不同的聊天工具,淘宝是旺旺,拍拍是 QQ,利用它们直接找到卖家进行沟通。

4.3.2.3 购买

当买家与卖家达成共识后,购买过程就可以开始了。

4.3.2.4 评价

最后一步是评价。当买家拿到商品之后,可以对卖家做确认收货以及对卖家的服务做出评价。如果对商品很不满意,可以申请退货,或者是换货,细节方面可与卖家联系。

4.3.3 发展与预测

艾瑞咨询数据显示,2015 年中国网络购物市场中 B2C 市场交易规模为 2.0 万亿元,在中国整体网络购物市场交易规模中的占比达到 51.9%,较 2014 年的 45.2% 提高 6.7 个百分点,年度占比首次超过 C2C;从增速来看,2015 年期间 B2C 网络购物市场增长 56.6%,远超 C2C 市场 19.5% 的增速。如图 4-12 为 2011—2018 中国网络购物市场交易规模结构。

从图 4-12 中可以看出,在网络购物市场交易规模结构方面,C2C 发展前景为总量增加,但与 B2C 相比,占比逐渐减少。

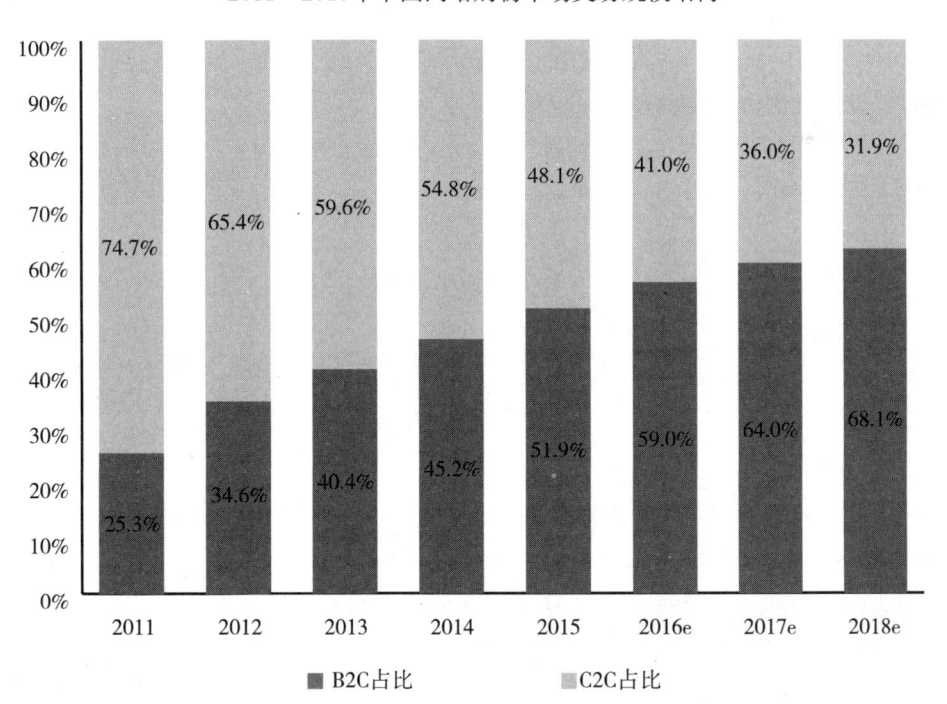

2011—2018年中国网络购物市场交易规模结构

年份	B2C占比	C2C占比
2011	25.3%	74.7%
2012	34.6%	65.4%
2013	40.4%	59.6%
2014	45.2%	54.8%
2015	51.9%	48.1%
2016e	59.0%	41.0%
2017e	64.0%	36.0%
2018e	68.1%	31.9%

图 4-12 2011—2018 中国网络购物市场交易规模结构

来源:综合企业财报及专家访谈,根据艾瑞统计模型估算

» 4.4 O2O 模式

即 Online To Offline（在线离线/线上到线下），是指将线下的商务机会与互联网结合，在网上进行营销，吸引受众，然后将受众引向线下实体商店中的模式，让互联网成为线下交易的平台。O2O 的概念非常广泛，既可涉及线上，又可涉及线下，可以通称为 O2O。

2013 年 O2O 进入高速发展阶段，开始了本地化及移动设备的整合和完善，于是 O2O 商业模式横空出世，成为 O2O 模式的本地化分支。

O2O 电子商务模式需具备 5 大要素：①独立网上商城；②国家级权威行业可信网站认证；③在线网络广告营销推广；④全面社交媒体与客户在线互动；⑤线上线下一体化的会员营销系统。

4.4.1 O2O 概述

4.4.1.1 发展历程

在 1.0 早期的时候，O2O 线上线下初步对接，主要是利用线上推广的便捷性等把相关的用户集中起来，然后把线上的流量导到线下，主要领域集中在以美团为代表的线上团购和促销等领域。在这个过程中，O2O 具有单向性、黏性较低等特点。平台和用户的互动较少，基本上以交易的完成为终结点。用户更多的是受价格等因素驱动，购买和消费频率等也相对较低。

发展到 2.0 阶段后，O2O 基本上已经具备了目前大家所理解的要素。这个阶段最主要的特色就是升级为服务性电商模式：包括商品（服务）、下单、支付等流程，把之前简单的电商模块转移到更加高频和生活化场景中来。由于传统的服务行业一直处在一个低效且劳动力消化不足的状态，在新模式的推动和资本的催化下，出现了 O2O 的狂欢热潮，于是上门按摩、上门送餐、上门生鲜、上门化妆、滴滴打车等各种 O2O 模式开始层出不穷。在这个阶段，由于移动终端、微信支付、数据算法等环节的成熟，加上资本的催化，用户出现了井喷，使用频率和忠诚度开始上升，O2O 开始与用户的日常生活相融合，成为生活中密不可分的一部分。但是，在这中间，有很多看起来很繁荣的需求，由于资本的大量补贴等，虚假的泡沫掩盖了真实的状况。有很多并不是刚性需求的商业模式开始浮现，如按摩、洗车等。

到了 3.0 阶段，开始了明显的分化，一个是真正的垂直细分领域的一些公司开始凸显出来。比如专注于快递物流的速递易，专注于高端餐厅排位的美味不用等，专注于白领快速取餐的速位。另外一个就是垂直细分领域的平台化模式发展。由原来的细分领域的解决某个痛点的模式开始横向扩张，覆盖到整个行业。

比如饿了么从早先的外卖到后来开放的峰鸟系统，开始正式对接第三方团队和众包物流。以加盟商为主体，以自营配送为模板和运营中心，通过众包合作解决长尾订单的方式运行。配送品类包括生鲜、商超产品，甚至是洗衣等服务，实现平台化的经营。

2013 年 6 月 8 日，苏宁线上线下同价，揭开了 O2O 模式的序幕。如图 4-13 所示的是苏宁易购网主页。

图 4-13　苏宁易购网主页

4.4.1.2　核心技术

实现 O2O 营销模式的核心是在线支付。这不仅仅是因为线上的服务不能装箱运送，更重要的是快递本身无法传递社交体验所带来的快乐。但如果能通过 O2O 模式，将线下商品及服务进行展示，并提供在线支付"预约消费"，这对于消费者来说，不仅拓宽了选择的余地，还可以通过线上对比选择最令人期待的服务，以及依照消费者的区域性享受商家提供的更适合的服务。如果没有线上展示，也许消费者会很难知晓商家信息，更不用说消费了。另外，目前正在运用 O2O 摸索前行的商家们，也常会使用比线下支付要更为优惠的手段吸引客户进行在线支付，这也为消费者节约了不少支出。

从表面上看，O2O 的关键似乎是网络上的信息发布，因为只有互联网才能把商家信息传播得更快，更远，更广，可以瞬间聚集强大的消费能力。但实际上，O2O 的核心是在线支付。

4.4.1.3　应用价值

O2O 的优势在于把网上和网下的优势完美结合。通过网购导购机，把互联网与地面店完美对接，实现互联网落地。让消费者在享受线上优惠价格的同时，享受线下的贴身服务。而且，O2O 模式还可实现不同商家的联盟。

（1）O2O 模式充分利用了互联网跨地域、无边界、海量信息、海量用户的优势，同时充分挖掘线下资源，进而促成线上用户与线下商品与服务的交易。团购就是 O2O 的典型代表。

（2）O2O 模式可以对商家的营销效果进行直观的统计和追踪评估，规避了传统营销模式的推广效果不可预测性。O2O 将线上订单和线下消费相结合，使得所有的消费行为均可以准确统计，进而吸引更多的商家进来，为消费者提供更多优质的产品和服务。

（3）O2O 在服务业中具有优势，价格便宜，购买方便，且折扣信息等能及时获知。

（4）O2O 将拓宽电子商务的发展方向，由规模化走向多元化。

（5）O2O 模式打通了线上线下的信息和体验环节，让线下消费者避免了因信息不对称而遭受的"价格蒙蔽"，同时实现线上消费者的"售前体验"。

整体来看，运作良好的 O2O 模式，将会达成"三赢"的效果。

（1）对本地商家来说，O2O 模式要求消费者网上支付，支付信息会成为商家了解消费者购物信息的渠道，方便商家对消费者购买数据的搜集，进而达成精准营销的目的，更好地维护和拓展客户。通过线上资源增加的顾客并不会给商家带来太多的成本，反而带来更多的利润。此外，O2O 模式在一定程度上降低了商家对店铺地理位置的依赖，减少了租金方面的支出。

（2）对消费者而言，O2O 提供丰富、全面、及时的商家折扣信息，能够快捷筛选并订购适宜的商品或服务，且价格实惠。

（3）对服务提供商来说，O2O 模式可带来大规模高黏度的消费者，进而能争取到更多的商家资源。掌握庞大的消费者数据资源，且本地化程度较高的垂直网站借助 O2O 模式，还能为商家提供其他的增值服务。

4.4.2 O2O 与 B2C 的比较

O2O 引用较多的一种解释是：O2O（Online To Offline）即线上到线下，其核心是把线上的消费者带到现实的商店中去，也就是让用户在线支付购买线下的商品和服务后，到线下去享受服务。

首先，真正的 O2O 应立足于实体店本身，线上线下并重，线上线下应该是一个有机融合的整体，你中有我我中有你，信息互通资源共享，线上线下立体互动，而不是单纯地"从线上到线下"，也不是简单地"从线下到线上"。O2O 应服务于所有实体商家，而不仅仅局限于餐饮娱乐等少数商业类型；其次，O2O 应涉及实体商家的主流商品，绝不仅是个别的特价商品。最为重要的是，对于实体商家而言，互联网只是为其所用的一个工具而已，任何本末倒置的方法都将动摇实体商业的发展根基。

4.4.2.1 O2O 与 B2C 的相同点

（1）都是一种服务形式。如果从消费零售服务角度来分，那么，最大范围是零售，其中包括传统的各种零售业态（如大型超市、标准超市、便利店、专卖店、品牌店、品类店；以及有交叉分类，如连锁店和购物中心等）；从早期的零售服务方式分可以有：店铺销售，无店铺销售（包括电视、电话、目录、互联网等）。

（2）消费者与服务者第一交互面在网上（特别是手机客户端）。

（3）主流程是闭合的，且都在网上，如网上支付，客服等。

（4）需求预测管理在后台，供需链管理是 O2O 和 B2C 成功的核心。

4.4.2.2 O2O 与 B2C 的区别

（1）O2O 更侧重服务性消费（如餐饮、电影、美容、SPA、旅游、健身、租车、租房……）；B2C 更侧重购物（实物商品，如电器、服饰等）。

（2）O2O 的消费者到现场获得服务，涉及客流；B2C 的消费者待在办公室或家里，等货上门，涉及物流。

（3）O2O 中的库存是服务，B2C 中的库存是商品。

4.4.3 用户的消费流程

O2O 电子商务模式中，用户的消费流程如图 4-14 所示。

图 4-14　用户的消费流程

与传统的消费者在商家直接消费的模式不同，在 O2O 平台商业模式中，整个消费过程由线上和线下两部分构成。线上平台为消费者提供消费指南、优惠信息、便利服务（预订、在线支付、地图等）和分享平台，而线下商户则专注于提供服务。在 O2O 模式中，消费者的消费流程可以分解为以下五个阶段。

第一阶段：引流。

线上平台作为线下消费决策的入口，可以汇聚大量有消费需求的消费者，或者引发消费者的线下消费需求。常见的 O2O 平台引流入口包括：消费点评类网站，如大众点评；电子地图，如百度地图、高德地图；社交类网站或应用，如微信、人人网。

第二阶段：转化。

线上平台向消费者提供商铺的详细信息、优惠（如团购、优惠券）、便利服务，方便消费者搜索、对比商铺，并最终帮助消费者选择线下商户、完成消费决策。

第三阶段：消费。

消费者利用线上获得的信息到线下商户接受服务、完成消费。

第四阶段：反馈。

消费者将自己的消费体验反馈到线上平台，有助于其他消费者做出消费决策。线上平台通过梳理和分析消费者的反馈，形成更加完整的本地商铺信息库，可以吸引更多的消费者使用在线平台。

第五阶段：存留。

线上平台为消费者和本地商户建立沟通渠道，可以帮助本地商户维护消费者关系，使消费者重复消费，成为商家的回头客。

4.4.4　运营模式细分

当下，提起 O2O 电子商务，大多数对之有相应了解的人都会说 O2O 就是线上和线下的互动，就是 Online to Offline，即将线下的商务活动与互联网结合，使互联网成为线下交易的前台，也就是线上交易线下消费体验。但如果仔细琢磨起来，Offline to Online 难道就不是线上和线下的互动，不是 O2O 了么？就像当前街头巷尾随处可见的设立了二维码电子标签的商品海报。消费者用手机通过二维码识别软件对着商品的二维码标签进行扫描后得

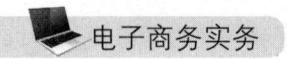

到链接，登录该链接指向的商品网页，然后进行线上消费的行为，就不能说它不是O2O。

所以说，O2O电子商务不仅仅是我们传统认知下的Online to Offline（线上交易到线下消费体验），它是由多种模式实现的，这些模式主要有以下4种。

1）Online to Offline 模式

Online to Offline 模式（线上交易到线下消费体验）。这种就是我们传统认知下的O2O模式，在目前也十分常见。从2011年初开始在我国兴起的团购行业，大都是在线上完成交易，然后通过电子凭证在线下进行消费体验服务。比如电影院、酒店等都是如此。

2）Offline to Online 模式

Offline to Online 模式（线下营销到线上交易）。这种模式是随着智能手机和3G、4G移动通信网络的普及，以及二维码拍码购物模式的兴起开始产生并发展的O2O电子商务模式之一。很多企业通过在线下做营销吸引消费者线上购物完成交易支付，就像上面说的在线下张贴带有二维码电子标签的商品海报，通过二维码入口进入网上交易，就是这种模式。

3）Offline to Online to Offline 模式

Offline to Online to Offline 模式（线下营销到线上交易，然后再到线下消费体验商品或服务）。这种模式是由前两种模式衍生出的一种模式。它主要是指一些企业和商家在某一时段进行营销，而且这些营销多在线下触发，但是交易却在线上，交易完成后通过凭证进行线下消费体验。比如笔者学校附近有家KTV为了提高知名度和吸引客源，在学校附近发传单，要求只要在手机上下载其APP，APP支付可享受超值折扣，支付后可以凭电子凭证进行消费体验。

4）Online to Offline to Online 模式

Online to Offline to Online 模式（线上交易或营销到线下消费体验再到线上消费体验）。这种模式也是由前两种模式衍生出来的，在目前不算常见。消费者的自身体验是这样的：比如一个国产单机某仙侠游戏的粉丝，在其官方网站上购买了其游戏礼包，收到礼包开始了自己的线下体验，而且这礼包里还有各种福袋卡，玩家可以通过卡上的数字等参与官方在线上的各种有奖活动。

通过对上述4种模式的观察和分析，我们可以发现O2O电子商务就是对商务活动中营销、体验和交易行为的一种创新和整合，使之可以在线上和线下互动完成。总结起来就是：O2O电子商务是移动互联时代下，在生活消费领域内通过线上虚拟世界和线下现实世界而实现的一种新型商业模式。

4.4.5 面临的问题

4.4.5.1 盈利模式

O2O现在多被投资方看好的原因在于它的前景不确定性，也就表明其机会成本和沉没成本的不确定。如果说确定性事件的概率至少是80%的把握，那投资机构的实际胜算一般只有20%就说明了这个问题。

就目前来看，O2O分为垂直血缘行业链和平行优势产业链。垂直模式是以某个点作为突破口，然后建立从上游到下游的行业链；另一种也是以某一个点切入，然后建立闭环生态链，共享信息。但无论哪种模式都处在试水阶段，垂直模式需要的是强大的资源整合能力,这个能力对于很多行业大佬而言都很难。因为现在是一个高度分工的社会,协调资源和信息都需要强大的人力物力,何况是刚创业的公司。平行生态链模式需要的是数据处理能力,这个能力不仅是公司自身实力的体现,还需要整合社会资源,相比于第一种模式更加困难。第一种模式是关爱一个家庭的幸福,而后一种模式是关爱全人类的幸福。所以这些因素导致O2O整体盈利模式未明,但小规模盈利还是可行的。

4.4.5.2 平衡模式

纯互联网时代是信息时代,不关注人,只关注信息,而O2O是后互联网的体现,开始以人为本。很多公司和人都在谈以人为本,但就目前中国的经济能力还很难做到,而O2O最伟大之处,不是建立了新的模式,而是真正从个人需求这个以人为本的角度出发,重新定义了经济哲学。但新模式突兀驾到,如何与消费者处理好平衡关系,是O2O要解决的另一个问题。比如外卖,多长时间送,临走需要说句什么话让顾客下次还能点自己的外卖;再如洗衣上门,是不是顾客所有要求都答应。怎么调节服务与体验的关系,这是O2O在下一阶段将要面临的首要挑战。

4.4.6 发展领航者

4.4.6.1 百度

从2015年下半年开始,百度便加大了将核心流量资源导向O2O的力度。李彦宏更是拿出200亿元用来支持旗下百度糯米的发展,并从公司战略上全民开启O2O扶持计划。

首先,在入口方面,截至2015年第三季度的数据显示百度以81.11%的份额在搜索市场保持绝对优势,移动市场的营收也早已超过PC端。同时百度手机助手的市场份额连续9个月领跑,从流量入口变成超级入口。除此之外,手机百度、百度地图等也已成为超级APP。

而对于入口的下一步,百度选择了场景。一是加强搜索的服务场景(举个例子来说,用户搜索一部电影之后,之前的搜索只是为其展示信息内容,而百度目前做的是通过糯米、支付、地图等满足用户在线购票选座,并乘坐交通工具前往影院的所有场景)。二是提升主流APP的场景服务能力。百度地图被视为O2O的重要入口之一,并相继提供了地图+出行、餐饮、酒店、门票、电影等各类生活服务。百度糯米和百度外卖也正从单一的餐饮扩展到更多的服务场景,目前已经在医疗、上门服务等领域有所动作。三是支付的引流和营销,百度钱包的定位已经从支付工具变成联合所有商户的超级钱包,借助"源泉商业平台"等起到导流及用户管理的综合平台作用。

而在生态和开放上,除了借助自家的核心产品如外卖、团购、电影票业务作为O2O的常态化业务外,百度一方面利用连接3600行等战略来扩大生态的服务范围,另一方面则借助"航母计划"对投资者开放百度优质资产的项目,包括百度糯米、91桌面、作业帮、百度音乐等先后牵手投资者。

4.4.6.2 阿里

阿里是BAT三方中与O2O联系最为紧密的一家巨头,但由于其布局漫长战线,在上市后巩固自身基础的工作,需要给其一定的时间。虽然阿里目前与各地政府展开智慧化合作,大有占领线下战场之势,但由于阿里流量属性整体依旧还未摆脱"电商交易"的属性,其在社交和搜索流量上的突破进度，也让阿里的 O2O 大战劣势凸显出来。

第一，平台一直未能完美解决"假货"问题，这给其用户维护和用户转化都带来了一定压力；第二，阿里一直有个社交梦，但经历数次大的尝试之后，如今社交领域依旧还是微信、微博、手机 QQ 的天下，这让阿里想要通过社交获得新的流量突破点的美梦只能继续暂缓；第三，2015 年阿里在 O2O 领域的大动作便是重启口碑网，虽然这一举措给其本身投资的 O2O 小巨头美团（图 4-15）带来一定压力，但随着美团与点评的合并，美团反而成为阿里在战略投资饿了么过程中的重要阻力。

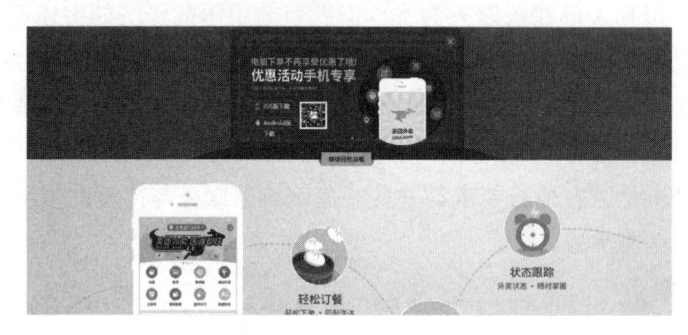

图 4-15　美团网首页

4.4.6.3　腾讯

作为与京东紧紧绑定在一块的巨头，腾讯拥有阿里如今在电商领域的最大对手这个重量级合作伙伴，这无疑是腾讯 O2O 大战的一大卖点。

腾讯在 PC 时代尝试过从流量到电商的转化，效果并不理想，C2C 电商的拍拍做失败后转手给了京东，但转而被京东宣布着手关闭，而投资 3.25 亿元人民币的高朋网也不见踪影，花费 2 亿元收购的易迅最后也最终惨败，转移给了京东，这些失败的教训让腾讯彻底放弃自建服务的想法，进而选择与第三方合作，通过入股京东、美团大众点评、同程等来完成。其中最为亮眼的就是美团和大众点评。2014 年 2 月腾讯收购 20% 的大众点评股份，同年 4 月大众点评再获 8.5 亿元融资，腾讯领头，而在美团和大众点评合并后，腾讯更是追投资金 10 亿元，这也算是腾讯错失 OTA 市场后的重要布局。

➢ 本章小结

1. 商业机构对消费者的电子商务模式（B2C）又称直接市场销售。主要包括销售有形产品的电子商务模式和销售无形产品和劳务的电子商务模式。

销售有形产品的电子商务模式又分为传统的有形产品的电子商务模式和特殊实物产品的电子商务模式。

网络具有信息传递和信息处理的功能，因此，无形产品和劳务（如信息、计算机软件、视听娱乐产品等）就可以通过网络直接向消费者提供。无形产品和劳务的电子商务模式主要有 4 种：网上订阅模式、付费浏览模式、广告支持模式和网上赠与模式。

2. 商业机构对商业机构的电子商务模式（B2B）就是企业与企业之间通过专用网络或

Internet，以企业与企业为交易主体，以银行电子支付和结算为手段，进行数据信息的交换、传递，开展贸易活动的商业模式。

商业机构对商业机构的电子商务模式主要有：在线商店模式、内部网模式、中介模式。其中，第三种模式是使用最普遍的。

3.C2C 实际是电子商务的专业用语，是个人与个人之间的电子商务。行业的领航者是淘宝、易趣和拍拍网；在网络购物市场交易规模结构方面，C2C 发展前景为总量增加，但与 B2C 相比，占比逐渐减少。

4.线上到线下的电子商务模式指将线下的商务机会与互联网结合，在网上进行营销，吸引受众，然后将受众引向线下实体商店消费的模式，让互联网成为线下交易的平台。

复习思考题

（1）总结 B2B、B2C、C2C、O2O 电子商务模式的特点。

（2）进行网络调查，是否在电子商务发展实务中还有新的电子商务模式产生，这些模式有哪些特点。

（3）淘宝网的运营属于哪一种电子商务模式？购物过程如何？

（4）在现实生活中，有没有接触过中介模式的电子商务，探讨它的发展前景及障碍。

（5）怎样理解电子商务网站的一般盈利方式？

（6）企业间的电子商务除了本书介绍的几种模式外，还有没有其他的模式？为什么？

（7）王强是一名在校的大学生，听说网上拍卖的商品物美价廉，他最近想购买一部二手手机，于是，他想尝试一下网上拍卖带来的购物乐趣。那么网上拍卖应该掌握哪些知识，拍卖应该如何完成？

（8）王强通过互联网了解到在淘宝等平台上有很多在校大学生成功创业的经历，如"东京着衣"、"小米稀饭 88"等，这些成功的典范给了王强足够的勇气，他也想在 C2C 电子商务平台（如淘宝、拍拍或易趣）上开网店，进行网上创业，但是他遇到了很多困难，他不了解如何选择货源、C2C 的管理和收益、网上顾客的需求和什么样的产品在网上好销售，以及如何才能经管理好自己的网店等。你可以给王强什么样的建议？

第5章　网络营销

学习目标

本章重点介绍网络营销的基本概念、理论基础；网上调查的基本概念、内容、方法和过程；消费者的主要特点和购买行为；网络营销竞争战略的制定、一般策略以及网络广告的特点、开展形式；微信营销获取粉丝的渠道、运作方式及策略、微信营销流程等。

学习要求

了解：网络营销的基本概念及其理论基础；消费者的主要特点和购买行为。

掌握：网上调查的基本概念、内容、方法和过程；网络营销竞争战略的制定、一般策略以及网络广告的特点、开展形式；微信营销获取粉丝的渠道、运作方式及策略、微信营销流程等。

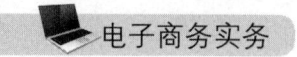

» 5.1 网络营销概述

网络营销是企业整体营销战略的一个组成部分，是建立在互联网基础之上、借助于互联网特性来实现一定营销目标的一种营销手段。随着信息社会的到来，网络技术的发展和应用改变了信息的分配和接受方式，改变了人们的生活、工作、学习、合作和交流的环境，企业也必须积极利用新技术变革企业经营理念、经营组织、经营方式和经营方法，促使企业飞速发展。网络营销是适应网络技术发展的信息时代社会变革的新生事物，必将成为跨世纪的营销策略。

5.1.1 网络营销的产生与发展

随着 Internet 作为信息沟通渠道的商业使用，Internet 的商业潜力被挖掘出来，显现出巨大威力和发展前景。市场营销是为实现个人和组织的交易活动而规划和实施创意、产品、服务观念、定价、促销和分销过程。网络营销是以互联网为媒体，以新的方式、方法和理念实施营销活动，更有效促成个人和组织交易活动的实现。网络营销在国外有许多翻译，如 Cyber Marketing，Internet Marketing，Network Marketing，e-Marketing 等。不同的单词词组有着不同的涵义，Cyber Marketing 主要是指网络营销是在虚拟的计算机空间（Cyber，计算机虚拟空间）进行运作；Internet Marketing 是指在 Internet 上开展的营销活动；Network Marketing 是在网络上开展的营销活动，同时这里指的网络不仅仅是 Internet，还可以是一些其他类型的网络，如增值网络（VAN）。目前，比较习惯和采用的翻译方法是 e-Marketing，e 表示是电子化、信息化、网络化涵义，既简洁又直观明了，而且与电子商务（e-Business）、电子虚拟市场（e-Market）等进行区分。

网络营销的发展是伴随着信息技术的发展而发展的。信息技术的发展，特别是通信技术的发展，促使互联网络成为辐射面更广、交互性更强的新型媒体。它不但可以像传统的广播电视等媒体那样单向性传播，而且还可以与媒体的接受者进行实时的交互式沟通。网络营销的效益是使用网络人数的平方，随着入网用户呈指数倍增加，网络的效益也随之以更大的指数倍数增加。我国的网上市场正步入良性循环轨道，成为一个新兴的有魅力的潜力巨大的市场。据艾瑞咨询 2014 年调查数据显示，2013 年中国网络营销市场规模超过 1.89 万亿元，比 2012 年的 1.18 万亿元增长了 0.71 万亿元。据预测，到 2018 年时，中国网络营销市场规模将突破 7.3 万亿元大关，中国网络营销市场将继续保持高速发展。表 5-1 为 2014—2015 年网络购物使用率和变化情况统计。

表 5-1　2014—2015 年网络购物使用率和变化情况统计

网络购物	2014 年	2015 年	变化情况
使用率	55.7%	60.0%	4.3%
规模（万人）	36142	41325	5183

因此，企业如何在如此潜力巨大的市场上开展网络营销，占领新兴市场对企业来说既

是机遇又是挑战,因为网络市场发展速度非常迅猛,机会稍纵即逝。

5.1.2 网络营销的定义

与许多新兴学科一样,"网络营销"同样也没有一个公认的、完善的定义。广义地说,凡是以互联网为主要手段进行的、为达到一定营销目标的营销活动,都可称之为网络营销(也称网上营销)。也就是说,网络营销贯穿于企业开展网上经营的整个过程,包括信息发布、信息收集,到开展以网上交易为主的电子商务过程。

对于网络营销的认识,一些学者或网络营销从业人员对网络营销的研究和理解往往侧重面不同:有些人偏重网络本身的技术实现手段;有些人注重网站的推广技巧;还有些人将网络营销等同于网上直销;或把新兴的电子商务企业的网上销售模式也归入网络营销的范畴……可从"营销"的角度出发,将网络营销定义为:网络营销是企业整体营销战略的一个组成部分,是建立在互联网基础之上、借助于互联网特性来实现一定营销目标的一种营销手段。

据此定义,可以得出下列认识。

首先,网络营销建立在传统营销理论基础之上。网络营销是企业整体营销战略的一个组成部分,网络营销活动不可能脱离一般营销环境而独立存在,网络营销理论是传统营销理论在互联网环境中的应用和发展。

其次,网络营销不同于网上销售。网上销售是网络营销发展到一定阶段产生的结果,网络营销是为实现网上销售目的而进行的一项基本活动,但网络营销本身并不等于网上销售。网络营销的效果可能表现在多个方面,例如企业品牌价值的提升、加强与客户之间的沟通。作为一种对外发布信息的工具,网络营销活动并不一定能实现网上直接销售的目的,但是,很可能有利于增加总的销售;网上销售的推广手段也不仅仅靠网络营销,往往还要借助于许多传统的方式,如传统媒体广告、发布新闻、印发宣传册等。

最后,网络营销不仅限于网上。一个完整的网络营销方案,除了在网上做推广之外,还很有必要利用传统营销方法进行网下推广,可以理解为关于网络营销本身的营销,如同关于广告的广告。

5.1.3 网络营销的内容

网络营销作为新的营销方式和营销手段实现企业营销目标,它的内容非常丰富。一方面,网络营销要针对新兴的网上虚拟市场,及时了解和把握网上虚拟市场的消费者特征和消费者行为模式的变化,为企业在网上虚拟市场进行营销活动提供可靠的数据分析和营销依据;另一方面,网络营销通过作为在网上开展营销活动来实现企业目标,而网络具有传统渠道和媒体所不具备的独特的特点,即信息交流自由、开放和平等,而且信息交流费用非常低廉,信息交流渠道既直接又高效,因此在网上开展营销活动,必须改变传统的一些营销手段和方式。网络营销作为在 Internet 上进行的营销活动,它的基本营销目的和营销工具是一致的,只不过在实施和操作过程中与传统方式有着很大区别。网络营销包括下面一些主要内容。

5.1.3.1 网上市场调查

调查市场信息,从中发现消费者的需求动向,从而为企业细分市场提供依据,是企业

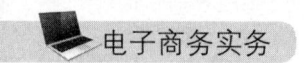

开展市场营销的重要内容。网络首先是一个信息媒体，为企业开展网上市场调查提供了一条便利途径。网上市场调查是指企业为了某一特定的网络营销问题的决策所需开发和提供信息而引发的判断、收集、记录、整理、分析、研究网络市场的各种基本状况及其影响因素，并得出结论性的、系统的有目的的活动与过程。

5.1.3.2 网络消费者行为分析

Internet 用户作为一个特殊群体，它有着与传统市场群体截然不同的特性。因此要开展有效的网络营销活动必须深入了解网上用户群体的需求特征、购买动机和购买行为模式。Internet 作为信息沟通的工具，正成为许多有相同兴趣和爱好的消费群体聚集交流的地方，在网上形成了一个个特征鲜明的虚拟社区。网络消费者行为分析的关键就是了解这些虚拟社区的消费群体的特征和喜好，了解这些虚拟社区的群体特征和偏好是网络消费者行为分析的关键。

5.1.3.3 网络营销策略的制定

不同的企业在市场中所处的地位不同。企业在采取网络营销实现企业营销目标时，必须制定与企业相适应的营销策略。企业实施网络营销需要进行投入，并且也会有一定的风险。因此在制定本企业的网络营销策略时，应该考虑各种因素对网络营销策略制定的影响。

5.1.3.4 网上产品和服务策略

网络作为信息有效的沟通渠道，它可以成为一些无形产品（如软件和远程服务）的载体，改变了传统产品的营销策略——特别是渠道的选择。作为网上产品和服务营销，必须结合网络特点，重新考虑产品的设计、开发、包装和品牌的传统产品策略。

5.1.3.5 网络价格营销策略

网络作为信息交流和传播工具，从诞生开始实行的便是自由、平等和信息免费的策略。因此，在网络市场上推出的价格策略大多是免费或者低价策略。所以，制定网络价格营销策略时，必须考虑到 Internet 对企业产品的定价影响和 Internet 本身独特的免费特征。

5.1.3.6 网络渠道选择与直销

Internet 对企业营销影响最大的是对企业营销渠道的影响。美国 Dell 公司借助 Internet 的直接特性建立的网上直销模式获得巨大成功，改变了传统渠道中的多层次的选择、管理与控制问题，最大限度降低了营销渠道中的费用。企业在建设自己的网上直销渠道时必须在前期进行一定的投入，同时还要结合网络直销的特点改变本企业传统的经营管理模式。

5.1.3.7 网络促销与网络广告

Internet 作为一种双向沟通渠道，最大的优势是可以实现沟通双方突破时空限制直接进行交流，而且简单、高效、费用低廉。因此，网络是开展促销活动最有效的沟通渠道，但网络促销活动的开展必须遵循网上一些信息交流与沟通规则，特别是遵守一些虚拟社区的礼仪。网络广告是进行网络营销最重要的促销工具，网络广告作为新兴的产业已经得到了迅猛的发展。网络广告作为在第四类媒体上发布的广告，其交互性和直接性的特点具有报纸杂志、无线电广播和电视等传统媒体发布广告无法比拟的优势。

5.1.3.8 网络营销管理与控制

网络营销作为在 Internet 上开展的营销活动，它必将面临许多传统营销活动无法碰到的新问题，如网上销售的产品质量保证问题，消费者隐私保护问题，以及信息安全与保护问题等。这些都是网络营销必须重视和应进行有效控制的问题，否则企业开展网络营销的效果就会适得其反，甚至会产生很大的负面效应，这是因为网络信息的传播速度非常快，而且网民对敏感问题的回应比较强烈而且迅速。

5.1.4 网络营销的特点

随着互联网技术发展的日渐成熟、互联网成本的大幅降低，以及互联网用户的日渐增多，互联网能把从近在咫尺到远在天涯的有着潜在交换需求与欲望的组织和个人跨时空、跨地域地联结起来，从而为企业或顾客创造出更多的交易机会。互联网具有市场覆盖面大、消费群体大、信息传输速度快、易于交互等特性，网络营销呈现出以下一些特点。

5.1.4.1 实时性

网络没有时间、地域的诸多限制，可以每周 7 天、每天 24 小时，随时随地地提供跨时间、跨地域的营销服务。

5.1.4.2 广泛性

目前全球几乎所有国家和地区都已接入互联网，网络提供了一个真正意义上集中所有生产者和消费者的世界市场。网络既是信息资源的海洋，又是商家展示自己的数字媒体，受众范围广泛。互联网覆盖全球市场，通过它，企业可方便快捷地进入任何国家的市场。网络营销可以帮助企业构筑覆盖全球的市场营销体系，实施全球性的经营战略，加强全球范围内的经济合作，获得全球性竞争优势，增强全球性竞争能力。同时，互联网使用者数量快速成长并遍及全球，而且使用者年龄构成轻、收入能力和消费水平相对高、知识水平和受教育程度比较高，这部分群体有着较强的购买力、很强的市场影响力和明显的消费示范功能，因此，对企业无疑是一个极具开发潜力的市场。

5.1.4.3 经济性

网络媒介具有传播范围广、速度快、无时间地域限制、无版面约束、内容全面详尽、多媒体传送、形象生动、双向交流、反馈迅速等特点，有利于提高企业营销信息传播的效率，增强企业营销信息传播的效果，大大降低企业营销信息传播的成本；网络营销无需店面租金成本，能减少商品流通环节，能减轻企业库存压力；利用互联网，中小企业只需极小的成本，就可以迅速建立起自己的全球信息网和贸易网，将产品信息迅速传递到以前只有实力雄厚的大公司才能接触到的市场中去；顾客可以根据自己的特点和需要在全球范围内不受地域、时间的限制，快速寻找能满足自己需要的产品并进行充分比较与选择，较大限度地降低了交易时间与交易成本。而传统的营销方式中，大量的人力物力资源耗费在中间环节和渠道上，网络营销绕过传统营销模式下的一些中间环节，降低了日常管理和交易成本。

5.1.4.4 交互性

互联网络不仅可以展示商品信息、链接商品信息，更重要的是可以实现与顾客的双向沟通，收集顾客反馈的意见、建议，从而切实地、有针对性地改进产品和服务，提供优质高效的客户服务。网络互动的特性使顾客真正参与到整个营销过程之中成为可能，顾客参与的可能性和选择的主动性得到加强与提高。在这种互动式营销中，买卖双方可以随时地进行互动式双向交流,而非传统营销中的单向交流;互联网上的促销也可以做到一对一的供求连接,促销活动使得顾客主导化、理性化,而且整个促销活动表现为非强迫性、循序渐进的人性化促销,避免推销员强势推销的干扰,并通过信息提供与交互式交谈,与顾客建立长期良好的关系;网络营销可以通过展示商品目录、连接商品信息数据库等方式向顾客提供有关商品的信息,供顾客查询,并且可传送信息的数量与精确度远远超过其他媒体,并能适应市场需求及时更新产品或调整价格,能更及时有效地了解并满足顾客的需要;企业还可以通过互联网收集市场情报、进行产品测试与顾客满意度调查,为企业的新产品设计与开发、价格制定、营销渠道的选择、促销策略的实施提供高效可靠的决策依据。

5.1.4.5 信息性

在网上,公司介绍、产品资讯、图片等大量想要提供给客户的资料,都可以放在互联网上。随着计算机性能和 Internet 传输速度的不断提升,集文字、图形、图像、声音、视频等于一体的多媒体信息传送也已成为现实,图 5-1 所示的是 TCL 液晶电视的销售信息。

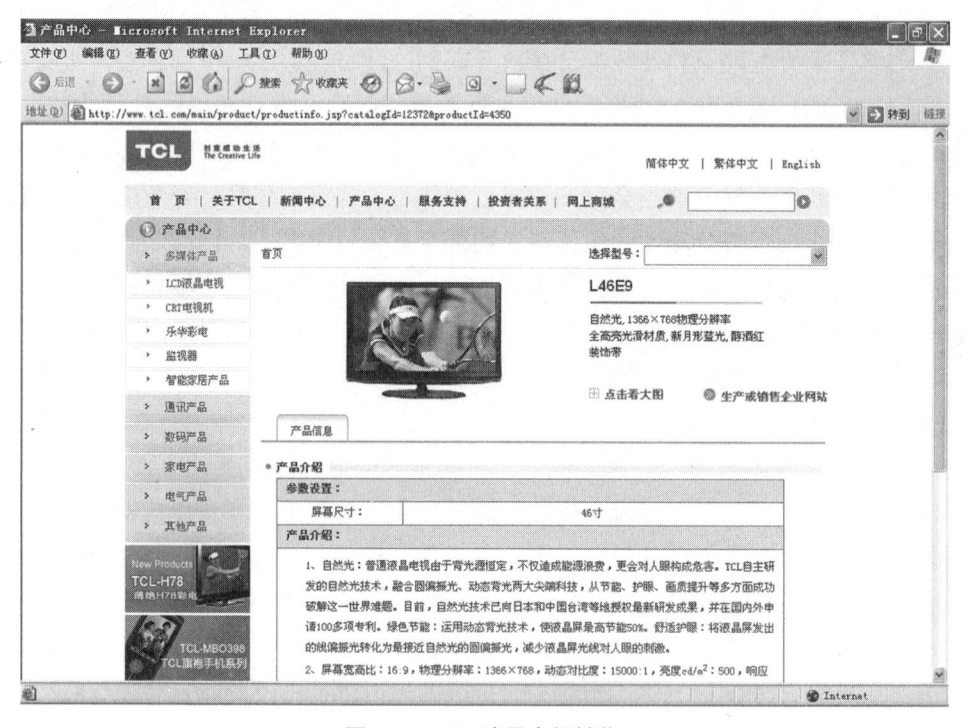

图 5-1 TCL 液晶电视销售

5.1.4.6 虚拟性

网上的市场是虚拟的市场,业务的全过程是在一种"虚拟"的网络环境下进行的。网络营销中采用电子数据、电子传递,使营销双方无论何时何地,均可以进行交流、订货,实现快速准确的双向数据信息交流。

5.1.4.7 整合性

互联网是一种功能强大的营销工具,它同时兼具市场调查、产品推广与促销、电子交易、互动式顾客服务,甚至某些无形产品的直接网上配送,以及市场信息分析与提供等多种功能。网络营销从商品信息的发布，直至发货收款、售后服务一气呵成，因此是一种网络介入全程的营销活动。企业可以借助网络将不同环节的营销活动进行统一设计规划和协调实施，也为各种企业资源重新组合发挥更大作用提供了可能，使得营销战略规划的整合功能得以充分发挥。

5.1.4.8 技术性

网络营销是建立在高技术作为支撑的互联网络的基础上，企业实施网络营销必须要有一定的技术投入和技术支持，改变传统的组织结构，提升信息管理部门的职能，引进懂营销与电脑的复合型人才，才能具备市场竞争优势。

5.1.4.9 针对性

在网络上，企业的潜在客户不会被动地接受任何对他们而言没有价值的信息。因为接受者可以自由选择感兴趣的内容浏览和讨论。网络商业信息到达受众的准确性高，可以实现"一对一"的个性化服务，易于与消费者建立长期良好的关系。

网络营销作为一种全新的营销方式，与传统营销方式相比具有明显的优势，但作为新兴的营销方式，网络营销具有强大的生命力，但也存在着诸多不足。例如，网络营销尤其是网络分销无法满足顾客社交的心理需要，无法使顾客通过购物过程来满足显示自身社会地位、个人成就或支付能力等方面的需要。尽管如此，网络营销作为21世纪的营销新方式势不可挡，将成为企业实施全球竞争战略的锐利武器。

5.1.5 网络营销与传统营销的比较

网络营销作为一种新兴的营销方式，它和传统营销并不存在取代与被取代的关系，而是顺应信息科技的发展，来创新与重组营销方式，所以有人将网络营销比喻为"老树新枝"。网络营销与传统营销既有较大的差别，同时也有密切的联系。

5.1.5.1 网络营销与传统营销的区别

网络营销与传统营销的区别主要体现在以下3个方面。

1）营销活动的经济学假设前提不同

任何营销活动都有其经济学的前提和假设，传统的营销活动在工业经济的背景下，遵循边际报酬递减规律。即规模扩大后，由于各种管理成本上升，使得单位产出的成本递增从而利润减少。所以传统的营销管理活动重点在控制供应来源，获取专利，并对冒犯的厂商采取防御行为，不断推出新的品牌占领有限的货架。而在网络经济下，营销活动则是遵循着边际报酬递增的规律。根据麦特卡夫法则，网络的成本会随着网络的规模呈直线型扩张，但网络的价值却是呈倍数增加。网络经济条件下货架的空间没有限制，企业的规模可以无限扩张，例如资讯、音乐和软件产品，可以用比特的方式复制、传输，它的边际成本几乎为零。

2）营销活动的起点不同

传统营销活动的起点是按照一定的标准（如地理、年龄、性别等）将目标市场划分为若干细分子市场，假设每个细分市场的需求相似或相同而进行营销活动。网络营销将顾客细分到单一个体，是"一对一"的营销方式。通过互联网和公司的网站，顾客把个性化的产品设计传递给企业（逆向营销），企业通过电子商务来与材料供货商及其他相关的协作单位实时生产，再通过快捷的渠道将产品传递到消费者手中。

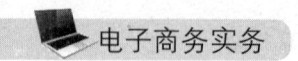

3）营销渠道和信息沟通方式不同

传统的营销渠道中间过程繁杂，产品从制造商经过批发商、零售商等几个环节才能到达消费者手中。这种方式使得交易成本过高，交付时间过长，顾客的信息和意见得不到及时的反馈造成了大量的客户流失。在网络营销的环境下，由于网络顾客与企业之间是互动的，这样双方就可以减去中间环节直接沟通交流，提高了效率，节省了成本。

5.1.5.2 网络营销与传统营销的联系

1）网络营销和传统营销的本质没有区别

营销活动是有利益地满足消费者需求，无论网络营销还是传统营销活动，都是以了解顾客、满足顾客为核心内容。因此一些营销的核心概念，如需求、顾客价值、交换等仍十分重要。同样，传统营销活动中对消费者行为的分析，对市场环境的调研及对营销活动的评估和控制，在网络营销中不但没有淡化，反而更加突出。

2）传统营销是网络营销的理论基础，网络营销是传统营销的发展和延伸

传统营销建立在传统经济学基础之上，当经济发展到网络时代后，传统营销理论的一些组成部分确实已经不能完全适用于现代经济的发展，比如，营销调研（普通信函式、拜访式等无法适应快速的市场变化）、营销渠道构建（经销商与分销商、客户的渠道）、营销管理（职能化营销管理与项目类营销管理相结合、资本力量控制）、营销策略（直复营销的全面拓展）等。但这些营销理论并非完全不能用，至少在目前阶段以及未来很长一段时间内，网络的出现只不过为企业营销多增加了一种手段而已。网络营销能迅速全面代替传统营销只是人们从表面上看所产生的错觉。尽管在网络营销中，企业市场营销活动与传统营销相比较，在活动的程序和营销的手段上都发生了很大变化，但市场营销的实质始终没有变，即以顾客需求为中心的观念没有变，并且网络营销使企业能更好地掌握最终客户的需求信息，为客户提供个性化的服务。

从传统营销的基本理论来看，网络营销也无法全部脱离它们。比如针对一个目标实施一个行为（网络营销行为），也要通过计划、分析、实施、控制，也要进行市场细分——选择目标市场——市场定位——市场调查——产品定价（或确定业务、品牌目标实现）——构建渠道——确立营销方式——营销审计——营销结束——总结，运用的基本理论也大多是从传统营销中提取出来的。所以，如果想在网络营销领域有所作为，应该合理吸取和利用传统营销理论。

5.1.5.3 网络营销与传统营销整合

网络营销与传统营销是相互促进和补充的，企业在进行营销时应根据企业的经营目标和细分市场，整合网络营销和传统营销策略，用最低成本达到最佳的营销目标。网络营销与传统营销的整合，就是利用整合营销策略实现以消费者为中心的传播统一、双向沟通，实现企业的营销目标。

网络营销作为新的营销理念和策略，凭借互联网特性对传统经营方式产生了巨大的冲击，但并不能完全取代传统营销，网络营销与传统营销是一个整合的过程。这是因为，首先，互联网作为新兴的虚拟市场，它覆盖的群体只是整个市场中某一部分群体，许多的群体由于各种原因还不能或者不愿意使用互联网，如老人、落后国家和地区，因此传统的营销策略的手段则可以覆盖这部分群体。其次，互联网作为一种有效的渠道有着自己的特点

和优势，但对于许多消费者来说，由于个人生活方式的原因，不愿意接受或者使用新的沟通方式和营销渠道，如许多消费者不愿意在网上购物，而习惯在商场上一边购物一边休闲。再次，互联网作为一种有效沟通方式，可以方便企业与用户之间直接双向沟通，但消费者有着自己的个人偏好和习惯，愿意选择传统方式进行沟通，如报纸有网上电子版本后，并没有冲击原来的纸张印刷出版业务，相反起到相互促进的作用。最后，互联网只是一种工具，营销面对的是灵性的人，因此一些以人为主的传统营销策略所具有独特的亲和力是网络营销没有办法替代的。

> **注意**
>
> 随着技术的发展，互联网将逐步克服上述不足，在很长一段时间内网络营销与传统营销是相互影响和相互促进的关系，最后实现融合的内在统一，在将来没有必要再谈论网络营销了，因为营销的基础之一就是网络。

» 5.2 网上市场调查

5.2.1 网上市场调查的概念

调查市场信息，从中发现消费者需求动向，从而为企业细分市场提供依据，是企业开展市场营销的重要内容。网络首先是一个信息媒体，为企业开展网上市场调查提供了一条便利途径。

网上市场调查是指企业为了某一特定的网络营销问题的决策所需开发和提供信息而引发的判断、收集、记录、整理、分析、研究网上市场的各种基本状况及其影响因素，并得出结论性的、系统的有目的的活动与过程。在进行网上市场调查中应正确理解这一概念的内涵：网上市场调查本身不是目的，而是服务于网络营销活动并且是网络营销活动的一个有机组成部分；网上市场调查是一个周密策划、精心组织、科学实施的系统过程，由一系列工作环节、步骤、活动和成果组成，需要用科学的理论和方法去指导，同时也需要进行科学的组织与管理；网上市场调查包含对信息的判断、收集、记录、整理、分析、研究和传播活动，与一般信息工作相比，其差异仅仅在于其工作对象是网上市场信息，且直接为网上市场营销服务。

在当今网络与传统商业业务不断融合的趋势下，国内外越来越多的网络服务商和市场研究机构开始涉足网上市场调查领域，国内比较成功的网站有中国互联网络信息中心、中国调查网、艾瑞调查网等，图5-2就是艾瑞调查网的主页，艾瑞公司出具的研究报告一直是国内许多企业和机构的数据来源及数据标准。

图 5-2　艾瑞调查网主页

网上市场调查有两种方式：网上直接调查和网上间接调查。网上直接调查是利用互联网直接进行问卷调查等方式收集一手资料；网上间接调查是利用互联网的媒体功能，从互联网收集二手资料。

网上市场调查是一个很广泛的概念，它有两方面的含义，即在网上利用 Internet 特性进行市场调查和专门针对 Internet 形成的特殊的网上市场进行的调查。网上市场调查与网上市场的调查是两个不同的概念，网上市场的调查是针对网上市场而进行的调查，它可以采用传统的调查方法，也可以采用网上调查方法；而网上市场调查既可以调查网上市场，也可以调查传统的一般市场。这里的网上市场是指在网上进行买卖形成"虚拟的"无实物形态的市场。一般网上市场调查主要是指利用 Internet 的特性进行市场调查，当然也包括针对 Internet 市场的调查，只不过对 Internet 虚拟市场的调查也可以采用一些传统市场调查方法来进行市场调查。

5.2.2　网上市场调查的特点

通过网上市场调查，可以借鉴传统市场调查的理论和方法，但由于 Internet 自身的特性，网上市场调查也有一些与传统市场调查不同的特点。

5.2.2.1　及时性和共享性

（1）网络的传输速度非常快，网络信息能迅速传递给连接上网的任何用户。Web 和电子邮件大大缩短了调查的时间，这比用几周或几个月来邮寄调查表或是通过电话方式联系调查对象获得反馈信息快得多。

（2）网上调查是开放的，任何网民都可以参加投票和查看结果，这保证了网络信息的及时性和共享性。

（3）网上投票信息经过统计分析软件初步处理后，可以看到阶段性结果，而传统的市场调查得出结论需经过很长的一段时间。如人口抽样调查统计分析需 3 个月，而 CNNIC（中国互联网络信息中心）在对 Internet 进行调查时，从设计问卷到实施网上调查和发布统计结果，只有 1 个月时间。

5.2.2.2 便捷性和低费用

网上市场调查可节省传统的市场调查中所耗费的大量人力和物力。在网络上进行调查，只需要一台连上网的计算机即可；调查者在企业站点上发出电子调查问卷，网民自愿填写，然后通过统计分析软件对访问者反馈回来的信息进行整理和分析；网上市场调查在收集过程中不需要派出调查人员，不受天气和距离的限制，不需要印刷调查问卷，调查过程中最繁重、最关键的信息收集和录入工作将分布到众多网上用户的终端上完成；网上调查可以是无人值守和间接地接受调查填表，信息检验和信息处理工作均由计算机自动完成。

5.2.2.3 交互性和充分性

网络的最大优势是交互性。这种交互性在网上市场调查中体现为如下两点。

（1）在网上调查时，被访问者可以及时就问卷相关的问题提出自己的看法和建议，可减少因问卷设计不合理而导致的调查结论出现偏差等问题。

（2）被访问者可以自由地在网上发表自己的看法，同时没有时间的限制。而传统的市场调查是不可能做到这些的，例如，面谈法中的路上拦截调查，它的调查时间较短，不能超过 10 分钟，否则被调查者会表现出不耐烦的情绪，因此对访问调查员的要求非常高。

5.2.2.4 调查结果的可靠性和客观性

由于企业站点的访问者一般都对企业产品有一定的兴趣，所以这种基于顾客和潜在顾客的市场调查结果是客观和真实的，它在很大程度上反映了消费者的消费心态和市场发展的趋向。

被调查者在完全自愿的原则下参与调查，调查的针对性更强。而传统的市场调查中的面谈法中的拦截询问法，实质上是带有一定的"强制性"的。

调查问卷的填写是自愿的，不是传统调查中的"强迫式"，填写者一般对调查内容有一定的兴趣，回答问题相对认真，所以问卷填写可靠性高。

网上市场调查可以避免传统市场调查中人为因素所导致的调查结论的偏差，被访问者是在完全独立思考的环境中接受调查的，能最大限度地保证调查结果的客观性。

5.2.2.5 无时空和地域的限制

这是网上调查所独有的优势。网上市场调查可以 24 小时全天候进行，这与受区域和时间制约的传统的市场调查方式有很大的不同。

5.2.2.6 可检验性和可控制性

利用 Internet 进行网上调查收集信息，可以有效地对采集信息的质量实施系统的检验和控制。

网上市场调查问卷可以附加全面规范的指标解释，有利于消除因对指标理解不清或调查员解释口径不一而造成的调查偏差。

问卷的复核检验由计算机依据设定的检验条件和控制措施自动实施，可以有效地保证对调查问卷的 100% 的复核检验，保证检验与控制的客观公正性。

通过对被调查者的身份验证技术可以有效地防止信息采集过程中的舞弊行为。

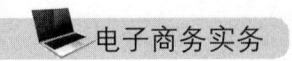

5.2.2.7 更好的保密效果
网上调查使用匿名提交的方法，因此比其他传统的调查方法拥有更加完善的保密性能。

5.2.3 网上直接调查的方法
根据采用调查方法的不同，可以分为网上问卷调查法、网上实验法和网上观察法。常用的是网上问卷调查法。按照调查者组织调查样本的行为，网上调查可以分为主动调查法和被动调查法。主动调查法，即调查者主动组织调查样本，完成统计调查的方法。被动调查法，即调查者被动地等待调查样本造访，完成统计调查的方法，被动调查法的出现是统计调查的一种新情况。按网上调查采用的技术可以分为站点法、电子邮件法、随机 IP 法和视频会议法等。

5.2.3.1 站点法
站点法是将调查问卷的 HTML 文件附加在一个或几个网络站点的 Web 上，由浏览这些站点的网上用户在此 Web 上回答调查问题的方法。站点法属于被动调查法，这是目前出现的网上调查的基本方法，也将成为近期网上调查的主要方法。

5.2.3.2 电子邮件法
电子邮件法是通过给被调查者发送电子邮件的形式将调查问卷发给一些特定的网上用户，由用户填写后以电子邮件的形式再反馈给调查者的调查方法。电子邮件法属于主动调查法，与传统邮件法相似，优点是邮件传送的时效性大大提高了。

5.2.3.3 随机 IP 法
随机 IP 法是以产生一批随机 IP 地址作为抽样样本的调查方法。随机 IP 法属于主动调查法，其理论基础是随机抽样。利用该方法可以进行纯随机抽样，也可以依据一定的标志排队进行分层抽样和分段抽样。

5.2.3.4 视频会议法
视频会议法是将分散在不同地域的被调查者通过互联网视频会议功能虚拟地组织起来，在主持人的引导下讨论调查问题的调查方法。这种调查方法属于主动调查法，其原理与传统调查法中的专家调查法相似，不同之处是参与调查的专家不必实际地聚集在一起，而是分散在任何可以连通国际互联网的地方，如家中、办公室等，因此，网上视频调查会议的组织比传统的专家调查法简单得多。视频会议法适合于对关键问题的定性调查研究。

5.2.3.5 网上问卷调查法
网上问卷调查法是将问卷在网上发布，被调查对象通过 Internet 完成问卷调查。网上问卷调查一般有两种途径。一种是将问卷放置在 WWW 站点上，等待访问者访问时填写问卷，如 CNNIC 每半年进行一次的"中国互联网络发展状况调查"就是采用这种方式。这种方式的好处是填写者一般是自愿的，但缺点是无法核对问卷填写者的真实情况。为达到一定问卷数量，站点还必须进行适当宣传，以吸引大量的访问者，如 CNNIC 在调查期间与国内一些著名的 ISP（网络服务提供商）/ICP（网络媒体提供商）如新浪、搜狐、网易等设置调查问卷的链接。图 5-3 是问道网关于征收燃油税的调查。

另一种是通过 E-mail 方式将问卷发送给被调查者，被调查者完成后将结果通过 E-mail 返回。这种方式的好处是，可以有选择性控制被调查者，缺点是容易遭到被访问者的反感，有侵犯个人隐私之嫌。因此，用该方式时首先应征得被访问者的同意，或者估计被访问者不会反感，并向被访问者提供一定补偿，如有奖问答或赠送小礼物，以降低被访问者的敌意。

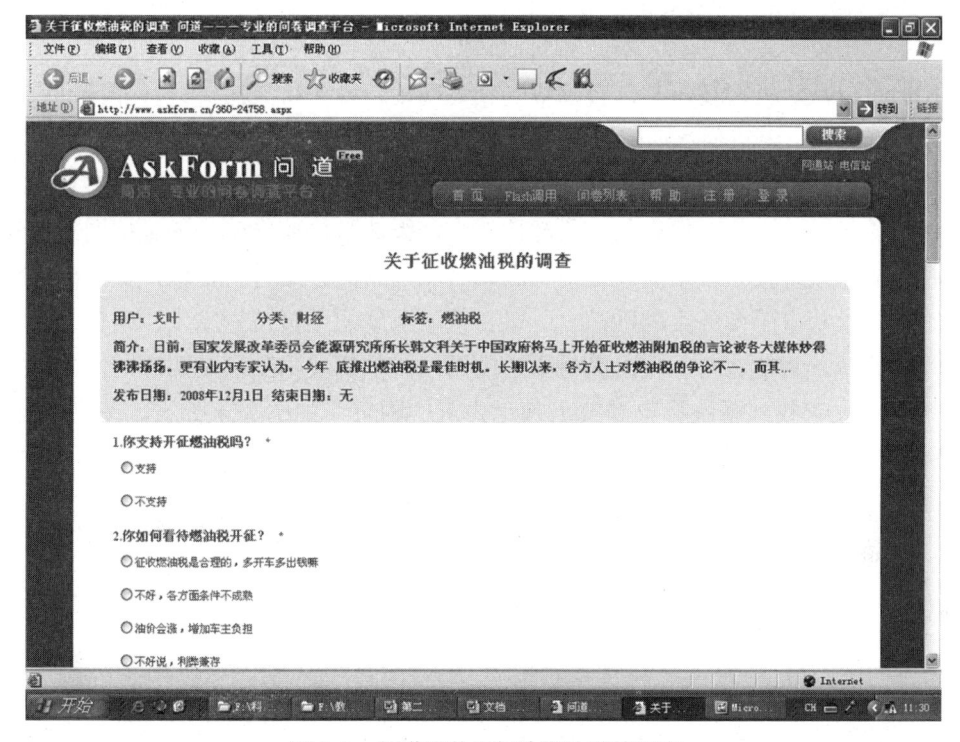

图 5-3　问道网关于征收燃油税的调查

5.2.3.6　其他网上直接调查方法

前面讨论的是采用最多的问卷调查方法。它的优点是比较客观、直接，缺点是不能对某些问题进行深入调查和原因分析。因此，许多企业设立了 BBS 供访问者对企业产品进行讨论，或者参与某些专题的新闻组进行讨论，以便更多地进行深入调查获取有关资料。及时跟踪和参与新闻组和公告栏，有助于企业获取一些问卷调查无法发现的问题。因为问卷调查是从企业角度出发考虑问题，而新闻组和公告栏是用户自发的感受和体会，他们传达的信息也是最接近市场和最客观的，缺点是信息不够规范，需专业人员进行整理和挖掘。

5.2.4　网上间接调查的方法

网上间接调查主要是利用互联网收集与企业营销相关的市场、竞争者、消费者以及宏观环境等信息。企业用得最多的还是网上间接调查方法，因为它的信息广泛，能满足企业管理决策需要，而网上直接调查一般只适合于针对特定问题进行的专项调查。网上间接调查渠道主要有搜索引擎、用户新闻组、BBS、E-mail。WWW 站点是最主要的信息来源，每个 Web 网页所涵盖的信息包罗万象，无所不有。

5.2.4.1　利用搜索引擎收集资料

选择搜索引擎时最好区分一下是查中文信息还是外文信息。如果是中文信息，使用较多的中文搜索引擎是：百度（http://www.baidu.com）、搜狐（http://www.sohu.com）、新浪

（http://www.sina.com.cn）、网易（http://www.163.com）和中文雅虎（http://gbchinese.yahoo.com）。如果是外文信息，使用较多的搜索引擎是：Yahoo（http://www.yahoo.com），Google（http://www.google.com），Lycos（http://www.lycos.com），Infoseek（http://www.infoseek.com）和 AltaVista（http://www.altavista.com）。

  国内中文引擎可以按分类、网站和网页来搜索关键字，一般都是采用分类层次目录结构，使用时可以从大类再找小类，直到找到相关网站，操作时只需进行选择即可。为提高查找效率和准确度，可以通过搜索引擎提供的搜索功能直接输入关键字进行查找相应内容。目前引擎可以按分类、网站和网页来进行搜索。值得注意的是按分类只能粗略查找，按网页虽然可以比较精确查找，但查找结果却比较多，因此最快捷准确的还是按网站搜索。在按网站搜索时，系统将要搜索的关键字与网站名和网站的介绍进行比较，显示出比较相等的网站，如要查找电子商务类的网站，可以在搜索引擎的主页搜索输入栏内输入汉字"电子商务"并确认，系统将自动找出满足要求的网站。如果找不到满足要求的网站，这时可以按照网页方式查找，系统将自动找出满足要求的网页，如图 5-4 所示。在使用搜索时，可以用一些高级命令，同时搜索多个关键字，以提高检索的命中率和效率。

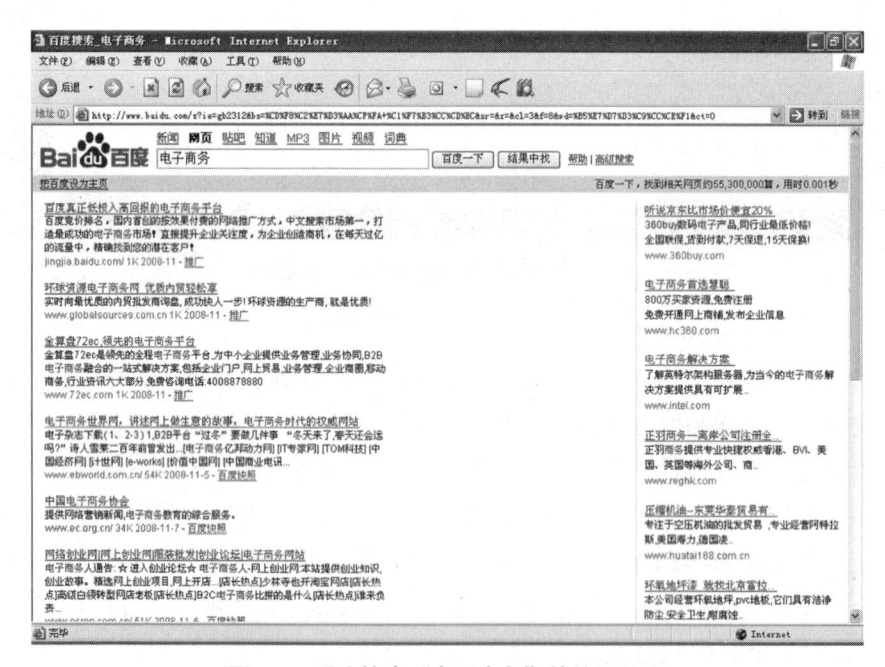

图 5-4   百度搜索"电子商务"的结果显示

5.2.4.2 利用公告栏收集资料

  公告栏（BBS）就是在网上提供一块公开"场地"，任何人都可以在上面进行留言回答问题或发表意见，也可以查看其他人的留言，好比在一个公共场所进行讨论一样，用户可以随意参加也可以随意离开。但发言人要注意言行举止，不要随意发表反动言论或进行人身攻击，为此公告栏一般都进行了申明，请务必注意，否则可能引起恶劣影响。公告栏的用途多种多样，一般可以作为留言板，也可以作为聊天（沙龙）、讨论的场所。一些著名的 ICP 也提供一些公告栏，如网易的虚拟社区：http://club.163.com。

5.2.4.3 利用新闻组收集资料

新闻组就是一个基于网络的计算机组合,这些计算机可以交换以一个或多个可识别标签标识的文章(或称之为消息),一般称作 Usenet 或 Newsgroup。由于新闻组的广泛性及复杂性,到目前为止,还没有一个统一的新闻组管理机构,事实上也不可能有。新闻组已经成为互联网上一个重要的组成部分,每天都吸引着全球众多的访问者。由于新闻组使用方便,内容广泛,并且可以精确地对使用者进行分类(按兴趣爱好及类别),其中包含的各种不同类别的主题已经涵盖了人类社会所能涉及到的所有内容,如科学技术、人文社会、地理历史、休闲娱乐等。

使用新闻组的人主要是为了从中获得免费的信息,或相互交换免费的信息。使用时对新闻组中的内容非常敏感,并对张贴消息也非常小心,因为他们不愿意由于透露过多的个人信息而受到垃圾邮件的侵害。利用新闻组收集资料的方法与 BBS 类似,遵守新闻组中的网络礼仪,必须尽可能地了解它的使用规则,避免一切可能引起他人反感的行为,收集资料时可以选择相关的信息。

5.2.4.4 利用 E-mail 收集资料

E-mail 是 Internet 使用最广的通信方式,它不但费用低廉,而且使用方便快捷,最受用户的欢迎。许多用户上网主要是为了收发 E-mail 信件。目前许多 ICP 和传统媒体,以及一些企业都利用 E-mail 发布信息。如国内著名的 ICP 公司网易公司(163.com),它的 E-mail 电子刊物包括 IT、财经、生活等各方面信息。一些传统的媒体公司和企业,为保持与用户的沟通,也定期给公司用户发送 E-mail,发布公司的最新动态和有关产品服务信息。因此,E-mail 是收集信息最快捷有效的渠道,收集资料时只需要到有关网站进行注册,以后等着接收 E-mail 就可以了。采取这种方式时,要注意的是避免受到侵扰,因为注册后很容易收到一些垃圾信件,所以在注册前一定要注意是否可以取消订阅,是否有其他的商业要求。一般来说,对于一些规范的网站都允许用户取消订阅。

5.2.5 网上市场调查的内容

1)企业产品消费的需求信息

网络消费者的需求特征,特别是需求及其变化趋势调查是网上市场调查的重要内容。利用互联网了解消费者的需求状况,首先要识别消费者的个人特征,如地址、性别、年龄、职业等。为避免重复统计,一般对已经统计过的访问者在计算机上放置一个 Cookie,它能记录下访问者的编号及个人特征,这样就可以避免对同一访问者的重复调查。为鼓励访问者填写问卷和保护隐私信息,在调查中要多尝试一些新的方式和方法。

2)企业所经营的产品或服务的有关信息

有关信息是指产品供求状况、市场容量、市场占有率、商品销售额趋势、服务的满意度、客户需要新的服务内容等。

3)目标市场信息

目标市场信息主要包括:市场容量、产品供求形势、销售份额或市场占有率、市场容量扩大的可能性、开拓市场的潜力、发展市场存在的问题、竞争格局等内容。

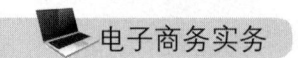

4）竞争对手信息

竞争对手信息主要包括谁是主要的竞争对手，以及竞争对手的市场占有份额、实力、竞争策略、广告手段、网络营销战略定位、发展潜力等内容。收集的途径主要有：访问竞争者及其网站，收集竞争者网上发布的信息，从其他网站摘录竞争者信息，从有关新闻报道和电子公告中获取竞争对手信息。

5）市场环境信息

企业在作重大决策时还必须了解一些宏观环境的信息，包括政治、法律、经济、文化、地理、人口、科技等信息。对于政府信息，可以通过一些政府网站和一些ICP站点查找；对于其他宏观环境信息，可以通过查找有关电子版的书刊资料来获得。

6）其他方面的信息

除上述几个方面的信息内容之外，企业还应该根据实际需要了解合作者、供应商、营销中介等方面的信息。

5.2.6 网上市场调查的步骤

5.2.6.1 制定网上调查提纲

一个调查项目常包含着高度精练的理念。而调查提纲可以将调查内容更加具体化、条理化。同时调查提纲是将企业（调查者）与客户（被调查者）两者结合的纽带，良好的沟通可以减少或消除未来出现的问题。例如，企业产品是医疗器械，他们的主要目标客户应该是医院里的医务人员。与医务人员沟通时，应围绕健康主题。调查提纲应当由企业的市场总监或产品经理来草拟，应当有清楚的调查时间、框架、问题、格式要求、题目拟定。一旦企业需要委托专业网上调查公司进行工作，企业的市场总监或产品经理就应是直接负责人。

5.2.6.2 确定目标市场

这主要看网民中是否存在着被调查群体，以及规模的大小。市场调查目标的信息要充分、及时和准确。

5.2.6.3 明确调查目的

通常网上调查的目的主要有：为新产品开发做准备；为新产品上市收集信息；调查产品或企业的知名度。

5.2.6.4 确定调查对象

一般网络调查的对象可分为三类：第一类是产品的消费者，第二类是公司的竞争者，第三类是公司的合作者和行业内的中立者。营销人员在市场调查中，应兼顾到这三类对象，但对竞争者的调查格外重要。

5.2.6.5 设计调查问卷

在提出问题之前首先要说明调查的目的、意义等，主要目的是为了引起被调查者的重视和兴趣，争取他们的积极支持与配合。在确定调查目标市场的基础上，充分考虑被调查者的特征及心理特点，然后提出问题。

5.2.6.6 查询调查对象

明确调查对象后，有关人员通过电子邮件向互联网上的个人主页、新闻组和邮件清单发出相关查询。

5.2.6.7 调查人数统计

有关人员通过对访问站点的人数进行统计,从而分析出顾客的分布范围和潜在消费市场的出现地点,利用互联网上的人数统计技术,该项技术能在被应用的站点上跟踪调查访问者,从而有助于有关人员准确地掌握访问者的人数统计情况。

5.2.6.8 确定适用的信息

有关人员可以不定时地查看本公司的电子邮件信箱,向各私人和公开站点发出查询请求,以便及时准确地了解来自各方面的信息。

5.2.6.9 信息的加工、整理、分析和运用

对从互联网上获得的市场调查信息,有关人员应根据调查的目的和用途进行筛选、分类、整理等加工,并形成规范的市场调查报告,供有关企业决策者参考,以便他们及时准确地了解市场动态。

开展网上市场调查前,首先做的决策是是否需要开展调查。在下述情况下,最好不要做调查。

（1）缺少资源。

（2）调查结果毫无用处。

（3）错过市场时机。

（4）已经做出决策。

（5）管理者还未对制定决策所需信息达成一致。

（6）制定决策所需信息业已存在。

（7）调查成本超出收益。

5.2.7 网上市场调查结果的处理

5.2.7.1 网络商务信息的分析

从网上收集的信息往往是片面、零散的,甚至有些信息是过时或无用的。调查人员可使用数据分析技术,如交叉列表分析、概括技术、综合指标分析和动态分析技术等,从中提炼出与调查目标相关的信息。

网络信息的一大特征是即时呈现,因此分析信息的能力相当重要,它能在动态变化中捕捉到商机。

5.2.7.2 撰写调查报告

调查报告是市场调查成果的集中体现,它是经过对信息资料的整理和分析,对所调查的问题做出的结论,并对实现调查目的提出建设性意见,供决策者参考。市场调查报告的内容一般包括：题目、内容提要；序言（调查报告的目的）；调查采用的详细细节、调查结果（正文、表格、图件）、调查结果小结、总的结论和建议；参考资料、附录。调查报告有两种形式：一种是内容详尽的专门性报告,专供市场研究及市场营销人员使用；另一种为一般性报告,是提供给职能部门管理人员和企业领导者参阅的,内容简洁扼要而突出重点,以便决策者针对公司的经营及时地调整营销策略。

5.2.7.3 事后追踪调查

事后追踪调查的建议和意见,主要是分析调查情况是否与市场形势发展相符合,以便

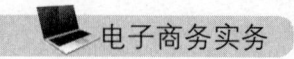

积累经验，改进调查方法，提高调查质量。

5.3 网络消费者购买行为分析

5.3.1 网络消费者结构特征

5.3.1.1 网民性别

据 CNNIC 统计，截止到 2015 年 6 月，中国网民中女性比例已经上升到 44.9%，比 2014 年 12 月 43.6% 的女性网民比例上升了 13 个百分点，如图 5-5 所示。中国网民逐渐走向性别均衡，这一特点受中国整体居民性别比例影响。

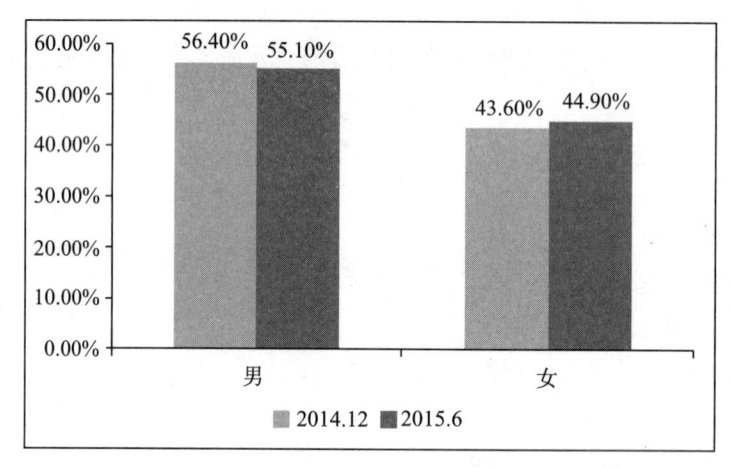

图 5-5 网民性别结构

与 2014 年 12 月相比，男女性互联网普及率均在上升，女性互联网普及率上升略快。目前中国男性居民中的互联网普及率为 39.9%，即已有接近 2/5 的男性居民是网民，如图 5-6 所示。

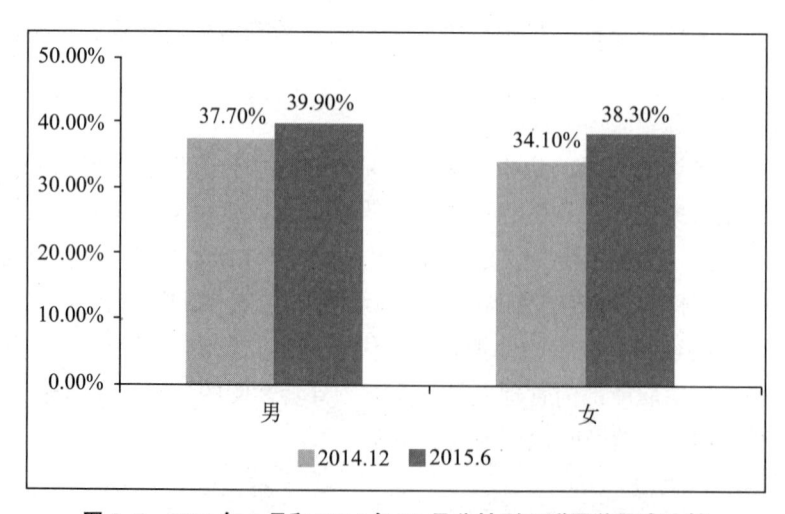

图 5-6 2015 年 6 月和 2014 年 12 月分性别互联网普及率比较

5.3.1.2 网民年龄

中国网民的主体仍旧是 49 岁及以下的年轻群体,这一网民群体占到中国网民的 88.2%,超过网民总数的 4/4。网民这一较为年轻的年龄结构对中国互联网深层应用影响较大,中国互联网应用呈现出与年轻网民特征较为相符、仍以娱乐为主的特点。2015 年 6 月网民年龄结构统计如图 5-7 所示。

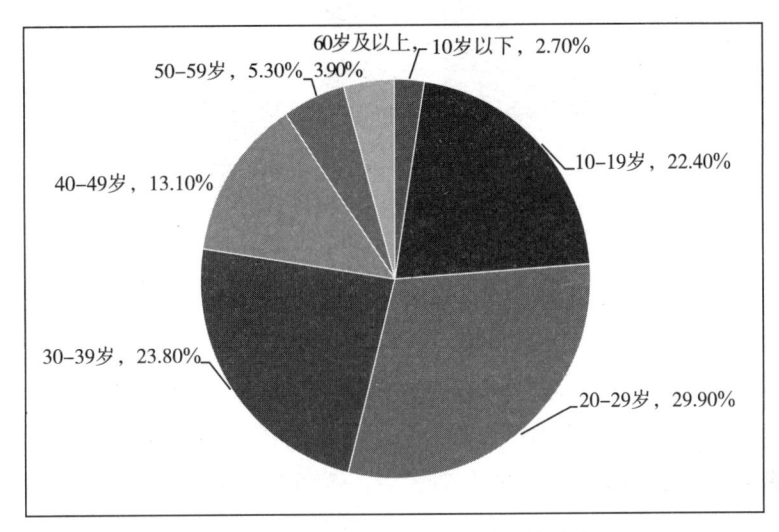

图 5-7　2015 年 6 月网民年龄结构统计

2014 年 12 月与 2015 年 6 月的各年龄段的网民分布结构的统计数据如图 5-8 所示,10 岁以下和 50 岁以下年龄段的网民相对增加 2.3%,表明中国网民在年龄的分布上趋于均衡。

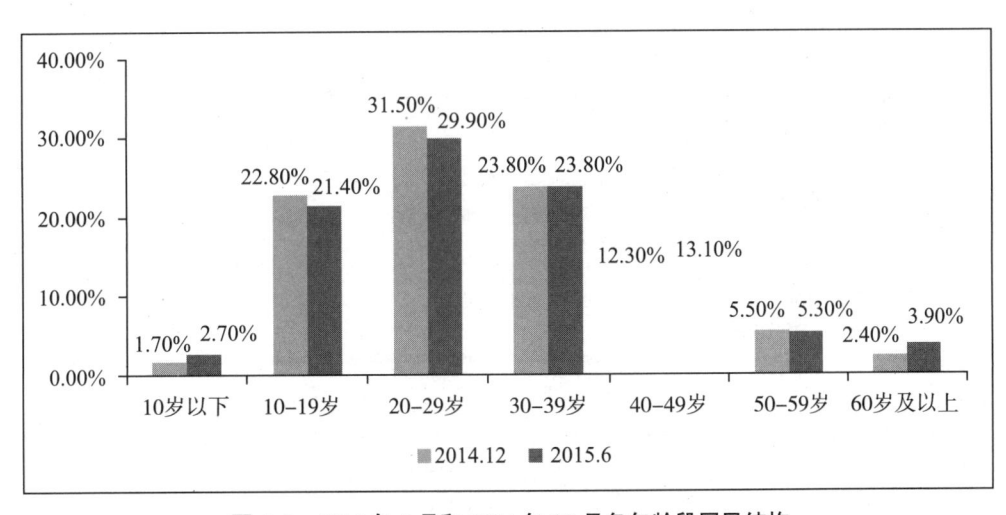

图 5-8　2015 年 6 月和 2014 年 12 月各年龄段网民结构

5.3.1.3 网民学历

网民中具备中等教育程度的群体规模最大,初中、高中/中专/技校学历的网民占比分别为 37.4%、29.2%。与 2014 年底相比,小学及以下学历人群占比提升了 2.5 个百分点,中国网民继续向低学历人群扩散,如图 5-9 所示。

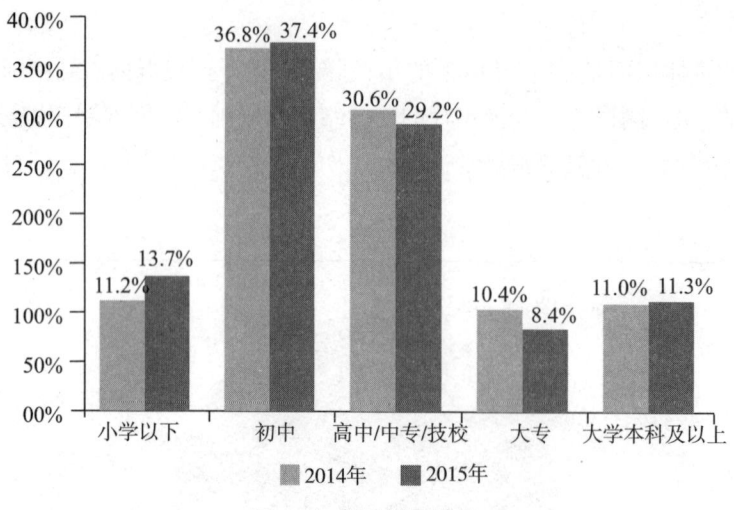

图 5-9　网民学历结构

5.3.1.4 网民身份

截止到 2015 年 6 月，网民中学生所占的比例最大，占到 25.2%，比 2014 年 12 月增长了 1.4%。网民规模居于第二位的自由职业者，比例占到 22.1%。此外，本报告中网民中的管理层包括党政机关干部、职员、企事业单位管理者，这两者的比例占到了网民总数的 8.1%，如图 5-10 所示。

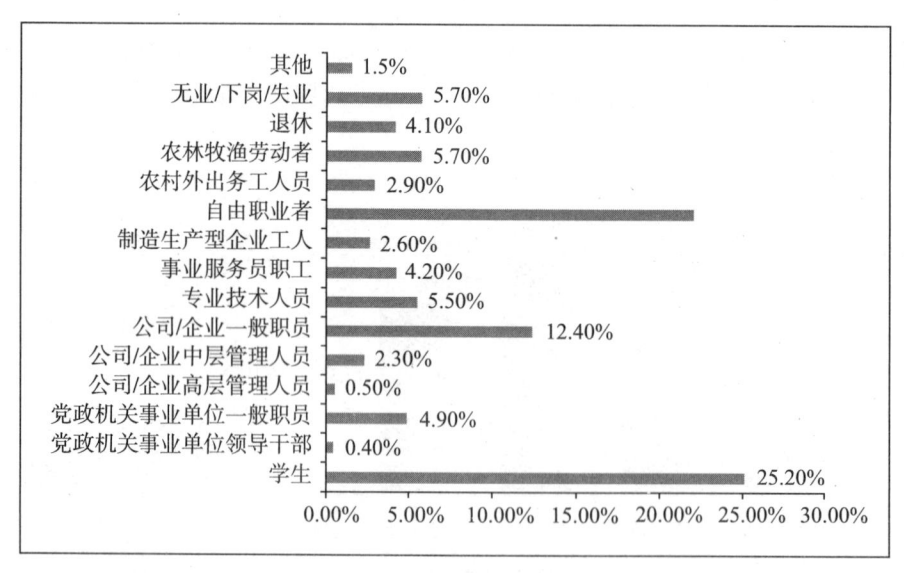

图 5-10　网民职业结构

5.3.1.5 网民的收入状况

截止到 2015 年 12 月，网民中 2000～5000 元收入的网民比例占到 41.8%，是网民中比例最大的一个群体。网民收入结构如图 5-11 所示。

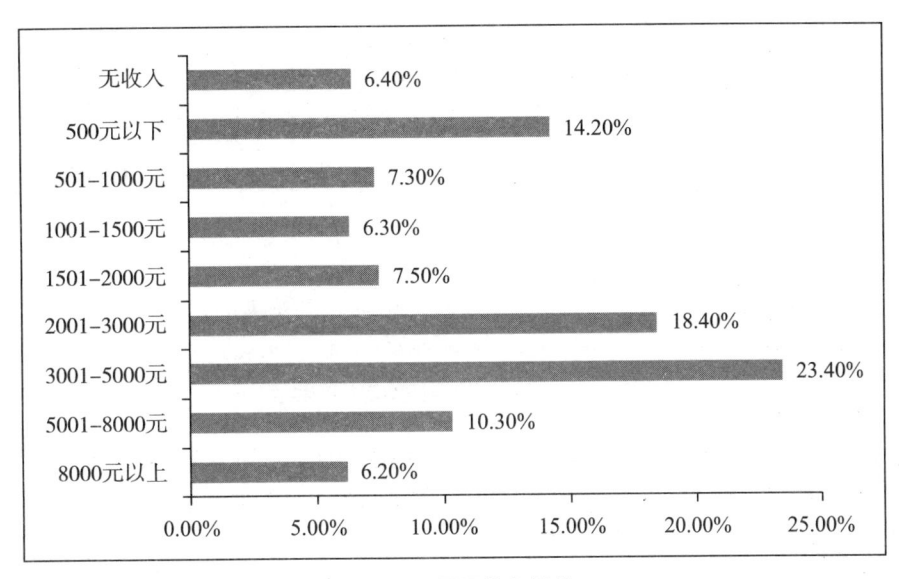

图 5-11 网民收入结构

2015 年 6 月的统计数据表明，5000 元以上的网民占 39.9%，对比 2014 年 12 月与总体增长 5.3%，表明网民的趋势逐渐向高收入群体转移。2015 年 6 月与 2014 年 12 月网民收入结构对比如表 5-2 所示。

表 5-2 2015 年 6 月与 2014 年 12 月网民收入结构对比

	2014 年	2015 年
8000 元以上	5.70%	6.20%
5001–8000 元	8.70%	10.30%
3001–5000 元	20.20%	23.40%
2001–3000 元	18.80%	18.40%
1501–2000 元	10.30%	7.50%
1001–1500 元	8.10%	6.30%
501–1000 元	10.70%	7.30%
500 元以下	15.20%	14.20%
无收入	2.20%	6.40%

5.3.2 网络消费者的购买动机

网络消费者的购买动机是指在网络购买活动中，能使网络消费者产生购买行为的某些内在的驱动力。网络消费者的购买动机基本上可以分为两大类：需求动机和心理动机。前者是指人们由于各种需求，包括低级的和高级的需求而引起的购买动机，而后者则是由于人们的认识、感情、意志等心理过程而引起的购买动机。研究人们的网络购买行为，首先要研究人们的网络购买需求。网络消费者的购买行为模式如图 5-12 所示。

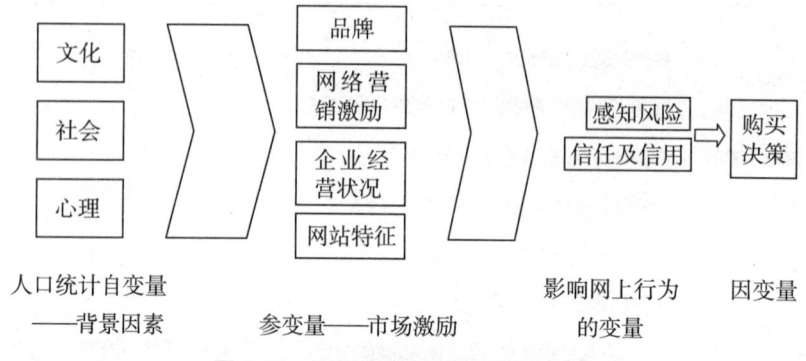

图 5-12 网络消费者的购买行为模式

美国心理学家马斯洛在《人类动机的理论》中把人的需求划分为 5 个层次:生理的需求、安全的需求、社交的需求、尊重的需求和自我实现的需求。马斯洛的需求层次理论对网络消费需求层次分析也有重要的指导作用。

虚拟市场中消费者的许多网上购物行为可用马斯洛的需求层次理论进行解释,但是,虚拟社会与现实社会毕竟有很大的差别,马斯洛的需求层次理论也面临着不断补充的要求。而虚拟社会中人们联系的基础实质是人们希望满足虚拟环境下 3 种基本的需要: 兴趣、聚集和交流。

1) 兴趣

虚拟社会的网民之所以热衷于网络漫游,是因为对网络活动抱有极大的兴趣。这种兴趣的产生,主要出自于两种内在驱动。一是探索的内在驱动力。人们出于好奇的心理探究秘密,驱动自己沿着网络提供的线索不断地向下查询,希望能够找出符合自己预想的结果,有时甚至到了不能自拔的境地。二是成功的内在驱动力。当人们在网络上找到自己需求的资料、软件、游戏,或者打入某个重要机关的信息库时,自然产生一种成功的满足感。

2) 聚集

通过网络而聚集起来的群体是一个极为民主的群体。在这样一个群体中,所有成员都是平等的,每个成员都有独立发表自己意见的权利,使得在现实社会中经常处于紧张状态的人们渴望在虚拟社会中寻求解脱。虚拟社会提供了具有相似经历的人们聚集的机会,这种聚集不受时间和空间的限制,并形成富有意义的个人关系。

3) 交流

通过网络而聚集起来的网民自然产生一种交流的需求。随着信息交流频率的增加,交流的范围也在不断扩大,从而产生示范效应,带动对某些种类的产品和服务有相同兴趣的成员聚集在一起,形成商品信息交易的网络,即网络商品交易市场。这不仅是一个虚拟社会而且是高一级的虚拟社会。在这个虚拟社会中,参加者大都是有目的,所谈论的问题集中在商品质量的好坏、价格的高低、库存量的多少、新产品的种类等。他们所交流的是买卖的信息和经验,以便最大限度地占领市场,降低生产成本,提高劳动生产率。对于这方面信息的需求,人们永远是无止境的。这就是电子商务出现之后迅速发展的根本原因。

网络消费者购买行为的心理动机主要体现在以下 3 个方面。

1）理智动机

理智购买动机具有客观性、周密性和控制性的特点。购买动机是建立在人们对于商品的客观认识基础上的。众多网络购物者大多是中青年，具有较高的分析判断能力，其购买动机是在反复比较各个在线商场的商品之后才做出的，对所要购买的商品的特点、性能和使用方法，早已心中有数。在理智购买动机驱使下的网络消费购买动机，首先注意的是商品的先进性、科学性和质量高低，其次才注意商品的经济性。这种购买动机的形成，基本上受控于理智，而较少受到外界气氛的影响。

2）感情动机

感情动机即由于人的情绪和感情所引起的购买动机，可以分为两种形态。一种是低级形态的感情购买动机，它是由于喜欢、满意、快乐、好奇而引起的。这种购买动机一般具有冲动性、不稳定性的特点。还有一种是高级形态的感情购买动机，它是由于人们的道德感、美感、群体感所起的，具有较大的稳定性、深刻性的特点。而且，由于在线商场提供异地买卖送货的业务，大大促进了这类购买动机的形成。

3）惠顾动机

惠顾动机是基于理智经验和感情之上的，对特定的网站、图标广告、商品产生特殊的信任与偏好而重复地、习惯性地前往访问并购买的一种动机。惠顾动机的形成，经历了人的意志过程。从它的产生来说，或者是由于搜索引擎的便利、图标广告的醒目、站点内容的吸引，或者是由于某一驰名商标具有相当的地位和权威性，或者是因为产品质量在网络消费者心目树立了可靠的信誉。这样，网络消费者在为自己做出购买决策时，心目中首先确立了购买目标，并在各次购买活动中克服和排除其他的同类水平产品的吸引和干扰，按照事先购买行动。具有惠顾动机的网络消费者，往往是某一站点的忠实浏览者。他们不仅自己经常光顾这一站点，而且对众多网民也具有较大的宣传和影响作用，甚至在企业的商品或服务一时出现某种过失的时候，也能予以谅解。

5.3.3 网络消费需求的特征

由于互联网商务的出现，消费观念、消费方式和消费者的地位正在发生着重要的变化，使当代消费者心理与以往相比呈现出新的特点和趋势。

1）个性化消费的回归

在过去相当长的一个历史时期内，工商业都是将消费者作为单独个体进行服务的，个性消费是主流。到了近代，工业化和标准化的生产方式才使消费者的个性被淹没于大量低成本、单一化的产品洪流之中。然而，没有一个消费者的心理与他人是完全一样的，每一个消费者都是一个细分市场。心理上的认同感已成为消费者做出购买品牌和产品决策的先决条件，个性化消费正在也必将再度成为消费的主流。

2）消费需求的差异性

不仅消费者的个性化消费使网络消费需求呈现出差异性，对于不同的网络消费者因所处的时代、环境不同而产生不同的需求，不同的网络消费者在同一层次上的需求也会有所不同。所以，从事网络营销的厂商要想取得成功，必须在整个生产过程中，从产品的构思、设计、制造，到产品的包装、运输、销售，认真思考这种差异性，并针对不同消费者的特

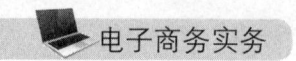

点，采取有针对性的方法和措施。

3）消费主动性增强

消费主动性的增强来源于现代社会不确定性的增加和人类追求心理稳定和平衡的欲望。

4）对购买方便性的需求与购物乐趣的追求并存

一部分工作压力较大，紧张度高的消费者会以购物的方便性为目标，追求时间和劳动成本的尽量节省。特别是对于需求和品牌选择都相对稳定的日常消费品，这点尤为突出。然而另一些消费者则恰好相反，由于劳动生产率的提高，人们可供支配的时间增加。一些自由职业者或家庭主妇希望通过购物消遣时间，寻找生活乐趣，保持与社会的联系，减少心理孤独感。因此他们愿意多花时间和体力进行购物，而前提必须是购物能为他们带来乐趣，能满足心理需求。这两种相反的心理将在今后较长的时间内并存和发展。

5）价格仍然是影响消费心理的重要因素

虽然营销工作者倾向于以各种差别化来减弱消费者对价格的敏感度，避免恶性削价竞争，但价格始终对消费心理有重要影响。例如微波炉降价战。作为市场领导者的格兰仕拥有技术、质量和服务等多方面的优势，到最后也被迫宣布重返降价竞争行列，为市场占有率而战。这说明即使在当代发达的营销技术面前，价格的作用仍旧不可忽视。只要价格降幅超过消费者的心理界限，消费者也难免不怦然心动而转投竞争对手的旗下。

6）网络消费仍然具有层次性

网络消费本身是一种高级的消费形式，但就其消费内容来说，仍然可以分为由低级到高级的不同层次。在网络消费的开始阶段，消费者侧重于精神产品的消费，到了网络消费的成熟阶段，消费者在完全掌握了网络消费的规律和操作，并且对网络购物有了一定的信任感后，消费者才会从侧重于精神消费品的购买转向日用消费品的购买。

7）网络消费者的需求具有交叉性

在网络消费中，各个层次的消费不是相互排斥的，而是具有紧密的联系，需求之间广泛存在着交叉的现象。

8）网络消费需求的超前性和可诱导性

电子商务构造了一个全球化的虚拟大市场，在这个市场中，最先进的产品和最时髦的商品会以最快的速度与消费者见面。以具有超前意识的年轻人为主体的网上消费者必然很快接受这些新商品（包括国内和国外的），从而带动其周围消费层的新一轮消费热潮。从事网络营销的厂商应当充分发挥自身的优势，采用多种促销方法，启发、刺激网络消费者的新的需求，唤起他们的购买兴趣，引导网上消费者将潜在的需求转变为现实的需求。

5.3.4 影响网络消费者购买的主要因素

影响网络消费者购买的主要因素有产品的特性、价格、购物的便捷性和安全因素等，如图5-13所示。

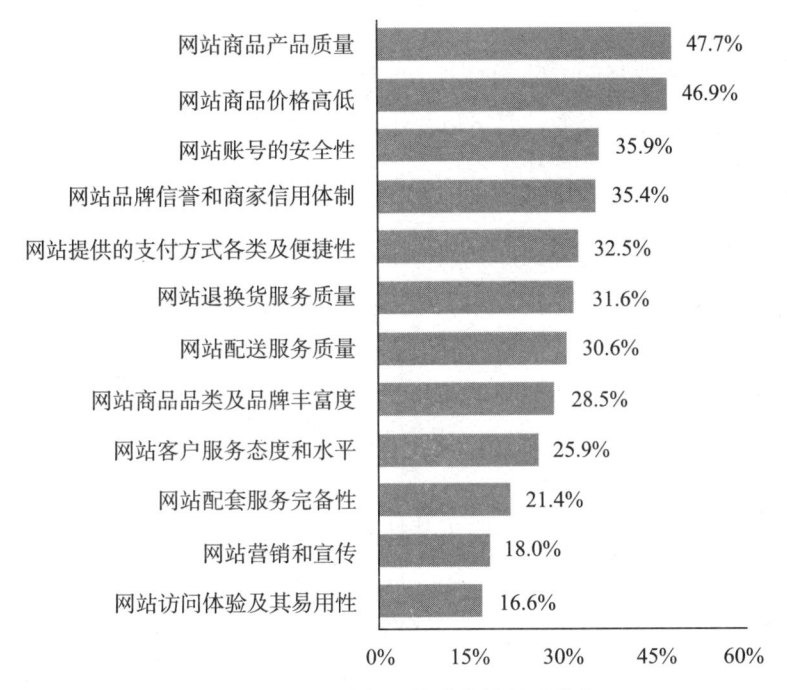

选择原因	百分比
网站商品产品质量	47.7%
网站商品价格高低	46.9%
网站账号的安全性	35.9%
网站品牌信誉和商家信用体制	35.4%
网站提供的支付方式各类及便捷性	32.5%
网站退换货服务质量	31.6%
网站配送服务质量	30.6%
网站商品品类及品牌丰富度	28.5%
网站客户服务态度和水平	25.9%
网站配套服务完备性	21.4%
网站营销和宣传	18.0%
网站访问体验及其易用性	16.6%

图 5-13　网民选择网络购物的原因分布

1）产品的特性

网上市场不同于传统市场，网上消费者有着区别于传统市场的消费需求特征，因此并不是所有的产品都适合在网上销售和开展网上营销活动的。网上销售的产品一般要考虑产品的新颖性，即产品是新产品或者是时尚类产品，比较能吸引人的注意。追求商品的时尚和新颖是许多消费者，特别是青年消费者重要的购买动机。

考虑产品的购买参与程度，一些产品要求消费者参与程度比较高，消费者一般需要现场购物体验，而且需要很多人提供参考意见，对于这些产品不太适合网上销售。对于消费者需要购买体验的产品，可以采用网络营销推广功能，辅助传统营销活动进行，或者将网络营销与传统营销进行整合。可以通过网上来宣传和展示产品，消费者在充分了解产品的性能后，可以到相关商场再进行体验和选购。

2）价格

价格不是决定消费者购买的唯一因素，但却是消费者购买商品时肯定要考虑的因素，而且是一个非常重要的因素。对一般商品来讲，价格与需求量之间经常表现为反比关系，同样的商品，价格越低，销售量越大。网上购物之所以具有生命力，重要的原因之一是网上销售的商品价格普遍低廉。

一般来说，消费者对于互联网有一个免费的价格心理预期，那就是即使网上商品是要花钱的，那价格也应该比传统渠道的价格要低。这一方面，是因为互联网的起步和发展都依托了免费策略，因此互联网的免费策略深入人心，而且免费策略也得到了成功的商业运作。另一方面，作为新兴市场，互联网可以减少传统营销中中间费用和一些额外的信息费用，可以大大削减产品的成本和销售费用，这也是互联网商业应用的巨大增长潜力所在。

3）购物的便捷性

一般而言，消费者选择网上购物时考虑的便捷性，一是时间上的便捷性，可以不受时间的限制并节省时间；另一方面，是可以足不出户，在很大范围内选择商品。购物便捷性成为消费者选择购物的首要考虑因素之一。

4）安全可靠性

网上购买的安全性和可靠性问题是消费者必须考虑的重要问题。由于在网上消费，消费者一般需要先付款后送货，过去购物时的一手交钱一手交货的现场购买方式发生了变化，网上购物中的时空发生了分离，消费者有失去控制的离心感。因此，为减低网上购物的这种失落感，在网上购物的各个环节必须加强安全措施和控制措施，保护消费者购物过程的信息传输安全和个人隐私，树立消费者对网络购物的信心。

5.3.5 网络消费者的购买过程

消费者从不了解某种商品到经常购买某种商品，要经历一系列过程。网络消费者的购买过程是网络消费者购买行为形成和实现的过程。网络消费者的购买过程可以粗略地分为5个阶段：①唤起需求；②收集信息；③比较选择；④购买决策；⑤售后评价。

1）购买动机产生

诱发需求是网络购买过程的起点。消费者的需求是在内外因素的刺激下产生的。当消费者对市场中出现的某种商品或某种服务发生兴趣后，才可能产生购买欲望。这是消费者做出消费决定过程中所不可缺少的基本前提。如若不具备这一基本前提，消费者也就无从做出购买决定。

在网络营销中，诱发需求的动因只能局限于视觉和听觉。文字的表述、图片的设计、声音的配置是网络营销诱发消费者购买的直接动因。从这方面讲，网络营销对消费者的吸引具有相当的难度。这要求从事网络营销的企业或中介商注意了解与自己产品有关的实际需求和潜在需求，了解这些需求在不同时间的不同程度，了解这些需求是由哪些刺激因素诱发的，进而巧妙地设计促销手段去吸引更多的消费者浏览网页，激发他们的需求欲望。

2）收集信息

收集信息的渠道主要有两个途径——内部渠道和外部渠道。内部渠道是指消费者个人所储存、保留的市场信息，包括购买商品的实际经验、对市场的观察以及个人购买活动的记忆等；外部渠道则是指消费者可以从外界收集信息的通道，包括个人渠道、商业渠道和公共渠道等。

个人渠道主要提供来自消费者的亲戚、朋友和同事的购买信息和体会。这种信息和体会在某种情况下对购买者的购买决策起着决定性的作用。网络营销决不可忽视这一渠道的作用。商业渠道，如展览推销、上门推销、中介推销、各类广告宣传等，主要是通过厂商的有意识的活动把商品信息传达给消费者。网络营销的信息传递主要依靠网络广告和检索系统中的产品介绍，包括在信息服务商网页上所做的广告、中介商检索系统上的条目以及自己主页上的广告和产品介绍。

消费者在传统的购买过程中对于信息的收集大都是被动进行的，而网络购买的信息收集带有较大的主动性。在网络购买过程中，商品信息的收集主要是通过因特网进行的。一方面，上网消费者可以根据已经了解的信息，通过因特网跟踪查询；另一方面，网络消费者又不断地在网上浏览，寻找新的购买机会。由于消费层次的不同，上网消费者大都具有敏锐的购买意识，始终领导着消费潮流。

3）比较选择

为了使消费需求与自己的购买能力相匹配，比较选择是购买过程中必不可少的环节。消费者对不同渠道汇集而来的资料进行比较、分析、研究，了解各种商品的特点和性能，从中选择最为满意的商品。一般来说，消费者的综合评价主要考虑产品的功能、可靠性、性能、样式、价格和售后服务等。网络购物不直接接触实物，因此消费者对网上商品的比较依赖于厂商对商品的描述，包括文字的描述和图片的展示。网络营销商对自己的产品描述不充分，就不能吸引顾客。而如果对产品的描述过分夸张，甚至带有虚假的成分，则可能永久地失去顾客。

4）购买决策

与传统的购买方式相比，网络购买者的购买决策有许多独特的特点。首先，网络购买者理智动机所占的比重较大，而感情动机所占的比重较小。其次，网络购买受外界影响较小，大部分购买决策是自己做出的或是与家人商量后做出的。最后，网上购物的决策行为较之传统的购买决策要快得多。

网络消费者的购买决策一般必须具备3个条件：

①对厂商有信任感；

②对支付有安全感；

③对产品有好感。

所以，树立企业形象，改进货款支付办法和商品邮寄办法，全面提高产品质量，是每一个参与网络营销的厂商必须重点抓好的三项工作。这样三项工作抓好了，才能促使消费者毫不犹豫地做出购买决策。

5）事后评价

如果顾客不能够接受，他可能买都不买；如果没有直接感受，他买完了之后也会后悔，甚至会做反面宣传。因此，要通过商品的质量，通过良好的售后服务体系的构建，来为顾客营造一种良好的、长期的购后感受。与此同时，也要通过恰当的促销手段，让顾客获得良好的近期感受，达到顾客满意，让顾客感到物有所值。

企业应充分利用因特网的优势，虚心倾听顾客反馈的意见和建议。为提高企业的竞争力，最大限度地占领市场，方便、快捷、便宜的电子邮件紧紧连接着厂商和消费者。企业可以在订单的背面附上意见表。在消费者购买商品的同时，就可以填写自己对企业、产品及整个销售过程的评价。企业从网络上收集到这些评价之后，通过计算机的分析、归纳，可以迅速找出工作中的缺陷和不足，及时了解到消费者的意见和建议，随时改进自己的产品性能和售后服务。

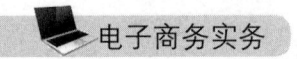

5.4 网络营销策略

网络营销策略是企业根据自身所在市场中所处地位不同而采取的一些网络营销组合，包括网络营销产品策略、网络营销价格策略、网络营销渠道策略和网络营销促销策略。在采取网络营销方式实现企业营销目标时，必须采取与企业相适应的营销策略，因为网络营销虽然是非常有效的营销工具，但企业实施网络营销时是需要进行投入的和有风险的。同时企业在制定网络营销策略时，还应该考虑到产品周期对网络营销策略制定的影响。

5.4.1 网络营销的产品策略

产品是企业市场营销组合中的首要因素，任何企业的市场营销活动总是首先从确定向目标市场提供什么产品开始的，然后才涉及到价格、促销、渠道等方面的策略。产品策略直接影响和决定着其他营销策略的制定，对企业市场营销的成败关系重大。

一般而言，目前适合在互联网上销售的产品通常在以下几个方面具有明显的特征。

1）产品性质

由于网上用户在初期对技术有一定要求，因此用户上网大多与网络等技术相关，因此网上销售的产品最好是与高技术或与电脑、网络有关。一些信息类产品如图书、音乐等也比较适合网上销售。还有一些无形产品如服务也可以借助网络的作用实现远程销售，如远程医疗。

2）产品质量

网络的虚拟性使得顾客可以突破时间和空间的限制，实现远程购物和在网上直接订购，这使得网络购买者在购买前无法尝试或只能通过网络来尝试产品，从而要求质量一定要过关。

3）产品式样

通过互联网对全世界国家和地区进行营销的产品要符合该国家或地区的风俗习惯、宗教信仰和教育水平。同时，由于网上消费者的个性化需求，网络营销产品的式样还必须满足购买者的个性化需求。

4）产品品牌

在网络营销中，生产商与经营商的品牌同样重要，一方面要在网络中浩如烟海的信息中获得浏览者的注意，必须拥有明确、醒目的品牌；另一方面，由于网上购买者可以面对很多选择，同时网上的销售无法进行购物体验，因此，购买者对品牌比较关注。

5）产品包装

通过互联网经营的针对全球市场的产品，其包装必须适合网络营销的要求。

6）目标市场

网上市场是以网络用户为主要目标的市场，在网上销售的产品要适合覆盖广大的地理范围。如果产品的目标市场比较狭窄，可以采用传统营销策略。

7）产品价格

一方面互联网作为信息传递工具，在初期是采用共享和免费策略发展起来的，网上用户比较认同网上产品低廉特性；另一方面，由于通过互联网络进行销售的成本低于其他渠道的产品，在网上销售产品一般采用低价位定价。

以海尔集团的网上商城为典型代表，如图5-14所示。

图5-14 海尔集团的网上商城

5.4.2 网络营销的价格策略

企业对其产品如何定价，在市场经济条件下是企业经营者最重要的决策之一。因为价格是市场营销组合中唯一为企业提供收益的因素；同时价格又是市场竞争的一种重要手段，定价是否恰当直接关系产品的销售量和企业的利润额。

在网络条件下，交易成本低廉且能充分互动沟通，顾客选择的余地增多造成商品的需求价格弹性增大。此时，价格确定的技巧将受到较大的制约，但同时也为理性定价提供了方便。

5.4.2.1 定制生产定价策略

按照顾客需求进行定制生产是网络时代满足顾客个性化需求的基本形式。定制生产定价策略是在企业能实行定制生产的基础上，利用网络技术和辅助设计软件，帮助消费者选择配置或者自行设计能满足自己需求的个性化产品，同时承担自己愿意付出的价格成本。Dell公司的用户可以通过其网页了解本型号产品的基本配置和基本功能，根据实际需要和在能承担的价格内，配置出自己最满意的产品，使消费者能够一次性买到自己中意的产品。在配置电脑的同时，消费者也相应地选择了自己认为价格合适的产品，因此对产品价格有比较透明的认识，增加企业在消费者面前的信用。

5.4.2.2 自动调价、议价策略

根据季节变动、市场供求状况、竞争状况及其他因素，在计算收益的基础上，设立自动调价系统，自动进行价格调整。同时，建立与消费者直接在网上协商价格的集体议价系

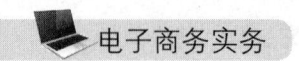

统，使价格具有灵活性和多样性，从而形成创新的价格。

5.4.2.3 竞争定价策略

即以竞争对手的价格为基础来确定同类商品的价格。在许多购物网站上，经常会将网站的服务体系和价格等信息公开申明，这就为了解竞争对手的价格策略提供了方便。随时掌握竞争者的价格变动，调整自己的竞争策略，时刻保持同类产品的相对价格优势。

5.4.2.4 特有产品特殊价格策略

这种价格策略需要根据产品在网上的需求来确定产品的价格。当某种产品有它很特殊的需求时，就不再更多地去考虑其他竞争者，只要去制定自己最满意的价格就可以了。这种特有产品包括：独特的新产品及纪念物等有特殊收藏价值的商品（如古董）。

5.4.2.5 折扣定价策略

即以降低一部分价格来争取顾客的定价策略。具体办法有：数量折扣、现金折扣、功能折扣和季节性折扣等。卓越网就是采用比一般书店更大的折扣作为促销手段来吸引顾客的，其销售的大部分图书都有5%到40%的折扣。由于不需要自己的店面，基本没有库存商品。较低的运营成本使卓越网有能力将节省的费用通过折扣的形式转移到顾客身上，让顾客充分领略到网上购物的优越性，从而成为卓越网的常客，如图5-15所示。

图5-15 卓越网的图书销售

5.4.2.6 捆绑销售策略

即当企业系列产品存在需求和成本的内在关联性时，为充分发挥其积极效应所采取的产品线定价策略。这种传统策略已经被许多精明的网上企业所应用。例如，微软的Office软件，是由文字处理程序（Word）、电子表格（Excel）、数据库（Access）和演示文档（PowerPoint）捆绑而成的。微软成功实行捆绑销售使其取得了全球办公软件市场90%的份额。它的成功在于这些软件产品的相互关联性，在其生产出某一产品后，再生产相近、相关类别的产品成本就极低了。

5.4.2.7 声誉定价策略

企业的形象、声誉是网络营销发展初期影响价格的重要因素。消费者对网上购物和订货往往会存在着许多疑虑。如果网上商品的店号在消费者心中享有声望，则它出售的网络商品价格可比一般商店高些。反之，价格则低一些。

5.4.2.8 产品循环周期阶段定价策略

这种网上定价是沿袭了传统的营销理论：每一产品在某一市场上通常会经历介绍期、成长期、成熟期和衰退期4个阶段，产品的价格在各个阶段通常要有相应反映。网上进行销售的产品也可以参照经济学关于产品价格的基本规律，对产品的循环周期进行及时的反映。根据阶段的不同，寻求投资回收、利润、市场占有的平衡。

5.4.2.9 品牌定价策略

产品的品牌和质量会成为影响价格的主要因素，它能够对顾客产生很大的影响。如果产品具有良好的品牌形象，那么产品的价格将会产生很大的品牌增值效应。名牌商品采用"优质高价"策略，既增加了盈利，又让消费者在心理上感到了满足。

5.4.2.10 撇脂定价和渗透定价

在产品刚进入市场时，采用高价位策略，以便在短期内尽快收回投资，这种方法称为撇脂定价。相反，将价格定于较低水平，以求迅速开拓市场，抑制竞争者的渗入，称为渗透定价。

5.4.2.11 使用定价策略

传统交易关系中，产品买卖是完全产权式的，顾客购买产品后即拥有对产品的完全产权。但随着经济的发展，人民生活水平的提高，人们对产品的需求越来越多，而且产品的使用周期也越来越短，许多产品购买后使用几次就不再使用，非常浪费，因此制约许多顾客对这些产品的需求。为改变这种情况，可以在网上采用类似租赁的按使用次数定价的方式。

所谓使用定价，就是顾客通过互联网注册后可以直接使用某公司的产品，顾客只需要根据使用次数付费，而不需要将产品完全购买。这一方面减少了企业为完全出售产品而进行的不必要的大量的生产和包装浪费，同时还可以吸引过去那些有顾虑的顾客使用产品，扩大市场份额。顾客每次只是根据使用次数付款，节省了购买产品、安装产品、处置产品的麻烦，还可以节省不必要的开销。采用按使用次数定价，一般要考虑产品是否适合通过互联网传输，是否可以实现远程调用。目前，比较适合的产品有软件、音乐、电影等产品。采用按次数定价对互联网的带宽提出了很高的要求，因为许多信息都要通过互联网进行传输，如互联网带宽不够，将影响数据传输，势必会影响顾客租赁使用和观看。

5.4.3 网络营销的促销策略

网络促销是指利用现代化的网络技术向虚拟市场传递有关产品和服务的信息，以启发需求，引起消费者的购买欲望和购买行为的各种活动。

网络促销的形式主要有网上广告、销售促进、站点推广和关系营销4种。

1）发布网上广告

网上广告是目前最普遍的商业应用。除了包括公司与产品价格外，还可以说明经营理念、企业文化、顾客服务项目、品质保证措施等，用以增加消费者对公司的认同与信心。

2）网上销售促进

利用网络进行促销活动，包括新产品信息、提供促销方式说明，提供折扣券等。也可以提供网上订购折扣及抽奖，提高消费者上网搜寻及购买产品的意愿。

具体方式有：

（1）网上折价促销。折价是网上最常用的一种促销方式。目前大部分网上销售商品都有不同程度的价格折扣，如当当网上书店等。折扣券是直接价格打折的一种变化形式，有些商品因在网上直接销售有一定的困难，便结合传统营销方式可从网上下载、打印折扣券或直接填写优惠表单，到指定地点购买商品时可享受一定的优惠。

（2）网上赠品促销。赠品促销目前在网上的应用不算太多。一般情况下，在新产品推出试用、产品更新、对抗竞争品牌、开辟新市场情况下利用赠品促销可以达到比较好的促销效果。

（3）网上抽奖促销。网上抽奖活动主要附加于调查、产品销售、扩大用户群、庆典、推广某项活动等。消费者或访问者通过填写问卷、注册、购买产品或参加网上活动等方式获得抽奖机会。

（4）积分促销。网上积分活动很容易通过编程和数据库等来实现，并且结果可信度很高，操作起来相对较为简便。消费者通过多次购买或多次参加某项活动来增加积分以获得奖品。现在不少电子商务网站推出的"虚拟货币"应该是积分促销的另一种体现。如大型超市世纪联华的网上购物，就采用积分促销的形式，如图5-16所示。

图 5-16 世纪联华的积分销售

3）站点推广

积极参加网络资源索引，尽可能使客户容易查询到公司的推广资料，使其能快速获得所需要的商品信息。与非竞争性厂商进行网上促销的策略联盟，利用相互的网上资料库，增加与潜在消费者接触的机会。

4）关系营销

在网络上参与公益部门所举办的各项公益活动及赞助，如希望工程、扶贫捐助等；也可结合本企业的优势，利用网络推动公共服务，如汽车制造厂家在网络上提供有关交通安全等；还可以利用网上对话的功能，举行网上消费者联谊活动或网上记者招待会。

5.4.4 网络营销的渠道策略

营销渠道是指与提供产品或服务以供使用或消费这一过程有关的一整套相互依存的机构，它涉及信息沟通、资金转移和实物转移等。一个完善的网上销售渠道应有三大功能：订货功能、结算功能和配送功能。网络营销渠道与传统营销渠道在其职能、结构和费用等方面都有较大的不同。

由于网上销售对象不同，因此网上销售渠道是有很大区别的。一般来说，网上销售主要有以下两种模式。

（1）B2B，即企业对企业的模式。这种模式每次交易量很大、交易次数较少，并且购买方比较集中，因此网上销售渠道的建设关键是设计好订货系统，方便购买企业进行选择；一方面由于企业一般信用较好，通过网上结算实现付款比较简单；另一方面，由于量大次数少，因此配送时可以进行专门运送，既可以保证速度也可以保证质量，减少中间环节造成的损伤。

（2）B2C，即企业对消费者模式。这种模式的每次交易量小、交易次数多，而且购买者非常分散，因此网上渠道建设的关键是结算系统和配送系统，这也是目前网上购物必须面对的门槛。由于国内的消费者信用机制还没有建立起来，加之专业配送系统尚不健全，因此开展网上购物活动时，特别是面对大众购物时必须解决好这两个环节才有可能获得成功。

在选择网络销售渠道时还要注意产品的特性，有些产品易于数字化，可以直接通过互联网传输；而对大多数有形产品，还必须依靠传统配送渠道来实现货物的空间移动，对于部分产品依赖的渠道，可以通过对互联网进行改造以最大限度提高渠道的效率，减少渠道运营中的人为失误和时间耽误造成的损失。

在具体建设网络营销渠道时，还要考虑到以下几个方面。

（1）从消费者角度设计渠道。只有采用消费者比较放心、容易接受的方式才有可能吸引消费者网上购物，以克服网上购物"虚"的感觉。如在中国，目前采用的货到付款方式比较令消费者认可。

（2）设计订货系统时要简单明了，不要让消费者填写太多信息，而应该采用现在流行的"购物车"方式模拟超市，让消费者一边看物品一边选购，购物结束后一次性结算。另外，订货系统还应该提供商品搜索和分类查找功能，以便于消费者在最短时间内找到需要的商品，同时还应对商品提供消费者想了解的信息，如性能、外形、品牌等重要信息。

（3）在选择结算方式时，应考虑到目前实际发展的状况，尽量提供多种方式方便消费者选择，同时还要考虑网上结算的安全性，对于不安全的直接结算方式，应换成间接结算的安全方式，如网站将其信用卡号和账号公开，消费者可以自己通过信用卡终端自行转账，避免了网上输入账号和密码被丢失的风险。

（4）建立完善的配送系统。消费者只有看到购买的商品到家后，才真正感到踏实，因此建设快速有效的配送服务系统是非常重要的。

» 5.5 网络广告

简单地说，网络广告就是在网络上做的广告，利用网站上的广告横幅、文本链接、多媒体的方法，在互联网刊登或发布广告，通过网络传递到互联网用户的一种高科技广告运作方式。

21世纪，国际互联网的开通、网民的急速增加、网络的规模化管理与可信度的提高，为每一个用户、每一家公司提供了商品推介与流通的机遇，同时也促进了商业电子广告的发展。互联网上低廉的广告价格，强大的互动信息阵容，全球范围内的广告覆盖率与高速的信息传递通道赢得了所有商家的青睐。随着电子商务的兴起，电子广告宛如潮水洪流，在各个注册网站上全面铺开。网络广告将来越来越成为重要的广告传播媒体，成为最具有吸引力的现代广告，为广告业开拓了更为广阔的前景。

5.5.1 网络广告的发展现状

目前，广告成为企业宣传产品亲近消费者的强势渠道。虽然就整体而言，电视广告、报刊广告等传统广告形式依然影响强大，但在中国越来越壮大的网民队伍中进行的一项最新研究显示，网络广告已经超越所有的传统广告形式，成为网民这一特殊群体到达率最高的广告媒介。根据中国互联网络信息中心（CNNIC）发布的第37次中国互联网络发展状况统计报告，截至2015年12月31日，中国内地网民已经达到6.88亿人，网民普及率达到50.3%，超过全球平均水平3.9个百分点。网络正成为越来越多用户使用的重要媒体资源，无疑也包括广告媒体资源。在最近发布的第六届艾瑞网民行为调查报告中，则可以清晰地看见网络广告成长的力量与网络广告日渐凸显的重要性。调查数据显示，网民认为自己经常接触网络广告的比例为75.3%，而经常接触电视广告的比例为71.5%。对于网民这一群体而言，他们与报纸广告、杂志广告以及户外广告等的接触率分别为62.5%、59.1%以及48.9%。

网络广告日益勃发的生机和良好的效果，为网络广告市场提供了充沛的增长动力。中国网络营销市场将继续保持高速发展，预测到2018年时，中国网络营销市场规模将突破24万亿元大关。与此同时，中国网络营销市场也已经培育出了一批实力强大的代理商。2015年中国网络广告代理商品牌广告代理规模前三位的分别是百度、淘宝、谷歌中国。这三家公司的代理规模总计达到1084.5亿元。其中，百度独得523亿元，力拔头筹，也充分说明了中国网络广告市场方兴未艾的良好发展态势。有关网络广告的行业市场规模统计与预测如图 5-17 所示。

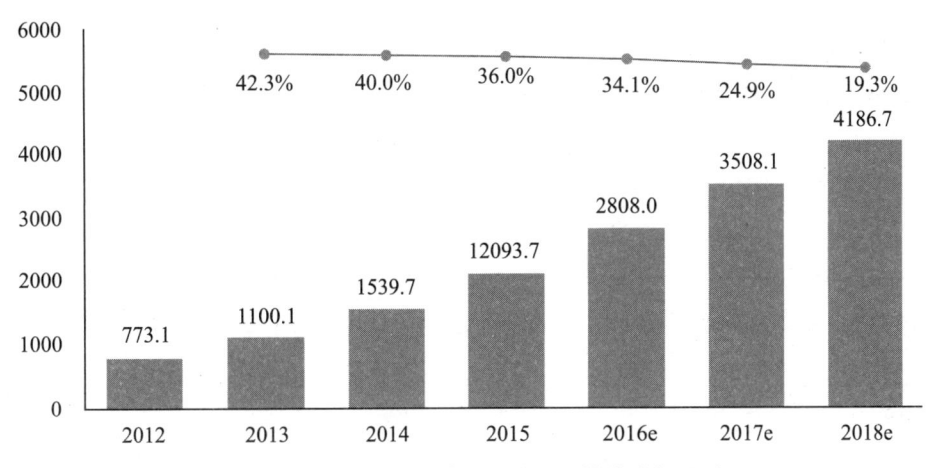

图 5-17 中国网络广告行业市场规模统计与预测

年份	市场规模	增长率
2012	773.1	
2013	1100.1	42.3%
2014	1539.7	40.0%
2015	2093.7	36.0%
2016e	2808.0	34.1%
2017e	3508.1	24.9%
2018e	4186.7	19.3%

资料来源：iResearch Inc.

注意：

传统门户列强依然成为网络广告市场蓬勃发展的最大受益者。2015 年，百度、淘宝作为第一梯队，营收遥遥领先，均超过 28 亿元；谷歌中国、腾讯、搜狐、新浪、优酷、土豆、搜房和奇虎 360 为第二梯队，营收在 20 亿元以上。

5.5.2 网络广告与传统广告

5.5.2.1 网络广告的特点

凭借互联网具有的不同于传统媒体的交互、多媒体和高效的独有特性，网络广告呈现出不同于传统媒体广告的特点。

（1）互动性。网络广告是一种与受众进行双向沟通的交互式"活"广告。

（2）快捷性。网络广告由于有自动化的软件工具进行创作和管理，能以低廉费用按照需要及时变更广告内容。

（3）丰富性。网络广告的内容十分详尽，形式丰富多彩。

（4）广泛性。网络广告的特色即它的时间的连续性和地域的广泛性。

（5）可控性。广告主和广告商可以实时评估网络广告效果，调整广告策略，以及按广告效果付费。

5.5.2.2 网络广告与传统广告的比较

网络广告有这么多优势，并不意味着传统媒体应该被摒弃。传统媒体仍然具有其自身的优势，比如有较固定的读者群保证了有稳定的销售量。这是网络媒体目前还无法比拟的。网络媒体只是行销媒体的一环。正确的态度应该是将传统媒体与网络媒体整合运用，根据不同的需要选择不同的方式，从而将行销传播的效益发挥到极限。网络广告具有价格便宜、统计准确、互动交流、跨越时空、图形生动等特点，所以尝试网络广告已经成为一种必然趋势。不过，尝试网络广告，并不意味着就是摒弃传统媒体，相反，互动式的网络媒体应

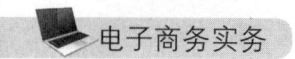

与传统大众媒体整合运用，相互补充。

5.5.3 网络广告的形式

网络广告形式多样，网络广告的形式主要有：巨型广告、全屏广告、背投广告、通栏广告、声音广告、视频广告、浮标广告、活页广告等。其中最为流行的有如下几种。

1）视频广告

主要包括平面动画（如 Flash 动画）、三维动画（如 3DMAX 动画）及数码影像视频广告。

2）网络游戏广告

这类新服务是针对那些痴迷的 PC 游戏玩家，这些玩家充分利用宽带互联网接入，在线玩最喜爱游戏的网络版。

3）E-mail 广告

它能帮助公司将广告主动送至使用该免费 E-mail 服务、又想查询此方面内容的用户手中。具体来说，此种方式有诸多特点：主动性强、统计性好、针对性强。

4）链接式广告

这是网络广告最早的和常见的形式。通常是一个链接着公司的主页或站点的公司标志（logo）或条形文字，吸引网络浏览者主动来点选。

5）页面浮动广告

它是外挂在网页上层的静止或浮动的平面广告。包括浮动广告、旗形广告等，图 5-18 是 sina.com 上的首页浮动广告。

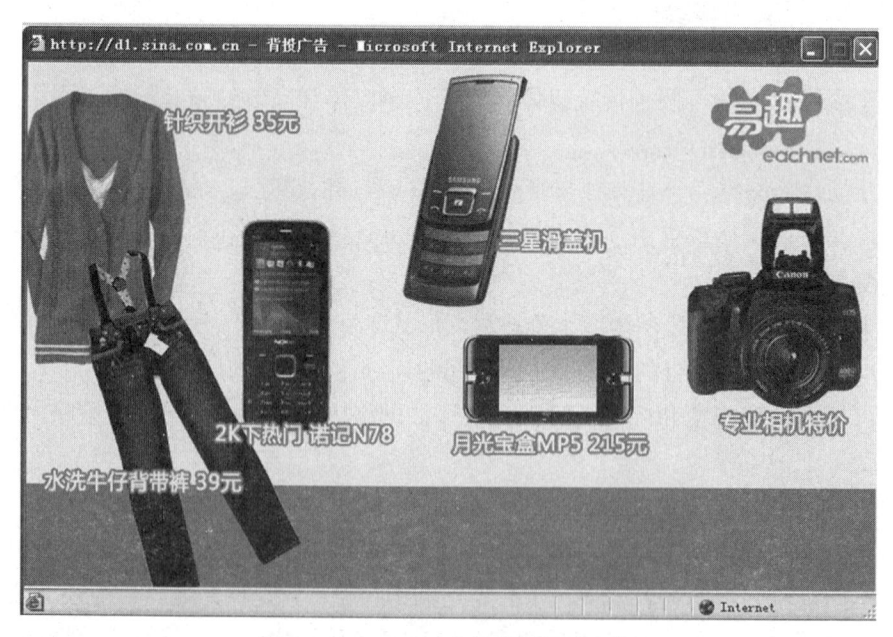

图 5-18　sina.com 上的首页浮动广告

6）手机广告

虽然发明手机的主要目的是用来语音通话，但是手机与互联网的结合已经使其成为一个重要的新媒体。人们不仅可以用手机通话，还可以上网、阅读新闻、收发 E-mail、游戏娱乐、订购商品与服务等。

5.5.4 网络广告的发布途径

广告客户通过 Internet 发布企业的广告，一般有以下几种方式。

1）企业主页

主页形式是公司在 Internet 进行广告宣传的主要形式。按照今后的发展趋势，一个公司的主页地址也会像公司的地址、名称、标志、电话、传真一样，是独有的，是公司的标识，将成为公司的无形资产。

2）在线专类直销网站

这是一种专类产品直接在 Internet 营销网络上进行销售的方式。现在有越来越多这样的网站出现，著名的如直销中国网等，如图 5-19 所示。

图 5-19　直销中国网首页

3）搜索引擎（网络黄页）

在 Internet 上有一些专门的用以查询检索服务的网络服务商的站点如 baidu、google、Yahoo 等。这些站点就如同电话黄页一样，按类别划分便于用户进行站点查询。

4）企业名录

一些 Internet 服务提供者（ISP）或政府机构会将一些企业信息融入他们的主页中。如香港商业发展委员会（Hong Kong Trade Development Council）的主页中就融有汽车代理商、

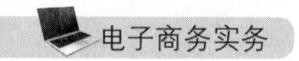

汽车配件商的名录。

5）免费的 Internet 服务

在 Internet 上有许多免费的服务，如国外的 http://www.hotmail.com、http://bigfoot.com 及国内的 http://www.263.net、http://www.163.com、腾讯 QQ 等都提供免费的 E-mail 服务，很多用户都喜欢使用。

6）网络期刊

在 Internet 日益发展的今天，新闻界也不落人后，一些世界著名的报纸和杂志，如美国的《华尔街日报》、《商业周刊》，国内的如《人民日报》、《文汇报》、《中国日报》等，纷纷增加电子版本，在 Internet 上建立自己的 Web 主页。

7）手机短信

它是通信技术与计算机技术相融合的一种廉价的通道，它可以通过手机与计算机网络互传广告或其他信息。

建立企业主页是一种相对比较完备的 Internet 广告形式，若将其他几种方式有效地进行组合，是对企业主页的一个必要补充，并将获得比仅仅采用主页形式更好的效果。因此，企业在决定通过 Internet 做广告之前，必须认真分析自己的完整经营策略、企业文化以及广告需求，将其与企业从整体上进行融合，真正发挥 Internet 的优势。

» 5.6 微信营销

微信营销是网络经济时代企业或个人营销模式的一种，是伴随着微信的火热而兴起的一种网络营销方式。微信不存在距离的限制，用户注册微信后，可与周围同样注册的"朋友"形成一种联系，订阅自己所需的信息，商家通过提供用户需要的信息，推广自己的产品，从而实现点对点的营销。

据可靠的数据资料显示，2016 年 3 月，微信作为广受欢迎的中国聊天应用，月活跃用户数突破 7 亿人。毫无疑问，微信已经成了当下最火热的互联网聊天工具，而且根据腾讯 QQ 的发展轨迹看，微信的用户量将不仅仅限于 7 亿人这个数量，发展空间仍然很广阔。

5.6.1 微信营销的基本形式

5.6.1.1 点对点精准营销

微信拥有庞大的用户群，借助移动终端、天然的社交和位置定位等优势，每个信息都是可以推送的，能够让每个个体都有机会接收到这个信息，继而帮助商家实现点对点的精准化营销。

5.6.1.2 营销形式灵活多样

用户可以发布语音或者文字然后投入大海中，如果有其他用户"捞"到则可以展开对话，如，招商银行的"爱心漂流瓶"用户互动活动就是个典型案例，具体形式如下。

（1）位置签名：商家可以利用"用户签名档"这个免费的广告为自己做宣传，附近的微信用户就能看到商家的信息，如，饿的神、K5 便利店等就采用了微信签名档的营销方式。

（2）二维码：用户可以通过扫描识别二维码身份来添加朋友、关注企业账号；企业则可以设定自己品牌的二维码，用折扣和优惠来吸引用户关注，开拓O2O的营销模式。

（3）开放平台：通过微信开放平台，应用开发者可以接入第三方应用，还可以将应用的LOGO放入微信附件栏，使用户可以方便地在会话中调用第三方应用进行内容选择与分享。

（4）公众平台：在微信公众平台上，每个人都可以用一个QQ号码打造自己的微信公众账号，并在微信平台上实现与特定群体的文字、图片、语音的全方位沟通和互动。

5.6.1.3 强关系的机遇

微信的点对点形态注定了其能够通过互动的形式将普通关系发展成强关系，从而产生更大的价值。通过互动的形式与用户建立联系，互动就是聊天，可以解答疑惑，可以讲故事甚至可以"卖萌"，用一切形式让企业与消费者形成朋友关系，你不会相信陌生人，但是会信任你的"朋友"。

5.6.2 微信获取粉丝的渠道

微信属于一对一互动，从社会学角度看，一对一的关系中，是私密的，去中心化的。既然是去中心化的，在微信上找不到入口，是自然而然的，以后微信会不会做公众号导航，假如千年不开，难道品牌号就这么坐以待毙？

其实解决办法有很多，不然微信上就不会出现上千万粉丝的大号群了，那通行的玩赚粉丝数的渠道主要分为非微信平台推广账号渠道及微信平台推广账号渠道。

5.6.2.1 非微信平台推广账号渠道

1）微博平台转化渠道

最早的微信草根大号，均由微博草根大号们发起，他们在微博上不断推自己的微信，收获了第一批微信粉丝。

优点：已有微博基础粉丝量大，可以快速推广账号。

缺点：转化率很低，乐观估计转化成一个微信粉丝价格在50元上下，若不是自有微博，建议不要轻易采用。

2）网站论坛转化渠道

这些转化渠道主要的采用者为网站媒体，所谓靠山吃山，靠水吃水，靠网站，当然要吃网站了。

优点：已有网站用户群可以转化为微信粉丝。

缺点：转化率依然较低，若非自有媒体，建议不要采用。

3）二维码线下转化渠道（扫描账号二维码）

扫描账号二维码是品牌商最乐于使用的方式。

优点：已有客户转化率很高。

缺点：粉丝增长缓慢，消耗老用户资源，新用户增长为零。

5.6.2.2 微信平台推广渠道

近水楼台先得月，做什么平台在什么上推广，这样效果才好，虽说可以去金融街卖高尔夫球具，但是总也没有在球场上直接销售效果来得好。微信平台上可以推广的渠道主要有以下几类。

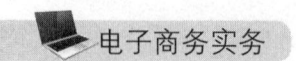

1）草根大号直推

有些草根大号已有千万级别微信粉丝，如果把微博草根大号看成大学生，微信大号还处于幼儿园阶段。推广品牌账号方式主要是带上品牌号微信号码直接发送消息推送，加推的时候软广程度与草根大号的掉粉率成反比。

优点：到达率100%，打开率一般在50%上下，根据对某旅游网站微信号做的推广效果来看，粉丝转化率大概为0.5%。

缺点：成本较贵，获取一个高质量真粉的价格在1元到10元之间，但相比非微信渠道推广来看，已经便宜很多了。

2）草根大号内容承载页互推

这种方式可以说是效果最好的，成本最低的方式了。

优点：成本最低、效果最好、用户最不反感。

缺点：什么时候开封，听天由命。

3）微信导航站

想做微信推广的企业都会遇到一个问题，微信大号的培育是个大问题。一般的做法有两种，一是一步步推广、扩散，基础扎实但可能速度比较慢；二是购买或移植微信大号，可能存在掉粉、需要继续推广、扩散的情况。品牌号在微信上推广，这个渠道必不可少。

优点：软性推送，占住入口。

缺点：暂无。

5.6.3 微信营销的运作

5.6.3.1 运作模式分析

1）草根广告式——查看附近的人

产品描述：微信中基于LBS的功能插件"查看附近的人"便可以使更多的陌生人看到这种强制性广告。

功能模式：用户点击"查看附近的人"后，可以根据自己的地理位置查找到周围的微信用户。在这些附近的微信用户中，除了显示用户姓名等基本信息外，还会显示用户签名档的内容。所以用户可以利用这个免费的广告位为自己的产品打广告。

营销方式：营销人员在人流最旺盛的地方后台24小时运行微信，如果"查看附近的人"使用者足够多，这个广告效果也会随着微信用户数量而上升，可能这个简单的签名栏也许会变成移动的"黄金广告位"。

2）品牌活动式——漂流瓶

产品描述：移植到微信上后，漂流瓶的功能基本保留了原始简单易上手的风格。

功能模式：漂流瓶有两个简单功能：一是"扔一个"，用户可以选择发布语音或者文字然后投入大海中；二是"捡一个"，"捞"大海中无数个用户投放的漂流瓶，"捞"到后也可以与对方展开对话，但每个用户每天只有20次机会。

营销方式：微信官方可以对漂流瓶的参数进行更改，使得合作商家推广的活动在某一时间段内抛出的"漂流瓶"数量大增，普通用户"捞"到的频率也会增加。加上"漂流瓶"

模式本身可以发送不同的文字内容甚至语音小游戏等，如果营销得当，也能产生不错的营销效果。而这种语音的模式，也让用户觉得更加真实。

3）O2O 折扣式——扫一扫

产品描述：二维码发展至今，其商业用途越来越多，所以微信也就顺应潮流结合 O2O 展开商业活动。

功能模式：将二维码图案置于取景框内，然后客户将可以获得成员折扣、商家优惠抑或是一些新闻资讯。

营销方式：移动应用中加入二维码扫描这种 O2O 方式早已普及开来，坐拥上亿用户且活跃度足够高的微信，价值不言而喻。

4）互动营销式——微信公众平台

产品描述：对于大众化媒体、明星以及企业而言，如果微信开放平台＋朋友圈的社交分享功能的开放，已经使得微信作为一种移动互联网上不可忽视的营销渠道，那么微信公众平台的上线则使这种营销渠道更加细化和直接。

5）微信开店——微信店铺

这里的微信开店（微信商城）并非微信"精选商品"频道升级后的腾讯自营平台，而是由商户申请获得微信支付权限并开设微信店铺的平台，公众号要申请微信支付权限需要具备两个条件：第一必须是服务号；第二还需要申请微信认证，以获得微信高级接口权限。商户申请了微信支付后，才能进一步利用微信的开放资源搭建微信店铺。

5.6.3.2 运作方法

1）大小号助推加粉

很多商家在尝试做微信营销的时候都是采用小号，修改签名为广告语，然后再寻找附近的人进行推广的方式。作为一种新兴的营销方式，商家完全可以借用微信打造自己的品牌和 CRM。因此企业采用注册公众账号，在粉丝达到 500 人之后申请认证的方式进行营销更有利于商家品牌的建设，也方便商家推送信息和解答消费者的疑问，更重要的是可以借此免费搭建一个订餐平台。小号则可以通过主动寻找附近的消费者来推送大号的引粉信息，以此将粉丝导入大号中统一管理。

2）打造品牌公众账号

用户使用一个 QQ 号码，登录公众平台网站注册公众账号，打造品牌公众账号的步骤如下。

（1）申请了公众账号之后，在设置页面更换公众账号的头像，建议更换为店铺的招牌或者 LOGO，大小以不变形可正常辨认为准。

（2）微信用户信息填写店铺的相关介绍；回复设置的添加分为被添加自动回复、用户消息回复、自定义回复 3 种，商家可以根据自身的需要添加。

（3）商家需要对每天群发的信息做一个安排表，准备好文字素材和图片素材。一般推送的信息可以是最新的菜式推荐、饮食文化、优惠打折方面的内容。

（4）粉丝的分类管理，可以针对新老顾客推送不同的信息，同时也方便回复新老顾客的提问。

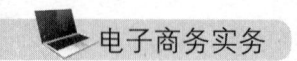

一旦上述人性化的贴心服务受到顾客的欢迎，触发顾客使用微信分享自己的就餐体验进而形成口碑效应，对提升商家品牌的知名度和美誉度效果极佳。

3）实体店面同步营销

店面也是充分发挥微信营销优势的重要场地。在菜单的设计中添加二维码，并采用会员制或者优惠的方式，鼓励到店消费的顾客使用手机扫描。一来可以为公众账号增加精准的粉丝，二来也积累了一大批实际消费群体，对后期微信营销的顺利开展至关重要。店面能够使用到的宣传推广材料都可以附上二维码，当然也可以独立制作 x 架（展板和展示架的一种，背面有形如 x 的支架）、海报、DM 传单（DM，英文 direvt mail advertising 的缩写，意为"直接邮寄广告"）等材料进行宣传。

4）以活动的方式吸引目标消费者

微信营销比较常用的就是以活动的方式吸引目标消费者参与，从而达到预期的推广目的。如何根据自身情况策划一场成功的活动，前提在于商家愿不愿意为此投入一定的经费。当然，餐饮类商家借助线下店面的平台优势开展活动，所需的广告耗材成本和人力成本相对来说并不是达到不可接受的地步，相反，有了缜密的计划和预算之后，完全可以以小成本打造一场效果显著的活动。以签到打折活动为例，商家只需制作附有二维码和微信号的宣传海报和展架，配置专门的营销人员现场指导到店消费者使用手机扫描二维码。消费者扫描二维码并关注商家公众账号即可收到一条确认信息，在此之前商家需要提前设置好被添加自动回复。凭借信息在结算的时候享受优惠。为预防顾客消费之后就取消关注的情况出现，商家还可以在第一条确认信息中说明后续的优惠活动，使得顾客能够持续关注并且经常光顾。

5.6.3.3 销售平台

微信营销离不开微信公众的平台支持，消费者只要通过微信公众平台对接微信会员云营销系统，就可以实现微会员、微推送、微官网、微储值、会员推荐提成、商品查询、选购、体验、互动、订购与支付的线上线下一体化服务模式。销售平台具体功能包括：

（1）商品管理。商城后台具备商品上传、分类管理、订单处理等与网上店铺都具有的设置功能。

（2）自动智能答复。卖家可以在系统自定义设置回复内容，当用户首次关注您的商城时，可以自动发送此消息给客户，还可以设置关键词回复，当用户回复指定关键词的时候，系统将自动回复相应设置好的内容，让客户第一时间收到想要的消息。

（3）支付功能。支持支付宝，还支持财付通及货到汇款的传统支付方式。

（4）促销功能。积分赠送、会员优惠等。

5.6.3.4 公众平台

微信公众平台是腾讯公司在微信的基础上新增的功能模块，通过这一平台，个人和企业都可以打造一个微信的公众号，并实现和特定群体的文字、图片、语音的全方位沟通、互动。不同于微博的微信，作为纯粹的沟通工具，商家、媒体和明星与用户之间的对话是私密性的，不需要公之于众的，所以亲密度更高，完全可以做一些真正满足需求和个性化的内容推送。

企业应该将微信作为品牌的根据地，要吸引更多人成为关注你的普通粉丝，再通过内容和沟通将普通粉丝转化为忠实粉丝，当粉丝认可品牌，建立信任，他自然会成为优质的顾客。

1) 公众平台的应用

（1）活体广告板。微信中基于 LBS 的功能插件"查看附近的人"可以使更多陌生人看到这种强制性广告。

可以假设，如果营销人员在人流最旺盛的地方后台 24 小时运行微信，随着微信用户数量的上升，可能这个简单的签名栏也许会变成不错的移动广告位，让腾讯帮商家打广告，貌似是一个不错的选择。

（2）细化营销渠道。通过一对一的关注和推送，公众平台方可以向"粉丝"推送包括新闻资讯、产品消息、最新活动等消息，甚至能够完成包括咨询、客服等功能。

可以肯定的是，微信在信息的用户推送与粉丝的"CRM 管理"方面要优于微博，尤其是微信立足于移动互联网，更使得微信成为尤为重要的营销渠道。微信公众平台的 CRM 特点明显，管理上可以借鉴传统的 CRM 管理，每天实时收集反馈和回复，整理登记。

> **注意**
>
> 虽然有人称微信为营销利器，但是精细化、个性化、一对一的营销无疑是在增加成功率的同时也会增加成本，至于何去何从，那就要看企业的选择了。

（3）公众账号的接口应用。随着微信的不断发展，未来延伸的地方还有很多。比如医院的微信营销。有条件的医院可以开发一个微信的接口应用，比如自助挂号、查阅电子病例等功能，把公众账号打造成工具。先让部分用户体验，养成使用习惯，最终推广开来，达到取代病患使用电话和到场办理业务的目的。

2) 微信公众账号的行为规范

商家的一些不良行为会严重违规并影响用户体验，还可能给其他运营者、用户及平台带来损害，具体包括如下几种。

（1）使用外挂行为。未经腾讯书面许可使用插件、外挂或其他第三方工具、服务接入本服务和相关系统。例如，利用任何第三方工具或其他方式规避群发限制策略，包括但不限于用公众平台的单发功能来实现群发功能，意图规避公众平台对于群发次数的限制等。

（2）刷粉行为。未经腾讯书面许可利用其他微信公众账号、微信账号和任何功能或第三方运营平台进行推广或互相推广的，包括但不限于：僵尸粉刷粉、公众账号互相推广、普通微信账号通过微信普通消息、附近的人打招呼、漂流瓶、摇一摇等任何形式推广公众账号，以及利用第三方平台进行互推等。

腾讯公司定义的推广形式，包括但不限于：通过链接、头像、二维码、纯文字等各种形式完成的推广行为。

> **注意**
> 制作、发布与以上行为相关的方法、工具，或对此类方法、工具进行运营或传播，无论这些行为是否出于商业目的，使用者账号都将被处理。

（3）诱导分享行为。以奖励或其他方式，强制或诱导用户将消息分享至朋友圈的行为。奖励的方式包括但不限于：实物奖品、虚拟奖品（积分、信息）等。分为强制型诱导分享和奖励型诱导分享。

（4）恶意篡改功能行为。有目的性地对公众平台的功能或文字进行篡改，违反公众平台功能的原本用途或意义。例如，在原本显示作者名称（即微信公众账号名称）的位置篡改文字显示。

5.6.3.5 人工微信客服

当越来越多的企业使用微信营销的时候，企业会在微信账号后台设置好一些快捷回复，而人工微信客服则是实现了真正的人与人在线实时沟通、传送活动、优惠信息等。而就微信自身的特点而言，微信是一个维系老客户的重要渠道，因此微信的咨询受理成为重点。

微信作为一个点对点沟通的平台，是很好的客户关系维护渠道，但是很多商家只是把微信简单地当作信息推送群发工具，而消费者其实并不希望收到传单。

人工微信客服的核心优势，就在于实现了人与人的实时沟通，此时客户所面对的是专业、服务质量优秀的客服人员，对于客户的咨询可以给出满意的回复。

5.6.3.6 微信营销流程

（1）注册微信公众号，尽快获得微信官方认证。

（2）根据自己的定位，建立知识库。可以把某个定向领域的信息通过专业的知识管理手段整合起来，建成一个大家方便的知识检索库，同时将知识与最新的社会热点相结合，提供给目标客户，变成对目标客户的增值服务内容，提高目标客户的满意度。

（3）加强互动，每周感悟，竞猜送小礼物等。

（4）吸收会员，定制特权开展优惠活动。

（5）微网站，更省流量，更快捷地打开网站。

（6）微商城，在微信上直接展示商家，并可购物。

5.6.4 微信营销策略

5.6.4.1 "意见领袖型"营销策略

企业家、企业的高层管理人员大都是意见领袖，他们的观点具有相当强的辐射力和渗透力，对大众言辞有着重大的影响作用，潜移默化地改变人们的消费观念，影响人们的消费行为。微信营销可以有效地综合运用意见领袖型的影响力，和微信自身强大的影响力刺激需求，激发购买欲望。如小米创办人雷军，就是最好的"意见领袖型"营销策略的代表。雷军利用自己的微博强有力的粉丝，在新浪上简单地发布关于小米手机的一些信息，就得到众多小米手机关注者转播与评论，在评论中企业可以知道消费者是如何想的，消费者内心的需求是什么。

5.6.4.2 "病毒式"营销策略

微信即时性和互动性强、可见度、影响力以及无边界传播等特质特别适合"病毒式"营销策略的应用。微信平台的群发功能可以有效地将企业拍的视频，制作的图片，或是宣传的文字群发到微信好友。企业更是可以利于二维码的形式发送优惠信息，这是一个既经济又实惠，更有效的促销好模式。使顾客主动为企业做宣传，激发口碑效应，将产品和服务信息传播到互联网还有生活中的每个角落。

5.6.4.3 "视频、图片"营销策略

运用"视频、图片"营销策略开展微信营销，首先要在与微友的互动和对话中寻找小众市场，发现小众市场。为特定小众市场中的潜在客户提供个性化、差异化服务。其次，善于借助各种技术手段，将企业的产品和服务信息传送到潜在客户的大脑中，为企业赢得竞争优势，打造出优质的品牌服务。商家的微信营销越"可口化、可乐化、软性化"，越能吸引消费者的眼球。

5.6.5 微信营销的特点

5.6.5.1 独特的语音优势

微信不仅支持文字、图片、表情符号的传达，还支持语音发送。每一个人都可以用一个QQ号码打造本人的一个微信大众号，并在微信平台上完成和特定集体的文字、图片、语音的全方位交流、互动。但同时，如果把微信当成一种营销方式的话，直接的语音信息的传达既是优势也有可能成为一大失误的地方。因为语音的发送既要求传达者声音的甜美，也要求有特定知识的积累。

5.6.5.2 便利的定位功能

在微信的"查看附近的人"的插件中，用户可以查找本人地点地理方位邻近的微信用户。除了显现邻近用户的名字等基本信息外，还会显现用户签名档的内容。商家也可以运用这个免费的广告位为自己做宣扬，乃至打广告。当用户在某餐厅用餐的时候，突然传来朋友的微信，说附近某某商场在促销，或者附近有什么好活动正在进行，是不是感觉很爽呢？

但是微信便利的定位系统也暴露了用户的具体位置，很有可能使一些不法分子有机可乘。

5.6.5.3 较多的高端用户

根据2015年年底微信团队宣布的官方数据，微信的月活跃人数首次超过6亿人，86.2%的用户在18～36岁之间；主要分布在一线大城市，多为年轻人、白领阶层、高端商务人士、时尚的iphone一族。这一强大的优势使很多企业的营销有了更好的方向，特别是针对白领的产品。

5.6.5.4 稳定的人际关系

微信的用户群一定是真实的、私密的、有价值的。微信关注的是人，人与人之间的交流才是这个平台的价值所在。微信基于朋友圈的营销，能够使营销转化率更高。

但微信基于隐私的保护，会使用户看不见朋友的朋友与他的谈话；因为没有取消可见这个功能，"查看附近的人"这个功能会使自己的相册暴露在任何一个陌生人面前。熟人社

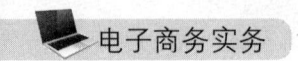

区和陌生人交友，这两个极端的关系链混合在一起，让朋友圈这个产品的定位变成一个艰难的决定。

5.6.5.5 移动的客户端

用微信的用户主要集中在安卓系统和苹果系统，都属于智能系统，为此，众多软件研发机构推出各类微信营销软件，可以在全国任意位置与附近人自动打招呼、添加好友、添加通讯录、通讯录群发广告信息、摇一摇等智能营销功能，大大提升了企业移动营销的能力。微信从诞生的第一天起，就只有移动互联这一个方向，腾讯的技术平台能力，以及腾讯在电商、团购等领域的经验也有助于其快速整合。

5.6.5.6 方便的信息推送

微信大众账号可以经过后台的用户分组和地域操控，完成精准的音讯推送。一般大众账号，可以群发文字、图片、语音三类内容。认证的账号则有更高的权限，不仅能推送单条图文信息，还能推送专题信息。值得注意的是，微信的信息推送服务难免会步微博的后尘，使用户反感繁多的垃圾信息。

5.6.6 微信营销的优缺点

5.6.6.1 微信营销的优点

1）高到达率

营销效果很大程度上取决于信息的到达率，这也是所有营销工具最关注的地方。与手机短信群发和邮件群发被大量过滤不同，微信公众账号所群发的每一条信息都能完整无误地发送到终端手机，到达率高达100%。

2）高曝光率

曝光率是衡量信息发布效果的另外一个指标。信息曝光率和到达率完全是两码事，与微博相比，微信信息拥有更高的曝光率。在微博营销过程中，除了少数一些技巧性非常强的文案和关注度比较高的事件被大量转发后获得较高的曝光率之外，直接发布的广告微博很快就在微博滚动的动态中被淹没了，除非主动刷屏发广告或者用户刷屏看微博。

而微信是由移动即时通信工具衍生而来，天生具有很强的提醒力度，比如铃声、通知中心消息停驻、角标等，随时提醒用户收到未阅读的信息，曝光率高达100%。

3）高接受率

正如上文提到的，微信月活跃用户已达6亿人之众，微信已经成为或者超过类似手机短信和电子邮件的主流信息接收工具，其广泛性和普及性成为营销的基础。除此之外，由于公众账号的粉丝都是主动订阅而来，信息也是主动获取，完全不存在垃圾信息遭遇抵触的情况。

4）高精准度

事实上，那些拥有粉丝数量庞大且用户群体高度集中的垂直行业的微信账号，才是真正炙手可热的营销资源和推广渠道。比如酒类行业知名媒体佳酿网旗下的酒水招商公众账号，拥有近万名由酒厂、酒类营销机构和酒类经销商构成粉丝，这些精准用户粉丝相当于一个盛大的在线糖酒会，每一个粉丝都是潜在的客户。

5）高便利性

移动终端的便利性再次增加了微信营销的高效性。相对于 PC 电脑而言，未来的智能手机不仅能够拥有 PC 电脑所能拥有的任何功能，而且携带方便，用户可以随时随地获取信息，而这会给商家的营销带来极大的方便。

5.6.6.2 微信营销的缺点

微信营销所基于的强关系网络，如果不顾及用户的感受，强行推送各种不吸引人的广告信息，会引来用户的反感。凡事理性而为，善用微信这一时下最流行的互动工具，让商家与客户回归到最真诚的人际沟通轨道上来，才是微信营销真正的王道。

▶ 本章小结

1. 网络营销是适应网络技术发展的信息时代社会变革的新生事物，必将成为跨世纪的营销方向。

与许多新兴学科一样，"网络营销"同样也没有一个公认的、完善的定义。广义地说，凡是以互联网为主要手段进行的、为达到一定营销目标的营销活动，都可称之为网络营销（也称网上营销）。也就是说，网络营销贯穿于企业开展网上经营的整个过程，包括信息发布、信息收集，到开展以网上交易为主的电子商务阶段。

网络营销包括的主要内容：①网上市场调查；②网络消费者行为分析；③网络营销策略的制定；④网络产品和服务策略；⑤网络价格营销策略；⑥网络渠道选择与直销；⑦网络促销与网络广告；⑧网络营销管理与控制。

网络营销呈现出的特点：①实时性；②广泛性；③经济性；④交互性；⑤信息性；⑥虚拟性；⑦整合性；⑧技术性；⑨针对性。

2. 网上市场调查是指企业为了某一特定的网络营销问题的决策所需开发和提供信息而引发的判断、收集、记录、整理、分析、研究网络市场的各种基本状况及其影响因素，并得出结论性的、系统的有目的的活动与过程。

网上市场调查按采用的技术可以分为站点法、电子邮件法、随机 IP 法和视频会议法等。

网上间接调查主要利用互联网收集与企业营销相关的市场、竞争者、消费者以及宏观环境等信息。网上间接调查渠道主要有搜索引擎、用户新闻组、BBS、E-mail。

网上市场调查的内容主要包括：①企业产品消费的需求信息；②企业所经营的产品或服务的有关信息；③目标市场信息；④竞争对手信息；⑤市场环境信息；⑥其他方面的信息。

网上市场调查的步骤一般为：①制定网上调查提纲；②确定目标市场；③明确调查目的；④确定调查对象；⑤设计调查问卷；⑥查询调查对象；⑦调查人数统计；⑧确定适用的信息；⑨信息的加工、整理、分析和运用。

3. 网络消费者购买行为的心理动机主要体现在 3 个方面：①理智动机；②感情动机；③惠顾动机。

网络消费需求的特征呈现出新的特点和趋势：①个性化消费的回归；②消费需求的差异性；③消费主动性增强；④对购买方便性的需求与购物乐趣的追求并存；⑤价格仍然是影

响消费心理的重要因素；⑥网络消费仍然具有层次性；⑦网络消费者的需求具有交叉性；⑧网络消费需求的超前性和可诱导性；⑨网络消费中男性占主导地位。

影响网络消费者购买的主要因素有产品的特性、价格、购物的便捷性和安全因素等。

网络消费者的购买过程可以粗略地分为5个阶段：①唤起需求；②收集信息；③比较选择；④购买决策；⑤售后评价。

4. 网络营销策略是企业根据自身所在市场中所处地位不同而采取的一些网络营销组合，包括网络营销产品策略、网络营销价格策略、网络营销渠道策略和网络营销促销策略。

网络营销产品策略主要考虑几个方面：①产品性质；②产品质量；③产品式样；④产品品牌；⑤产品包装；⑥目标市场；⑦产品价格。

网络营销定价策略有：①定制生产定价策略；②自动调价、议价策略；③竞争定价策略；④特有产品特殊价格策略；⑤折扣定价策略；⑥捆绑销售的策略；⑦声誉定价策略；⑧产品循环周期阶段定价策略；⑨品牌定价策略；⑩撇脂定价和渗透定价；⑪使用定价策略。

网络促销的形式主要有网络广告、销售促进、站点推广和关系营销4种。

营销渠道是指与提供产品或服务以供使用或消费这一过程有关的一整套相互依存的机构，它涉及信息沟通、资金转移和事物转移等。一个完善的网上销售渠道应有三大功能：订货功能、结算功能和配送功能。

5. 网络广告就是在网络上做的广告，利用网站上的广告横幅、文本链接、多媒体的方法，在互联网刊登或发布广告，通过网络传递到互联网用户的一种高科技广告运作方式。

网络广告形式多样，网络广告的形式主要有：巨型广告、全屏广告、背投广告、通栏广告、声音广告、视频广告、浮标广告、活页广告等。

广告客户主要通过Internet发布企业的广告，一般有以下几种方式：①企业主页；②在线专类产品直销网站；③搜索引擎（网络黄页）；④企业名录；⑤免费的Internet服务；⑥网络期刊；⑦手机短信。

6. 微信营销的基本形式：点对点精准营销、形式灵活多样、强关系的机遇。

微信获取粉丝的渠道：非微信平台推广账号渠道；微信平台推广渠道。

微信营销的运作包含6个方面：运作模式分析、运作方法、销售平台、公众平台、人工客户、微信营销流程。

微信营销策略：①"意见领袖型"营销策略；②"病毒式"营销策略；③"视频，图片"营销策略。

微信营销的特点：①独特的语音优势；②便利的定位功能；③较多的高端用户；④稳定的人际关系；⑤移动的客户端；⑥方便的信息推送。

复习思考题

（1）什么叫网络营销？它有什么特点？

（2）网络营销与传统营销的区别是什么？

（3）网上市场调查有哪些特点？开展网上市场调查的步骤有哪些？

（4）影响网络消费者购买的主要因素有哪些？

（5）简述网络营销适销产品的特点。

（6）传统营销与网络营销相比，其定价方法有什么不同？

（7）简述网络营销的定价策略。

（8）传统促销与网络促销相比有哪些区别？

（9）简述网络营销渠道的特点和功能。

（10）网上广告有什么特点？主要表现形式是什么？

（11）注册一个免费电子信箱，一周后登录信箱，分析其中的广告形式及效果。

第6章　移动电子商务

学习目标

本章重点介绍电子商务的基本概念和功能，帮助读者了解电子商务的交易过程及对企业产生的影响。

学习要求

了解：发展阶段及实现技术、移动电子商务的特点、移动电子商务的行业监管；移动电子商务运营策略；移动电子商务发展趋势。

掌握：移动电子商务的主体和产业链，移动电子商务的商业模式的5种分类，移动电子商务市场分类。

6.1 移动电子商务概述

移动电子商务就是利用手机、PDA及掌上电脑等无线终端进行的B2B、B2C、C2C或O2O的电子商务。它将因特网、移动通信技术、短距离通信技术及其他信息处理技术完美地结合,使人们可以在任何时间、任何地点进行各种商贸活动,实现随时随地、线上线下的购物与交易、在线电子支付以及各种交易活动、商务活动、金融活动和相关的综合服务活动等。

2015年1月6日,中国互联网产业年会召开,会上透露,截至2014年第三季度,我国移动网购交易规模已超2100亿元,O2O(线上线下)商务应用布局更广,市场规模加速扩大。艾瑞咨询统计数据显示(如图6-1所示),2015年中国移动购物市场交易规模为2.1万亿元,年增长率达123.8%,远高于中国网络购物整体增速(2014年中国网络购物市场交易规模为28145.1亿元,较去年同期增长49.8%);并预测未来几年中国移动购物市场仍将继续保持较快增长,2018年移动购物市场交易规模将超过5万亿元。

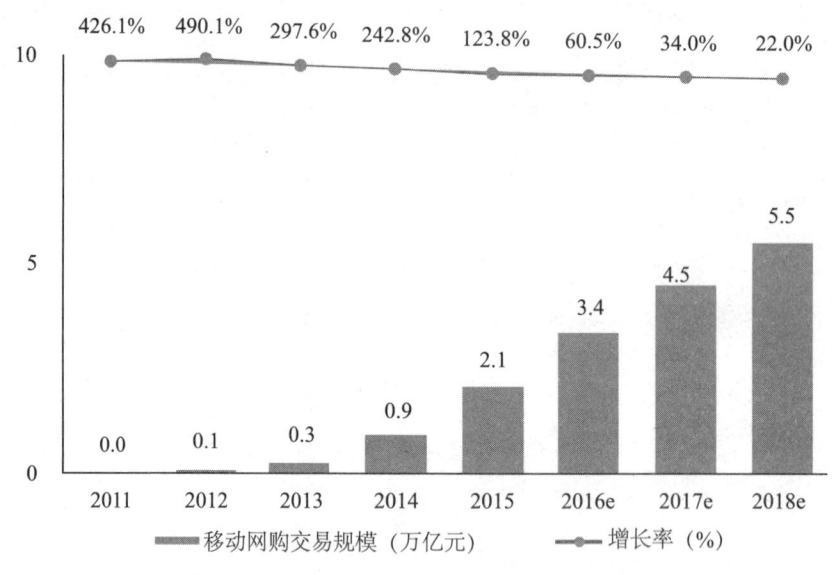

图 6-1 中国移动购物市场交易规模统计与预测

来源:根据企业公开财报、行业访谈及艾瑞统计预测模型估算

图6-1中统计的交易规模,是指个人用户通过手机终端访问移动互联网所完成商品交易的价值总额。其中,交易规模包括实物交易规模和虚拟物品交易规模两个部分,实物交易规模包括家电、日用品、服饰等实体物品的交易总额;虚拟物品交易规模包括彩票、充值、游戏点卡等虚拟物品的交易总额。移动电子商务交易规模中并不包括网络代缴费(如水电气费等)、旅行预订及航空客票的交易额。另外,手机应用商店应用程序所产生的交易额也不统计在内。

6.1.1 移动电子商务的发展阶段及实现技术

6.1.1.1 发展阶段

随着移动通信技术和计算机技术的发展，移动电子商务的发展已经经历了三代。

第一代移动电子商务系统是以短信为基础的访问技术。这种技术存在着许多严重的缺陷，其中最严重的问题是实时性较差，查询请求不会立即得到回答。此外，由于短信信息长度的限制也使得一些查询无法得到一个完整的答案。这些令用户无法忍受的严重问题也导致了一些早期使用基于短信的移动电子商务系统的部门纷纷要求升级和改造现有的系统。

第二代移动电子商务系统采用基于 WAP 技术的方式。手机主要通过浏览器的方式来访问 WAP 网页，以实现信息的查询，部分地解决了第一代移动访问技术的问题。第二代的移动访问技术的缺陷主要表现在 WAP 网页访问的交互能力极差，因此极大地限制了移动电子商务系统的灵活性和方便性。此外，WAP 网页访问的安全问题对于安全性要求极为严格的政务系统来说也是一个严重的问题。这些问题也使得第二代技术难以满足用户的要求。

新三代移动电子商务系统采用了基于 SOA 架构的 Web service、智能移动终端和移动 VPN 技术相结合的第三代移动访问和处理技术，使得系统的安全性和交互能力有了极大的提高。第三代移动电子商务系统同时融合了 3G 移动技术、智能移动终端、VPN、数据库同步、身份认证及 Web service 等多种移动通信、信息处理和计算机网络的最新前沿技术，以专网和无线通信技术为依托，为电子商务人员提供了一种安全、快速的现代化移动商务办公机制。

6.1.1.2 实现技术

随着移动互联网的迅速发展，电子商务也进入了各种移动终端设备中。因特网、移动通信技术和其他技术的完美结合创造了移动电子商务，实现移动电子商务的技术（协议）如下。

（1）无线应用协议（WAP）。

（2）通用分组无线业务（GPRS）。

（3）移动 IP 技术。

（4）"蓝牙"（Blue tooth）技术。

（5）移动定位系统技术。

（6）第三代（3G）移动通信系统。

6.1.2 移动电子商务的特点

与传统的电子商务活动相比，移动电子商务具有如下几个特点。

1）更具开放性、包容性

移动电子商务因为接入方式无线化，使得任何人都更容易进入网络世界，从而使网络范围延伸更广阔、更开放；同时，使网络虚拟功能更带有现实性，因而更具有包容性。

2）更具自由化、个性化

移动电子商务的最大特点是"自由"和"个性化"。传统电子商务已经使人们感受到了网络所带来的便利和快乐，但局限在于它必须有线接入，而移动电子商务则可以弥补传统电子商务的这种缺憾，可以让人们随时随地结账、订票或者购物，感受独特的商务体验。

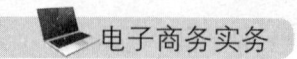

3）潜在用户规模大

截至 2015 年 12 月，我国手机网民规模已达 6.20 亿人，是全球之最。显然，从电脑和移动电话的普及程度来看，移动电话远远超过了电脑。而从消费用户群体来看，手机用户中基本包含了消费能力强的中高端用户，而传统的上网用户中以缺乏支付能力的年轻人为主。由此不难看出，以移动电话为载体的移动电子商务不论在用户规模上还是在用户消费能力上，都优于传统的电子商务。

4）用户身份较易确认

对传统的电子商务而言，用户的消费信用问题一直是影响其发展的一大问题，而移动电子商务在这方面显然拥有一定的优势。这是因为手机号码具有唯一性，手机 SIM 卡片上存储的用户信息可以确定一个用户的身份，而随着未来手机实名制的推行，这种身份确认将越来越容易。对于移动电子商务而言，这就有了信用认证的基础。

5）易于定制化服务

由于移动电话具有比 PC 机更高的可连通性和可定位性，因此移动电子商务的生产者可以更好地发挥主动性，为不同顾客提供定制化的服务。例如，开展依赖于包含大量活跃客户和潜在客户信息的数据库的个性化短信息服务活动，以及利用无线服务提供商提供的人口统计信息和基于移动用户当前位置的信息，商家可以通过具有个性化的短信息服务活动进行更有针对性的广告宣传，从而满足客户的需求。

6）易于推广使用

移动通信所具有的灵活、便捷的特点，决定了移动电子商务更适合大众化的个人消费领域。比如，自动支付系统，包括自动售货机、停车场计时器等；半自动支付系统，包括商店的收银柜机、出租车计费器等；日常费用收缴系统，包括水、电、煤气等费用的收缴等；移动互联网接入支付系统，包括登录商家的 WAP 站点购物等。

7）易于技术创新

移动电子商务领域因涉及 IT、无线通信、无线接入、软件等技术，并且商务方式更具多元化、复杂化，因而在此领域内很容易产生新的技术。随着我国 4G 网络的兴起与应用，这些新兴技术将转化为更优质的产品或服务。所以移动电子商务领域将是下一个技术创新的高产地。

6.1.3 移动电子商务的主体和产业链

移动电子商务是一个综合的体系，该体系不仅仅包括移动电子商务的提供商，还包括起支撑、支持作用的终端厂商、电信运营商、金融及支付服务商、物流商和其他类型的服务务提供商，如表 6-1 所示，各个主体在移动电子商务产业链中发挥着不同的作用。

表 6-1 移动电子商务产业链主体

产业链主体	典型企业	市场定位
终端厂商	苹果、三星、小米、华为	提供终端设备及其应用
电信运营商	中国移动、中国联通、中国电信	网络接入服务与运营
金融及支付服务商	包括银联、各大银行,以及支付宝等在内的金融服务机构和第三方支付机构	交易资金的在线支付
移动电子商务提供商	包括传统电子商务提供商,如淘宝网、当当网和卓越网等;以及新兴移动电子商务提供商,如立购网、爱购商城等	移动电子商务平台服务
物流商	EMS、申通、圆通等	仓储、物流、配送
软件提供商	用友、UCWEB、Opera 等	电子商务企业应用软件服务

1) 终端厂商

终端厂商为移动电子商务的发展提供硬件基础。移动电子商务对硬件的要求很高,可以说,移动终端的性能是决定移动电子商务用户体验最为重要的因素之一。目前市场上主流的智能手机基本能适应移动电子商务的发展,但其普及率还有待提高。中国市场上典型的智能手机厂商包括苹果、三星、小米、华为等。

2) 电信运营商

电信运营商为移动电子商务的发展提供网络基础。移动电子商务非常依赖电信运营商提供的网络服务,而且电信运营商拥有移动电子商务末端的所有用户资源,任何移动电子商务的应用服务都需通过电信运营商的信息通道进行,因此电信运营商在移动电子商务产业发展中起着极其重要的作用。中国的电信运营商主要包括中国移动、中国电信和中国联通。

3) 金融及支付服务商

金融及支付服务商为移动电子商务的发展提供资金周转服务。在商务活动中,所有资金的流动最终都要通过金融机构进行划转和结算,因此在移动电子商务活动中,银行、银联等金融机构有着天然的资金链控制优势。而在实际的移动电子商务活动中,第三方支付平台确保了资金支付的安全性和合理性,其在移动电子商务产业支付环节中同样具有重要作用。中国的金融及支付服务商主要包括中国银联、各大商业银行、支付宝等。

4) 平台服务提供商

平台服务提供商是移动电子商务的直接参与者,是产业链中的核心主体。目前,淘宝网、京东商城和凡客诚品等传统电子商务企业已经完成了在移动电子商务的布局,成为了最主要的移动电子商务提供商。此外,完全立足于手机平台的独立移动电子商务企业,如买卖宝、爱购网、移淘商城等也是重要的参与者。

5) 仓储物流商

与传统电商一样,移动电子商务需要有良好的仓储物流做支撑。中国市场上与电子商务相关的典型物流企业包括 EMS、顺丰速递、中通和圆通等。

6) 软件、营销推广等服务提供商

软件、营销推广服务提供商为移动电子商务平台提供信息入口和营销推广服务。以 UC

浏览器为代表的浏览器软件是移动互联网最重要的信息入口，是目前移动电子商务企业推广的重要平台；而近年来兴起的各种 APP 应用也逐渐为移动电子商务提供推广平台。亿玛在线、耶客等提供移动营销和移动客户端开发的企业也在移动电子商务产业链中发挥着自己独特的作用。

移动电子商务体系中各个主体在产业上下游所处的位置不同，各个主体通过信息流、物流和资金流链接组成移动电子商务的产业链。

6.1.4 移动电子商务的行业监管

为了加速我国移动信息化的全面布局，推动移动电子商务的发展，更好地维护会员单位及全行业的共同利益，2014 年 8 月，广东现代移动互联网研究院联合掌商科技，向中国通信工业协会发起了成立中国通信工业协会移动电子商务专委会的申请。2014 年 9 月，该申请正式获得通过，标志着专委会正式成立。

专委会是隶属于中国通信工业协会（国家一级协会）的移动电子商务行业社会团体组织，将致力于加速我国移动电子商务的发展，维护会员单位及全行业的共同利益，并将发挥推动掌商工程标准化实施的作用。

» 6.2 移动电子商务商业模式

移动电子商务的商业模式，一般指的是在移动技术条件下相关的经济实体是如何通过移动网络开展商务活动创造、实现价值并获得利润。由商业模式的概念可知，商业模式的核心是价值创造。所以，移动电子商务商业模式研究目的就是找出移动电子商务中找出价值创造环节，分析价值在价值链中传递和转移的过程。

根据移动电子商务服务模式的不同主导方，将移动电子商务划分为电信运营商、传统电子商务服务提供商、软件提供商和新兴移动电子商务提供商主导的四大服务模式，如表6-2 所示。

表 6-2 中国移动电子商务主导模式分类

主导模式	典型代表	服务模式	主要特点
电信运营商主导模式	中国移动广东移动商城	生活信息查询、应用程序购买与下载、日用及电子商品的购买、手机银行、手机钱包等	可以通过手机实现在线支付的电子商务平台
传统电子商务提供商主导模式	淘宝：手机淘宝网 当当：手机当当网 卓越：掌上亚马逊	搜索、比价、商品购买、收藏、即时通信、彩票、社区、资讯、客户端、在线充值等	运作模式与传统电子商务网站类似，多支持货到付款
设备提供商主导模式	用友移动：移动商街 苹果公司：App Store 小米：小米商城	移动商铺、电子折扣券、移动社区、移动支付、移动搜索等	为电子商务企业提供软件、硬件服务，并搭建移动电子商务平台
新兴移动电子商务提供商主导模式	爱购商城、立购网等	搜索、比价、商品代销、商品购买服务	基于移动互联网上新兴的移动电子商务平台

6.2.1 通信运营商主导模式

6.2.1.1 "通道+平台"的移动电子商务服务模式

通信运营商开展的移动电子商务中，可利用终端厂商和软件提供商在上游为其提供定制手机及内嵌的接入软件，增强了移动电子商务平台的入口建设。规模庞大的网络用户及潜在移动电子商务用户，可以吸引企业和商家以入驻的方式丰富移动电子商务平台的产品线及内容，物流商提供相关的货物运输、商品仓储和配送服务。移动电子商务平台的建设方面，电信运营商负责平台内容、用户服务和交易服务，对入驻商户进行管理，并为消费者提供信誉保障。

6.2.1.2 典型案例

中国移动广东移动商城（图6-2）是基于广东移动网络平台开发的移动电子商务平台，由中国移动广东分公司负责运营，面向移动手机用户、广大互联网用户，以及商家提供电子商务服务，商城可以通过PC和手机两种方式进行访问。在手机端，通过以手机积分、手机话费、专用账户以及手机银行为主的支付手段，通过以邮政系统、快递公司向用户配送货品为主的货物流通方式，移动商城实现了商流、物流、信息流、资金流一体化的移动电子商务平台。

图6-2 中国移动广东移动商城

6.2.2 传统电子商务提供商主导模式

传统电子商务提供商通过在PC端的多年发展，已经具备开展移动电子商务所需的基础服务能力和运营经验，这是其主导移动电子商务服务的重要优势。但另一方面，手机不仅仅只是传统电子商务新开辟的用户入口，传统电子商务发展模式并不能简单复制于移动电子商务的发展之中。移动电子商务需要针对用户的个性化需求及电子商务发展的新趋势，开辟全新的发展理念和服务模式。

6.2.2.1 "品牌+运营"的移动电子商务服务模式

传统电子商务提供商主导的移动电子商务主要采取了"品牌+运营"的服务模式，在这一服务模式下，传统电子商务提供商原有的货物渠道、商品仓储物流以及配送等后台服务体系均未发生本质变化，移动互联网可以看作是其PC端传统电子商务服务的手机端入口。在这一移动电子商务服务模式下，传统电子商务提供商通常会在用户接口处通过与终端厂商和软件提供商的合作，定制相关匹配的终端机，或者为手机终端设计用于进行移动电子商务的特定应用程序。网络接入方面，电信运营商提供了基础网络服务，为移动电子商务提供顺畅信息流的保障。

6.2.2.2 手机淘宝网

手机版淘宝于2008年2月开始上线，消费者通过手机即可登录手机版淘宝，同时可以用手机支付宝付款购物。手机淘宝网可以实现注册、登录、收藏、浏览、搜索商品和支付等功能。目前，手机淘宝网是中国最大的移动购物服务提供商和个人移动交易平台，业务跨越C2C（个人对个人）、B2C（商家对个人）两大类，其在线物品超过2亿件，并利用支付宝实现了手机在线支付。

6.2.2.3 手机当当网

当当网自2006年起，即与中国移动及相关合作伙伴开始筹划手机当当网，2006年通过测试，手机当当网就已投入实际运营。其后，手机当当网各项功能不断完善，2007年，手机当当网推出自主研发的跨平台搜索产品——图书短信比价系统，引发行业关注。2009年9月，手机当当网购买功能上线，直达网络零售的最后结算环节。

图6-3为2014年中国移动购物企业交易规模市场占比的统计。

在2014年移动购物市场的企业份额中，阿里无线、手机京东、手机唯品会占据前三，份额分别为86.2%、4.2%、2.1%，如图6-3所示。

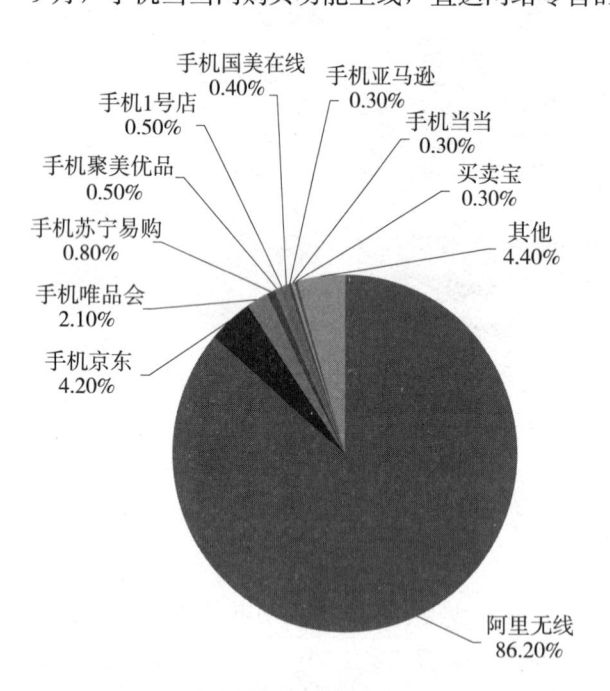

图6-3　2014年中国移动购物企业交易规模市场占比

来源：综合企业财报及专家访谈，根据艾瑞统计模型估算

> **注意**
>
> 分析认为，阿里无线一家独大，占比86.2%，其无线端通过"淘宝+天猫"提供平台服务，在由交易入口向无边界生活圈转型；京东方面则联手腾讯，以手机客户端、微信购物、手机QQ购物、微店等全面布局移动端；唯品会、苏宁易购、聚美优品、1号店、国美在线、亚马逊、当当、买卖宝等也纷纷发力移动端，市场竞争较激烈。

6.2.3 新兴移动电子商务提供商主导模式

在移动电子商务发展的过程中，诞生了一批专注于移动电子商务的新兴商务平台，以"专注+创新"为主要特色。移动电子商务服务模式本身具有区别于传统电子商务的特点，新兴的移动电子商务提供商从出现之初就专为移动电子商务而生，专注于对移动电子商务专有服务模式的创新。

秉承对移动互联网的独到理解，新兴移动电子商务提供商推出更具移动特色的服务和产品，但在商品渠道，尤其是开展电子商务最为关键的物流、配送方面，使其在中短期内还无法与传统电子商务提供商抗衡。

传统电子商务提供商在经过多轮的融资之后才搭建了自身较为完善的运营体系，新兴移动电子商务提供商开展相关经营活动，还需要资本的持续关注和自身实力的长期积累。

如爱购网（igou.cn）直接提供的便是适合手机页面的浏览体验，甚至不提供适合传统PC访问的页面，爱购网手机主页如图6-4所示。

移动互联网本身就是创新的产物，新兴商务平台从开始就摆脱传统电商平台思维的桎梏，在内部资源能力和外部合作生态方面，通过创新的合纵连横，缔造了区别于传统的价值创造模式，从中取得合理收益。

6.2.4 设备提供商主导模式

设备提供商分为软件提供商和硬件提供商，在目前硬件设备提供商所形成的影响力要大于软件提供商，如苹果公司的 App Store 等。

硬件提供商在本章中专指终端设备提供商，设备制造商主导的是"设备+服务"的商业模式。提供软硬件综合解决方案。目前以苹果公司的 App Store 为代表。

1）优势

为开发者（第三方软件的提供者）提供了方便高效的应用销售平台，使得开发者参与积极性空前高涨，适应了终端用户对个性化软件的需求，从而使得终端软件业开始进入一个高速、良性发展的轨道。为用户和软件商搭建营销、支付结算、互动平台，在硬件、软件和解决方案方面都能价值创造和获取收益。

2）劣势

设备制造商需要具备足够强的吸引力吸引用户，这种模式提供的商品仅限于虚拟商品，对于消费者的消费行为影响有限，很难大规模复制成功。目前，全球仅苹果公司一家使用此模式并获得成功。

图 6-4 爱购网手机主页

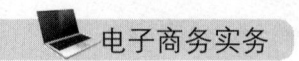

对于软件提供商而言，传统电子商务所具备的品牌优势是其在短期内无法获取的，即使依托自身软件服务方面的优势，品牌建设和用户认可也需要一个长期的培养过程。

6.2.5 金融机构介入商业模式

金融机构介入商业模式分为金融机构主导商业模式和运营商与金融机构合作主导商业模式。

6.2.5.1 金融机构主导商业模式

目前，参与电子商务的金融机构主要体现在信用卡商城。将信用卡商城移植到移动平台，便可实现金融机构的移动电子商务开展。

细数国内各大银行，绝大多数都已经建立了信用卡商城。如今，银行拥有大量网银支付的用户，这个渠道的价值正在不断地扩大。伴随网银的不断渗透，开通手机银行的用户也越来越多。截至2015年12月，国内手机银行用户数超过4.6亿人。

银行有着天然的公信力，银行在选择商家时的审核机制也较严格，使得进入门槛有所提升，需要有一定品牌知名度的产品才能进入商城，从而使得产品质量更有保障。而在银行提供的平台下进行交易，消费者会增加对这类商家的信任感，有利于促进在线交易的完成，从而提升消费者对品牌的信任感。

在众多电子商务渠道中，信用卡商城用户的消费能力最强。一般的信用卡用户都已经过银行审核，有一定经济基础。由此可知，银行信用卡商城更适合销售价廉物美的生活品牌或者是单价较高的奢侈品。

为了调动持卡人的消费积极性，对金额较大的消费，银行通常都会提供半年、一年的免息分期还款服务，减轻持卡人的一次性缴付压力，这也成为销售奢侈品得天独厚的优势。

不可否认，受分期付款的影响，银行信用卡商城的账期较长，回款速度最慢。而且这一渠道的自主掌控度较低，主动权都在银行手中，部分银行会定期改变合作对象。虽然信用卡网上商城起步较晚，但银行作为专业的金融机构，依托庞大的信用卡客户资源，可信赖的支付环境及安全的购物渠道，仍然具有无可比拟的优势。

信用卡商城是一个不错的渠道，但是因为银行数量有限，所以可供选择的合作对象也比较少。而且，银行的审核标准更为严格，一般商家可能与银行合作困难较大。该类渠道适合与银行渠道有较好关系的商家，以及奢侈品、数码产品等单价较高的商品。

目前国内开展移动电子商务的银行主要有招商银行、建设银行，深圳发展银行旗下的奢侈品信用卡商城"聚风尚"等。

> **注意**
>
> 据公开资料显示，在银行信用卡商城中，银行除提供支付手段外并不介入商品销售的其他过程。据了解，消费者购买的商品质量、送货及售后服务等事宜均由供应商提供，关于买卖、退换货、售后服务或其他相关事宜发生的争议，持卡人与供应商协商解决。

相比运营商主导模式，金融机构主导模式有以下特点。

（1）人群已做基本过滤，信用卡持卡人本身属较高端客户，发卡时已做基本甄别，支付能力和支付意愿相对较高。

（2）信用卡支付方式灵活，可一次性支付也可分期支付。分期支付对于金额较大的高毛利产品交易有相当大的促进作用。

（3）已有"手付通"商城等统一接入各家金融机构，不似运营商应用商店或商城多头割据。

（4）金融机构更便于开展类似理财产品、保险等金融产品的移动交易。

（5）信用卡商城等业务只针对相对高端客户，在人群覆盖方面相对较差。

金融机构主导模式类似于运营商主导模式，也属于"渠道＋平台"模式。与运营商渠道不同，金融机构主导模式除提供与金融业务相关的虚拟产品外一般不提供运营商增值业务等虚拟产品。

6.2.5.2 运营商与金融机构合作主导商业模式

这种模式在日本和韩国较为成功。运营商和金融机构发挥各自优势，移动运营商具备用户优势和增值业务运营经验，金融机构负责支付安全和信用管理服务，有银行参与，制约运营商方面的支付额度问题将不复存在。运营商和信用卡商城共享客户数据，可开展有针对性的多层次全方位服务。

（1）金融机构在大额移动支付中占据主导地位，具有得天独厚的政策优势，拥有较为完备的安全体系、信用体系和强大的数据结算支持。对于大额移动支付业务，用户对安全性要求极高，对金融机构的信任度远高于移动运营商。

（2）移动运营商在开展小额移动支付业务上更具市场效率和竞争优势。

（3）运营商和金融机构需要开放自己的网络和数据接口，对于安全方面的要求更高，要满足信息安全和资金安全。

在该模式下，"渠道＋平台"优势尽显，运营商和金融机构互相弥补不足。

6.3 移动电子商务市场分类及运营策略

6.3.1 按商品类型分类

按商品类型，移动电子商务市场可以分为以下两个部分。

1）虚拟商品

虚拟商品主要是依附于各运营商旗下的 SP 所提供的，收费图铃、游戏下载或其他资讯类业务。工商银行、建设银行等多家银行和支付宝也开通了通过手机交水电费、话费等业务。

2）实体商品

目前国内主要有淘宝网、立即购、"掌店"移动商城在涉足这一领域。

6.3.2 按移动电商的应用方式分类

按移动电商的应用方式，可以分为以下两种。

1）远程电商

移动电商中的"远程电商"是指传统电商通过 PC 端的购物方式自然转化为通过移动终端的购物方式。远程电商的购物方式是对传统电商购物方式的延伸，远程电商与传统电商购物的品类可完全重合，差异之处在于购物终端的不同与购物应用软件的不同。传统电商是通过浏览器购物，移动电商是通过 APP 购物。很多电商网站都推出了各自的移动 APP 来吸引消费者。

2）近场电商

移动电商中的"近场电商"是在"移动支付中的近场支付"与"O2O 中的本地化服务"共同发展下衍生出来的一个便于理解的概念。近场电商就是指通过移动终端选择本地化服务的消费场所，最后可以通过近场支付消费。

6.3.3 按服务方式分类

6.3.3.1 银行业务

移动电子商务使用户能随时随地在网上安全地进行个人财务管理，进一步完善因特网银行体系。用户可以使用其移动终端核查其账户、支付账单、进行转账以及接收付款通知等。

6.3.3.2 交易

移动电子商务具有即时性，因此非常适用于股票等交易应用。移动设备可用于接收实时财务新闻和信息，也可确认订单并安全地在线管理股票交易。

6.3.3.3 订票

通过因特网预订机票、车票或入场券已经发展成为一项主要业务，其规模还在继续扩大。因特网有助于方便核查票证的有无，并进行购票和确认。移动电子商务使用户能在票价优惠或航班取消时立即得到通知，也可支付票费或在旅行途中临时更改航班或车次。借助移动设备，用户可以浏览电影剪辑、阅读评论，然后订购邻近电影院的电影票。

6.3.3.4 购物

借助移动电子商务，用户能够通过其移动通信设备进行网上购物。即兴购物会是一大增长点，如订购鲜花、礼物、食品或快餐等。传统购物也可通过移动电子商务得到改进。例如，用户可以使用"无线电子钱包"等具有安全支付功能的移动设备，在商店里或自动售货机上进行购物。随着智能手机的普及，移动电子商务通过移动通信设备进行手机购物，让顾客体会到购物更随意，更方便。如今比较流行的手机购物软件如"掌店商城"等，实现了手机下单、手机支付，同时也支持货到付款，不用担心没有 PC 就会错过的限时抢购等促销活动，尽享购物便利。图 6-5 为掌店商城购物主页。

图 6-5 掌店商城购物主页

6.3.3.5 娱乐

移动电子商务将带来一系列娱乐服务。用户不仅可以从他们的移动设备上收听音乐，还可以订购、下载或支付特定的曲目，并且可以在网上与朋友们玩交互式游戏，还可以游戏付费，并进行快速、安全的博彩和游戏。

6.3.3.6 无线医疗

医疗产业的显著特点是每一秒钟对病人都非常关键,在这一行业十分适合于移动电子商务的开展。在紧急情况下,救护车可以作为进行治疗的场所,而借助无线技术,救护车可以在移动的情况下同医疗中心和病人家属建立快速、动态、实时的数据交换,这对每一秒钟都很宝贵的紧急情况的处置至关重要。在无线医疗的商业模式中,病人、医生、保险公司都可以获益,也会愿意为这项服务付费。这种服务是在时间紧迫的情形下,向专业医疗人员提供关键的医疗信息。由于医疗市场的空间非常巨大,并且提供这种服务的公司为社会创造了价值,同时,这项服务又非常容易扩展到全国乃至世界,可以预见,这个领域存在着巨大的商机。

6.3.3.7 移动 MASP

移动 MASP 即移动应用服务提供商(Mobile Application Service Provider,MASP),一些行业需要经常派遣工程师或工人到现场作业。在这些行业中,移动 MASP 将会有巨大的应用空间。MASP 结合定位服务技术、短信息服务、WAP 技术以及 Call Center 技术,为用户提供及时的服务,提高用户的工作效率。

6.3.4 移动电子商务运营策略

电子商务正在发展,B2B 在各行各业比较流行,有些网站都是以主打免费 B2B(如江西商贸网)做口碑宣传。移动电子商务也随着 B2B 在发展。商家在移动电子商务中要注意如下的运营策略。

1)一直在线

一个重要事实是,移动设备用户长年在线对移动电子商务的应用程序具有重要影响。电商网站多渠道营销引领单笔交易的日子早已远去。移动电商应用程序采用的方法是具有变革性的,而非无态的被动反应和交易。

市场推广一般是通过单独的渠道进行,如邮件或离线机制,现今的移动应用程序需时刻保持在线。它们不依懒于用户的直接行动来提供优惠和价值服务,更多的是根据用户间接活动,如登录或访问一个网址。

2)高度整合

网页和移动解决方案的一个里程碑是两者具有能无缝链接的能力。服务型的构架是允许不同的应用程序相互交流。现代移动电商应用的关键是整合各种资源为客户提供价值。

像社会网络那样整合前端,或者在后端提供优惠、进行促销等,都不尽如人意,但这对移动电商应用程序的成功起到关键作用。如今,是时间让玩家关注除手机 APP 之外能为他们提供更多价值的合作伙伴和其他整合资源。

3)社会化

社会化一直被认为是手机硬件的杀手级 APP。现代电子商务应用程序被写入移动设备应整合具有营销和促销活动特性的社会化媒体。允许用户以成立小组或评论等方式进行分享与协作。这是一个开放性的领域,通过创造性的方式使消费者和他们的网络系统参与进来,包括那些基于位置、人口统计和行为的自组织网络(ad hoc networks)。

4）游戏化

虽然游戏化是在简单的徽章游戏和分数比试进化中开始萌芽，但它能发挥电子商务产品巨大潜力。游戏化与电商是高度相关的，因为它甚至可以被传统电商网站广泛使用，它与提高手机用户忠诚度有着密切关系，用户会因为那些极具吸引的目标，冲动掏钱购买。如果"玩"得好，游戏化可以在暴富者和业务之间创造出赢家，这是一个重要的区别。图6-6淘宝开放平台就是电商游戏化的一个很好的例证。

图 6-6　淘宝开放平台

5）语境意识

也许手机比起个人电脑和桌面浏览器最持久的优势是它具有在用户操作过程中提供语境的能力。不管是通过用户登录跟踪他们的位置，还是根据用户的喜好递送动态和自定义菜单，或是简单地将用户行为与相对流行的产品相混合，在用户使用移动电子商务应用程序时，对消费者语境的理解和采取的行动，是其成功的一个关键因素。

6）多样终端

这是移动设备繁衍发展的开始，即各式各样的设备在不同平台运行，以最直观的方式呈现产品和电商交易。这是成功的移动电商应用程序的一个重要差异化特性。

移动界面的定义必须与本地使用和网页技术相关；根据用户设备大小，专注于优先产品；拥有正确的后端信息构架，使不同设备呈现最佳的产品信息。这些因素不仅对移动设备具有独特意义，同时对移动电子商务的应用也非常重要。

移动设备的"consumer ware"变革是由终端的网页服务、云计算和服务型构架所支撑的。移动电子商务应用需将它们与移动设备的固有功能相结合，从而提供完全不同的用户体验。

» 6.4　移动电子商务发展趋势

6.4.1　市场营销方面

6.4.1.1　企业应用将成为热点

做互联网行业的人都深有体会，面向B用户（企业用户）的服务和应用是可以快速赚钱的业务，但一般来说成长性不会特别大；而面向 C 用户（个人用户）的服务和应用则正好相反，虽然不能很快赚到钱，但只要产品和服务对路，再加上点运气，则很有可能获益多多。

同理，移动电子商务的快速发展，必须是基于企业应用的成熟。企业应用的稳定性强、消费力大，这些特点个人用户无法与之比拟。而移动电子商务的业务范畴中，有许多业务类型可以让企业用户在收入和提高工作效率上得到很大帮助。企业应用的快速发展，将会成为推动移动电子商务的最主要力量之一。

6.4.1.2 与无线广告捆绑前进

移动电子商务与无线广告，在过去的发展过程中有些割裂，其实这是两条腿走路的事情，二者是相辅相成的，任何一方的发展都离不开另外一方的发展。二者的完美结合，就是无线营销的康庄大道。

6.4.2 消费行为方面

6.4.2.1 获取信息成主要应用

互联网公司的通常做法是在主营业务的周围，会有一系列的辅助应用，为了吸引更多的流量，或者为主营业务带去更多的机会。

在移动电子商务中，虽然主要目的是交易，但是实际上在业务使用过程当中，信息的获取对于带动交易的发生或是间接引起交易是有非常大的作用的。比如，用户可以利用手机，通过信息、邮件、标签读取等方式，获取股票行情、天气、旅行路线、电影、航班、音乐、游戏等各种业务内容的信息，而在这些信息的引导下，有助于诱导客户进行电子商务的业务交易活动。因此，获取信息将成为各大移动电子商务服务商初期考虑的重点。

6.4.2.2 终端类型决定购物行为

据调查报告显示：47% 的智能手机用户和 56% 的平板电脑用户计划利用他们的移动终端购买更多物品，接近一半的智能手机和平板电脑用户觉得使用移动购物是方便的，如果企业能提供一些简便易用的移动应用或者移动网站则更加有用。1/3 的智能手机用户利用手机进行购物，而只有 10% 的 feature phone（功能机）用户利用他们的手机购物。

6.4.3 电子支付方面

6.4.3.1 安全问题仍是机会

由于移动电子商务依赖于安全性较差的无线通信网络，因此安全性是移动电子商务中需要重点考虑的因素。与基于 PC 终端的电子商务相比，移动电子商务终端运算能力和存储容量更加不足。如何保证电子交易过程的安全，成了大家最为关心的问题。

在这样的大环境下，有关安全性的标准制定和相应法律的出台也将成为趋势。与此同时，相关的供应商和服务商也就应运而生了。

6.4.3.2 虚拟电子钱包正流行

50% 的智能手机用户曾经使用他们的手机当作虚拟钱包（调查中有很多人在星巴克消费的时候都使用过）；28% 的智能手机用户期望能利用手机当虚拟钱包做更多的事情；1/4 的平板电脑使用者非常希望能使用一些新技术，比如说当他们在一个店铺中消费的时候，将他们的 tables 当成虚拟钱包。

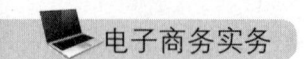

6.4.3.3 移动优惠券和条形码

尽管虚拟电子钱包受欢迎,但更多的智能手机和平板电脑用户希望通过手机查看更多的产品信息(55%～57%之间),或者使用移动优惠券(53%～54%),几乎有一半的智能手机和平板电脑用户说他们会扫描商品条形码以获得更多的产品信息,这也显示条形码的使用将在接下来的几年渐成主流。

6.4.4 技术发展方面

6.4.4.1 移动终端的机会

移动终端也是一个老生常谈的话题。移动电子商务中的信息获取、交易等问题都与终端休戚相关。终端的发展机会在于,不仅要带动移动电子商务上的新风尚,还对价值链上的各方合作是否顺利,对业务开展有着至关重要的影响。

随着终端技术的发展,终端的功能越来越多,而且考虑人性化设计的方面也越来越全面。比如,显示屏比过去有了很大的进步,而一些网上交易涉及商品图片信息显示的,可以实现更加接近传统PC互联网上的界面显示。又如,智能终端的逐渐普及或成为主流终端,如此一来,手机更升级成为小型PC,虽然两者不会完全一致,也不会被替代,但是手机可以实现的功能越来越多,对于一些移动电子商务业务的进行,也更加便利而又不失随身携带的特点。

PC互联网是互联网发展的早期阶段,PC是其主要上网终端。伴随智能手机、平板电脑的快速发展,用户的上网终端逐渐从PC迁移,智能手机和平板电脑等移动终端出货量规模超越PC,成为移动互联网的主要载体。用户使用行为和方式的改变将进一步推动移动互联网从产品形态、商业模式以及产业链各层面的快速发展,互联网过渡到移动互联网时期,移动互联网是互联网的未来。图6-7是2010至2016年中国各类终端设备出货量规模情况统计与预测。

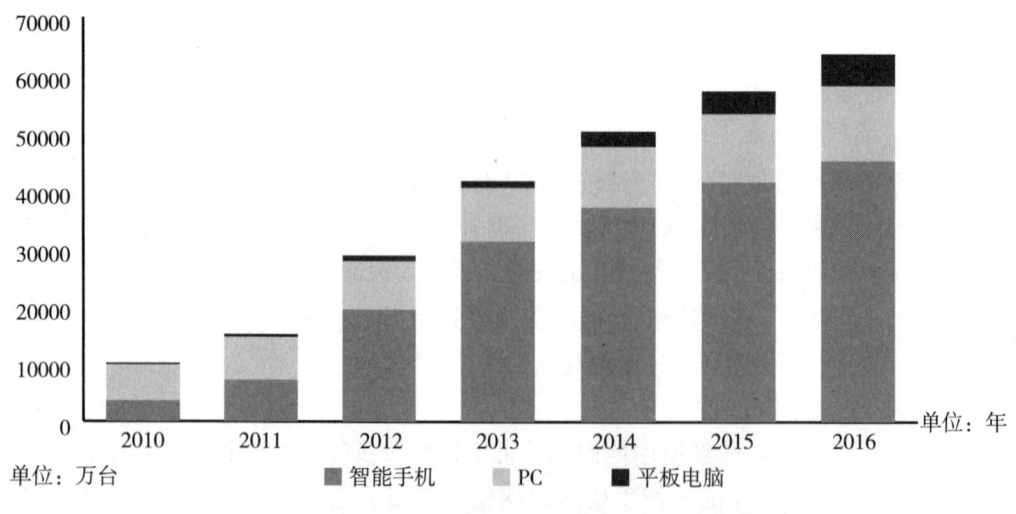

图6-7 中国各类终端设备出货量规模情况统计与预测

6.4.4.2 物联网走进人们日常生活

伴随云计算等的兴起和发展,物联网也正逐渐进入人们的日常生活,智能生活的渗透以及未来智慧城市的建设都紧密围绕物联网的发展。用户在多终端之间的切换,人与各种智能设备间的联系都依靠物联网而变得更为简单,物联网将机器、人与社会行动互联在一起,在公共服务、企业、行业等各个层面发挥重要影响力。图 6-8 为物联网与智能家居应用示意图。

6.4.4.3 靠移动图像识别技术拍照购物

想象一下:客户看到了某位潮人穿了一双超棒的鞋子,拍下了一张照片,接着,手机自动为客户找到了一家网站,用户可以给自己也买上一双了。这项技术还没有完全实现,但现在移动图像识别(MIR)势头渐劲。

LTU 科技(LTU Technologies)的总经理史蒂芬·谢泼德(Stephen Shepherd)在接受《福布斯》采访时称,这项技术要不了多久就会实现。"亚洲和欧洲的零售商已经将移动视觉搜索技术用于目标明确的移动商务应用。三年之内,我们将会看到美国的众多零售商迅速采纳这一技术。"他预测未来这一幕将司空见惯:通过某零售商的移动商务应用程序给路人的鞋子或手包拍下照片,以便迅速找到同样或类似的商品来选购。

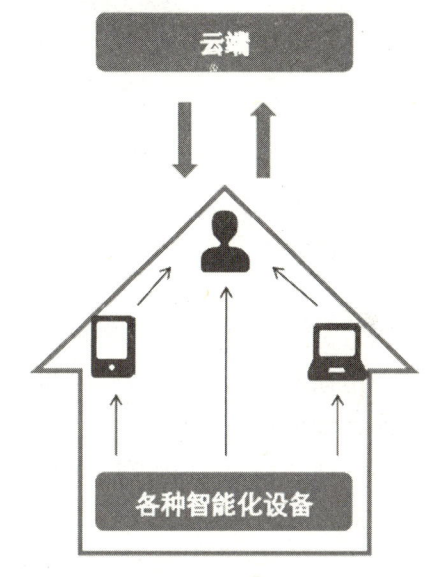

图 6-8 物联网与智能家居应用

> **注意**
>
> LTU 科技最近自己发布了一款应用程序 LTU Mobile 以帮助各品牌将 MIR 技术嵌入自己的移动应用之中。法国家庭用品零售商 Legallais 采用了这项技术,好让消费者对 4 万件目录商品随便拍照,并立即购买。

6.4.4.4 对移动电商发展有帮助的新技术

科技的发展催生出了一些新的技术,物联网、LBS、二维码等新技术的出现有助于移动电商的发展。

移动互联网新技术是推动移动互联网发展的重要动力。2012 年二维码得到了广泛的普及和应用,为移动营销和 O2O 的发展提供了创新的模式。2013 年 HTML5 及 NFC 技术得到进一步突破,HTML5 实现了跨终端适配与标准化,提升用户体验;NFC 成为移动支付的新手段,为用户提供更便捷的支付体验,目前已有多款智能手机具备 NFC 功能;智能电视、智能手表以及 Google glass 等穿戴式智能设备的发展为移动互联网未来发展提供了巨大的想象空间,谷歌、苹果、三星等科技企业的大力推动,将进一步加快市场普及的进程。图 6-9 为最近出现的移动互联网新技术示意图。

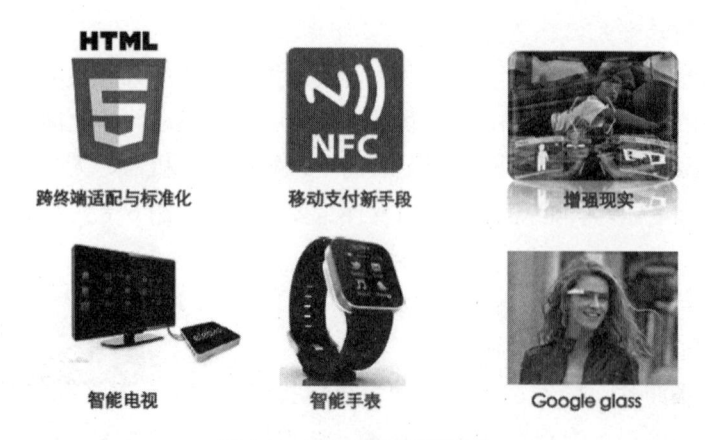

图 6-9　移动互联网新技术

6.4.4.5　移动＋社交＋地理位置

在谈到移动互联网的发展趋势时，李开复认为，从用户层面来说，移动＋社交＋地理位置的定位，会给企业和创业者带来很多短期的机会。他认为，移动互联网区别于传统互联网，一定要利用"移动"的专长，地理位置的定位就是移动非常有价值的专长之一。"当你知道地理位置了，你就可以知道你的朋友是否在你附近，你的附近有什么好吃的，或者哪个商场里面有什么在打折——你可以想象各方面基于地理位置的应用。为用户提供的服务应该是很体贴地把他所需要的东西呈现在他的面前。"李开复说。

此外，李开复谈到，社交应用也是移动互联网非常好的一个发展方向，通过微博、微信和人人等平台，能够将产品、理念、机会甚至行为进行病毒式传播。社交网络是一个低摩擦的信息传递平台，非常有价值。

➤ 本章小结

1. 本章介绍了移动电子商务的发展的三个阶段。实现技术：①无线应用协议（WAP）；②通用分组无线业务（GPRS）；③移动 IP 技术；④"蓝牙"（Blue tooth）技术；⑤移动定位系统技术；⑥第三代（3G）移动通信系统。移动电子商务的特点。移动电子商务的主体和产业链。移动电子商务的行业监管。

2. 移动电子商务商业模式的 5 种分类：通信运营商主导模式、传统电子商务提供商主导模式、新兴移动电子商务提供商主导模式、设备提供商主导模式、金融机构介入商业模式。

3. 移动电子商务市场分类，按商品类型分类：①虚拟商品；②实体商品。按移动电商的应用方式分类：①远程电商；②近场电商。按服务方式分类：①银行业务；②交易；③订票；④购物；⑤娱乐；⑥无线医疗；⑦移动 MASP。

移动电子商务运营策略：①一直在线；②高度整合；③社会化；④游戏化；⑤语境意识；⑥多样终端。

4. 移动电子商务发展趋势。

市场营销方面：①企业应用将成为热点；②与无线广告捆绑前进。

消费行为方面：①获取信息成主要应用；②终端决定购物行为。

电子支付方面：①安全问题仍是机会；②虚拟电子钱包正流行；③移动优惠券和条形码。

技术发展方面：①移动终端的机会；②物联网走进人们日常生活；③靠移动图像识别技术拍照购物；④对移动电商发展有帮助的新技术；⑤移动＋社交＋地理位置。

复习思考题

（1）移动电子商务的主体和产业链是什么，现在有什么变化？

（2）简述你所接触和认识或调查得到的移动电子商务的行业监管的得与失。

（3）除了本章介绍的移动电子商务商业模式，还有哪些？

（4）移动电子商务的市场分类界定标准是否合理，请调查还有哪些？

（5）还有哪些新兴的移动互联网技术应用于移动电子商务？

（6）移动电子商务的发展趋势包括哪些，请简要描述。

第7章 网络服务业

学习目标

本章重点介绍网络服务业的构成；网络金融的基本概念及风险分析、网络金融的主要服务分类；网络旅游模式、网络旅游构成要素及市场规模分析；网络招聘发展现状、网络招聘方式及内容、中国网络招聘行业典型模式；包括网络视频、网络音乐、网络直播3种形式网络多媒体的发展情况、分类等；社交网络的特点及类型；网络教育的概念、环节和形式。

学习要求

了解：网络服务业的构成；网络招聘发展现状、网络招聘方式及内容、中国网络招聘行业典型模式；网络视频、网络音乐、网络直播3种形式网络多媒体的发展情况、分类。

掌握：网络金融的基本概念及风险分析、网络金融的主要服务分类；网络旅游模式、网络旅游构成要素及市场规模分析；网络教育的概念、环节和形式。

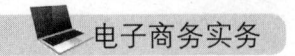

» 7.1 网络服务业概述

网络服务业是随着互联网发展起来的新兴行业,并呈现出与电信服务日益融合的趋势,具有极大的发展潜力。近年来我国互联网继续保持增长态势,上网人数和增长速度都为全世界瞩目,网络产业已经逐渐转向以"盈利"为中心。

网络服务业主要分基础网络服务和应用网络服务两大类。

1)基础网络服务

基础网络服务是为应用网络服务提供网络基础平台及数据通信保障的专业性服务提供商,其中很重要的是企业网络服务如 ICP、IDC(Internet Data Center,互联网数据中心)等。在网络服务中,网络游戏已经成为继网络广告、网络短信之后,互联网行业最具潜力的行业。网络游戏的产业链很长,从电信增值服务、PC 硬件及软件,延伸到游戏软件开发商、技术服务商、游戏终端服务商、网吧以及专业的游戏开发商,其拉动效应可达到十数倍于自身的贡献。网络服务收入近年来增长迅猛,其中网络游戏用户数目前正在以每年超过 100% 的速度增长,网络游戏市场规模年增长率接近 200%。

2)应用网络服务

应用网络服务也称网络增值服务,是在应用层面上的网络服务业表现形式,如网络旅游、网上招聘、网络视频、网络教育、网络社交等,其中最主要的代表是网络社交和网络视频。

网络增值服务市场涵盖面非常广,是一个门类最为复杂的领域,也是本章重点论述的对象。它主要包括搜索引擎和门户网站、ISP、ICP、电子商务公司,这几个层次的关系如图 7-1 所示。

网络服务业的盈利模式包括广告费、会员费、内容服务费和交易费 4 个方面。搜索引擎和门户网站主要是搜集各种信息,汇总后加以分类,为网友提供各种检索入口。它们的服务包括电子邮件、聊天室、购物、股票报价、新闻等,这类公司的特点是其收入主要来自于广告收入,而不向在网页上浏览的用户收费。国外主要有 Yahoo、AOL、LYCOS 等,国内主要有搜狐、新浪、网易等。

7.1.1 网络服务商

互联网服务提供商(ISP,Internet Service Provider),即向广大用户综合提供互联网接入业务、信息业务和增值业务的电信运营商,这些公司以网络接驳业务为基础服务项目,同时提供各类网络功能来实现服务。其主要业务包括:个人用户接入服务、企业上网服务、域名注册服务、主机托管

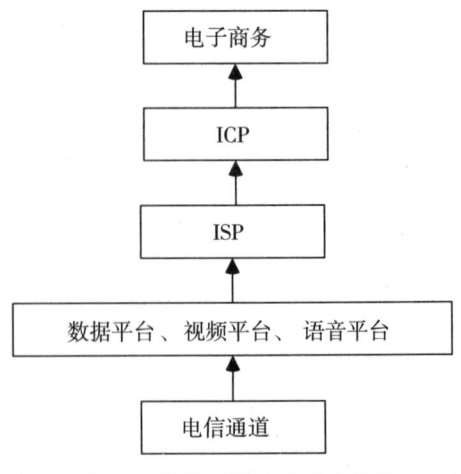

图 7-1 网络服务企业层次关系

服务、硬盘出租服务、主页制作服务、页面广告服务等。

一般用户要通过ISP才能与因特网连接，而ISP的收入就来自于这些用户的上网费用，此外还有为用户提供系统集成等其他服务所收取的费用。它们所充当的角色类似于生产厂商和消费者之间的中间商，也就是互联网和最终用户之间的中间商。

根据业务的需要，ISP也分了级别，就像产品销售过程中的批发商和零售商一样。截至2016年，最大的接入服务"批发商"是中国电信，中国联通，中国移动，由它们向下一级ISP提供接入服务端口，再由这些ISP向最终的用户提供接入服务，由此来进一步扩大服务的覆盖范围。不过，同时中国电信也最终向直接用户提供接入服务（其中的关系见图7-2）。长期以来，国内ISP运作之艰难有目共睹，而其中的原因是它们既要搭建自己的接入平台、组建全国的网络，又要发展用户、开发后台的信息资源，成本之高可想而知，使各ISP根本没有能力进一步发展。与此同时，中国电信也在进行类似的工作，从而形成了无论是中国电信还是ISP，都在建设着自己"大而全"或"小而全"体系结构的局面。

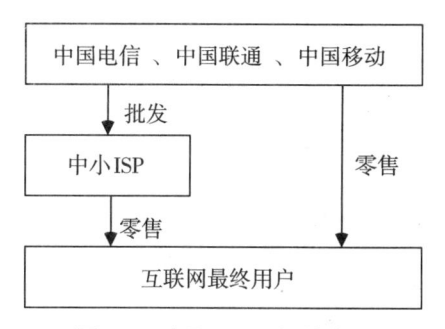

图7-2 中国ISP之间的关系

目前按照主营业务划分，中国ISP主要有以下几类：

1）搜索引擎ISP

如百度，Google等。

2）即时通信ISP

即时通信ISP主要提供基于互联网和基于移动互联网的即时通信业务。由于即时通信的ISP自己掌握用户资源，因此在即时通信的业务价值链中，即时通信ISP能起到主导作用，这在同运营商合作的商业模式中非常少见。现在运营商也在发力即时通信，如移动的飞信、电信的易信。

3）移动互联网业务ISP

移动互联网业务ISP主要提供移动互联网服务，包括WAP上网服务、移动即时通信服务、信息下载服务等。

4）门户ISP

门户ISP提供新闻信息、文化信息等信息服务，ISP以向公众提供各种信息为主业，具有稳定的用户群。门户ISP的收入来源比较广，包括在线广告、移动业务、网络游戏及其他业务。比如，新浪、搜狐、网易和雅虎等门户网站（包括行业门户）。

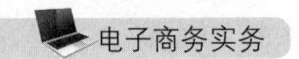

5）电子邮箱服务商

电子邮箱服务商是为终端用户提供邮件发送、接收、存储服务的公司或组织，涵盖了电子邮件托管服务，以及自主管理邮件服务器的公司、大学、机构和个人。

> **注意**
>
> 常见的电子邮件服务商，国内有网易、腾讯、新浪、搜狐等主流 ISP。国外常见的有 Gmail、Yahoo、Hotmail、AOL 等。

这些 ISP 通常通过执行邮件传输协议（SMTP）、交互式邮件存取协议（IMAP）、邮局协议（POP）及其他专有协议进行信息的传输和获取。

7.1.2 网络内容提供商

网络内容提供商（ICP，Internet Content Provider）是指提供服务内容的供应商。提供的内容可以是文字、图像、音频和视频等各种媒体内容。比如，网络电视产业链中用户在手机、PC、电视等终端看到的内容很多都是内容提供商的服务范围。

ICP 同样是经国家主管部门批准的正式运营企业，享受国家法律保护。国内知名 ICP 有新浪、搜狐、163、21CN 等，河南省知名 ICP 有河南通信公司下属的河南信息港、商都信息港，以及 17 个地市信息港，等等。

互联网内容提供商提供的产品就是网络内容服务，包括搜索引擎、虚拟社区、电子邮箱、新闻娱乐等。互联网内容提供商可以允许专线、拨号上网等各种方式访问该服务提供商的服务器，提供各种类型的信息服务。

7.1.3 电子商务公司

这些公司主要从事网上商品和服务的销售，通过这些公司的网站，消费者既可以订购各种有形商品，包括书籍、日常生活用品、电脑和软件等，并享受送货上门服务；也可以购买个人理财产品、进行股票交易等。电子商务不仅仅限于电子交易，还包括信息发布、贸易洽谈、电子邮件、物流配送、网上服务、网站宣传等。

7.1.3.1 电子商务公司概述

目前，在国内从事电子商务的企业基本可以分为两类：一类是在从事电子商务时，需要自己去组织货源和销售，所以这类公司只能经营一些适合在线交易的商品，比如服务业（旅游、航班及饭店预订、股票交易）、零售业（书籍、日常生活用品、计算机）以及软件等，这些商品质地统一，不易产生分歧。由于一般的网络服务企业资金较少，无力承担大量存货所带来的资金占用而造成的损失，由它们所经营的电子商务范围上还是比较狭窄的，它们也大多以中间商的身份出现，赚取差价。另一类是上市公司通过收购网站或者通过新设的网站来改造销售体系，主要是一些商场和医药企业。

7.1.3.2 我国电子商务发展的主要状况

1）电子商务已经成为国民经济重要的增长点

2015 年，我国电子商务交易总额增速（18.2%）是国内生产总值增速（6.9%）的 2.64 倍；全年网络零售额增速较社会消费品零售总额增速快 28 个百分点。2015 年，与电子商务密切相关的互联网行业收入增长 45%；全国信息消费规模达到 4.2 万亿元，同比增长 28%；信息消费的拉动带动了相关产业 2.1 万亿元的发展，对 GDP 贡献约 0.9 个百分点。

2）移动电子商务呈现爆发性增长

2015 年，我国移动购物市场交易规模达到 2.1 万亿元，年增长率达 123.8%；同年，我国微信用户数量已达 6 亿人，同比增长 25%。

3）涉农电子商务快速发展

商务部和财政部联合启动了"电子商务进农村综合示范"项目，在全国 8 个省 56 个县开展了电子商务应用示范项目。商务部建设开通了全国农产品商务信息公共服务平台，2015 年累计促成农副产品销售 8200 多万吨、交易额达 1.5 万亿元。

4）我国电子商务的国际影响力显著增强

截止到 2015 年年底，我国多家大型电子商务企业先后进入美国资本市场，国际资本市场反应热烈。

7.2 网络金融

7.2.1 网络金融概述

金融，一般是指金融资产，也可以说是与金融资产流通和信用有关的各种活动。

金融机构是从事各类金融活动的组织，一般是指商业银行、保险公司、投资基金机构、证券公司、期货经纪公司等，在不同的金融机构中有着不同的金融业务。

7.2.1.1 网络金融概念

所谓网络金融，又称电子金融（e-finance），是指基于金融电子化建设成果在国际互联网上实现的金融活动，包括网络金融机构、网络金融交易、网络金融市场和网络金融监管等方面。从狭义上讲是指在国际互联网（Internet）上开展的金融业务，包括网络银行、网络证券、网络保险等金融服务及相关内容；从广义上讲，网络金融就是以网络技术为支撑，在全球范围内的所有金融活动的总称，它不仅包括狭义的内容，还包括网络金融安全、网络金融监管等诸多方面。它不同于传统的以物理形态存在的金融活动，是存在于电子空间中的金融活动，其存在形态是虚拟化的、运行方式是网络化的。它是信息技术特别是互联网技术飞速发展的产物，是适应电子商务（e-commerce）发展需要而产生的网络时代的金融运行模式。

7.2.1.2 网络金融风险分析

从某种意义上来说，网络金融的兴起使得金融业变得更加脆弱，网络金融所带来的风险大致可分为两类：一类是基于网络信息技术导致的技术风险；另一类是基于网络金融业务特征导致的经济风险。

1）流动性风险

近年来，"第三方支付加基金类"的产品不断涌现，比如余额宝，但当中蕴藏着期限错配的风险，也蕴藏着因货币市场波动而出现的投资者大量赎回资金的风险。

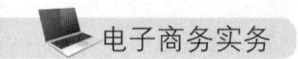

2）信用风险

由于网上"刷信用"、"改评价"的行为仍然存在，网络数据的真实性、可靠性会受到影响。另外，部门互联网平台缺乏长期的数据积累，风险计量模型的科学性也有待验证。所以，在互联网金融领域，信息不对称依旧存在。2015年，活跃的P2P平台超过3657家，全年累计交易额超过9750亿元，但也发生了部分平台卷款跑路的恶劣事件。

3）声誉风险

部分互联网金融机构用所谓的"预期高收益"来吸引消费者，推出高收益、实则也有风险的产品，但却不如实披露风险，甚至误导消费者。

4）信息泄露风险

互联网金融的一大基础，是在大数据基础上进行数据挖掘和分析，对客户行为进行分析，但同时也对客户信息和交易记录的保护提出了巨大的挑战。一些交易平台并未建立保护客户信息的完善机制。

5）技术安全风险

技术安全风险，即IT系统安全风险。由于互联网金融依托的是计算机网络，网络系统自身的缺陷、管理漏洞、计算机病毒、黑客攻击等都会引起技术安全风险。

7.2.2 网上银行

网上银行，包含两个层次的含义：一个是机构概念，指通过信息网络开办业务的银行；另一个是业务概念，指银行通过信息网络提供的金融服务，包括传统银行业务和因信息技术应用带来的新兴业务。由于在网络用户属于"第9章 电子支付"中需要介绍的内容，所以在本节中仅对网上银行的做一般性介绍，具体的网上银行运作流程等其他内容将在第9章做详细解释。

2015年中国商业银行电子银行交易笔数高达1688.9亿笔，电子银行替代率达到83.2%。预计随着移动互联网的爆发，未来商业银行将形成以网银支付为基础，移动支付为主力，电话支付、自助终端、微信银行等多种电子渠道为辅助的电子银行业务结构。据艾瑞咨询统计与预测，2009—2017年中国电子银行交易笔数和替代率如图7-3所示。

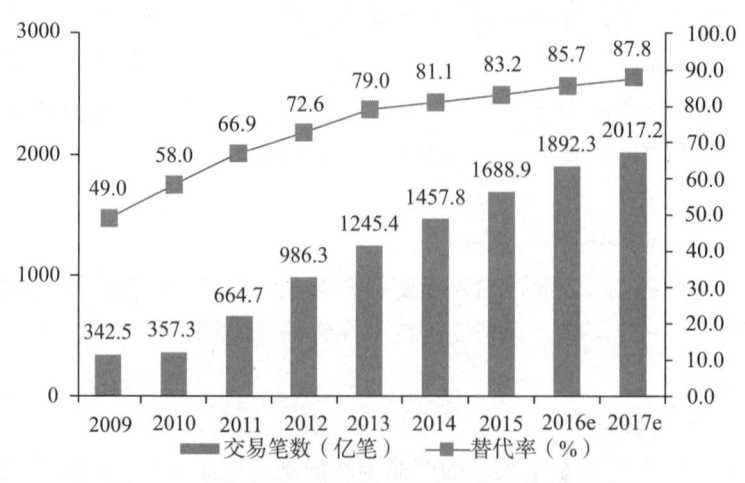

图7-3 中国电子银行交易笔数和替代率统计与预测

7.2.2.1 网络银行概念

网络银行，又称网上银行或在线银行，英文为 Internet bank 或 Network bank。指一种以信息技术和互联网技术为依托，通过互联网平台向用户开展和提供开户、销户、查询、对账、行内转账、跨行转账、信贷、网上证券、投资理财等各种金融服务的新型银行机构与服务形式，为用户提供全方位，全天候，便捷，实时的快捷金融服务。

7.2.2.2 网上银行分类

按目前各家银行开通的网上银行服务系统，一般分为个人网上银行和企业网上银行。无论是个人网上银行还是企业网上银行，都是以互联网为媒介，为客户提供金融服务的电子银行产品。各家银行为了把个人客户和企业客户区别开来，故按个人结算账户和企业资金结算账户的清分法，把网上银行服务系统细分为个人客户和企业客户，但实际操作流程及其产生的效果大致相同。

7.2.2.3 网上银行功能概述

网上银行是信息时代的产物。它的诞生，使原来必须到银行柜台办理业务的客户，通过互联网便可直接进入银行，随意进行账务查询、转账、外汇买卖、银行转账、网上购物、账户挂失等业务，客户真正做到足不出户办妥一切银行业务。网上银行服务系统的开通，对银行和客户来说，都将大大提高工作效率，让资金创造最高效益，从而降低生产经营成本。

作为企业客户，还可通过网上银行，把业务延伸到商贸往来的方方面面。如，中行广东省分行的网上银行"中银E点通"，便是针对中行在广东地区的外向型企业特点而开发的。该网上银行系统把"企业集团服务系统"和针对外向型企业的"报关即时通"进行整合，使之更具实用性，产生的效果也更加明显。其中"企业集团服务"专门针对集团企业开发，从根本上解决了集团性企业跨地区的账户查询、资金管理和资金汇划问题。

7.2.2.4 网上银行的安全性

一般来说，只要采取了足够的安全措施，网上银行就是安全的。安全措施是多层次全方位的。例如，为了抵御黑客入侵，可以在网络系统中安装高性能的防火墙和入侵检测系统（IDS）。为了防止不法分子诈骗，可以采用强身份鉴别技术。现在使用最多、最普遍的密码或口令措施是一种简单易用的身份识别手段，但是安全性比较低，容易泄露或被攻破。更有效的方法是采用 PKI 技术，其核心就是使用数字证书认证机制。

7.2.2.5 网上银行的优点

（1）网上银行可以减少固定网点数量、降低经营成本，而用户却可以不受空间、时间的限制，只要一台 PC、一根电话线，无论在家里，还是在旅途中都可以与银行相连，享受每周 7 天、每天 24 小时的不间断服务。

（2）网上银行的客户端由标准 PC、浏览器组成，便于维护。

（3）网上 E-mail 通信方式也非常灵活方便，便于用户与银行之间，以及银行内部之间的沟通。

7.2.3 网上证券

网上证券亦称网络证券，是电子商务条件下的证券业务的创新。网上证券服务是证券

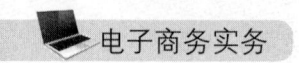

业以因特网等信息网络为媒介,为客户提供的一种全新商业服务。网上证券包括有偿证券投资资讯(国内外经济信息、政府政策、证券行情)、网上证券投资顾问、股票网上发行、买卖与推广等多种投资理财服务。

7.2.3.1 网上证券发展形态

1)证券公司与 IT 技术厂商合作

以大智慧收购湘财证券为代表。二者主导权相对均等,各自在证券行业也都有比较均衡的实力。这种合作模式的优势在于可以排他,最大限度实现证券公司与互联网公司的资源融合及共享。但是这种合作的前提是,双方最高领导集体必须高度互信,否则不但无法发挥优势,反而会使公司陷入权力内斗。

2)由证券公司与财经网站合作

以国金证券和腾讯的合作为代表。主导权相对掌握在大型互联网公司手中。优势在于可以迅速获取互联网公司的资源,包括用户、技术、创新理念及动力,而且未来创新点的想象空间也比较广阔。劣势在于如果互联网公司金融实力不足,那么创新及业务开展很容易偏离金融的核心。

3)证券公司依靠自己的力量开设独立交易网站

目前为止,绝大部分的"网证"合作均属于强证券型的合作,作为具备一定实力的传统金融机构,几乎不会将行业主导权交给互联网公司,这样做可以保证证券公司在业务开展及战略定位上的纯粹性,但是因此带来的弊端就是合作途径难深入,需要双方找到共同利益,才能保证长期合作。

7.2.3.2 网上证券发展趋势

1)逐渐替代营业部交易

在网络交易没有普及前,用户住宅与营业部之间的物理距离又是影响便捷性的最主要因素,因此在前互联网时代,证券行业间的同质化竞争非常严重。而在互联网开户、互联网环境甚至网络购物习惯逐渐被用户所熟知并接受以后,手续费问题以及物理空间的距离都成为了非必须考虑因素,同质化竞争有可能迎刃而解。在证券互联网时代,用户开户转户变得更为方便,粉丝经济、口碑营销等方式对用户的影响力也越来越大,这使得证券互联网化更加彻底、更加出色的证券公司将获得高于其他竞争对手的发展机遇。

2)移动 App 应用日渐成熟

截至 2015 年 10 月,我国证券类 App 人均有效使用时间高达 10.2 分钟,而人均单日使用次数也高达 5.6 次,同期银行类 App 人均单日有效使用时间为 5.2 分钟,人均单日使用次数仅为 2.8 次。但是尽管证券类 App 的用户黏性较高,证券公司却因此获益甚少。在所有证券类 App 中,处于垄断地位的同花顺、大智慧、东方财富通等第三方 App 的月度覆盖人数显著高于证券公司的证券 App。2015 年 10 月中国证券类 App 月度覆盖人数 Top5 如图 7-4 所示。

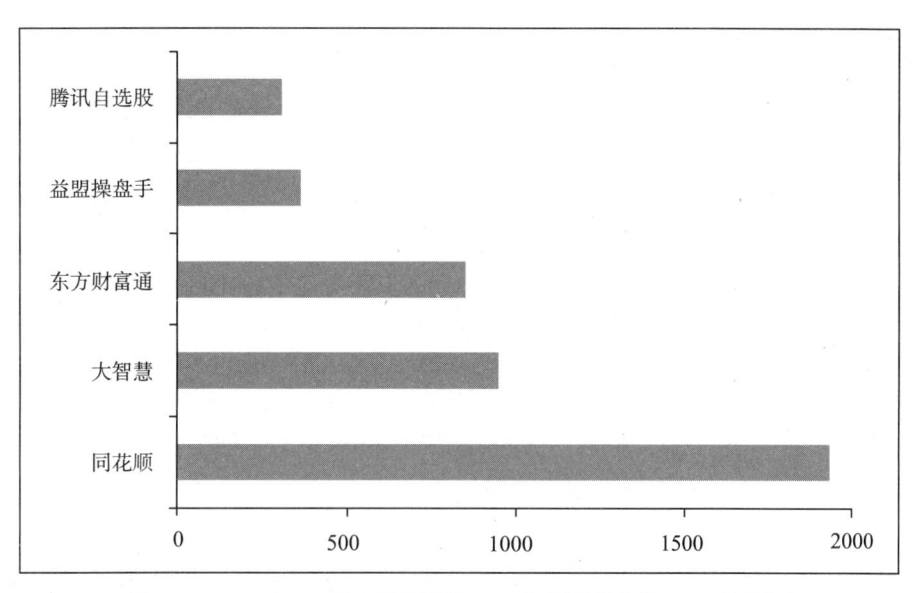

图 7-4　2015 年 10 月中国证券类 App 月度覆盖人数 Top5（万人）

证券由于自身特殊的属性，需要用户对资本市场的发展情况保持高度关注，但是普通用户又不具备专业操盘手的条件。因此，手机 App 碎片化的使用特性，以及不受公司网络屏蔽限制的特性，就满足了用户对于资本市场关注的需求，这给了证券公司发展移动端产品提供了天然的市场。但是由于证券公司长期将 IT 外包，使第三方证券软件的市场知名度及占有率高于证券公司本身，因此尽管证券类 App 黏性很高，证券公司要因此获益还需要继续深耕，争取市场的主导地位。

3）开展"互联网+"行动计划

证券业的"互联网+"行动之路在投资热情刺激下及监管层的规划和引导下，正由初级的触网向"构建账户、打造平台、整合产品"三位一体的深度探索。

证券业的"互联网+"行动计划应主要包括两大步：第一步，通过互联网+经纪业务+投行业务+资管业务等，以互联网为基础，运用大数据、云计算等技术改造传统证券业务；第二步，在互联网与证券业的融合中创造出超越传统业务、产品、服务和模式的新东西。需要树立互联网思维。互联网思维有不同的解读，当下应坚持以客户为中心、以市场需求为导向。

从当前发展来看，证券业的"互联网+"行动可从四个方向进行：一是券商并购互联网公司，例如大智慧收购湘财证券，东方财富收购同信证券；二是券商投资、参股互联网金融平台，互相合作借此探索互联网证券之路，例如广发投资"投哪儿"，海通投资 91 金融等方式；三是设立股权众筹平台，利用互联网线上低成本、市场化的运作模式，引导创业投资基金支持中小微企业、新三板和区域股权交易中心挂牌企业，同时为民众投资理财开拓新渠道；四是互联网公司发展证券业务。

中国的证券市场散户占比更高的现实，互联网巨头们在互联网金融上的不断延伸等因素，都可能成为互联网券商对中国证券行业产生更大冲击的基础。

> **注意**
>
> 无论是腾讯、阿里、百度、京东等互联网巨头,还是其他互联网企业对于互联网金融的创新,其产生的大背景都有一个主要的原因——中国金融制度本身的原因:普惠金融的缺失。中国的具有革命精神的互联网巨头们一定会在金融改革的过程中打造属于自身的生态系统。

7.2.4 网上保险

网上保险也叫保险电子商务,是随着互联网技术兴起并逐渐成熟后,新的信息技术在保险公司内又一轮深层次的商务应用,是信息技术本身和基于信息技术所包含,所带来的知识、技术、商业模式等在公司内的扩散和创新。

7.2.4.1 网上保险定义

从狭义上讲,保险电子商务是指保险公司或新型的网上保险中介机构通过互联网为客户提供有关保险产品和服务的信息,并实现网上投保、承保等保险业务,直接完成保险产品的销售和服务,并由银行将保费划入保险公司的经营过程。

从广义上讲,保险电子商务还包括保险公司内部基于互联网技术的经营管理活动,对公司员工和代理人的培训,以及保险公司之间、保险公司与公司股东、保险监管、税务、工商管理等机构之间的信息交流活动。

7.2.4.2 网上保险发展模式

我国保险电子商务应用模式不断丰富,已经形成 B2B、B2C、B2M 等多种服务模式,网站的信息、产品、服务等方面的成熟度,将决定其对销售拉动的实际效果,成为保险电子商务发展的关键。

1) B2B 模式

B2B 是一种保险公司对销售代理机构的网上交易模式。如太平洋保险的诚信通代理平台,可以提供车险、货运险、意外险等条款和费率标准化程度较高险种网上交易平台。

2) B2C 模式

B2C 是一种保险公司直接面对终端消费者的销售模式。这是市场上最为普遍的一种销售模式。另外,还包括一些保险经纪公司设计的第三方网络保险投保平台。

3) B2M 模式

B2M 是一种保险商品供应商对保险销售经理人的销售模式,类似于 B2B,但 M 代表个体保险代理人。

4) 多业务

消费者可以利用保险网络平台完成很多保险业务,比如产品选择、填写投保单、支付保费以及理赔查询等。然而,仍有超过八成的保险公司电子商务平台在投保、批改和理赔功能上存在缺失,网站仍然停留在以信息发布为主要功能的服务阶段,并不能称之为成熟的电子商务平台。

7.2.4.3 在线投保流程

1）注册会员

网上在线投保流程的第一步就是"注册网站会员"。国内很多大型保险公司都已经有了自己的网站，而且网站功能都非常不错，如果用户选择网上投保登录到相应的公司网站并注册为会员就行了。

2）选择产品

网上在线投保流程的第二步是"选择产品"，保险公司网站上有很多类别的保险产品，如，养老险、少儿险、疾病险、投资理财险等。用户可以根据自己的需求以及保险条款明细选择一款适合自己的保险。需要注意的是在选择保险的时候，用户需根据自己的实际需求做个保险费用的预估，这就是在线投保流程的第三步"保费测算"环节了。

3）保费测算

网上在线投保流程的第三步是"保费测算"，保费测算功能会把用户保单的起始时间为用户罗列出来，同时也会显示用户购置保单的具体金额。如果用户认为保费正确合理就可以点击确认，程序会进入下一步，如果用户认为保单费用过高则可以调整保险费用直至符合自己需求为止。

4）填写信息

当用户挑好产品，测算完费用后接下来就进入在线投保流程的第四步"填写投保信息"环节了。这一步所写的信息必须是用户个人的真实信息，因为保险公司在返还保险费用时是需要核对真实信息的。（这里需要提醒各位，在注册会员时所用的手机号或者邮箱最好也是用户常用的以便保单生效后保险公司及时告知用户）。

5）支付并获得保单

上述 4 个步骤操作完成后，网上投保流程的最后一步就是"支付并获得保单"了。通常情况下保险公司网站都会提示用户之前操作是否正确，如果有误操作的地方用户可以返回上一步进行修改；如果操作无误，用户就可以支付费用领取保单了。支付方式通常是网银（如果没有网银，可到开户行申请，开通网银业务）或支付宝来支付。支付完成后会生成电子保单，之后保险公司会用快递把纸质保单发送到用户的注册地址。

保险交易基本流程如图 7-5 所示。

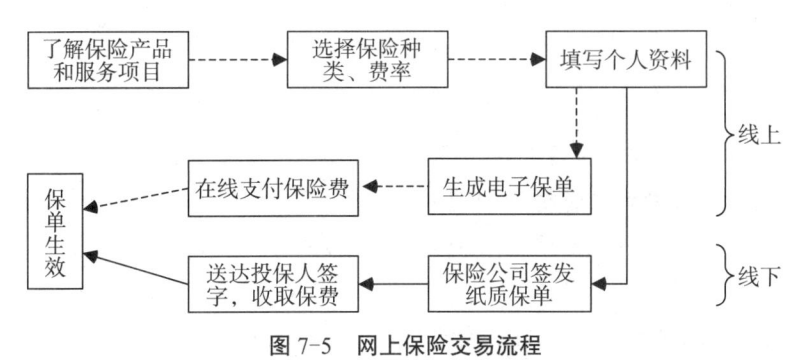

图 7-5 网上保险交易流程

7.2.5 网上贷款

网上贷款指一切认证、记账、清算和交割等流程均通过网络完成，借贷双方足不出户即可实现借贷目的，而且一般额度都不高，无抵押，纯属信用借贷。网上贷款分为 B2C 模式和 C2C（P2P）模式。

网络贷款需要强大的系统支持。由于整个过程都要在网络平台上进行，所以，我们必须建设一个强大的信贷系统来支撑网贷，这个系统必须能接受贷款申请，进行对客户的综合分析，最终发放贷款。由于 C2C 平台每天发生交易数量巨大，这个强大的系统所花费的人力、物力、财力是任何一个商业银行都难以承受的，因此相关的政府部门和行业协会，必须进行协调沟通，让每一个商业银行都能参与其中。随着这类贷款规模的扩大，最终的贷款成本会比常规贷款具有极大的成本优势。

7.2.5.1 网上贷款发展模式

1）B2C 模式

B2C 中的 B 一般指银行，有些网站也提供贷款公司的产品。一般的网络 B2C 贷款都依托网络贷款平台完成贷前工作，根据规则不同，有些还需要申请人去银行线下办理。B2C 模式当前受地域限制，因为其业务主体都是有地域限制的机构，覆盖面还有待拓展。

2）C2C（P2P）模式

P2P 是 Peer to Peer 的简写，是个人对个人的意思。此种模式可以由申请人自主决定利率、期限等条件，根据自己的信用状况和还款能力制定，而借出资金方则可以像网购一样自由选择自己想借出资金的对象。

P2P 被人看好的原因在于 P2P 大多生存于互联网、移动端，而移动互联网最直接的优点则是"便捷、高效、不受地域限制"等，由此来看这种不受地域限制的闪电借款模式更为大家看好和周知。未来中国移动互联网消费金融发展空间巨大，因为"三四线城市小额信贷需求旺盛，潜在市场容量高于一二线城市；三四线城市信用卡额度低，几乎没有其他消费金融形态；个人信用记录缺失多，未来可释放极大的信用价值。"闪电借款模式在三四线城市将会超越传统模式。

> **注意**
>
> 在 P2P 模式之中，消费贷款未来主要集中在"80"、"90"后身上，他们有旺盛的消费信贷需求，是助推互联网金融消费信贷高速发展的主动力。

与传统金融理财服务相比，P2P 的借款人主体是个人，以信用借款为主，出借主体则以企业为主，其借款人为更具有稳定的现金流及还款来源的企业。相比个人而言，企业信息容易核实，在借款来源一端被严格限制为有着良好实体经营、能提供固定资产抵押的有借款需求的中小微企业，还款来源更稳定；同时，相对于 P2P 平台的信用贷款形式而言，B2C 模式则要求借款企业必须有担保、有抵押，安全性相对更好。

7.2.5.2 网上贷款的风险

（1）网络交易的虚拟性，导致无法认证借贷双方的资信状况，容易产生欺诈和欠款不还的违约纠纷。

（2）网络平台发布的大量放贷人信息中，有不少是以"贷款公司"、"融资公司"等名义对外发放贷款。而事实上，必须是经国家批准的金融机构方可从事信贷融资等金融服务，擅自从事金融活动者往往会因为"非法集资"、"非法吸引公众存款"，扰乱金融管理秩序而被追究法律责任。

（3）如果贷款经由网络平台代为发放，那么在网络平台疏于自律，或内部控制程序失效，或被人利用等情况下，则可能出现捏造借款信息而非法集资的情形。

7.2.5.3 网上贷款流程

1）申请阶段

借款人务必详细、准确、真实地填写贷款用途、贷款金额和抵质押物及收入等情况。

2）贷款审核

贷款调查专员将对借款人的需求和资质等进行初步审核，预审时信息真实并初步判断有潜在可供匹配的贷款机构的，还将有电话调查环节。

3）审核结果

网络管理员将给借款人发送一条站内消息，告知其预审结果。

（1）若借款人资质良好、且有可匹配的贷款机构，网上贷款将直接推荐给合作机构。

（2）若借款人资质不够，或暂时未能匹配到合适机构，网上贷款系统将借款人的贷款需求屏蔽联系方式后发布到网上，替其寻找其他获贷机会。

4）签订合同

需要出资的银行再次审查之后，将主动联系借款人索取相关资料信息，并沟通具体贷款利率、期限、额度和还款方式等细节问题，双方协商一致后签订相关合同。

从以上可以看出，从审核程序和过程看，符合法律程序，并且没有其他额外收费，可以确信其可信度。

» 7.3 网络旅游

"网络旅游"是兴起于20世纪末，时髦于21世纪的一个旅游新概念。网络公司在投资商的支持下，在互联网上建立一系列专门服务于旅游者的综合网站。当旅游者通过访问这些旅游网站，收集全国各地的旅游信息，制定自己出游的旅游线路，预订各种交通票证、住宿房位、娱乐项目，并在网站的帮助下完成"吃、住、行、游、购、娱"的旅游活动时，一次真正意义上的"网络旅游"便告诞生了。

7.3.1 网络旅游模式

7.3.1.1 资讯服务

"网络旅游"简言之是一种凭借互联网技术为核心的电子商务网。该网是旅游服务商与旅游消费者之间交流沟通的渠道和中介。在中国有"携程旅行网站"、"华夏旅游网"、游皮网等。

目前国内所谓的网络旅游,是指旅游者通过互联网与网站取得沟通,在网上安排自己的旅游路线,提出所需的交通方式和住宿条件等,然后由网站按照你的需要安排好具体的行程。在整个过程中,旅游者也不再有传统的导游陪同,而是通过互联网与网站联系,随时随地获得网站为不同的旅游者提供的"个性化"服务。然而这并不能称为真正意义上的网络旅游。这只是为游客提供"机票+酒店"的预订服务,而这种网络旅游服务仅仅是旅游网站资讯服务的升级。

7.3.1.2 虚拟现实

随着社会经济的发展,人们的消费观念也在不断地变化,当今举家外出旅游甚至出国旅游已不再是一件很稀奇的事了。

虚拟现实指利用互联网上的多媒体、3D 虚拟和摄像头等技术,在网络中浏览旅游景地信息,以此获得旅游消费心理满足的一种游览方式;也表示在出游前,打开浏览地当地的网站或摄像头,了解一下当地的景点、历史、美食、文化和环境,获取旅游方面的知识,有目的地准备旅途或在家中完成网上旅途。

不想在旅途中奔波劳累,待在家里面利用电脑来浏览的是多媒体的网页、3D 虚拟的仿真场景、摄像头在线直播的真实现场,丰富的多媒体应用,悦耳的音乐,实时的现场摄像头视频让用户犹如亲临其境,其乐无穷。网上旅游的类型目前主要包括多媒体网上旅游、3D 虚拟网上旅游和摄像头网上旅游 3 种。

7.3.2 网络旅游构成要素

(1)网络信息系统——旅游电子商务体系的构架和基础。

(2)电子商务服务商——旅游电子商务的技术支持者。

(3)旅游目的地营销机构、旅游企业和旅游者——旅游电子商务的应用主体。

(4)旅游信息化组织——旅游电子商务的推进者、规范者。

(5)支付、物流和规范——旅游电子商务实现的重要支持。

7.3.3 整体网络旅游预订市场

截至 2014 年 12 月,在网上预订过机票、酒店、火车票或旅行度假产品的网民规模达到 2.22 亿人,较 2013 年底增长 4096 万人,增长率为 22.7%,网民使用率由 29.3% 提升至 34.2%。手机预订机票、酒店、火车票或旅行度假产品的用户规模达到 1.34 亿人,较 2013 年增长 8865 万人,增长率为 194.6%,网民使用率由 9.1% 提升至 24.1%。

> **注意**
>
> 2014 年网络旅游预订市场中,品牌渗透率最高的是 12306 火车票官网,为 50.2%。去哪儿网以 24.8% 的渗透率位居第二位。携程网与去哪儿网的竞争呈胶着之势,以 24.1% 紧随其后。

图 7-6 为 2013—2014 年在线旅行预订/手机在线旅行预订用户规模及使用率。

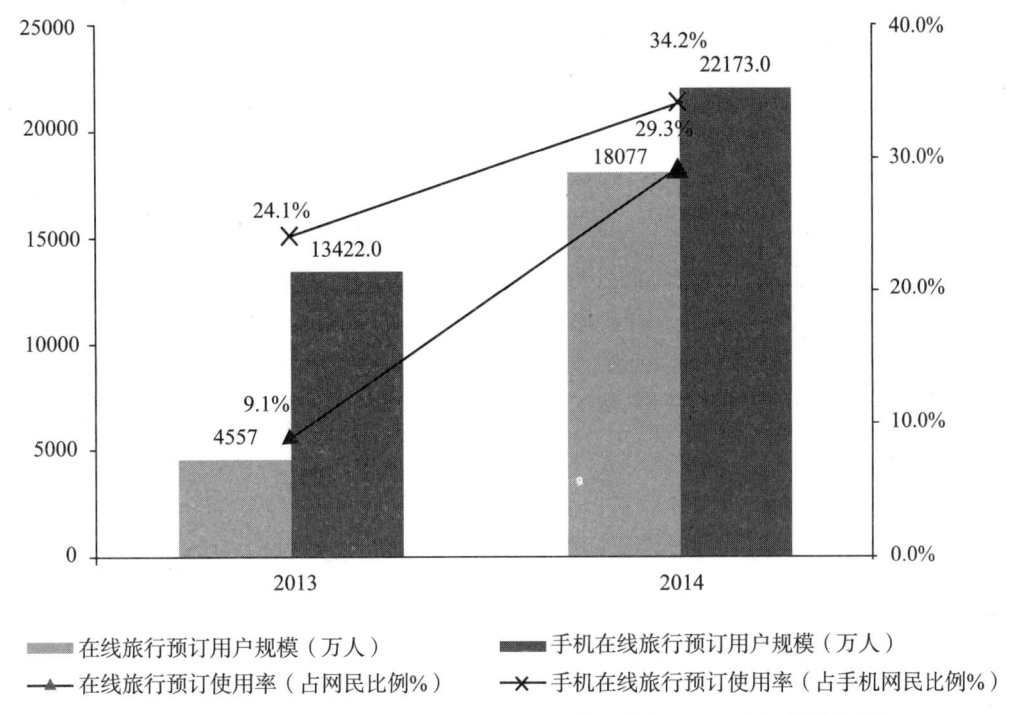

图 7-6　2013—2014 年在线旅行预订/手机在线旅行预订用户规模及使用率

» 7.4 网络招聘

企业用信息科技来协助整合资源的概念已经逐渐落实在中国各企业，用计算机辅助生产、营销、财务、研发等方面的管理运作已行之多年，只有人力资源管理的电子化（eHR），是近几年才开始的热门话题。根据国内外企业的实践，eHR 的主要形式有：电子化招聘、电子化培训、电子化学习、电子化沟通和电子化考评等，其中尤以电子化招聘（e-Recruiting）发展最为迅速。如何透过 e-Recruiting 的建立，让 HR 人员能更专注于企业的竞争核心——人才，以增加企业整体竞争力，同时也提升 HR 人员在企业内部竞争力是所有 HR 人员所关注的新课题。

7.4.1 网络招聘发展现状

2015 年中国网络招聘行业求职者规模达到 12682.9 万人，增长率为 10.1%。互联网的普及进一步推动在线求职者数量的增加。由于求职者数量体量已经非常庞大，因此增速逐步减缓，2018 年预计突破 1.6 亿人。图 7-7 为 2009—2018 年中国网络招聘行业求职者规模统计与预测。

图 7-7 中国网络招聘行业求职者规模统计与预测

2015年，中国网络招聘行业雇主规模达到293.6万家，增长率为16.3%，2009—2018年中国网络招聘行业雇主规模统计与预测如图7-8所示。主要依赖于以下背景。

（1）中国整体国民经济稳步增长，网络招聘雇主招聘需求也随之增长。

（2）中国企业尤其是中小企业、微型企业招聘需求持续旺盛，供需量大且匹配难度依然比较大。

（3）中国网络发展迅速，网络招聘提供更多的服务能力和更好的服务水平。

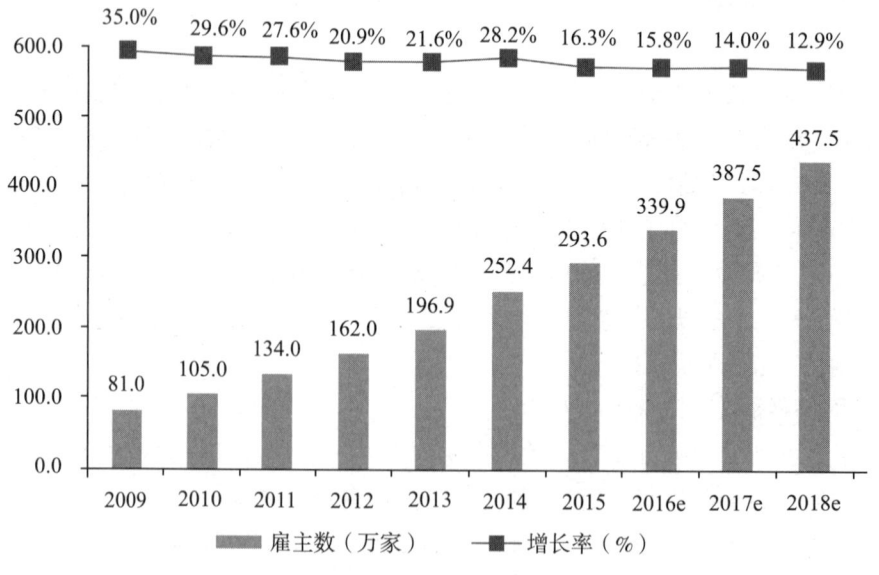

图 7-8 中国网络招聘行业雇主规模统计与预测

7.4.2 网络招聘方式及内容

7.4.2.1 网络招聘方式

网络招聘有两种主要方式：一是注册成为人才网站的会员，在人才网站上发布招聘信息，收集求职者资料，查询合适人才；二是在企业的网站上发布招聘信息，吸引人才。网络招聘，也被称为电子招聘，是指通过技术手段的运用，帮助企业人事经理完成招聘的过程。即企业通过公司自己的网站、第三方招聘网站等机构，使用简历数据库或搜索引擎等工具来完成招聘过程。

7.4.2.2 网络招聘的主要内容

网络招聘的主要内容包括两个方面：一是面向企业提供简历查询、职位发布、简历订阅、人才猎寻、校园招聘、政策法规查询、人才测评、智聘系统及企业培训等服务；二是面向个人提供简历存储、职位搜索、职位订阅、人才测评、职业技能培训等服务。

7.4.3 中国网络招聘行业典型模式

中国网络招聘行业典型模式分为综合网络招聘模式、移动招聘模式、社交招聘模式、垂直社交模式和分类信息网站模式。

（1）综合招聘模式，代表性企业有前程无忧、智联招聘等，综合招聘模式发展较早，这类企业目前是网络招聘的领军企业，市场份额超过60%。

（2）移动招聘模式，其是网络招聘行业在移动互联网趋势下发展的新方向。目前在移动端发力的企业主要有前程无忧、智联招聘等综合招聘网站和大街网（图7-9）、Linkedin等社交招聘网站。

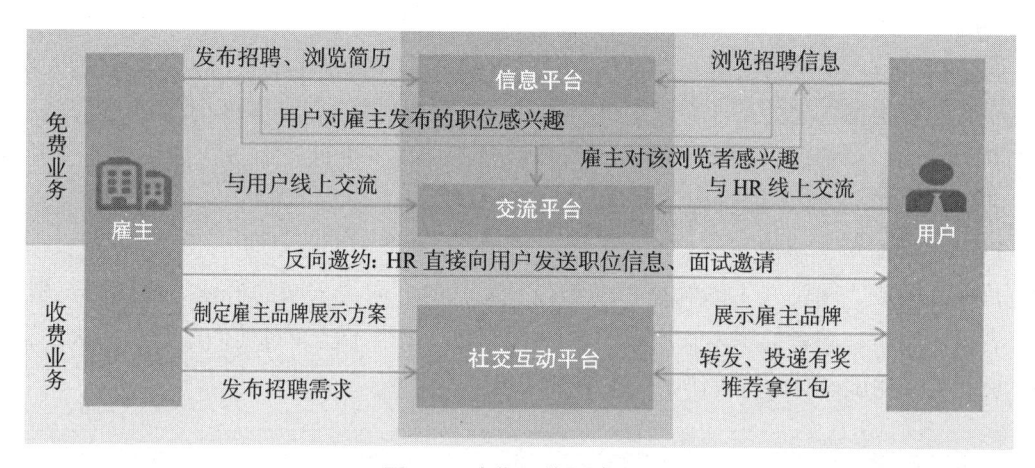

图7-9 大街网的招聘流程

（3）社交招聘模式，是基于社交圈子和职业人脉的招聘方式，代表企业有大街网、Linkedin等网站。

（4）垂直招聘模式，是指专注于某个行业、特定人群或是某个特定区域的招聘服务，代表企业有拉勾网、猎聘网、南方人才网等网站。

（5）分类信息网站模式，其代表性企业有58同城、赶集网等网站。这类网站主要发布蓝领人群的招聘信息，招聘业务只是这类网站的一部分业务。

7.4.4 网上招聘的优势

7.4.4.1 覆盖面广

互联网的覆盖是以往任何媒介都无法比拟的，它的触角可以轻易地延伸到世界的每一个角落。网络招聘依托于互联网的这个特点,达到了传统招聘方式无法获得的效果。2000年,IBM通过网络招聘的消息只在全国7个城市的14所学校张贴了海报,而且没有在校园里进行任何宣传活动,却收到了来自包括英国、美国、日本、澳大利亚等地留学生在内的1.3万多份简历,学校数目也远远超过了14所,招聘信息的覆盖面是公司自己都始料未及的。

7.4.4.2 时效性强

网络招聘的双方通过交互式的网上登录和查询完成信息的交流。这种方式与传统招聘方式不同,它不强求时间和空间上的绝对一致,方便了双方时间上的选择。互联网本身不受时间、地域限制,也不受服务周期和发行渠道限制。它不仅可以迅速、快捷地传递信息,而且还可以瞬间更新信息。这种基于招聘双方主动性的网上交流,于无声无息之间,完成了及时、迅捷的互动。

7.4.4.3 成本低

网络招聘在节约费用上有很大的优势。对于毕业生来说,通过轻点鼠标即可完成个人简历的传递,原本一个月才能完成的信息整理、发布工作,现在可能只要半天就能够完成。这既节约了复印、打印费用,还省去了一番鞍马劳顿。对用人单位来讲,网络招聘的成本更低。

7.4.4.4 针对性强

网络招聘是一个跨时空的互动过程,对供求双方而言都是主动行为,无论是用人单位还是个人都能根据自己的条件在网上进行选择。这种积极的互动,减少了招聘和应聘过程中的盲目行为。目前,一些大型的人才招聘网站都提供了个性化服务,如快捷搜索方式、条件搜索引擎等,这进一步加强了网络招聘的针对性。

7.4.4.5 具有筛选功能

目前,构成"网民"主体的是一个年轻、高学历、向往未来的群体。通过网上资料,招聘者就已经对应聘者的基本素质有了初步的了解,相当于已经对他们进行了一次小型的计算机和英文测试,对应聘者作了一次初步筛选。

» 7.5 网络多媒体

本章将网络多媒体界定为包括网络视频、网络音乐、网络直播等多媒体在内的互联网传播对象。

7.5.1 网络视频

网络视频是指视频网站提供的在线视频播放服务,主要利用流媒体格式的视频文件。在众多的流媒体格式中,FLV格式由于文件小,占用客户端资源少等优点成为网络视频所依靠的主要文件格式。

从网络技术的角度讲,网络视频是指"内容格式以WMV、RM、RMVB、FLV以及MOV等类型为主,可以在线通过Realplayer、Windows Media、Flash、QuickTime及DIVX

等主流播放器播放的文件内容"。从视频资源的角度讲,"网络视频就是在网上传播的视频资源,狭义的指网络电影、电视剧、新闻、综艺节目、广告等视频节目;广义的还包括自拍 DV 短片、视频聊天、视频游戏等行为"。

7.5.1.1 中国网络视频用户规模

自 2008 年以来,网络视频行业的用户规模一直呈增长趋势,截至 2014 年 12 月,网络视频用户规模达 4.33 亿人,比 2013 年年底增加了 478 万人,用户使用率为 66.7%,比 2013 年底下降了 2.6 个百分点。2014 年新增网民对网络视频的使用率在 50% 左右,网络视频对新增网民的拉动作用减弱,从而导致网络视频的用户规模持续增长,而使用率略有下降。如图 7-10 所示。

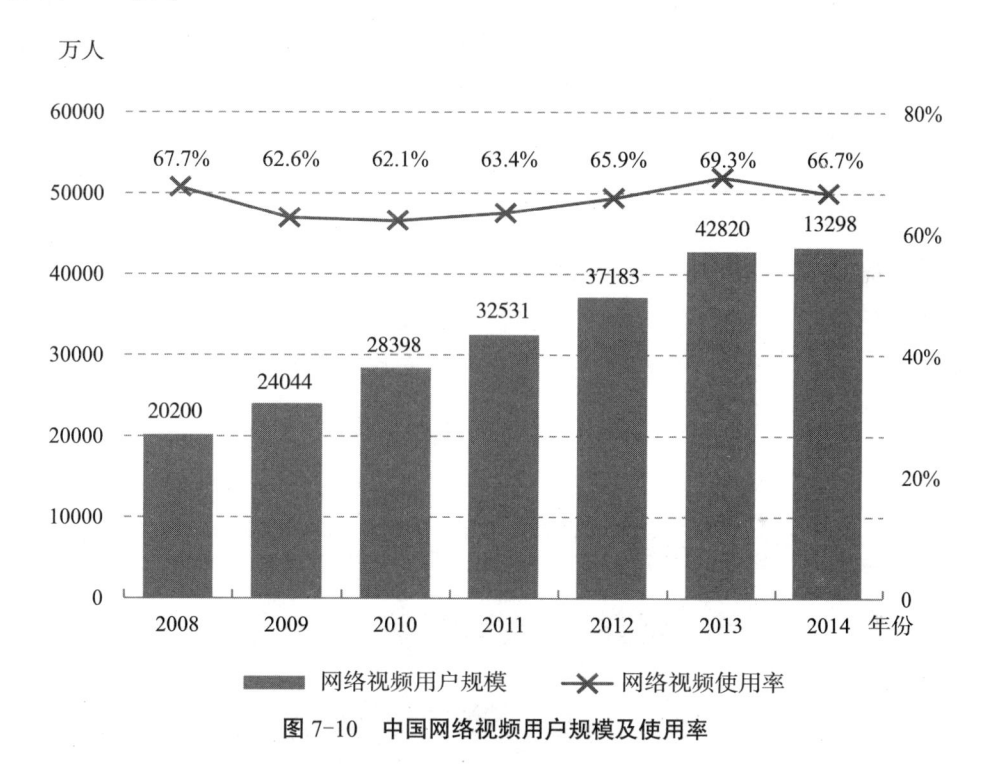

图 7-10 中国网络视频用户规模及使用率

7.5.1.2 网络视频终端设备使用情况

1)网络视频收看终端设备

手机超越 PC,成为收看网络视频节目的第一终端。如图 7-11 所示,从网络视频用户终端设备的使用情况来看,71.9% 的用户选择用手机收看网络视频;其次是台式电脑/笔记本电脑,视频用户的使用率为 71.2%;平板电脑、电视的使用率都在 23% 左右,是移动端、PC 端主要收看设备的补充。

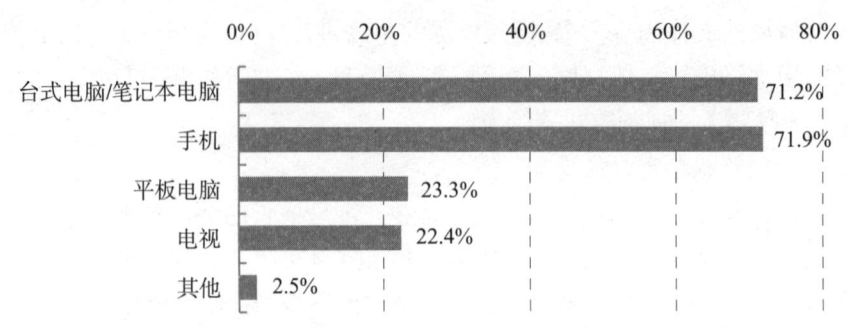

图 7-11 网络视频用户终端设备使用率（CNNIC 中国互联网发展状况统计调查，2014.12）

随着网络环境的不断升级，再加之在移动端看视频能填补用户碎片时间，随时随地唾手可得的优势，移动视频用户飞速增长。从终端设备的使用趋势来看，用户在 PC 端收看网络视频节目的比例在持续下降，移动端的比例则在持续上升。

2）网络视频收看时长

如图 7-12 所示，从不同终端设备的收看时长来看，网络视频用户在台式电脑/笔记本电脑上看视频的时长最长，32.4% 的用户每天通过台式电脑/笔记本电脑收看网络视频的时长在 2 小时以上，其次是平板电脑，收看时长在 2 小时以上的用户比例为 20.9%，用户在手机上看视频的时长相对较短。电视剧、电影等长视频节目强化了用户的黏性，80% 以上的视频用户使用台式电脑/笔记本电脑、平板电脑收看视频节目的日均时长在 30 分钟以上，在手机端，这一比例为 56.1%。

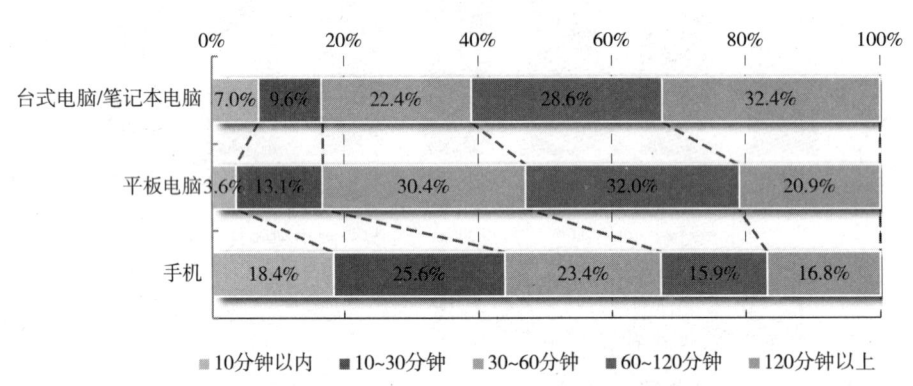

图 7-12 不同终端设备的收看时长（CNNIC 中国互联网发展状况统计调查，2014.12）

3）网络视频节目的收看路径

网络机顶盒、智能电视是人们通过电视收看网络视频节目的主要渠道。

在使用电视收看网络视频的用户中，58.5% 的用户是通过智能电视收看，70.0% 的用户通过网络机顶盒收看，其中广电系的机顶盒和互联网机顶盒平分秋色，市场占有率均在 25% 左右，IPTV 的市场占有率接近 10%，如图 7-13 所示。

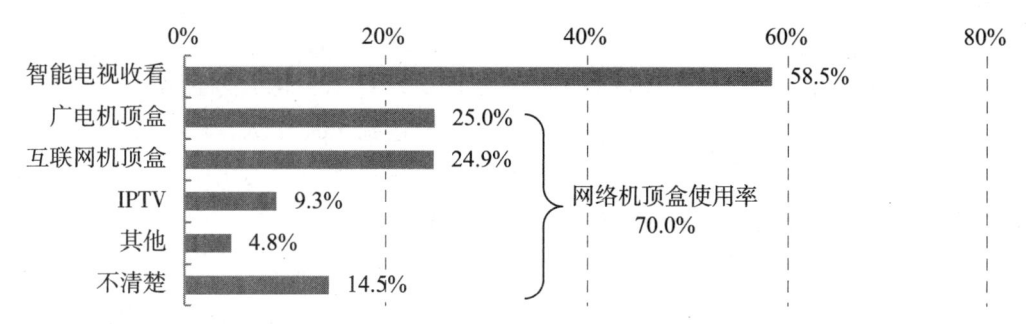

图 7-13　电视终端设备使用率（CNNIC 中国互联网发展状况统计调查，2014.12）

使用电视这一终端收看网络视频节目时，其形式主要为互联网直播、节目点播和节目回放。本次调查结果显示，80.4% 的互联网电视用户使用过点播功能，其中频繁使用点播功能的用户占 36.3%，偶尔使用的占 44.1%，另外有 19.6% 的用户从没使用过点播功能，如图 7-14 所示。点播功能使用的普及，体现了互联网电视付费点播模式的成熟。

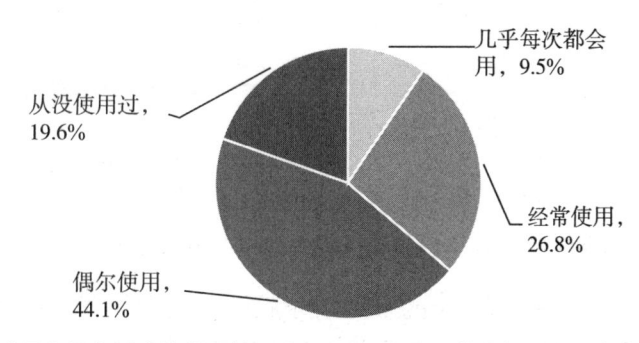

图 7-14　互联网电视点播功能使用情况（CNNIC 中国互联网发展状况统计调查，2014.12）

除点播外，互联网电视区别于传统电视的另一大功能就是回放。它让用户自主安排收看视频的时间以及主动选择收看的内容，很好地体现了互联网的便捷性。调查结果显示，67.3% 的互联网电视用户使用过回放功能，其中经常使用的用户占 27.1%。

7.5.1.3　主要视频网站竞争格局

2014 年视频网站的竞争格局基本稳定：集合了专业影视节目、自制节目和 UGC 内容的综合视频平台——优酷网牢牢占据头把交椅，在整体品牌渗透率、忠实用户比例和付费用户比例上均遥遥领先于其他视频网站；奇艺 / 爱奇艺、腾讯视频依托各自搜索、门户网站的庞大用户群，迅速聚拢了大量用户，加之他们在热门综艺节目、自制剧方面的大量投入，在各指标上的排名均处在视频网站的第二、第三位；百度视频在 PC 端虽不直接提供视频服务，但是其强大的导流能力和百度的品牌效应，铸就了其较强的品牌影响力，整体品牌渗透率、手机端品牌渗透率均排在第四位。推崇用户 UGC 内容的土豆网忠实用户比例相对较高，达 16.1%，排在第四位，搜狐视频在手机端的品牌渗透率表现相对较好，付费用户比例为 4.7%，排在第四位。

从 CNNIC 本次调查的结果来看，表现较好的视频网站，或是得到了百度、阿里巴巴、腾讯三家大型互联网企业及其他资本的强力支持，以强大的内容资源来吸引用户，或是有自身的独特优势，走差异化发展的道路。

7.5.2 网络音乐

中国互联网络信息中心（简称 CNNIC）发布第 37 次《中国互联网络发展状况统计报告》显示，截至 2015 年 12 月，网络音乐用户规模达到 5.01 亿人，较 2014 年底增加了 2330 万人，占网民总体的 72.8%，其中手机网络音乐用户规模达到 4.16 亿人，较 2014 年底增加了 4997 万人，占手机网民的 67.2%，如图 7-15 所示。

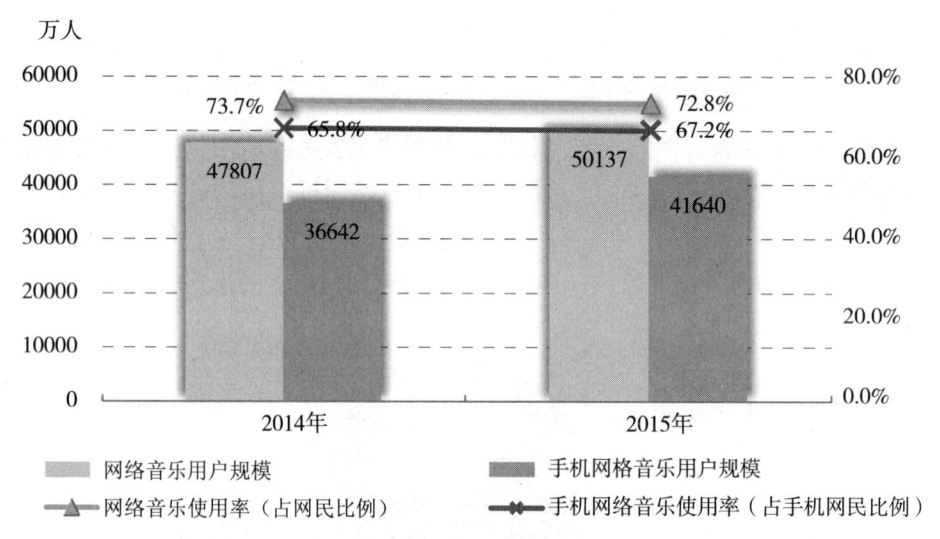

图 7-15 网络音乐/手机网络音乐用户规模及使用率（CNNIC 中国互联网发展状况统计调查，2015.12）

"一方面，网络音乐软件厂商开始意识到音乐版权的重要性，积极与竞争对手争夺传统娱乐公司的独家授权协议，希望以此确立未来竞争中的内容优势；另一方面，国家政策的出台与随后进行的专项整治行动大幅增强了国内网络音乐版权市场的健康化趋势，推动了整个行业的健康发展。"2015 年，国内网络音乐市场的发展，是以版权问题为核心进行的，主要体现在如下几个方面。

1）政策推动网络版权规范化

2015 年 7 月 8 日，国家版权局发布《关于责令网络音乐服务商停止未经授权传播音乐作品的通知》，要求 2015 年 10 月 31 日前，各网络音乐服务商必须将未经授权传播的音乐作品全部下线。

面对版权监管，各大网络音乐服务商纷纷表示要遵守规定，开展自查自纠，及时下架未经授权的作品。QQ 音乐、阿里音乐等 19 家国内主要网络音乐服务商还签署了《网络音乐版权保护自律宣言》，表示严格遵守"先授权、后使用"的基本原则，不传播未经权利人授权的网络音乐。

受政策影响，缺少音乐版权的网站，未能逃脱被关闭或被兼并的命运。其中，知名音乐分享网站 Song Taste 就于 2015 年月 8 月 1 日起正式关闭，点击歌曲进入后，会出现"由于版权原因，播放按钮君不见了，我们会尽全力解救他出来"的提示。而对于拥有部分版权资源的音乐平台，包括酷狗音乐、酷我音乐、QQ 音乐、虾米音乐、天天动听、网易云音乐等，也在 2015 年 11 月的第一天纷纷通过不同方式发出声明，称全部未授权作品已经下线。

2）抱团渡过正版化阵痛期

也就是从 2015 年第四季度开始，各大厂商开始通过签署音乐版权授权协议的形式进行合作，并尝试在用户下载涉及版权问题的音乐时进行收费。

率先跨出了这一步的是 QQ 音乐与网易云音乐。QQ 音乐以预付＋分成的方式向网易云音乐转授包括索尼音乐、《我是歌手第三季》等音乐版权 150 万首。

随后，微信对网易云音乐"解封"，网易云音乐的歌曲链接在朋友圈里又可以分享了。

此外，海洋音乐与腾讯 QQ 音乐之间也达成了音乐版权方面的合作。目前，在海洋音乐拥有的版权中包括，杰威尔音乐、福茂唱片、英皇唱片、韩国 YG 等音乐转授权，而这些唱片公司的独家版权都由 QQ 音乐拥有。

3）版权健康流转态势初步形成

"对音乐版权的购买方而言，这是在版权监管日趋严格的背景下，解决自身版权困境的必然选择；对音乐版权的持有方而言，则意味着其投入大量资源推动的在线音乐正版化得到认可，同时版权转授也为自身提供了盈利路径。"郭悦分析指出。从产业链上看，2015 年网络音乐的版权问题专项整治行动对网络音乐行业建立健康的商业模式、推动版权健康流转起到了十分积极的作用，并连带促进了线上直播、线下演出等周边产业环节的发展。

其中比较有代表性的，比如 2014 年 11 月 QQ 音乐与华纳达成战略合作协议，标志着业内首个国际音乐公司与中国大陆地区领先的数字音乐服务商达成战略合作伙伴关系。QQ 音乐成为华纳在国内互联网平台的版权总代理合作方，能通过包括版权交易流转在内的方式与华纳一起挖掘艺人和音乐内容的价值。

不过，对于用户下载付费的问题，尽管收费的趋势不可逆转，但盈利模式的欠缺似乎仍是痛点所在。《2014 年中国网络音乐市场年度报告》显示，2014 年在线音乐市场规模为 51.2 亿元，相比 2013 年增长了 17.4%，除了在线演艺形成了清晰的盈利模式之外，网络音乐的音视频播放业务并没有在商业模式上获得突破。

> **注意**
>
> 高品质音源付费下载服务并没有达到预期的效果，用户付费率低使其难以成为核心商业模式。

7.5.3 网络直播

网络直播吸取和延续了互联网的优势，利用视讯方式进行网上现场直播，可以将产品展示、相关会议、背景介绍、方案测评、网上调查、对话访谈、在线培训等内容现场发布到互联网上，利用互联网的直观、快速，表现形式好、内容丰富、交互性强、地域不受限制、受众可划分等特点，加强活动现场的推广效果。现场直播完成后，还可以随时为读者继续提供重播、点播，有效延长了直播的时间和空间，发挥直播内容的最大价值。

7.5.3.1 网络直播分类

国内"网络直播"大致分为两类：网络电视转换直播和网络现场直播。

1）网络电视转换直播

网络电视转换直播是在网上提供电视信号的观看，例如各类体育比赛和文艺活动的直播，这类直播原理是将电视（模拟）信号通过采集转换为数字信号输入电脑，实时上传网站供人观看，相当于"网络电视"。

2）网络现场直播

网络现场直播是真正意义上的"网络直播"，在现场架设独立的信号采集设备（音频+视频）导入导播端（导播设备或平台），再通过网络上传至服务器，发布至网址供人观看，如图7-16所示。这类网络直播较前者的最大区别就在于直播的自主性：独立可控的音视频采集，完全不同于转播电视信号的单一（况且观看效果不如电视流畅）。同时可以为政务公开会议、群众听证会、法庭庭审直播、公务员考试培训、产品发布会、企业年会、行业年会、展会直播等电视媒体难以直播的应用进行网络直播。

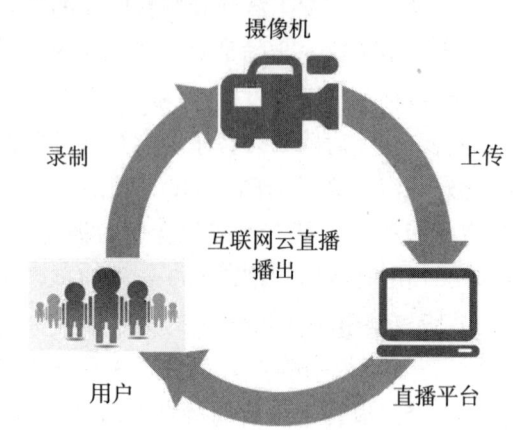

图7-16 网络直播流程

网络现场直播主要由直播客户端、直播网页端以及管理后台构成。众多用户将其用于在线研讨会、营销会议等网络活动场景，扩大市场活动，有效提高管理和运营效率，直接促进企业销售业绩提升，使企业竞争力得到极大提升。网络现场直播有别于电视直播/视频直播，它更注重互动性。目前国内提供基于Saas（Software-as-a-Service，软件即服务的简称）服务模式运营的网络互动直播平台众多。图7-17为网络直播产业链结构。

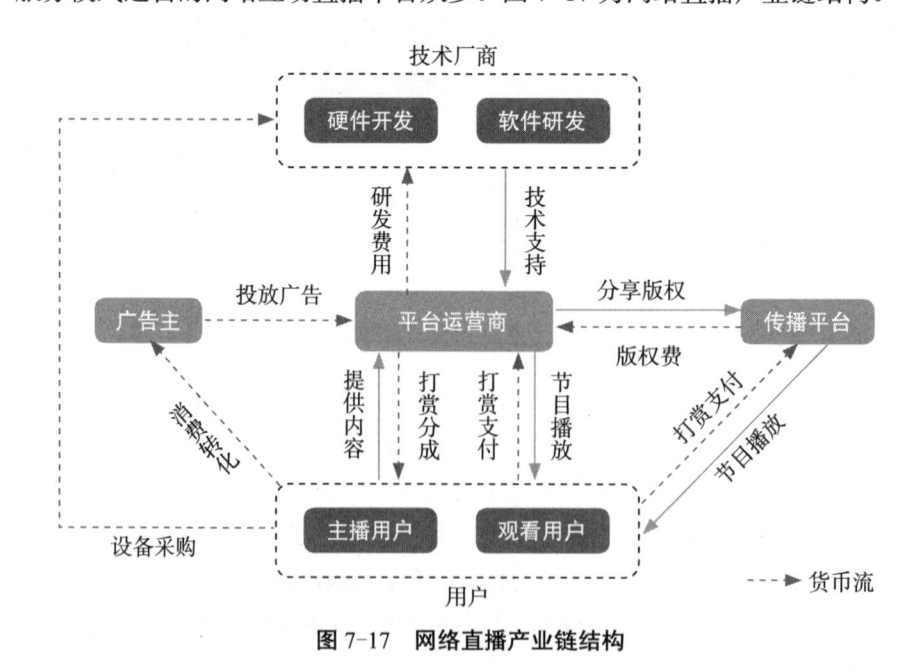

图7-17 网络直播产业链结构

就目前而言，市场上新兴的三类网络现场直播平台主要分为：游戏直播平台、生活直播平台、秀场直播平台。三类平台为了满足用户丰富的需求，内容也存在交叉融合，三者之间的主要区分如表 7-1 所示。

表 7-1　网络现场直播平台比较分析

	游戏直播	生活直播	秀场直播
主要内容	• 网络游戏直播 • 单机游戏直播 • 其他游戏直播 • 户外娱乐直播	• 视频监控直播 • 展会类直播 • 专项达人直播 • 户外娱乐直播	• 歌舞才艺直播 • 其他才艺直播 • 专项达人直播
平台特点	• 主播概念强 • 主播复制难度相对较高 • 平台发展迅速，业务逐渐向其他直播拓展	• 主播概念相对最弱 • 对拍摄设备要求高 • 平台处于起步阶段，内容与规模尚未成型	• 主播概念相对最强 • 主播复制难度相对较低 • 平台概念成型最早，内容与规模已相对稳定

7.5.3.2　网络现场直播的优势

1）成本低廉

电视现场直播在报道事件全过程时，一般需配备转播车，车内配置视频切换台、调音台、监视器、录像机、微波发射机等设备，将现场摄制的图像信号经微波发送或卫星转发至电视台同步播出。一场为期半天的电视直播动辄百万元，成本长期居高不下是制约电视现场直播的重要瓶颈。网络现场直播对现场信号的采集要求较低，一台数字摄像机不到 5 万元即可做到高清采集，其他设备总投入不高，并不需要大量专业直播人员，传输过程均在网络上进行，成本是电视现场直播的百分之一至几十分之一。

2）方便快捷

电视现场直播从接洽到活动开始需要漫长的执行周期，期间需要各类专业人员的协同合作，从人员组织到设备架设，现场也需要专门的空间与电力支持。而单机位短时间的网络现场直播完全可以由个人完成，现场不需要额外的电力支持、过大的工作空间，从接洽到勘察场地，再到投入直播，完全可以在 48 小时内完成。

3）互动性强

网络现场直播属于"网络直播"范畴，网络直播的最大特点即"交互"，由于直播在网络平台上进行，观众的自主选择与参与度得到了巨大的延伸。网络直播的互动方式从文字到图文（国内多数网络直播互动均停留在此阶段），再到语音，现在已经进入了视频互动的时代。2010 年 12 月 3—5 日全国首届"新东方杯"英语口语大赛复试阶段全程采用 Giwell Live 对全国选手进行网络互动面试及直播，开创了国内网络现场直播互动的先河。

7.5.3.3　网络直播的发展趋势

1）大数据分析

强有力的云平支撑，确保直播现场的流畅性、稳定性，并可进行数据统计与分析。

2）移动互联时代

参会简单方便，随时、随地可利用移动设备参与相关会议。

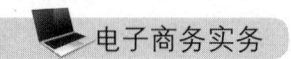

3）加强受众的交流

需要加强互动性，增加受众群体的互动交流，体现互联网时代的优势，可实现网络投票调查、实时抽奖等功能。

4）多会场整合直播

整合多会场的直播，同时还能进行各分会场和各参与人之间的网上音频、视频、文字的互动交流。

» 7.6 网络社交

网络社交是指人与人之间的关系网络化，在网上表现为以各种社会化网络软件，例如 Blog、WIKI、Tag、SNS、RSS 等一系列 Web2.0 核心应用而构建的社交网络服务平台（SNS）。

以互联网为基础的交往，则有可能既是直接的（通过网络技术直接地互动）又是全面地包括了精神文化层面的内在交往。这意味着，网络时代的人类交往冲破了工业社会交往的限度，一方面是人们通过网络间的混合纤维、同轴线缆、蜂窝系统及通信卫星的信息传播而及时地进行交往，这种形式无需商品的中介而由网络媒介直接地连通起来；另一方面，这种交往形式又具有一种精神的内在化特质，过去那种"电脑+服务器"模式正在向"网络+用户"模式转切，网络交往实质上是一种联结不同网络终端的人脑思维的虚拟化、数字化的交流和互动。

7.6.1 网络社交的特点

从人类科技文化的发展历程来看，互联网推动着人类活动的科学化、技术化、知识化，改变着人类的价值体系，从而为道德的发展提供了新的物质基础和科技基础，而且还推动了人类道德的进步，给人们的生活方式以深刻的影响，改变了人们的某些传统生活习惯和行为方式。"网络社交"具有自身的特点。

1）虚拟性

网络社交是以虚拟技术为基础的，人与人之间的交往是以间接交往为主，以符号化为其表现形式，现实社会中的诸多特征，如姓名、性别、年龄、工作单位和社会关系等都被"淡"去了，人的行为也因此具有了"虚拟实在"的特征。与真实社会情境中的社会化相去甚远。网络的虚拟性与匿名性导致了网络上青少年道德感的弱化现象。广东团省委谢宗宝的一份调查报告提到：有 31.4% 的青少年并不认为"网上聊天时撒谎是不道德的"，有 37.4% 的青少年认为"偶尔在网上说说粗话没什么大不了的"，还有 24.9% 的人认为"在网上做什么都可以毫无顾忌"。青少年网络道德感的弱化主要是因为网络的高度隐蔽性。每个人在网络上的存在都是虚拟的、数字化的、以符号形式出现的，缺少"他人在场"的压力，"快乐原则"支配着个人欲望，日常生活中被压抑的人性中恶的一面会在这种无约束或低约束的状况下得到宣泄。这种网上道德感的弱化直接影响和反作用于青少年现实生活中的道德行为。

2）多元性

网络信息的全球交流与共享，使时间和空间失去了意义。人们可以不再受物理时空的限制自由交往，人们之间不同的思想观念、价值取向、宗教信仰、风俗习惯和生活方式等的冲突与融合变得可能。这种价值取向的"多源"和"多歧"，给每一个网络青少年创造了空前宽松的道德生活空间。而对于没有主体意识、没有独立进行道德选择的能力和自信、没有道德选择的权利感和责任感的他们来说，此空间所给予的"自由"与其说是道德生活的福音，毋宁说是道德生活的"陷阱"。道德生活的相当一部分主体则会淹没在这"陷阱"中迷失自我。而其人格也会出现一定程度的危机，具体表现为"三失"，即传统人格的"失效"、现实人格的"失范"和理想人格的"失落"。因此，建构主体性道德人格，是解决当前社会中道德问题的现实性要求。

3）创新性

网络是创新的产物，其创新的形式，使信息的传输过程变成参与者主动的认知过程。在意识形态领域中容易滋生出更多元化的，甚至偏离社会正常行为规范约束的各种奇观异念。中央电视台《社会经纬》播报了一个关于17岁少年黑客利用自己高超的电脑网络技术设计了一个黑客网站，使登录这个网站的上万台计算机陷入瘫痪，经济损失无法估量的事件。而面对警察的询问，这个少年竟然轻松地说，我只不过是在网络世界展示自己的才华，证明一下自己的价值，这难道也犯法吗？况且网络世界是虚拟的世界，能造成多大损失呢？当前国际舆论对于网络犯罪案件的宣传，使不少人觉得网络犯罪是个人智慧、能力与胆识的体现，它既不伤天害理，也不凶狠残暴，只是一种"孤胆英雄"式的"壮举"。在个人主义盛行的西方国家，许多人并不以其为可耻，反而羡慕和钦佩这种行为，这种善恶不分、是非颠倒的舆论导向对网络犯罪更是起了推波助澜的作用。近年来，我国一些青少年利用信息技术盗窃金钱、获取情报、传播不健康内容、诽谤他人、侵犯他人隐私等违法犯罪行为时有发生，这是一个值得德育工作者警觉的信号。

4）自由性

"网络社会"分散式的网络结构，使其没有中心、没有阶层、没有等级关系，与现实社会中人的交往相比，"网络社会"具有更为广阔的自由空间，传统的监督和控制方式已无法适应它的发展。一些学者在青少年网民中进行了一项调查，结果令人担忧：承认自己"曾经"浏览过色情网站的占34.6%，承认"经常"去看的有4.9%。其中很多青少年因此而荒废学业，成为"电子海洛因"的吸食者，对身心健康造成了严重损害。而在对接受调查的人的统计中，90%以上的青少年都是因为缺少外界的强大约束力，再加上自我控制能力比较弱而频繁地去访问色情站点。

> **注意**
>
> 武汉市公安部门调查显示，进入网吧的以大中小学生为主，约占70%，大专院校周边可达90%，热衷聊天的学生占76%，选择玩游戏的学生占35%，只有不到20%的学生上网是搜索信息或下载软件。因此，网络在给人们带来巨大便利的同时，也给传统的道德法制带来了巨大的挑战。

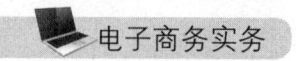

5）异化性

"网络社会"中的交往主要是以计算机为中介的交流，它使人趋向孤立、冷漠和非社会化，容易导致人性本身的丧失和异化。"网络社会"开放的、自由的信息系统提供的是一种崭新的，动态的和超文本式的传播模式，这种人机系统高度自动化、精确化而缺少人情味，容易导致人们对现实生活中的他人和社会问题漠不关心，容易使人产生精神麻木和道德冷漠的处世态度，并失去现实感和正确的道德判断力，严重时会导致人性的丧失和异化，出现一些反人类的极端事件。据调查，大学里有不少学生上网的大部分时间里不是在学习而是在玩网络游戏，精于此道的人也不少。当前大部分网上游戏充斥着战争、暴力、凶杀等血腥内容，痴迷于此的学生容易形成冷漠、无情和自私的性格，既不关心集体，也不关心他人。

7.6.2 网络社交的类型

根据社交目的或交流话题领域的不同，目前的社会化网络（社交网站）主要分为4种类型。

1）娱乐交友型

国外知名的如Facebook、YouTube、Myspace，国内知名的有猫扑网、优酷网、青娱乐等。

2）物质消费型

涉及各类产品消费、休闲消费、生活百事等内容，比如前述的口碑网和大众点评网，均以餐饮、休闲娱乐、房地产交易、生活服务等为主要话题。

3）文化消费型

涉及书籍、影视、音乐等，如国内知名的豆瓣网，主要活动是书评、乐评等。

4）综合型

综合型涉及话题、活动都比较杂，广泛涉猎个人和社会的各个领域，公共性较强。如人民网的强国社区以国家话题的交流影响较大；天涯社区是以娱乐、交友和交流为主的综合性社交网站；知名的百度贴吧话题更无所不有。总的来说，所有社交网站都以休闲娱乐和言论交流为主要特征，最终产物都是帮助个人打造网络关系圈，这个关系圈越来越叠合于网民个人日常的人际关系圈。借助互联网这个社交大平台，网民体验到前所未有的"众"的氛围和集体的力量感。

网络不仅给人们提供了更多的信息，而且也提供了广泛的人际交流机会，提供了一种拓宽社会关系新的交互性的空间。在多元价值观念的激荡中，网友们通过学习、交往和借鉴，达到沟通、理解或共识。在高度信息化、自动化的网络社会中，在家办公、网上学校、网上商城、网上医院、网上图书馆以及电子银行等已不再是梦想。总之，在网络特殊的交往环境中，人们会随着网络信息的流动将自己融入"无限"的网络群体中，社会接触范围成倍增大，有助于人们建立新型的社会关系，拓展自己的社会化。网络生活正日益成为人们生活方式的重要组成部分，网络社交已成为现代人类的新型交往方式。这种全新的交往方式正对人类社会传统的交往产生着深刻影响，它改变了人们的思维方式、行为方式以及生活方式。

7.7 网络教育

在网络环境下，以现代教育思想和学习理论为指导，充分发挥网络的各种教育功能和丰富的网络教育资源优势，向教育者和学习者提供一种网络教和学的环境，传递数字化内容，开展以学习者为中心的非面授式的教育活动。

网络教育的特点：开放性、自主性、资源的丰富性、交互性。

7.7.1 网络教育概述

7.7.1.1 狭义概念

网络教育是指由特定的教育组织机构，综合应用一定社会时期的技术，收集、设计、开发和利用各种教育资源、构建教育环境，并基于一定社会时期的技术、教育资源和教育环境为学生提供教育服务，以及出于教学和社会化的目的进而为学生组织一些集体会议交流活动（以传统面对面方式或者以现代电子方式进行），以帮助和促进学生远程学习为目的的所有实践活动的总称。在所有活动中，教师是以教育资源的形式或学习帮助者的身份与学生保持着一种准永久性分离的状态；而学生与教育组织机构（教师）或学生与学生之间将通过建立双向或多向通信机制保持即时会话。在中国现代网络教育有时也称网络教育，多数从事高等教育的现代网络教育机构为普通高校的网络教育学院或现代网络教育学院。网络教育是现代信息技术应用于教育后产生的新概念，即运用网络远程技术与环境开展的教育，在教育部已出台的某些文件中，也称现代网络教育为网络教育。

7.7.1.2 广义概念

网络教育是学生与教师、学生与教育组织之间主要采取多种媒体方式进行系统教学和通信联系的教育形式，是将课程传送给校园外的一处或多处学生的教育。现代网络教育则是指通过音频、视频（直播或录像）以及包括实时和非实时在内的计算机技术把课程传送到校园外的教育。现代网络教育是随着现代信息技术的发展而产生的一种新型教育方式。计算机技术、多媒体技术、通信技术的发展，特别是因特网（Internet）的迅猛发展，使网络教育的手段有了质的飞跃，成为高新技术条件下的网络教育。现代网络教育是以现代网络教育手段为主，兼容面授、函授和自学等传统教学形式，多种媒体优化组合的教育方式。

基于网络教育的特点和优势，许多有识之士已经认识到发展网络教育的重要意义和广阔前景。据艾瑞咨询调查数据显示，2015年在线教育市场规模达到1191.7亿元，同比增长速度为19.4%。学历教育、职业教育和语言培训是市场规模高速增长的主要动力，占市场规模的75%以上。随着在线教育用户群体的不断扩大，在线教育的市场规模还将有更大的发展，预计到2017年达1733.9亿元，如图7-18所示。其中，中小学在线教育、在线职业教育、高等学历在线教育等细分领域成为市场规模增长的主要动力。高等学历在线教育市场规模虽然持续增长，但市场占有率逐年小幅下降。随着内容生产方、技术设备提供方、平台搭建方的相继入场，用户习惯的养成，在线教育将会有持续的增长。其中，职业在线教育和在线语言培训属用户刚性需求，且用户付费能力较强，将会成为在线教育发展较为突出的领域。

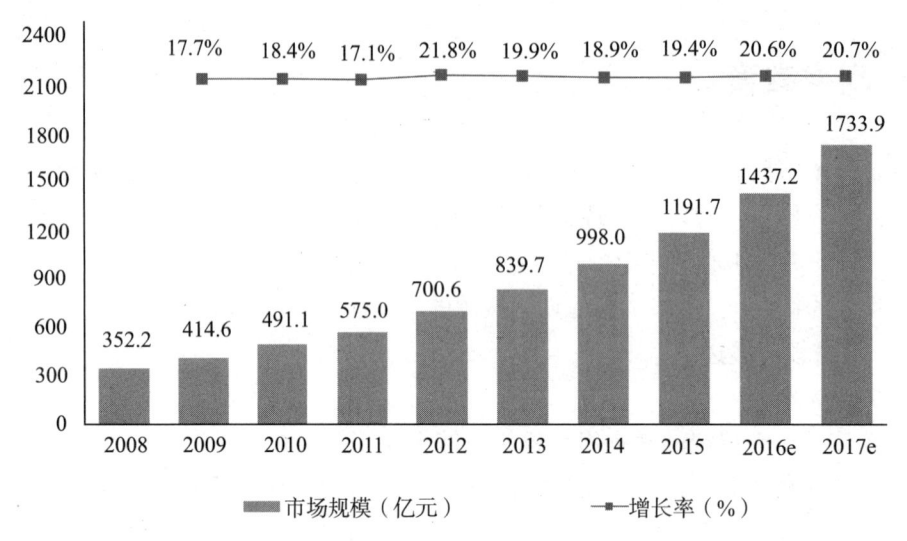

图 7-18 中国在线教育市场规模统计与预测

7.7.1.3 组织模式

网络教育组织模式可以分为：个体化学习模式和集体学习模式，也即个别学习和班组学习两种模式。其最重要的差异在于：班组集体教学方式是建立在同步通信基础上的，教师和学生必须进行实时交流。而个别化学习方式是建立在非同步通信基础上的，在学生的家庭里创造出学习环境，学生可以在适合的时间进行学习。两种学习模式在本质上同教育资源的传输和发送模式有关。

7.7.1.4 对学生的要求

网络教育的特点决定了远程学习以自学为主，学生的大部分学习时间与教师、同学是分离的，没有教室，更没有课堂的氛围，这些特点会使得许多刚刚开始远程学习的学生不可避免地遇到一些困难或有些不习惯。因此远程学习要求学习者应具备以下两方面的能力。

一是始终保持自发的学习动力。参加远程学习的学生绝大部分是成人，他们的学习动机各式各样，但不外乎提高学历、增加技能、在职充电、扩展职业范围等。他们一般具有较强的学习动机，较明确的学习目的，但是在以后长达几年的学习过程中能否保持住由此产生的学习动力是决定其学习成败的关键。

二是主动探索的精神。成人学生应该有能力自己决定在学习上投入多少时间，制定自己的学习计划，选择并逐渐适应一种学习方法。学会学习已成为 21 世纪教育的四大支柱之一。对于远程学习者来说，这同样具有非常重大的意义。在具体的学习过程中，面对一个问题，积极的学习者不会只接受一个答案，或是等待老师告诉你该持什么样的观点或立场；也不会只局限于到某本书或教材的某章某节上去寻找答案。积极的学习者会主动尝试多种解决方法，建立自己的想法，经过主动探索后决定自己要做什么，该怎么做。北大商学网鼓励学生在学习过程中主动探索，主动思考，努力理解自己所学的东西，而不是死记硬背，被动接纳。

> **注意**
> 随着信息化社会、学习化社会的形成和知识经济时代的来临，教育正在经历深刻的变革。参加远程教育的学习，有必要变革自己的学习观念和认识。

7.7.2 网络教育环节

网络教育教学不能完全代替传统的课堂教学，也不可能彻底改变学生的学习模式，计算机不可能完全取代教室和教师；网络教育避免了在教学全程中，教师与学生必须始终在一起的局面。一般而言，利用网络教育教学完成课程新内容的学习阶段，而在教学内容的归纳总结提高阶段，采用传统教学模式。网络教育一般包括如下几个环节。

（1）课件学习：每门学科分为几个章节，每一章节分几讲来完成，每一讲相当于一节课。每一门学科这个部分满分是 10 分，得分点在于每一讲只要播放 6 分钟以上即可得到 1 分，所以这个课件点播 10 分很容易得到。

（2）视频学习：每门学科分为几个章节，每个章节都有对应的网络视频教程学习。如果学生想把视频保存到电脑上，可以用录像软件《超级捕快》，将网络视频录制保存 AVI、FLV、WMV 等常用的视频格式，在电脑上直接学习。

（3）在线测试：其中每一章节学完之后，课件学习后面的在线测试是和前面的每个章节对应的，课件学习每一章点播完后就可以捎带做后面对应章节的在线测试。每一章做完提交就可以当场显示得分和对错情况，可以重复做很多遍，直到得到的分数你比较满意，这个环节占 30 分，全部完成后要得到 21 分以上就可以了，得到满分更好！

（4）网上作业：这个环节是各学科老师所布置的平时作业，一般都不计入总成绩。

（5）在线时长：在线时长就是你每次登录学习平台学习的时间都会有一个统计，每学期下来累计在线学习时间多长，平台里面会自动累计显示。这个也要占到 10 分左右，没有要求学生必须每天在线时间多长，只要大家各自安排好学习计划，每周或者休息时间登录学习即可，原则上每学期在线累计时长要达到 3000 分钟以上（最低限制，上不封顶，学习时间越多越好）。

（6）教学论坛：这个是师生交流的一个很有利的平台，在这里你可以看到很多个来自全国各地不同专业不同批次的同学朋友，每个学科都有一个专业辅导老师，学生可以随意在里面发帖发信息，关于学习考试过程中遇到的任何问题都可以在里面发问求解。

7.7.3 网络教育形式

7.7.3.1 网络学历教育

在教育部已出台的一些文件中，网络学历教育是成人教育学历中的一种。是指使用电视及互联网等传播媒体的教学模式，它突破了时空的界线，有别于传统的在校住宿的教学模式。使用这种教学模式的学生，通常是业余进修者。由于不需要到特定地点上课，因此可以随时随地上课。学生亦可以透过电视广播、互联网、辅导专线、课研社、面授（函授）等多种不同管道互助学习。网络学历教育是现代信息技术应用于教育后产生的新概念，即运用网络技术与环境开展的教育。

2013年共有68所现代网络教育试点高校（名单见表7-2）可开展网络高等学历教育招生。考生报考前可通过"高校网络教育阳光招生服务平台"、试点高校网络教育学院的网站、"中国现代远程与继续教育网"等正规网站查询试点高校的招生简章，了解网络教育的入学条件、学习形式、修业年限、学历文凭、学位授予、电子注册、收费标准等政策。

表7-2 网络高等学历教育招生单位（截至2013年）

省份	高校
北京	北京大学、中国人民大学、清华大学*、北京交通大学、北京航空航天大学、北京理工大学、北京科技大学、北京邮电大学、中国农业大学、北京中医药大学、北京师范大学、北京外国语大学、北京语言大学、中国传媒大学、对外经济贸易大学、中国科学技术大学、中央音乐学院、中国石油大学（北京）、中国地质大学（北京）、中央广播电视大学
天津	南开大学、天津大学
黑龙江	哈尔滨工业大学、东北农业大学
吉林	吉林大学、东北师范大学
辽宁	大连理工大学、东北大学、东北财经大学、中国医科大学
上海	复旦大学、上海交通大学（含医学院）、华东理工大学、东华大学、华东师范大学、上海外国语大学
江苏	南京大学、东南大学、江南大学
福建	厦门大学、福建师范大学
山东	山东大学、中国石油大学（华东）
浙江	浙江大学
河南	郑州大学
湖北	武汉大学、华中科技大学、中国地质大学（武汉）、武汉理工大学、华中师范大学
湖南	湖南大学、中南大学
广东	中山大学、华南理工大学、华南师范大学
四川	四川大学、西南交通大学、电子科技大学、西南科技大学、四川农业大学、西南财经大学
重庆	重庆大学、西南大学
陕西	西安交通大学、西北工业大学、西安电子科技大学、陕西师范大学
甘肃	兰州大学

备注：带*的学校是有招生资质，但2013年不招生的学校。

7.7.3.2 知识传播教育

知识传播教育主要涉及校外知识传播和特定行业的专业知识传播和培训。

校外知识传播主要涉及校内知识的延伸和巩固培训及教育。如外语培训、语数外培训等。外研社已经从一家单纯的外语教材出版公司发展成集培训机构、远程教育于一体的综合教育机构；外研社还与科大讯飞成立了合资公司，计划在教育信息化方面展开业务。101网校、北京四中网校、黄冈网校、新华网校、华图网校、新东方网校、游学网是针对在校学生、上网人员进行技术学习，而一些会计网则是代替课堂教育。

特定行业的专业知识传播和培训主要涉及一些职业资格考试培训、职业继续教育培训等。职业资格考试培训如建筑行业的建造师、会计师、律师等，比较成功的网站包括环球职业网校等；职业继续教育培训如会计人员继续教育培训等，比较成功的网站是中华会计网校、东奥会计在线等。

7.7.4 网络教育的特色优势和缺点

所有人离不开教育：早期教育、课外辅导、少儿英语、职业教育、出国留学、商学院、移民服务等，而在信息化爆发式发展的趋势下，在线教育可以突破时间和空间的限制，提升了学习效率；在线教育可以跨越因地域等方面造成的教育资源不平等分配，使教育资源共享化，降低了学习的门槛。

基于在线教育的特点和优势，网络学校受到越来越多人的认可，各类新兴的网校及相关网站也在不断涌现，比如三条杠网、91外教网等。显然，这代表着网校已经逐渐走进大众的生活并成为一种学习的主流趋势。因此很多人开始选择在线教育，特别是白领一族和大学生们。仅2012年一年，中国在线教育市场份额已经达到723亿元，且在线教育用户呈规模性放大趋势。

7.7.4.1 特色优势

1）资源利用最大化

各种教育资源库通过网络跨越了空间距离的限制，使学校的教育成为可以超出校园向更广泛的地区辐射的开放式教育。学校可以充分发挥自己的学科优势和教育资源优势，把最优秀的教师、最好的教学成果通过网络传播到四面八方。

2）学习行为自主化

网络技术应用于网络教育，其显著特征是：任何人、任何时间、任何地点、从任何章节开始、学习任何课程。网络教育便捷、灵活的"五个任何"，在学习模式上最直接体现了主动学习的特点，充分满足了现代教育和终身教育的需求。

3）学习形式交互化

教师与学生、学生与学生之间，通过网络进行全方位的交流，拉近了教师与学生的心理距离，增加教师与学生的交流机会和范围。并且通过计算机对学生提问类型、人数、次数等进行的统计分析使教师了解学生在学习中遇到的疑点、难点和主要问题，更加有针对性地指导学生。

4）教学形式个性化

网络教育中，运用计算机网络所特有的信息数据库管理技术和双向交互功能，一方面，系统对每个网络学员的个性资料、学习过程和阶段情况等可以实现完整的系统跟踪记录；另一方面，教学和学习服务系统可根据系统记录的个人资料，针对不同学员提出个性化学习建议。网络教育为个性化教学提供了现实有效的实现途径。

5）教学管理自动化

计算机网络的教学管理平台具有自动管理和远程互动处理功能，被应用于网络教育的教学管理中。远程学生的咨询、报名、交费、选课、查询、学籍管理、作业与考试管理等，都可以通过网络远程交互的方式完成。

7.7.4.2 隐藏弊端

人们对网络媒体的狂热追捧和理论研究的表面化，使网络教育忽视了社会文化变迁的步伐。全球化、知识爆炸、即时通信、电子化正在联手颠覆人们的工作和学习方式，旧模式在迅速隐退、新模式在迅速形成。对此，网络教育大多视而不见，教学内容、教学方法、评价方式大致沿袭传统校园做法。以教材为例，大部分高校网络教育的文本教材直接使用校园教材，有的甚至搬用自学考试的教材。就此而言，网络教育显然还没有找到自己统一的逻辑结构，还是利用媒体在克隆、复制校园教育。这种忽视教育对象群体文化特征和社会文化转型期变化的克隆和复制，正好将网络教育的弱点在传统教育面前暴露无遗，也使得网络教育在教育的新旧价值、新旧传统之间游移不定，成为"边缘化"的角色。

网络教育一个最大的优点在于广泛性，同时这也是它的弊端、一个软肋。网络教育的对象"泛"化，没有个别性的针对，只有对群体的关注，在具体的教学中，缺乏情景性的教学。所谓情景性教学，是指在教育教学活动中，每一次的教育教学都是基于具体的情景，离开了当时的情景，教学也就失去了意义。其实说到底，当下的网络教育忽视了教学之中的情感因素，不关注讲授者与接受者的情感，在这种流水线形式的教学中，以机械化的教育代替了心灵转向的教育。网络教育虽然可以通过屏幕面对面地交谈，但是个人的情感很难把握，不能较好地根据每个人的变化而设计与更改教学程序。更重要的是，情感本身就是教育的一个大类，尤其中小学教育，学生的道德、价值只能在与人交流互动中完成，每一次对教师教授的课程，学生点滴的积累着教师的言行举止，也深深地体会到教师个人的品格，以及自我在给教师的反馈中的满足，这是网络教育所缺失的。正如杜威说的，"科学和技术都不是非人格的宇宙的力量。它们只能在人类欲望、预见、目的和努力的媒介中起着作用。"

网络教育再怎么强大，倘若忽视人的需要，忽视教学情景中人的情感，这种教育也就失去教育教学的根基。因此网络教育并不会取代学校教育，而且也不是一种主流的有效学习的途径。但是社会的发展又不能失去网络教育，而且网络教育的发展还会形成一种趋势，成为接受知识的教育教学不可替代的途径之一。

➢ 本章小结

1. 网络服务业主要有基础网络服务和应用网络服务两大类；应用网络服务也叫网络增值服务，主要包括：搜索引擎和门户网站、ISP、ICP、电子商务公司。

2. 网络金融主要包括：网络银行、网络证券、网络保险和网络贷款；网络金融风险主要来源于：①流动性风险；②信用风险；③声誉风险；④信息泄露风险；⑤技术安全风险。

3. 网络旅游模式主要包括：①资讯服务；②虚拟现实。网络旅游构成要素包括：网络信息系统；电子商务服务商；旅游目的地营销机构、旅游企业和旅游者；旅游信息化组织；支付、物流和规范。

4. 网络招聘的主要内容包括两个方面：一是面向企业提供简历查询、职位发布、简历订阅、人才猎寻、校园招聘、政策法规查询、人才测评、智聘系统及企业培训等服务；二是面向个人提供简历存储、职位搜索、职位订阅、人才测评、职业技能培训等服务。

中国网络招聘行业典型模式分为综合网络招聘模式、移动招聘模式、社交招聘模式、垂直社交模式和分类信息网站模式。

5. 网络多媒体包括网络视频、网络音乐、网络直播等多媒体的互联网传播对象。网络机顶盒、智能电视是人们通过电视收看网络视频节目的主要渠道。国内网络音乐市场的发展，是以版权问题为核心进行的，主要体现：①政策推动网络版权规范化；②抱团渡过正版化阵痛期；③版权健康流转态势初步形成。国内"网络直播"大致分为两类：网络电视转换直播和网络现场直播。

6. 网络社交的特点：①虚拟性；②多元性；③创新性；④自由性；⑤异化性。社会化网络（社交网站）主要分为4种类型：①娱乐交友型；②物质消费型；③文化消费型；④综合型。

7. 网络教育包括狭义和广义的概念。网络教育一般包括6个环节：①课件学习；②视频学习；③在线测试；④网上作业；⑤在线时长；⑥教学论坛。网络教育的形式包括网络学历教育和知识传播教育。

复习思考题

（1）除了本章介绍的网络服务业，你所接触到的网络服务业还有哪些？

（2）你使用的网络金融有哪些，请说出具体公司名字、软件及使用过程？

（3）请列举出P2P网络贷款出现跑路的风险案例。

（4）请调查身边的同学在网络旅游方面的应用情况。

（5）本章没有介绍到的网络直播形式存在吗？请举例。

（6）世纪佳缘、百合网等婚恋网站是否属于社交网络范畴，请说明其存在的问题。

（7）网络教育的形式有哪些？

（8）网络彩票是否属于网络服务业的范畴，请说明。

（9）网络服务业的盈利模式有哪些？

第8章　电子商务物流

学习目标

本章重点介绍物流的概念，物流的分类、基本组成要素；电子商务与物流的关系，掌握电子商务物流的概念及主要内容；电子商务物流管理的过程；电子商务物流的技术；电子商务物流配送中心的概述及库存控制方法；国外电子商务物流的发展现状；国内电子商务物流存在的问题及解决方案。

学习要求

了解：物流的概念、物流的分类、基本组成要素；电子商务物流的技术；国外电子商务物流的发展现状，理解国内电子商务物流存在问题及解决方案。

掌握：电子商务与物流的关系，电子商务物流的概念及主要内容，电子商务物流管理的过程，电子商务物流配送中心的概述及库存控制方法，国内电子商务物流存在问题及解决方案。

8.1 电子商务物流概述

8.1.1 电子商务与物流

没有一个完善的物流体系，电子商务特别是网上有形商品的交易就难以得到有效的保障。反过来，一个完善的物流体系是电子商务、特别是网上有形商品交易发展的保障。

有形商品的网上交易活动作为电子商务的一个重要构成方面，在近几年中也得到了迅速的发展。在这一发展过程中，人们发现作为支持有形商品网上交易活动的物流，不仅已成为阻碍有形商品网上交易活动顺利进行的一个障碍，而且也已成为有形商品网上交易活动能否顺利进行和发展的一个关键因素。因为没有一个高效的、合理的、畅通的物流系统，电子商务所具有的优势就难以得到有效的发挥，没有一个与电子商务相配套的物流体系，电子商务就难以得到有效的发展。

电子商务对物流的制约主要表现在：当网上有形商品的交易规模较小时，不可能形成一个专门为网上交易提高服务的物流体系，这不利于物流的专业化和社会化的发展。电子商务对物流的促进主要表现在两个方面：一是网上交易规模较大时，它会有利于物流专业化和社会化的发展；二是电子商务技术会促进物流的发展。

8.1.1.1 电子商务对物流理念的影响

在电子商务环境下，物流的理念将发生变化，主要表现在：

（1）物流系统中的信息变成了整个供应链运营的环境基础。网络是平台，供应链是主体，电子商务是手段。信息环境对供应链的一体化起着控制和主导的作用。

（2）企业的市场竞争将更多地表现为以外联网所代表的企业联盟的竞争。网上竞争的直接参与者将逐步减少。更多的企业将以其商品或服务的专业化比较优势，参加到以核心企业——或有品牌优势，或有知识管理优势为龙头的分工协作的物流体系中去，在更大的范围内建成一体化的供应链，并作为核心企业组织机构虚拟化的实体支持系统。供应链体系在纵向和横向有无限扩张的可能性，它将对企业提出要么是更广泛的联盟化，要么就是更深度的专业化。显然，在电子商务的框架内，联盟化和专业化是互为表里并统一在物流一体化的体系之中的。

（3）市场竞争的优势将不再是企业拥有的物质资源有多少，而在于它能调动、协调、最后是能整合多少社会资源来增强自己的市场竞争力。因此，企业的竞争将是以物流系统为依托的信息联盟或知识联盟的竞争。物流系统的管理也从对有形资产存货的管理转为对无形资产信息或知识的管理。

（4）物流系统面临的基本技术经济问题，是如何在供应链成员企业之间有效地分配信息资源，使得全系统的客户服务水平最高，即在追求物流总成本最低的同时为客户提供个性化的服务。

（5）物流系统由供给推动变为需求拉动，当物流系统内的所有方面都得到网络技术的支持时，产品对客户的可得性将极大的提高。同时，将在物流系统的各个功能环节上极大地降低成本，如降低采购成本、减少库存成本、缩短产品开发周期、为客户提供有效的服务、降低销售成本和营销成本以及增加销售的机会等。

8.1.1.2 电子商务对物流系统结构的影响

电子商务对物流系统结构的影响主要表现在：

（1）由于网上客户可以直接面对制造商并可获得个性化服务，故传统物流渠道中的批发商和零售商等中介将逐步淡出，但是区域销售代理将受制造商委托逐步加强其在渠道和地区性市场中的地位，作为制造商产品营销和服务功能的直接延伸。

（2）由于网上时空的"零距离"特点与现实世界的反差增大，客户对产品的可得性的心理预期加大，以致企业交货速度的压力变大。因此，物流系统中的港、站、库、配送中心、运输线路等设施的布局、结构和任务将面临较大的调整。如尤尼西斯公司在1988年采用了EDI的MRP系统后，将其欧洲区的5个配送中心和14个辅助仓库缩减为1个配送中心。在企业保留若干地区性仓库以后，更多的仓库将改造为配送中心。由于存货的控制能力变强，物流系统的仓库总数将减少。随着运管政策的逐步放宽，更多的独立承运人将为企业提供更加专业化的配送服务，配送的服务半径也将加大。

（3）由于信息共享的即时性，使制造商在全球范围内进行资源配置成为可能，故其组织结构将趋于分散并逐步虚拟化。当然，这主要是那些拥有品牌的、产品在技术上已经实现功能模块化和质量标准化的企业。

（4）大规模的电信基础设施建设，将使那些能够在网上直接传输的有形产品的物流系统隐形化。这类产品主要包括书报、音乐、软件等，即数字化产品的物流系统将逐步与网络系统重合，并最终被网络系统取代。

8.1.1.3 电子商务对客户服务的影响

（1）要求在客户咨询服务的界面上，能保证企业与客户间的即时互动。网站主页的设计不仅要宣传企业和介绍产品，而且要能够与客户一起就产品的设计、质量、包装、改装、交付条件、售后服务等进行一对一的交流，帮助客户拟定产品的可行性解决方案，帮助客户下订单。这就要求得到物流系统中每一个功能环节即时的信息支持。

（2）要求客户服务的个性化。只有当企业对客户需求的响应实现了某种程度的个性化服务，企业才能获得更多的商机。因此，要求企业经营的产品或服务的个性化。专业化经营仍然是企业在网络经济环境下竞争发展的第一要务。企业只有专业化经营，方能突出其资源配置的比较优势所在，向客户提供更细致、更全面，更为个性化的服务。同样，按照供应链增值服务的一般性原则，把物流服务分成基本的和增值的两类。并根据客户需求的变化进行不同的服务营销组合将是适用的。

（3）要求企业对客户追踪服务的个性化。网络时代客户需求的个性化增大了市场预测的离散度，故发现客户个性化服务需求的统计特征将主要依赖对客户资料的收集、统计、分析和追踪。虽然从技术层面讲并没有什么困难，但是要涉及到文化的、心理的、法律的等诸多方面，因此建立客户档案并追踪服务本身，就是一项极富挑战性的工作。

8.1.1.4 电子商务对物料采购的影响

企业在网上寻找合适的供应商，从理论上讲具有无限的选择性。这种无限选择的可能性将导致市场竞争的加剧,并带来供货价格降低的好处。但是,所有的企业都知道频繁的更换供应商,将增加资质认证的成本支出,并面临较大的采购风险。所以,从供应商的立场来看,作为应对竞争的必然对策,是积极地寻求与制造商建立稳定的渠道关系,并在技术或管理或服务等方面与制造商结成更深度的战略联盟。同样,制造商也会从物流的理念出发来寻求与合格的供应商建立一体化供应链。作为利益交换条件,制造商和供应商之间将在更大的范围内和更深的层次上实现信息资源共享。从而降低物料的采购成本,主要体现在缩短订货周期、减少文案和单证、减少差错和降低价格等方面。

8.1.1.5 电子商务对存货的影响

一般认为,由于电子商务增加了物流系统各环节对市场变化反应的灵敏度,可以减少库存,节约成本。相应的技术手段也由精益管理(JIT)和物料需求计划(MRP)等,转向配送需求计划(DPR)、重新订货计划(ROP)和自动补货计划(ARP)等基于对需求信息做出快速反应的决策系统。对存货在供应链中进行了重新安排,存货在供应链中总量减少,同时在结构上将沿供应链向下游企业移动。即经销商的库存向制造商转移,制造商的库存向供应商转移,成品的库存变成零部件的库存,而零部件的库存将变成原材料的库存等。由于存货的价值沿供应链向下游是逐步递减的,因此,上游企业因减少存货而带来的相对较大的经济利益应该与下游企业一起来分享。供应链的一体化不仅要分享信息,而且要分享利益。

8.1.1.6 电子商务对运输的影响

在电子商务条件下,速度已上升为最主要的竞争手段。物流系统要提高客户对产品的可得性水平,在仓库等设施布局确定的情况下,运输将是决定性的。由于运输活动的复杂性,运输信息共享的基本要求就是运输单证的格式标准化和传输电子化。由于基本的 EDI 标准难以适应各种不同的运输服务要求,且容易被仿效,以至不能作为物流的竞争优势所在,所以在物流体系内必须发展专用的 EDI 能力才能获取整合的战略优势。专用的 EDI 能力实际上是要在供应链的基础上发展增值网(VAN),相当于在供应链内部使用的标准密码,通过管理交易、翻译通信标准和减少通信连接数目来使供应链增值,从而在物流联盟企业之间建立稳定的定制化渠道关系,供应链中的物流如图 8-1 所示。

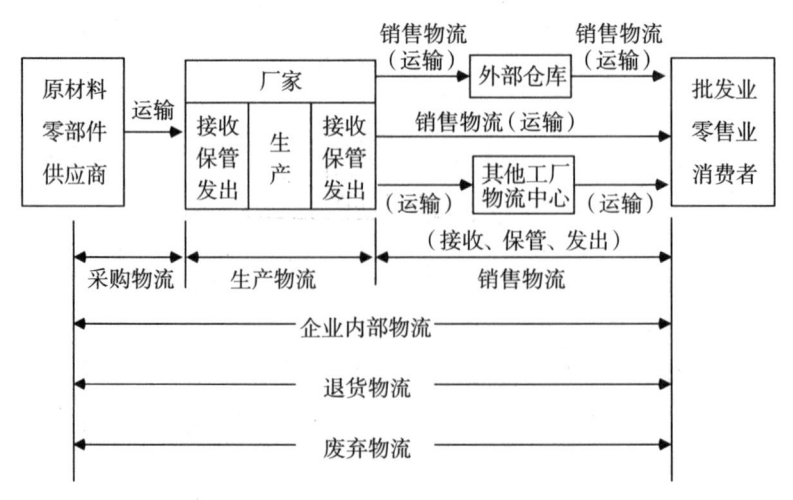

图 8-1 供应链中的物流

为了实现运输单证，主要是货运提单、运费清单和货运清单的 EDI 一票通，实现货运全程的跟踪监控和回程货运的统筹安排，将要求物流系统在相关通信设施和信息处理系统方面进行先期的开发投资，如电子通关、条形码技术、在线货运信息系统、卫星跟踪系统等。

8.1.1.7 电子商务对物流人才的要求

电子商务不仅要求物流管理人员既具有较高的物流管理水平，而且也要求物流管理人员要具有较高的电子商务知识，并在实际的运作过程中，能有效地将二者有机地结合在一起。

8.1.2 电子商务物流的产生

随着电子商务的快速发展，基于电子商务交易量的不断增加，电子商务发展过程中的巨大障碍——物流问题凸显出来，主要体现在以下几个方面。

（1）在网上交易的情况下，物流如何保证网上交易的商品尽快送到客户手中，即如何有效地实现网上交易商品的交割。

（2）在网上交易的情况下，交易的双方如何选择物流的运作模式。

（3）在确定了物流运作模式之后，如何以较低的成本、在较短的时间内完成实现物流的运作。

以上由电子商务所引发的物流问题，使人们认识到了物流的发展问题。如何在当今信息化浪潮的时代背景下，充分地利用现代信息技术——特别是计算机技术、互联网技术等来促进和实现物流的发展，成为物流发展的一个热点问题。图 8-2 为某便利店的物流流程示意图。

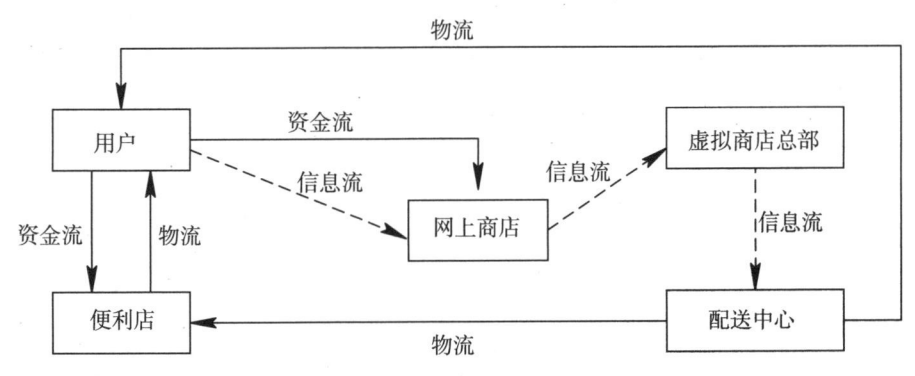

图 8-2 某便利店的物流流程示意图

在此背景下，物流中的一个新概念——"电子商务物流"产生了。人们在物流实践活动中，不断地将计算机技术、互联网技术等信息技术引入到物流活动之中，促使了物流的发展。

8.1.3 电子商务物流的概念

8.1.3.1 电子商务物流的含义

电子商务物流是指在电子商务环境下，物流和配送企业采用计算机技术、电子商务技术、软件系统及先进的管理手段，针对社会需求，严格地、按订货要求，进行一系列分类、编配、整理、分工、配货等理货工作。

交给没有范围限度的各类用户，满足其对商品的需求所进行的物流活动。

8.1.3.2 电子商务物流的研究对象

电子商务物流的研究对象就是研究物流在电子商务和现代科学技术条件下的运作和管理等。电子商务物流的目标是通过现代科学技术运用，在电子商务条件下，实现物流的高效化和低成本化，促进物流产业的升级以及电子商务和国民经济的发展。电子商务物流的本质是实现物流的信息化和现代化。

为了更好地进行电子商务物流活动，还需要进行以下两方面的研究。

一是科学技术对电子商务物流的影响与作用。如何利用现代的科学技术进行物流的运作与管理。

二是商务模式的变化对电子商务的影响与作用。如何在新的商务模式下对物流进行运作与管理。

8.1.4 电子商务物流的特点

电子商务时代的来临，给全球物流带来了新的发展，使物流具备了一系列新特点。

8.1.4.1 信息化

电子商务时代，物流信息化是电子商务的必然要求。物流信息化表现为物流信息的商品化、物流信息搜集的数据库化和代码化、物流信息处理的电子化和计算机化、物流信息传递的标准化和实时化、物流信息存储的数字化等。因此，条码技术（Bar Code）、数据库技术（Database）、电子订货系统（Electronic Ordering System，EOS）、电子数据交换（Electronic Data Interchange，EDI）、快速反应（Quick Response，QR）及有效的客户反应（Effective Customer Response，ECR）、企业资源计划（Enterprise Resource Planning，ERP）等技术与观念在我国的物流中将会得到普遍的应用。信息化是一切的基础，没有物流的信息化，任何先进的技术设备都不可能应用于物流领域，信息技术及计算机技术在物流中的应用将会彻底改变世界物流的面貌。

8.1.4.2 自动化

自动化的基础是信息化，自动化的核心是机电一体化，自动化的外在表现是无人化，自动化的效果是省力化，另外还可以扩大物流作业能力、提高劳动生产率、减少物流作业的差错等。物流自动化的设施非常多，如条码/语音/射频自动识别系统、自动分拣系统、自动存取系统、自动导向车、货物自动跟踪系统等。这些设施在发达国家已普遍用于物流作业流程中，而在我国由于物流业起步晚，发展水平低，自动化技术的普及还需要相当长的时间。

8.1.4.3 网络化

物流领域网络化的基础也是信息化。这里指的网络化有两层含义。一是物流配送系统的计算机通信网络，包括物流配送中心与供应商或制造商的联系要通过计算机网络，另外与下游顾客之间的联系也要通过计算机网络通信实现。比如，物流配送中心向供应商提出……这个过程，就可以使用计算机通信方式，借助于增值网（Value Added Network，VAN）……订货系统（EOS）和电子数据交换技术（EDI）来自动实现，物流配送中心通过计……游客户的订货的过程自动完成。二是组织的网络化，即所谓的企业内部网，……产，生产采取分散形式。这一过程需要有高效的物流网络支持，当然物流网络的基础是信息、电脑网络。电脑制造商将全世界的电脑资源都利用起来，采取外包的形式将一台电脑的所有零部件、元器件、芯片外包给世界各地的制造商去生产，然后通过全球的物流网络将这些零部件、元器件和芯片发往同一个物流配送中心进行组装，由该物流配送中心将组装的电脑迅速发给订户。

物流的网络化是物流信息化的必然，是电子商务下物流活动的主要特征之一。当今世界 Internet 等全球网络资源的可用性及网络技术的普及为物流的网络化提供了良好的外部环境，物流网络化不可阻挡。

8.1.4.4 智能化

智能化是物流自动化、信息化的一种高层次应用，物流作业过程大量的运筹和决策，如库存水平的确定、运输（搬运）路径的选择、自动导向车的运行轨迹和作业控制、自动分拣机的运行、物流配送中心经营管理的决策支持等问题都需要借助于大量的知识才能解决。在物流自动化的进程中，物流智能化是不可回避的技术难题。为了提高物流现代化的水平，物流的智能化已成为电子商务下物流发展的一个新趋势。

8.1.4.5 柔性化

柔性化本来是为实现"以顾客为中心"理念而在生产领域提出的，但要真正做到柔性化，即真正地能根据消费者需求的变化来灵活调节生产工艺，没有配套的柔性化的物流系统是不可能达到目的的。20 世纪 90 年代，国际生产领域纷纷推出弹性制造系统（Flexible Manufacturing System，FMS）、计算机集成制造系统（Computer Integrated Manufacturing System，CIMS）、制造资源系统（Manufacturing Requirement Planning，MRP）、企业资源计划（ERP）以及供应链管理的概念和技术，这些概念和技术的实质是要将生产、流通进行集成，根据客户端的需求组织生产，安排物流活动。因此，柔性化的物流正是适应生产、流通与消费的需求而发展起来的一种新型物流模式。这就要求物流配送中心要根据消费需求"多品种、小批量、多批次、短周期"的特点，灵活组织和实施物流作业。

另外，物流设施、商品包装的标准化，物流的社会化、共同化也都是电子商务下物流模式的新特点。

8.1.5 电子商务物流的主要内容

物流是实现销售过程的最终环节，采用不同的物流形式，对客户服务显得非常重要，因此，设计电子商务物流内容时应反映这一特点。概括起来，电子商务物流主要包括以下内容。

8.1.5.1 运输服务

无论是由企业自身还是由第三方提供物流服务，都必须将购买者的订货送到其指定的地点。企业可以用自己的运输工具租用车辆送货，但这样做物流成本肯定很高，比较理想的方案是将该业务外包给第三方物流经营者。第三方一般自己拥有或掌握有一定规模的运输工具，具有竞争优势的第三方物流经营者的物流设施不仅仅在一个点上，而是一个覆盖全国或一个大的区域的网络，因此，第三方物流服务提供商首先可能要为客户设计最合适的物流系统，选择满足客户需要的运输方式，然后具体组织网络内部的运输作业，在规定的时间内将客户的商品运抵目的地，除了在交货点交货需要客户配合外，整个运输过程，包括最后的市内配送都由第三方物流经营者完成，以尽可能方便客户。

8.1.5.2 储存功能

电子商务既需要建立 Web 网站，同时又需要建立或具备物流中心，而物流中心的主要设施之一就是仓库及附属设备。需要注意的是，电子商务服务提供商的目的不是要在物流中心的仓库中储存商品，而是要通过仓储保证市场分销活动的开展，同时尽可能降低库存占压的资金，减少储存成本。因此，提供社会化物流服务的公共型物流中心需要配备高效率的分拣、传送、储存、拣选等设备。在电子商务方案中，可以利用电子商务的信息网络，尽可能地通过完善的信息沟通，将实物库存暂时用信息代替，即将信息作为虚拟库存（Virtual Inventory），办法可以是建立客户端数据自动收集系统（Automated Data Collection，ADC），在供应链的不同环节采用 EDI 交换数据，建立基于 Internet 的 Intranet，为用户提供 Web 服务器便于数据实时更新和浏览查询，一些生产厂商和下游的经销商、物流服务商共用数据库，共享库存信息等，目的都是尽量减少实物库存水平但并不降低供货服务水平。那些能将供应链上各环节的信息系统有效集成，并能取得以尽可能低的库存水平满足营销需要的电子商务方案提供商将是竞争的真正领先者。

8.1.5.3 装卸搬运功能

这是为了加快商品的流通速度必须具备的功能，无论是传统的商务活动还是电子商务活动，都必须具备一定的装卸搬运能力，第三方物流服务提供商应该提供更加专业化的装载、卸载、提升、运送、码垛等装卸搬运机械，以提高装卸搬运作业效率，降低订货周期（Order Cycle Time，OCT），减少作业对商品造成的破损。

8.1.5.4 包装功能

物流的包装作业目的不是要改变商品的销售包装，而在于通过对销售包装进行组合、拼配、加固，形成适于物流和配送的组合包装单元。

8.1.5.5 流通加工功能

主要目的是方便生产或销售，专业化的物流中心常常与固定的制造商或分销商进行长期合作，为制造商或分销商完成一定的加工作业，比如贴标签、制作并粘贴条形码等。

8.1.5.6 物流信息处理功能

由于现代物流系统的运作已经离不开计算机，因此将各个物流环节各种物流作业的信息进行实时采集、分析、传递，并向货主提供各种作业明细信息及咨询信息，这是电子商务物流系统必须具备的功能。

8.1.6 电子商务增值性的物流服务

除了传统的物流服务外，电子商务还需要增值性的物流服务（Value Added Logistics Services）。增值性的物流服务包括以下几层含义和内容。

8.1.6.1 增加便利性的服务

一切能够简化手续、简化操作的服务都是增值性服务。在提供电子商务的物流服务时，推行一条龙门到门服务、提供完备的操作或作业提示、免培训、免维护、省力化设计或安装、代办业务、一张面孔接待客户、24 小时营业、自动订货、传递信息和转账（利用 EOS、EDI、EFT）、物流全过程追踪等都是对电子商务销售有用的增值性服务。

8.1.6.2 加快反应速度的服务

快速反应（Quick Response）已经成为物流发展的动力之一。传统观点和做法将加快反应速度变成单纯对快速运输的一种要求，但在需求方对速度的要求越来越高的情况下，它也变成了一种约束，因此必须想其他的办法来提高速度，所以第二种办法，也是具有重大推广价值的增值性物流服务方案，应该是优化电子商务系统的配送中心、物流中心网络，重新设计适合电子商务的流通渠道，以此来减少物流环节，简化物流过程，提高物流系统的快速反应性能。

8.1.6.3 降低成本的服务

电子商务发展的前期，物流成本将会居高不下。有些企业可能会因为根本承受不了这种高成本而退出电子商务领域，或者是选择性地将电子商务的物流服务外包出去，这是很自然的事情，因此发展电子商务，一开始就应该寻找能够降低物流成本的物流方案。企业可以考虑的方案包括：采用第三方物流服务商、电子商务经营者之间或电子商务经营者与普通商务经营者联合，采取物流共同化计划。同时，如果具有一定的商务规模，比如，京东商城和亚马逊这些具有一定的销售量的电子商务企业，可以通过采用比较适用但投资比较少的物流技术和设施设备，或推行物流管理技术，如运筹学中的管理技术、单品管理技术、条形码技术和信息技术等，提高物流的效率和效益，降低物流成本。

8.1.6.4 延伸服务

向上可以延伸到市场调查与预测、采购及订单处理；向下可以延伸到配送、物流咨询、物流方案的选择与规划、库存控制决策建议、货款回收与结算、教育与培训、物流系统设计与规划方案的制作等。关于结算功能，物流的结算不仅仅只是物流费用的结算，在从事代理、配送的情况下，物流服务商还要替货主向收货人结算货款等。关于需求预测功能，物流服务商应该负责根据物流中心商品进货、出货信息来预测未来一段时间内的商品进出库量，进而预测市场对商品的需求，从而指导订货。关于物流系统设计咨询功能，第三方物流服务商要充当电子商务经营者的物流专家，因而必须为电子商务经营者设计物流系统，代替它选择和评价运输商、仓储商及其他物流服务供应商。国内有些专业物流公司正在进行这项尝试。关于物流教育与培训功能，物流系统的运作需要电子商务经营者的支持与理解，通过向电子商务经营者提供物流培训服务，可以培养它与物流中心经营管理者的认同感，可以提高电子商务经营者的物流管理水平，可以将物流中心经营管理者的要求传达给电子商务经营者，也便于确立物流作业标准。

延伸服务最具有增值性，但也是最难提供的服务，能否提供此类增值服务现在已成为衡量一个物流企业是否真正具有竞争力的标准。

» 8.2 电子商务物流管理

8.2.1 电子商务物流管理概述

8.2.1.1 电子商务物流管理的概念

电子商务物流管理简单地说就是对电子商务物流活动所进行计划、组织、指挥、协调、控制和决策等。电子商务物流管理的目的就是使各项物流活动实现最佳的协调与配合,以降低物流成本,提高物流效率和经济效益。也就是说,电子商务物流管理就是研究并应用电子商务物流活动规律对物流全过程、各环节、各方面的管理。

8.2.1.2 电子商务物流管理的目标

概括地讲,电子商务下的物流管理应实现如下目标。

1)提升企业管理水平

通过合理的科学管理制度、现代化的管理方法和手段,确保物流配送中心基本功能和作用的发挥,从而保障相关企业和用户整体效益的实现。管理科学的发展为流通管理的现代化、科学化提供了条件,促进流通产业的有序发展。同时要加强对市场的监管和调控力度,使之有序化和规范化。总之,一切以市场为导向,以管理为保障,以服务为中心,加快科技进步是电子商务物流的根本出路。

2)实现人员结构的合理配置

电子商务物流能否充分发挥各项功能和作用,完成应承担的任务,人才配置是关键。为此,电子商务物流配送中心的人才配置要求必须配备数量合理、具有一定专业知识和较强组织能力、结构合理的决策人员、管理人员、技术人员和操作人员,以确保电子商务物流中心的高效运转。电子商务物流的发展需要大量的各类专业人才,从事经营、管理、科研、仓储、配送、流通加工、通信设备和计算机系统维护、贸易等业务。因此,必须加大人才培养的投入,培养和引进大批掌握先进科技知识的人才,并给他们施展才华的机会;还应对现有职工进行有计划的定期培训,形成系统的学习科技知识的制度;在企业里引入竞争机制,形成能上能下的局面;要提高员工的科技创新意识,培养企业对知识的吸纳能力,促进物流产业的人力资源得到开发和利用,造就大批符合知识经济时代要求的物流配送人才,利用各种先进的科学技术和科学方法,促进物流配进产业向知识密集型方向发展。

3)合理优化技术装备

新型物流配送中心面对着成千上万的供应厂商和消费者以及瞬息万变的市场,需要为众多用户进行商品配送,及时满足他们的不同需要,这就要求必须配备现代化装备和应用管理系统,具备必要的物质条件,尤其是要重视计算机网络的建设和运用。通过计算机网络可以广泛收集信息,及时进行分析比较,通过科学的决策模型,迅速做出正确的决策,这是解决系统化、复杂化和紧迫性问题最有效的工具和手段。同时采用现代化的配送设施和配送网络,将会逐渐形成社会化大流通的格局,专业化的生产和严密组织的大流通对物流手段的现代化提出了更高要求,如对自动分拣输送系统、立体仓库、水平垂直、分层、分段旋转货架、AGV自动导向系统、商品条码分类系统以及悬挂式输送机这些新型高效大规模的物流配送机械系统有着广泛而迫切的需求。通过它们以适应市场需求,提供更完美的服务,在为多用户多品种、少批量、高频度、准确、迅速和灵活等服务方面具有独特的优势。

4)科学管理

除了上述目标之外,实现对电子商务下的物流全过程的科学管理也是电子商务成功的至关重要的环节。其主要内容包括:

（1）电子商务物流目标的管理。明确电子商务的销售目标，确定物流、配送的服务目标、成本目标（可用一些指标来衡量，如送货频率、反应时间、订货满足率和配送成本等）。

（2）电子商务物流运作流程的管理。通过对可用的物流和配送资源进行正确评估以及市场的预测与定位，确定最佳的物流和配送运作流程，并在实践中不断调整和优化流程。

（3）电子商务物流运作形态的管理。一方面是对物流、配送系统形态的选择，如，委托第三方物流、自己承担或与其他企业合作物流；另一方面是对物流合作伙伴的评估、管理与控制。

（4）电子商务物流资源的管理。包括准确分析需求，合理配置物流及配送资源（送、配货车辆及仓库资源等）。

（5）电子商务客户服务的管理。包括对市场客户的需求预测、客户信息资源的收集与分析、物流配送系统的信息跟踪与查询以及用户反馈信息的管理等。

（6）电子商务物流的成本管理。包括制定物流、配送系统的总成本控制指标以及对物流全过程的成本控制与管理等。

8.2.1.3 电子商务物流管理的原则

1）系统效益原则

也称整体效益原则，这是管理原理的基本思想。物流管理也不例外，它不仅要求物流活动本身效益最大化，而且要求与物流相关的系统整体效益最大化，包括当前效益与长远效益，财务效益与经济效益，经济效益与社会效益，经济效益与生态效益等。因此，物流管理人员和部门要确立可持续发展的观念，处理好物流与社会需求、物流耗费与有限资源、当前与长远发展的关系。

2）标准化原则

电子商务物流按其重复性可分为两大类：一类为重复发生的常规性活动，如物料的领用、发出，配送的路线，搬运装卸等；另一类为一次性或非常规性的活动，如用户需求的随时变化、运输时间的不确定性等。物流管理的标准化要求常规活动按标准化原则实施管理，实现自动化、智能化，以提高效率，降低成本。随着物流技术的不断更新（如人工智能模拟、MRP），电子商务物流信息技术的广泛应用（如 GIS、GPS、EDI 等），对随机性活动亦可逐步标准化。

3）服务原则

服务原则是指在物流管理的全过程中，努力促使各级各类员工牢固树立服务观念，切实恪守职业道德，严格执行服务标准；通过文明、高效、优质的服务，内强分工体系的协同效应，外塑物流企业的整体形象，确保企业经济效益和社会效益同步提高。

8.2.1.4 电子商务物流管理的主要内容

电子商务物流管理的主要内容包括电子商务物流系统、电子商务物流过程、电子商务物流技术、电子商务物流费用的管理以及电子商务物流管理方法等。本章仅对其中的电子商务物流系统、电子商务物流过程、电子商务物流技术三个方面进行介绍。

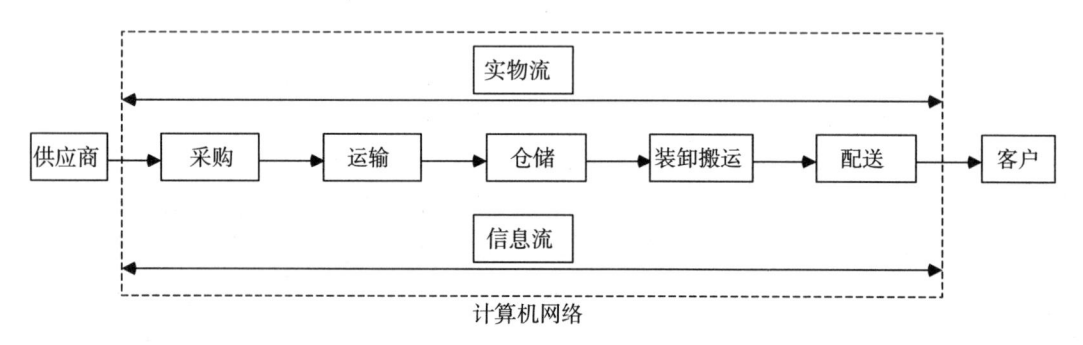

8.2.2 电子商务物流系统

电子商务物流系统是指在实现电子商务特定过程的时间和空间范围内，由所需位移的商品（或物资）、包装设备、装卸搬运机械、运输工具、仓储设施、人员和通信联系设施等若干相互制约的动态要素所构成的具有特定功能的有机整体。电子商务物流系统的目的是实现电子商务过程中商品（或物资）的空间效益和时间效益，在保证商品满足供给需求的前提下，实现各种物流环节的合理衔接，并取得最佳经济效益。电子商务物流系统既是电子商务系统中的一个子系统或组成部分，也是社会经济大系统的一个子系统。

电子商务物流系统与一般系统一样，具有输入、转换和输出三大功能。通过输入和输出使物流系统与电子商务系统及社会环境进行交换，并相互依存。输入包括人、财、物和信息；输出可以包括效益、服务、环境的影响以及信息等；而实现输入到输出转换的则是电子商务物流的各项管理活动、技术措施、设备设施和信息处理等。具体主要包括物流配送中心、物流信息网络、物流运输网络、物流仓储和客户服务和管理系统等功能，如图8-3所示。

图 8-3　电子商务物流系统的构成

8.2.3 电子商务物流过程

电子商务的物流作业流程同普通商务物流作业流程一样，目的都是要将用户所订货物送到用户手中，其主要作业环节与一般物流的作业环节一样，包括商品包装、商品运输、商品储存、商品装卸和物流信息管理等。

电子商务物流系统的基本业务流程因企业性质的不同而有所差异。如，制造型企业的电子商务系统，其主要业务过程可能起始于客户订单，中间可能包括与生产准备和生产过程相关的物流环节，同时包括从产品入库直至产品送达客户的全部物流过程；而对销售型的电子商务企业（如销售网站）而言，其物流过程就不包括生产过程物流的提供，但其商品组织与供应物流和销售物流的功能则极为完善；对于单纯的物流企业而言，由于它充当为电子商务企业（或系统）提供第三方物流服务的角色，因此，它的功能和业务过程更接近传统意义上的物流或配送中心。

虽然各种类型的电子商务企业的物流组织过程有所差异，但从电子商务物流过程的流程看还是具有许多相同之处。具体地说，其基本业务流程一般都包括进货、进货检验、分拣、储存、拣选、包装、分类、组配、装车及送货等。与传统物流模式不同的是，电子商务的每个订单都要送货上门，而有形店铺销售则不用，因此，电子商务的物流成本更高，配送路线的规划、配送日程的调度、配送车辆的合理利用难度更大。与此同时，电子商务的物流流程可能会受到更多因素的制约。图 8-4 给出了电子商务物流的一般过程。

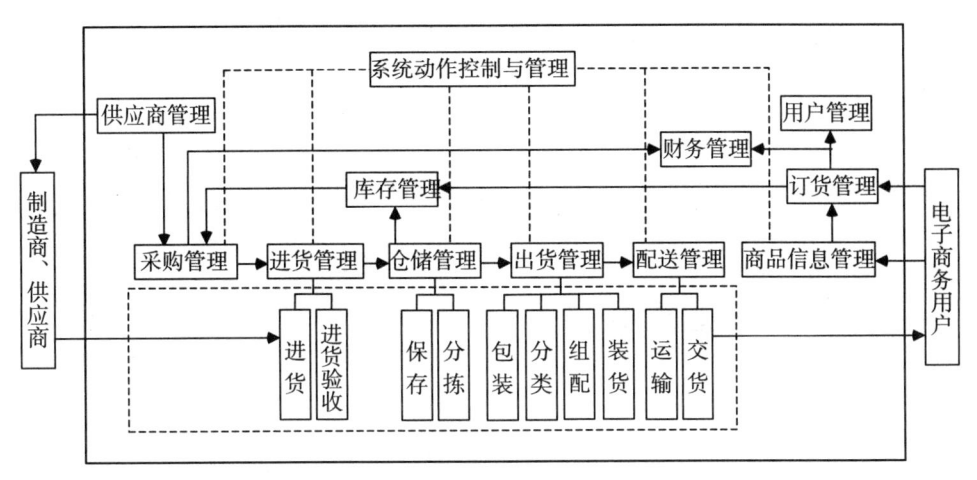

图 8-4　电子商务物流的一般过程

图 8-4 中电子商务物流过程主要包括运输、保管、装卸、包装、流通加工以及与其相联系的物流信息处理。它们相互联系，构成物流系统的功能组成要素。可以分别把这 5 个过程称为：电子商务的起点——商品包装；电子商务的动脉——商品运输；电子商务的中心——商品存储；电子商务的接点——商品装卸；电子商务的中枢神经——物流信息。

8.2.4　电子商务物流技术

物流技术一般是指与物流要素活动有关的所有专业技术的总称，可以包括各种操作方法、管理技能等，如流通加工技术、物品包装技术、物品标识技术、物品实时跟踪技术等。物流技术还包括物流规划、物流评价、物流设计、物流策略等。当计算机网络技术的应用普及后，物流技术中综合了许多现代信息技术，如 GIS（地理信息系统）、GPS（全球卫星定位）、EDI（电子数据交换）、BAR CODE（条码）等。

8.2.4.1　条码技术及应用

条码技术是在计算机的应用实践中产生和发展起来的一种自动识别技术。它是为实现对信息的自动扫描而设计的。它是实现快速、准确而可靠地采集数据的有效手段。条码技术的应用解决了数据录入和数据采集的"瓶颈"问题，为供应链管理提供了有力的技术支持，其中应用最广泛的是一维条码，如图 8-5 所示。

条码由一组排列规则的条、空和相应的字符组成。这种用条、空组成的数据编码可以供机器识读，而且很容易译成二进制和十进制数。这些条和空可以有各种不同的组合方式，从而构成不同的图形符号，即各种符号体系，也称码制，适用于不同的场合。如图 8-5 所示。

（a）商品条码（UPC-A）

（b）EAN-13 条码

（c）ITF-14 条码

（d）UCC/EAN-128 条码

图 8-5　条码类型

条码技术为企业提供了一种对物流中的物品进行标识和描述的方法，借助自动识别技术、POS 系统、EDI 等现代技术手段，企业可以随时了解有关产品在供应链上的位置，并即时做出反应。当今在欧美等发达国家兴起的 ECR、QR、自动连续补货（ACEP）等供应链管理策略，都离不开条码技术的应用。条码是实现 POS 系统、EDI、电子商务、供应链管理的技术基础，是物流管理现代化、提高企业管理水平和竞争能力的重要技术手段。

物流条码是条码中的一个重要组成部分，它不仅在国际范围内提供了一套可靠的代码标识体系，而且为贸易环节提供了通用语言，为 EDI 和电子商务奠定了基础。因此，物流条码标准化在推动各行业信息化、现代化建设进程和供应链管理的过程中将起到不可估量的作用。

8.2.4.2　EDI 技术及应用

EDI（电子数据交换）是指按照同一规定的一套通用标准格式，将标准的经济信息，通过通信网络传输，在贸易伙伴的电子计算机系统之间进行数据交换和自动处理。它是实现信息交换的有效手段，其目的在于利用现有的计算机及通信网络资源，提高贸易伙伴之间的通信效率，降低成本。

EDI 主要由数据标准化，计算机应用系统，通信网络三要素组成。数据标准化是由各企业、各地区代表共同讨论、制定的电子数据交换共同标准，可以使各组织之间的不同文件格式通过共同的标准获得彼此之间的交换。通信网络是实现 EDI 的手段。EDI 的工作模式如图 8-6 所示。

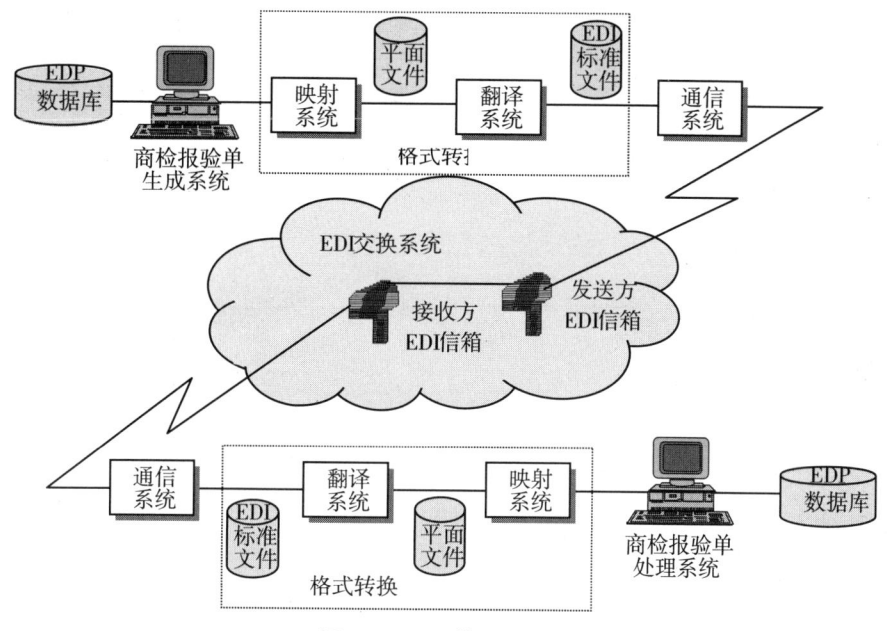

图 8-6　EDI 的工作模式

8.2.4.3 射频技术及应用

射频技术 RF（Radio Frequency）的基本原理是电磁理论。射频系统的优点是不局限于视线，识别距离比光学系统远，射频识别卡可具有读写能力，可携带大量数据，难以伪造，且有智能。

RF 适用于物料跟踪、运载工具和货架识别等要求非接触数据采集和交换的场合，由于 RF 标签具有可读写能力，对于需要频繁改变数据内容的场合尤为适用。

射频识别系统的传送距离由许多因素决定，如传送频率、天线设计等。对于应用 RF 识别的特定情况应考虑传送距离、工作频率、标签的数据容量、尺寸、重量、定位、响应速度及选择能力等。

在我国主要用于高速公路的收费站口，铁路系统的纪录货车车厢编号；用于物流管理中的车辆、货物的跟踪；考勤系统、检票系统等。图 8-7 为不同类型射频识别器的示意图。

美国和北大西洋公约组织（NATO）在波斯尼亚的"联合作战行动中"，建立了识别跟踪军用物资的新型后勤系统。该系统途中运输部分的功能就是靠贴在集装箱和装备上的射频识别标签实现的。接收装置收到 RF 标签信息后，连同接收地的位置信息上传至通信卫星，再由卫星传送给运输调度中心，送入其信息数据库中。无论物资是在订购之中、运输途中，还是在某个仓库存储着，通过该系统，各级指挥人员都可以实时掌握所有信息，减少大量物资因无法跟踪而造成的重复运输问题。

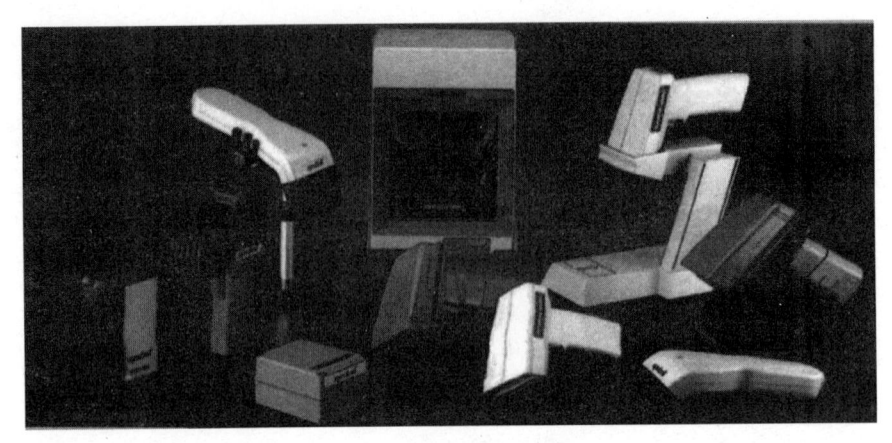

图 8-7　不同类型射频识别器

8.2.4.4　GIS 技术及其应用

GIS（Geographical Information System，地理信息系统）是多种学科交叉的产物，它以地理空间数据为基础，采用地理模型分析方法，适时地提供多种空间的和动态的地理信息，是一种为地理研究和地理决策服务的计算机技术系统。其基本功能是将表格型数据（无论它来自数据库、电子表格文件或直接在程序中输入）转换为地理图形显示，然后对显示结果浏览、操作和分析。其显示范围可以从洲际地图到非常详细的街区地图，显示对象包括入口、销售情况、运输线路以及其他内容。

GIS 应用于物流分析，主要是指利用 GIS 强大的地理数据功能来完善物流分析技术。国外公司已经开发出利用 GIS 为物流分析提供专门分析的工具软件。完整的 GIS 物流分析软件集成了车辆路线模型、最短路径模型、网络物流模型、分配集合模型和设施定位模型等。

1）车辆路线模型

该模型用于解决一个起始点、多个终点的货物运输中，如何降低物流作业费用，并保证服务质量的问题。包括决定使用多少辆车，每辆车的行驶路线等。

2）网络物流模型

该模型用于解决寻求最有效的分配货物路径问题，也就是物流网点布局问题。如将货物从 N 个仓库运往到 M 个商店，每个商店都有固定的需求量，因此需要确定由哪个仓库提货送给哪个商店，其运输代价最小。

3）分配集合模型

该模型可以根据各个要素的相似点把同一层上的所有或部分要素分为几个组，用以解决确定服务范围和销售市场范围等问题。如某一公司要设立 X 个分销点，要求这些分销点要覆盖某一地区，而且要使每个分销点的顾客数目大致相等。

4）设施定位模型

该模型用于确定一个或多个设施的位置。在物流系统中，仓库和运输线共同组成了物流网络，仓库处于网络的节点上，节点决定着线路，如何根据供求的实际需要并结合经济效益等原则，在既定区域内设立多少个仓库，每个仓库的位置，每个仓库的规模，以及仓库之间的物流关系等，运用此模型均能很容易地得到解决。

8.2.4.5 GPS 技术及应用

全球定位系统（Global Positioning System，GPS）具有在海、陆、空进行全方位实时三维导航与定位能力。近 10 年来，我国测绘等部门使用 GPS 的经验表明，GPS 以全天候、高精度、自动化、高效益等显著特点，赢得了广大测绘工作者的信赖，并成功地应用于大地测量、工程测量、航空摄影测量、运载工具导航和管制、地壳运动监测、工程变形监测、资源勘察、地球动力学等多种学科，从而给测绘领域带来一场深刻的技术革命。GPS 在物流领域可以应用于汽车自定位、跟踪调度及铁路运输管理，也可以用于军事物流。

GPS 主要由空间部分、地面控制部分和用户设备部分 3 部分组成。

（1）空间部分——GPS 卫星星座：在用 GPS 信号导航定位时，为了结算测站的三维坐标，必须观测 4 颗 GPS 卫星，称为定位星座。这 4 颗卫星在观测过程中的几何位置分布对定位精度有一定的影响。

（2）地面控制部分——地面监控系统：GPS 工作卫星的地面监控系统包括主控站、注入站和监测站。

（3）用户设备部分——GPS 信号接收机：GPS 信号接收机的任务是能够捕获到按一定卫星高度截止角所选择的待测卫星的信号，并跟踪这些卫星的运行，对所接收到的 GPS 信号进行变换、放大和处理，以便测量出 GPS 信号从卫星到接收机天线的传播时间，解译出 GPS 卫星所发送的导航电文，实时地计算出测站的三维位置，甚至三维速度和时间。

GPS 主要用于以下方面。

（1）汽车自定位、跟踪调度、陆地救援。据丰田汽车公司的统计和预测，日本公司在利用全球卫星定位系统开发车载导航系统。日本车载导航系统的市场在 1995 年至 2000 年间平均每年增长 35% 以上，全世界在车辆导航上的投资将平均每年增长 60、8%，因此，车辆导航将成为未来全球卫星定位系统应用的主要领域之一。我国已有数十家公司在开发和销售车载导航系统。

（2）内河及远洋船队最佳航程和安全航线的测定、航向的实时调度、监测及水上救援。在我国，全球卫星定位系统最先使用于远洋运输的船舶导航。我国跨世纪的三峡工程也已规划利用全球卫星定位系统来改善航运条件、提高航运能力。

（3）空中交通管理、精密进场着陆、航路导航和监视。我国于 1996 年 3 月在西安威阳国际机场进行了世界首例完整的未来空中管理系统（CNS/ATM）演示，并获成功。

（4）铁路运输管理。我国铁路开发的基于 GPS 的计算机管理信息系统，可以通过 GPS 和计算机网络实时收集全路列车、机车、车辆、集装箱及所运货物的动态信息，可实现列车、货物追踪管理。

（5）军事物流。全球卫星定位系统首先是因为军事目的而建立的，在军事物流中，如在后勤装备保障等方面的应用已相当普遍。

总之，企业要改善供应链的业务流程，实现流程自动化，以降低供应链的成本，缩短供应链的时间需要将条码、EDI、EOS、GPS、GIS、RF 等技术集成起来，在供应链上建立一个高效的供应链集成系统，以确保产品能不间断地由供应商流向最终用户，使信息流能在开放的供应链中循环流动。从而真正满足客户对产品和信息的需求，给客户提供最优质的产品和适时准确的信息。

8.3 电子商务物流配送

物流配送（简称配送）是物流中商流与物流紧密结合的一种特殊的、综合的活动形式，它既包括了商流活动和物流活动，也包括了物流中的若干功能要素。电子商务物流配送，就是信息化、现代化、社会化的物流配送。

8.3.1 电子商务物流配送概述

电子商务物流配送是指物流配送企业采用网络化的计算机技术和现代化的硬件设备、软件系统及先进的管理手段，针对社会需求，严格地、守信用地按用户的订货要求，进行一系列分类、编配、整理、分工、配货等理货工作，定时、定点、定量地交给没有范围限度的各类用户，满足其对商品的需求。可以看出，这种新型的物流配送是以一种全新的面貌，成为流通领域革新的先锋，代表了现代市场营销的主方向。新型物流配送能使商品流通较传统的物流配送方式更容易实现信息化、自动化、现代化、社会化、智能化、合理化、简单化，使货畅其流，物尽其用，既减少生产企业库存，加速资金周转，提高物流效率，降低物流成本，又刺激了社会需求，有利于整个社会的宏观调控，也提高了整个社会的经济效益，促进了市场经济的健康发展。

电子商务环境下的物流配送既有电子商务本身的电子化、信息化等特点，也具有物流配送本身的一些特点。

1）物流配送网络化

物流配送体系实行计算机网络化和组织网络化，以及所谓的企业内部网络化 Intranet。物流配送网络化是物流信息化的必然，是电子商务物流配送活动的主要特征之一。

2）物流配送信息化

主要表现为配送信息的商品化、信息搜集的数据库化和代码化、信息处理的电子化和计算机化、信息传递的标准化和实时化、信息存储的数字化等。

3）物流配送柔性化

物流配送柔性化即配送中心根据消费需求的"多品种、多批次、短周期"等特点，灵活组织和实施物流作业，实现配送活动的柔性化。

4）物流配送自动化

物流配送自动化需要条码自动识别系统、自动分拣系统、自动存取系统、货物自动跟踪系统等技术支持。

5）物流配送智能化

物流配送作业运用大量的运筹和决策方法解决一些实际问题，如库存水平的确定、运输搬运路线的选择、自动导向车的运行轨迹和作业控制、配送中心经营管理的决策支持等。

8.3.2 电子商务物流配送中心概述

2001 年颁布的我国国家标准《物流术语》中对物流中心（logistics center）的定义是："从

事物流活动的场所或组织，应基本符合以下要求：主要面向社会服务；物流功能健全；完善的信息网络；辐射范围大；少品种、大批量；存储、吞吐能力强；物流业务统一经营、管理。"

8.3.2.1 电子商务物流配送中心的特点

根据国内外物流业发展情况，电子商务物流配送中心除了具备传统物流配送中心的特点外，还具有以下特点。

1）物流配送反应速度快

电子商务下，新型物流配送服务提供者对上游、下游的物流配送需求的反应速度越来越快，前置时间越来越短，配送时间越来越短，物流配送速度越来越快，商品周转次数越来越多。

2）物流配送功能集成化

新型物流配送着重于将物流与供应链的其他环节进行集成，包括，物流渠道与商流渠道的集成、物流渠道之间的集成、物流功能的集成、物流环节与制造环节的集成等。

3）物流配送服务系列化

电子商务下，新型物流配送强调物流配送服务功能的恰当定位与完善化、系列化，除了传统的储存、运输、包装、流通加工等服务外，还在外延上扩展至市场调查与预测、采购及订单处理、向下延伸至物流配送咨询、物流配送方案的选择与规划、库存控制策略建议、货款回收与结算、教育培训等增值服务，在内涵上提高了以上服务对决策的支持作用。

4）物流配送作业规范化

电子商务下的新型物流配送强调功能作业流程、作业运作的标准化和程序化，使复杂的作业变成简单的易于推广与考核的运作。

5）物流配送目标系统化

新型物流配送从系统角度统筹规划一个公司整体的各种物流配送活动，处理好物流配送活动与商流活动及公司目标之间、物流配送活动与物流配送活动之间的关系，不求单个活动的最优化，但求整体活动的最优化。

6）物流配送手段现代化

电子商务下的新型物流配送使用先进的技术、设备与管理为销售提供服务，生产、流通和销售规模越大、范围越广，物流配送技术、设备及管理越要现代化。

7）物流配送组织网络化

为了保证对产品促销提供快速、全方位的物流支持，新型物流配送要有完善、健全的物流配送网络体系，网络上点与点之间的物流配送活动保持系统性和一致性，这样可以保证整个物流配送网络有最优的库存总水平及库存分布，运输与配送快捷、机动，既能铺开又能收拢。分散的物流配送单体只有形成网络才能满足现代生产与流通的需要。

8）物流配送经营市场化

新型物流配送的具体经营采用市场机制，无论是企业自己组织物流配送，还是委托社会化物流配送企业承担物流配送任务，都以"服务＋成本"的最佳配合为目标。

9）物流配送流程自动化

物流配送流程自动化是指运送规格标准、仓储货、货箱排列装卸、搬运等按照自动化

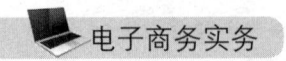

标准作业、商品按照最佳路线配送等。

10）物流配送管理法制化

宏观上，要有健全的法规、制度和规则；微观上，新型物流配送企业要依法办事，按章行事。

8.3.2.2 电子商务物流配送中心的功能

从理论上说，电子商务物流配送中心除了具备传统物流中心的基本功能外，还具备一些增值服务功能，以加快物流过程，降低物流成本，提高物流作业效率，增加物流的透明度等。

1）结算功能

物流配送中心的结算功能是物流配送中心对物流功能的一种延伸。物流配送中心的结算不仅仅只是物流费用的结算，在从事代理、配送的情况下，物流配送中心还要替货主向收货人结算货款等。

2）需求预测功能

自用型物流配送中心经常负责根据物流配送中心商品进货和出货信息来预测未来一段时间内的商品进出库量，进而预测市场对商品的需求。

3）物流配送系统设计咨询功能

公共型物流配送中心要充当货主的物流专家，因而必须为货主设计物流系统，代替货主选择和评价运输商、仓储商及其他物流服务供应商。国内有些专业物流配送公司正在进行这项尝试。这是一项增加价值、增加公共物流配送中心的竞争力的服务。

4）物流教育与培训功能

物流配送中心的运作需要货主的支持与理解，通过向货主提供物流培训服务，可以培养货主与物流配送中心经营管理者的认同感，可以提高货主的物流管理水平，可以将物流配送中心经营管理者的要求传达给货主，也便于确立物流作业标准。

5）JIT 物流计划

该计划为供应商提供培训服务及管理经验，优化了运输路线和运输方式，降低了库存成本，减少了收货人员及成本，并且为货主提供了更多更好的信息支持。

6）合同制仓储服务

这项服务减少了货主建设仓库的投资，同时通过在仓储过程中采用 CAD 技术、执行劳动标准、实行目标管理和作业监控来提高劳动生产率。

7）全面运输管理

全面运输管理可使运输方式最经济，在选定的运输方式中选择最佳的承运人；可以获得与公司关联的企业提供的服务；对零星分散的运输作业进行控制、减少回程车辆放空等，可以进行电子运单处理；可以对运输过程进行监控等。

8）生产支持服务

指进行简单的组装、合并与加固、包装与再包装、JIT 配送、贴标签等服务。

9）业务过程重组

可以对客户的业务运作过程进行诊断，并提出专业化的业务重组建议。

10）专业化合同制运输

根据预先设定的成本提供可靠的运输服务，提供灵活的运输管理方案，提供从购车到聘请司机直至优化运输路线的一揽子服务，降低运输成本，提供一体化的、灵活的运输方案。

11）回程集装箱管理

主要包括回程集装箱的跟踪、排队、清洗、储存等，可以降低集装箱的破损率，减少货主的集装箱管理成本，保证货物安全，对环保也有好处。

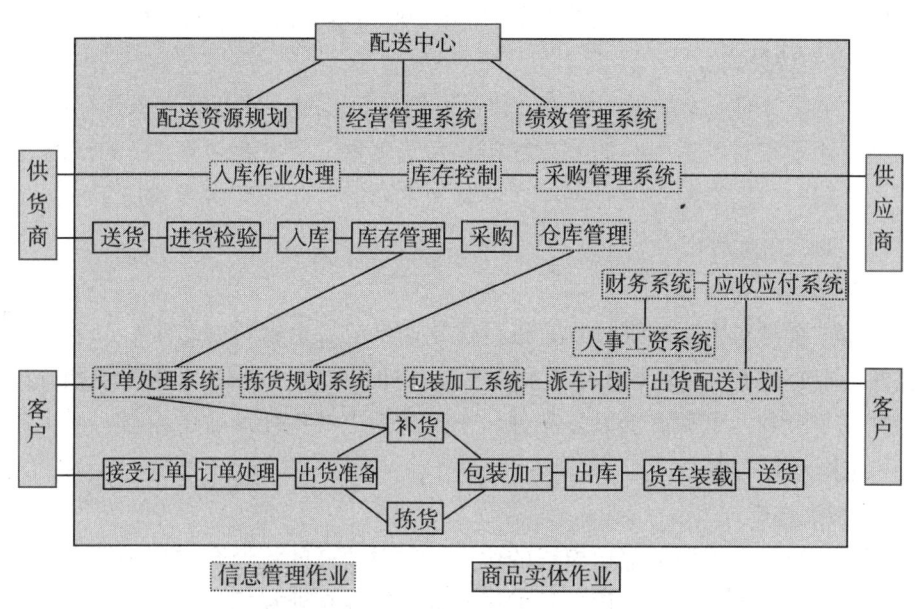

图 8-8 某物流配送中心管理流程

8.3.3 电子商务物流配送中心的运作类型

电子商务物流配送中心的运作类型按照不同的分类标准，可以分为以下两种类型。

第一种按运营主体的不同分类，物流配送中心大致分为以下 4 种类型。

1）以制造商为主体的配送中心

这种配送中心里的商品 100% 是由自己生产制造，用以降低流通费用、提高售后服务质量和及时地将预先配齐的成组元器件运送到规定的加工和装配工位。从商品制造到生产出来后条码和包装的配合等多方面都较易控制，所以按照现代化、自动化的配送中心设计比较容易，但不具备社会化的要求。

2）以批发商为主体的配送中心

批发是商品从制造者到消费者手中之间的传统流通环节之一。一般是按部门或商品类别的不同，把每个制造厂的商品集中起来，然后以单一品种或搭配向消费地的零售商进行配送。这种配送中心的商品来自各个制造商，它所进行的一项重要的活动是对商品进行汇总和再销售，而它的全部进货和出货都是社会配送的，社会化程度高。

3）以零售业为主体的配送中心

零售商发展到一定规模后，就可以考虑建立自己的配送中心，为专业商品零售店、超

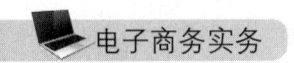

级市场、百货商店、建材商场、粮油食品商店、宾馆饭店等服务，其社会化程度介于前两者之间。

4）以仓储运输业者为主体的配送中心

这种配送中心最强的是运输配送能力，地理位置优越，如港湾、铁路和公路枢纽，可迅速将到达的货物配送给用户。它提供仓储储位给制造商或供应商，而配送中心的货物仍属于制造商或供应商所有，配送中心只是提供仓储管理和运输配送服务。这种配送中心的现代化程度往往较高。

第二种按照采用模式的不同分类，物流配送中心可以分为以下 3 种主要类型。

1）集货型配送模式

这种模式主要针对上家的采购物流过程进行创新而形成。其上家生产具有相互关联性，下家互相独立，上家对配送中心的储存度明显大于下家，上家相对集中，而下家分散具有相当的需求。同时，这类配送中心更加强调其加工功能。此类配送模式适于成品或半成品物资的推销，如汽车配送中心。

2）散货型配送模式

这种模式主要是对下家的供货物流进行优化而形成。上家对配送中心的依存度小于下家，而且配送中心的下家相对集中或有利益共享（如连锁业）。采用此类配送模式的流通企业，其上家竞争激烈，下家需求以多品种、小批量为主要特征，适于原材料或半成品物资配送，如机电产品配送中心。

3）混合型配送模式

这种模式综合了上述两种配送模式的优点，并对商品的流通全过程进行有效控制，有效地克服了传统物流的弊端。采用这种配送模式的流通企业规模较大，具有相当的设备投资，如区域性物流配送中心。在实际流通中，多采取多样化经营，降低了经营风险。这种运作模式比较符合新型物流配送的要求（特别是电子商务下的物流配送）。

8.3.4 电子商务物流配送中心应具备的条件

要使得电子商务物流配送中心能够成功运转，必须具备如下 3 个方面的条件。

1）高水平的企业管理

作为新型物流配送中心，电子商务物流配送中心是一种全新的流通模式和运作结构，其管理水平要求其达到科学化和现代化。只有通过合理的科学管理制度、现代化的管理方法和手段，才能确保物流配送中心基本功能和作用的发挥，从而保障相关企业和用户整体效益的实现。管理科学的发展为流通管理的现代化、科学化提供了条件，促进流通产业的有序发展。同时要加强对市场的监管和调控力度，使之有序化和规范化。总之，一切以市场为导向，以管理为保障，以服务为中心，加快科技进步是新型物流配送中心的根本出路。

2）高素质的人员配置

新型物流配送中心能否充分发挥其各项功能和作用，完成其应承担的任务，人才配置是关键。为此，新型物流配送中心的人才配置要求必须配备数量合理、具有一定专业知识和较强组织能力、结构合理的决策人员、管理人员、技术人员和操作人员，以确保新型物流配送中心的高效运转。

知识对经济增长的作用只有当知识为劳动者所掌握之后才能显现出来，人才开发和利用是促进知识经济发展的根本。知识经济一方面要求人才的专业化程度不断加深，另一方面又要求人才能够全面发展，以适应多变的外部环境，这就给人才的培养和开发带来了机遇和挑战。新型物流配送中心的发展需要大量的各种专业人才，从事经营管理、科研、仓储、配送、流通加工、通信设备和计算机系统维护、贸易等业务。

必须加大人才培养的投入，培养和引进大批掌握先进科技知识的人才，并给其以施展才华的机会；还应对现有职工进行有计划的定期培训，形成系统的学习科技知识的制度；在企业里引入竞争机制，形成能上能下的局面。要提高员工的科技创新意识，培养企业对知识的吸纳能力，促进物流产业的人力资源得到开发和利用，造就大批符合知识经济时代要求的物流配送人才，利用各种先进的科学技术和科学方法，促进物流配送产业向知识密集型方向发展。

3）高水平的装备配置

新型物流配送中心面对着成千上万的供应厂商和消费者以及瞬息万变的市场，承担着为众多用户的商品配送和及时满足他们不同需要的任务，这就要求必须配备现代化装备和应用管理系统，具备必要的物质条件，尤其是要重视计算机网络的运用。通过计算机网络可以广泛收集信息，及时进行分析比较，通过科学的决策模型，迅速做出正确的决策，这是解决系统化、复杂化和紧迫性问题最有效的工具和手段。同时采用现代化的配送设施和配送网络，将会逐渐形成社会化大流通的格局。专业化的生产和严密组织起来的大流通，对物流手段的现代化提出了更高要求，如对自动分拣输送系统、立体仓库、水平垂直、分层、分段旋转货架、AGV 自动导向系统、商品条码分类系统、悬挂式输送机这些新型高效大规模的物流配送机械系统有着广泛而迫切的需求。自动分拣输送系统能将不同方向、不同地点、不同渠道运来的不同物资，按照类型品种、尺寸重量及特殊要求分拣输送后集中在指定的主库或旋转货架上，其输送速度快（最快达 150 米 / 分）、分拣能力强（最高达 3 万件 / 小时）、规模大（机长高达几十甚至数百米）、卸货及分拣的通道多（最多达 200 个通道以上）、适用的货物范围广，是面向 21 世纪配送网络的大型物流机器系统。自动分拣输送系统和立库、旋转货架设备能适应市场需求，可以提供更完美的服务，在为多用户、多品种、少批量、高频度、准确、迅速、灵活等服务方面具有独特的优势。

8.3.5 电子商务物流配送中心的库存控制

8.3.5.1 配送中心库存的重要性

配送中心的库存是配送中心费用的主要来源，同时也是配送中心提高服务水平的保证。配送中心进行物流活动时，库存管理是重要的环节和要素。库存管理的任务是把库存数量控制在最佳水平，尽量减少人力、物力、财力的耗费，把库存管理好，为客户提供最大的供给保证。

通过物流配送中心的库存管理实现降低成本、提高库存保证程度和快速供应等任务。

8.3.5.2 配送中心库存控制方法

库存控制的主要内容是库存水平的确定，主要包括订货量、订货周期、订货价格、订货对象等内容。库存控制的方法有许多种，其中最为常用的为经济订货批量法。

库存的经济订货批量实际上就是定量订货模型，它的目标就是设立一个最低订货点，如果库存达到该订货点时，就要进行订货。订货量一般是最优经济批量，即经济订购批量。该模型所应用的库存货物是按照批量或者订单补充货源，不会造成积压或者断货。经济订货模型是一种永续盘存系统，它要求每次补充货源或者取用货物时，必须确认库存记录，如果低于再订货水平，必须订货。该方法可以避免库存的定期盘点，更加易于库存的监控，尤其是对贵重货物和关键、重要货物的库存不足情况，能够及时得到反馈，更快地做出反应。经济订货批量可以帮助包装企业合理控制库存，降低企业成本。

经济订货批量常用的方法有3个：基本经济订货批量、经济生产批量、有数量折扣下的经济订货量。

1）基本经济订货批量

基本经济订货批量是用来判断持有库存的年成本和订货成本之和最小的订货批量。该模型的前提是假定：只对一种货物进行控制，货物的年需要量、库存持有成本以及订购成本可以预测，并且一年中需求量平滑，不发生大的波动，需求比例是一个合理的常数。货物脱销、市场反应速度等其他成本忽略不计。各批货物是单独接收。不存在数量折扣。此时有：

年度库存持有成本 = $(Q/2)C$

年度订货成本 = $(D/Q)S$

年度总存储成本 $(TSC) = (Q/2)C + (D/Q)S$

经济订货批量 $(EOQ) = \sqrt{2DS/C}$

订货时间的循环长度 = EOQ/D

其中：

Q——在每个订购点所要订购的数量；

C——单位货物的库存持有成本；

D——货物的年度需求量；

S——订货成本。

【例 8-1】

假设某一包装企业每年需要牛皮纸 8000 吨，每吨牛皮纸的年持有成本是 20 元，订货成本是 80 元，该企业每年工作 320 天，即：$D = 8000$ 吨/年，$C = 20$ 元/单位/年，$S = 80$ 元，则该包装企业的经济订货批量、每年订货的次数、订货时间的循环长度、年度总存储成本分别为：

经济订货批量 $EOQ = \sqrt{2DS/C} = 253$（吨）

年订货次数 = $D/EOQ = 8000/253 = 32$（次）

订货时间的循环长度 = $EOQ/D = 253/8000 = 1/32$

320 天 × 1/32 = 10 天，即每 10 天订 1 次货

年度总存储成本 $(TSC) = (Q/2)C + (D/Q)S = (253/2) \times 20 + (8000/253)$

×80＝5090 元

注意：由于订货成本、持有成本、年度总需求依据的主要是评估值，而不是准确的数据，特别是持有成本有时是管理人员设定的，故经济订货批量是一个近似值而非精确值。

2）经济生产批量

经济生产批量是生产中大量使用的模型。在包装企业中，经济生产批量应用得比较广泛。即便像包装机械的组装中，也有部分工作是进行批量生产的。这主要是因为，在确定的条件下，生产某个零部件的实际产量超过该零部件的使用量，只要生产持续不断地进行，库存就会不断增加。在生产周期中，库存的形成速度是生产率和使用率的差值。

经济生产批量和基本经济订货批量的前提假设基本相同，即只对一种货物进行控制，货物的年需要量、库存持有成本以及订购成本可以预测，并且一年中需求量平滑，不发生大的波动，需求比例是一个合理的常数。货物脱销、市场反应速度等其他成本忽略不计。各批货物是单独接收，不存在数量折扣。生产率（p）大于使用率（u）等。此时有：

最高库存水平 $Imax = (Q/p)(p-u)$

最低库存水平 $Imin = 0$

平均库存水平 $Iaver = Imax = (Q/p)(p-u)/2$

年度持有成本 $= Iaver \times C = (Q/p)(p-u)C/2$

年度订购成本 $=(D/Q)S$

年度总存储成本（TSC）$=(Q/p)(p-u)C/2 + (D/Q)S$

经济订货批量（EOQ）$=\sqrt{(2DS/C)(p/(p-u))}$

循环时间 $= EOQ/u$

使用时间 $= EOQ/p$

【例 8-2】

假如某包装机械制造厂每年使用 36000 个齿轮来制造包装机械，该厂自己每天能够生产 600 个齿轮，每个齿轮的持有成本是 1 元，每次生产齿轮的生产备货成本是 60 元，该包装机械制造厂每年生产 300 天。即：$D = 36000$ 个齿轮/年，$C = 1$ 元/每个齿轮/年，$S = 60$ 元，$p = 600$ 个/天，$u = 36000/300 = 120$（个齿轮/天）。则该包装机械制造厂的最佳运作规模、最大库存水平、年度总存储成本、循环时间、使用时间分别为：

最佳运作规模 $EOQ = \sqrt{(2DS/C)(p/(p-u))} = 2324$（个齿轮）

最大库存水平 $Imax = (Q/p)(p-u) = (2324/600)(600-120) = 1860$（个齿轮）

年度总存储成本（TSC）$= ImaxC + (D/Q)$

$S = 1860 \times 1/2 + (36000/2324) \times 60 = 930 + 930 = 1860$（元）

循环时间 $= EOQ/u = 2324/120 = 19.4$（天）

使用时间 $= EOQ/p = 2324/600 = 3.9$（天）

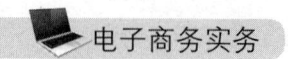

3) 有数量折扣下的经济订货量

如果用户购买的数量较大，供应商会提供较低的价格，即数量折扣。价格的降低通常是离散的或者是跳跃的，不是连续变化的。如果有数量折扣，就要将大量购货得到的价格优惠、较少订货次数带来的费用降低与较高库存水平带来的持有成本升高进行比较，看看数量折扣能否使企业真的降低成本。存在数量折扣的情况下，用户的目标是追求总成本最小的订货量。总成本是由订货成本、购买成本、持有成本构成。即总成本（TSC）＝（$Q/2$）C＋（D/Q）S＋PD，其中P是单位价格。

在实际应用时，一般持有成本有两种形式：一种是持有成本是常数；另一种是持有成本是价格的百分比。两种情况差别不大。现以持有成本为常数的例子来说明数量折扣问题。

【例 8-3】

假设某家包装生产厂家每年需要胶粘剂 900 桶，订货成本为 20 元，持有成本为 6 元。即 D＝900 桶/年，S＝20 元，C＝6 元/桶/年。供应商胶粘剂的价格是随着购买数量的变化而变化，现在来确定最优订货量和总成本，首先计算经济订货量：

$EOQ = \sqrt{2DS/C} \approx 78$（桶）

由于 78 桶在 60～89 桶之间，价格是 38 元/桶，每批购买 78 桶，一年购买 900 桶胶粘剂的总成本应该是：

$TSC78$＝（$Q/2$）C＋（D/Q）S＋PD＝（78/2）×6＋（900/78）×20＋900×38＝34665（元）

由于还存在更低的折扣范围，应该再检查是否还有比每桶 38 元，每批 78 桶更低的购货方式。

要得到 37 元/桶的优惠，必须最少购买 90 桶，90 桶的总成本是：

$TSC90$＝（$Q/2$）C＋（D/Q）S＋PD＝（90/2）×6＋（900/90）×20＋900×37＝33770（元）

要得到 36 元/桶的优惠，必须最少购买 120 桶，120 桶的总成本是：

$TSC120$＝（$Q/2$）C＋（D/Q）S＋PD＝（120/2）×6＋（900/120）×20＋900×36＝32910（元）

因此，由于每批 120 桶的时候总成本最低，120 桶是整个可行范围的最优订货量，此时总成本为 32910 元。

在生产实践中，由于价格折扣会随着购买数量的增加而增大，因此购买量大于最优订购批量往往更能节省成本，但是要特别注意对货物的存储成本和过时风险做出正确的评估。

经济订货批量解决了订多少货的问题，如果要确定何时订货，还要计算最佳订货点，本节不再介绍。如果订货的时间间隔固定，要使用定期订货模型计算订货量。

> **注意**
>
> 经济订货批量能够减少库存，降低成本，增加企业效益，但是在实际应用中一定要注意持有成本和订购成本的正确评估。包装企业一定要确定其库存管理系统和经济订货批量模型是否相符合，符合模型条件时才能应用，如果不符合经济订货批量模型的条件，不能生搬硬套，否则只能产生错误的结果，给企业造成损失。

8.2.5.3 配送中心的库存管理

配送中心的库存管理制度主要包括定量订货管理制度、定期订货管理制度和及时制及看板管理制度等，并通过以下具体内容予以体现。

（1）配送中心库存管理的内容。主要包括收货管理、存货管理、发货管理、信息管理和财务管理等。

（2）配送中心库存管理的目标。主要包括服务性目标、速送性目标、空间的有效利用目标和适当化标准等目标。

（3）配送中心的岗位设置。配送中心的岗位设置应由配送中心的作业流程来决定。通常情况下，配送中心可设置采购或进货管理组、储存管理组、加工管理组、运输组、配货组、营业管理组或服务组、账务管理组、退货与坏货作业组等。

（4）订单处理。配送中心在服务客户的整个过程中，订单处理既是开端，又是服务质量得以保证的根本。在订单处理中，订单的分拣和集合是比较重要的环节。配送中心收到客户的订单后，主要进行以下处理工作：

①检查订单是否全部有效，即信息是否完全、准确；

②信用部门审查顾客的信誉；

③市场销售部门把销售额记入有关销售人员的账目；

④会计部门记录有关账目；

⑤库存管理部门选择和通知距离顾客最近的仓库，分拣顾客订单，包装备运，并及时登记公司的库存控制总账，扣减库存，同时将货物及搬运单交运输商；

⑥运输部门安排货物运输，将货物从仓库发运到发货地点，并完成收货确认（即签收）。

（5）送货与退货处理。其中送货处理是配送中心在拣选工作完成后，对货物进行出货检查，然后交给本企业配送部门或运输商进行送货。退货处理是配送服务中的一项任务，在此不做赘述。

（6）配送中心的成本管理主要包括配送中心环节管理、采购成本控制、配送成本控制、加强配送的计划性、确定合理的配送路线和进行合理的车辆配载等内容。

（7）设备管理主要包括基础硬件设备管理、信息设备管理和全面实现计算机管理等内容。

8.4 国外电子商务物流

8.4.1 国外电子商务物流配送中心分类

美国的物流业发展起步早，经验成熟，尤其是信息化管理程度高，本章以美国的物流配送中心为例展开说明。

从 20 世纪 60 年代起，商品配送合理化在发达国家普遍得到重视，为了向流通领域要效益，美国企业采取了以下措施：一是将老式的仓库改为配送中心；二是引进电脑管理网络，对装卸、搬运、保管实行标准化操作，提高作业效率；三是连锁店共同组建配送中心，促进连锁店效益的增长。美国连锁店的配送中心有多种，主要有批发型、零售型和仓储型 3 种类型。

1）批发型

美国加州食品配送中心是全美第二大批发配送中心，建于 1982 年，建筑面积 10 万平方米，工作人员 2000 人左右，共有全封闭型温控运输车 600 多辆，1995 年销售额达 20 亿美元。经营的商品均为食品，有 43000 多个品种，其中有 98% 的商品由该公司组织进货，另有 2% 的商品是该中心开发加工的商品，主要是牛奶、面包、冰激凌等新鲜食品。该中心实行会员制。各会员超市根据店铺的规模大小不同、所需商品配送量的不同，向中心交纳不同的会员费。会员店在日常交易中与其他店一样，不享受任何特殊的待遇，但可以参加配送中心的定期的利润处理。该配送中心本身不是盈利单位，可以不交营业税。所以，当配送中心获得利润时，采取分红的形式，将部分利润分给会员店。会员店分得红利的多少，将视配送中心的送货量和交易额的多少而定，多者多分红。

该配送中心主要靠计算机管理。业务部通过计算机获取会员店的订货信息，及时向生产厂家和储运部发出要货指示单；厂家和储运部再根据要货指示单的先后缓急安排配送的先后顺序，将分配好的货物放在待配送点等待发运。配送中心 24 小时运转，配送半径一般为 50 公里。

该配送中心与制造商、超市协商制定商品的价格，主要依据是：

（1）商品数量与质量；

（2）付款时间，如在 10 天内付款可以享受 2% 的价格优惠；

（3）配送中心对各大超市配送商品的加价率，根据商品的品种、档次不同以及进货量的多少而定，一般为 2.9%～8.5%。

2）零售型

美国沃尔玛商品公司的配送中心是典型的零售型配送中心。该配送中心是沃尔玛公司独资建立的，专为本公司的连锁店按时提供商品，确保各店稳定经营。该中心的建筑面积为 12 万平方米，总投资 7000 万美元，有职工 1200 多人；配送设备包括 200 辆车头、400 节车厢、13 条配送传送带，配送场内设有 170 个接货口。中心 24 小时运转，每天为分布在纽约州、宾夕法尼亚州等 6 个州的沃尔玛公司的 100 家连锁店配送商品。

该中心设在 100 家连锁店的中央位置，商圈为 320 千米，服务对象店的平均规模为 1.2 万平方米。中心经营商品达 4 万种，主要是食品和日用品，通常库存为 4000 万美元，旺季为 7000 万美元，年周转库存 24 次。在库存商品中，畅销商品和滞销商品各占 50%，库存商品期限超过 180 天为滞销商品，各连锁店的库存量为销售量的 10% 左右。2012 年度，沃尔玛公司营业收入达 4469.5 亿美元，比 2011 年度增长 6%，利润额超过 1569 亿美元，资产总额 1934.06 亿美元，净利率和资产收益率分别高达 3.5% 及 8.1%。

在沃尔玛各连锁店销售的商品，根据各地区收入和消费水平的不同，其价格也有所不同。总公司对价格差价规定了上下限，原则上不能高于所在地区同行业同类商品的价格。

3）仓储型

美国福来明公司的食品配送中心是典型的仓储式配送中心。它的主要任务是接受美国独立杂货商联盟加州总部的委托业务，为该联盟在该地区的 350 家加盟店负责商品配送。该配送中心建筑面积为 7 万平方米，其中有冷库、冷藏库 4 万平方米，杂货库 3 万平方米，经营品种约 9 万个，其中有 1200 个品种是美国独立杂货商联盟开发的，必须集中配送。在服务对象店经营的商品中，有 70% 左右的商品由该中心集中配送，一般鲜活商品和怕碰撞的商品，如牛奶、面包、炸土豆片、瓶装饮料和啤酒等，从当地厂家直接进货到店，蔬菜等商品从当地的批发市场直接进货。

8.4.2 国外电子商务物流解决方案

通过对国外电子商务物流模式的分析，国外电子商务物流的典型解决方案如下。

1）美国的物流中央化

物流中央化的美国物流模式强调"整体化的物流管理系统"，这是一种以整体利益为重，冲破按部门分管的体制，从整体进行统一规划管理的管理方式。在市场营销方面，物流管理包括分配计划、运输、仓储、市场研究、为用户服务 5 个过程；在流通和服务方面，物流管理过程包括需求预测、订货过程、原材料购买、加工过程。即从原材料购买直至送达顾客的全部物资流通过程。

2）日本的高效配送中心

物流过程是生产—流通—消费—还原（废物的再利用及生产资料的补足和再生产）。在日本，物流是非独立领域，由多种因素制约。物流（少库存多批发）与销售（多库存少批发）相互对立，必须利用统筹来获得整体成本最小的效果。物流的前提是企业的销售政策、商业管理、交易条件。销售订货时，交货条件、订货条件、库存量条件对物流的结果影响巨大。流通中的物流问题已转向研究供应、生产、销售中的物流问题。

3）第三方物流

物流代理——第三方物流（Third Party Logistics，缩写为 TPL，即第三方提供物流服务）的定义为："物流渠道中的专业化物流中间人，以签订合同的方式，在一定期间内，为其他公司提供的所有或某些方面的物流业务服务。"

从广义的角度以及物流运行的角度看，物流代理包括一切物流活动，以及发货人可以从专业物流代理商处得到的其他一些价值增值服务。提供这一服务是以发货人和物流代理商之间的正式合同为条件的。这一合同明确规定了服务费用、期限及相互责任等事项。

狭义的物流代理专指本身没有固定资产但仍承接物流业务,借助外界力量,负责代替发货人完成整个物流过程的一种物流管理方式。

物流代理公司承接了仓储、运输代理后,为减少费用的支出,同时又要使生产企业有利可图,就必须在整体上尽可能地加以统筹规划,使物流合理化。

8.5 中国电子商务物流

8.5.1 中国电子商务物流企业分类

依我国现阶段物流企业的所有制性质和经营管理方式的不同,物流企业可分为以下两大类。

1)受控型物流企业

这类企业是指受中央政府或地方政府行政控制的国有或集体企业,具有行业性、地域性和传统性等特点。例如,我国粮油仓储企业、各地物资储运公司和外运公司等。这类企业只进行传统的货物运输,是属于传统的、业务单一的物流企业或运输企业,但它们在我国经济建设的历史中曾发挥过十分重要的作用。随着电子商务物流的发展,这种传统单一性的企业已经开始显示出它们不适应市场经济发展和改革开放的趋势,许多受控型物流企业已经开始进行股份制改造或其他方式的重组。

2)非受控型物流企业

非受控型物流企业是指由市场培育出来,按市场规律运作的各类私营企业、合资企业、外资企业以及以股份制形式直接创立的新型物流企业。它们具有专业性强、自动化和信息化程度高、规模较小等特点。这类企业不仅经营货物运输,同时进行物流的策划、配送中心的规划、仓储管理、信息交流等增值业务,并通过公路、铁路、海运、空运、互联网等方式将产品和服务配送到世界各地,是现代电子商务物流模式的企业。

8.5.2 中国电子商务物流现状

目前,我国电子商务物流企业在数量上已具有一定的规模。在全国700余家连锁公司中,一些规模较大的连锁公司已经建立了自己的配送中心。国内介入物流业的上市公司也有近40家。与此同时,由于看好加入世贸组织后的中国物流市场,许多外国物流企业和快递业巨头也抢滩中国。日本独资的物流公司——日本邮船继续在中国上海设分公司后,又相继在天津、青岛、广州、大连等地设立物流分公司。现在我国已经建有各类配送中心1000多家,它们和外资物流企业一起参与我国物流市场的激烈竞争。总体现状如下。

1)物流基础设施现状

物流基础设施主要包括公路、铁路、港口、机场以及网络通信基础等。

到2014年底,我国公路通车里程达446.39万公里,其中高速公路通车里程达11.19万公里,居世界第一位。"五纵七横"国道主干线建设进展也大大加快。全国铁路营运里程11.2万公里,居世界第二位,其中复线里程5.7万公里、电气化里程6.5万公里。全国民用机场共202个,其中年货物吞吐量达到1万吨以上的有50个;年旅客吞吐量达到100万人次以上的通航机场有 64 个，年旅客吞吐量达到 1000 万人次以上的通航机场有 24 个，空运能力明显增强。我国沿海和内河共有生产性泊位 31705 个，深水泊位 5834 个，集装箱吞吐能力超过 2700 万标准箱，货物吞吐量完成 26.8 亿吨，超过 1 亿吨的港口 7 个，其中上海、深圳已进入世界集装箱大港十强。

网络信息通信设施飞速发展。据 CNNIC 第 37 次中国互联网统计报告，截至 2015 年 12 月，中国网民规模达 6.88 亿人，较 2014 年 12 月共计新增网民 3951 万人。互联网普及率为 50.3%，较 2014 年底提升了 2.4 个百分点；.cn 下注册的域名数达 1636 万个；www 站点（不含 .edu 站点）达 422 万个；国际出口带宽的总量为 5,392,116 MB；IPv4 地址总数为 3.36 亿个（2011 年总库分配完毕）、IPv6 地址数量为 20,594 块/32，如表 8-1 所示。在程控交换、光纤通信等领域里，我国也达到世界先进水平，建成开通了中日、亚欧、中美等多条国际海底光缆，使我国的国际通信能力大大增强。

表 8-1　2014 年 12 月—2015 年 12 月中国互联网基础资源对比

	2014 年 12 月	2015 年 12 月	年增长量	年增长率
网民规模	6.49 亿人	6.88 亿人	3951 万人	6.0%
互联网普及率	47.9%	50.3%	2.4%	2.4%
IPv4（个）	331 988 224	336 519 680	4 531 456	1.4%
IPv6（块/32）	18 797	20 594	1 797	9.6%
域名（个）	20 600 526	31 020 514	10 419 988	50.6%
其中 .cn 域名（个）	11 089 231	16 363 594	5 274 363	47.6%
网站（个）	3 348 926	4 229 293	880 367	26.3%
其中 .cn 下网站（个）	1 582 870	2 130 791	547 921	34.6%
国际出口带宽（Mbit/s）	4 118 663	5 392 116	1 273 453	30.9%

2）物流企业管理能力和服务水平现状

我国的物流企业数量虽具有一定的规模，但能适应现代电子商务的物流企业数量仍很少、规模也小、服务意识和服务质量不尽如人意。除少数企业外，大多数物流企业技术装备和管理手段仍比较落后，服务网络和信息系统不健全，大大影响了物流服务的准确性和及时性。大多数物流企业还只是被动地按照用户的指令和要求，从事单一功能的运输、仓储和配送，很少能提供物流策划、组织及深入到企业生产领域进行供应链全过程的管理，物流增值少。物流企业的物流专业人才缺乏是造成物流企业服务水平不高的重要原因。更重要的是企业缺乏通晓现代物流运作和物流管理的复合型人才。目前，国内的物流高级人才主要是从海外留学回国的人员。人才的短缺主要是因为相应的培养体系不够成熟和不够健全。据教育部的统计显示，在 2015 年高等院校招生目录中，备案设置物流管理专业的院校只有 288 所，正在筹办物流专业的院校也只有 50 多所。

3）政府法律环境现状

目前已经出台的主要物流法律法规和政策有：2001 年 3 月，国家经贸委、铁道部、交通部、信息产业部、对外经济贸易合作部、中国民航总局印发的《关于加快我国现代物流发展的若干意见》，交通部发布的《关于促进运输企业发展综合物流的若干意见》，交通部、

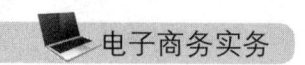

外经贸部 2001 年 11 月发布的《外商投资道路运输业管理条例》，外经贸部 2002 年发布的《外商投资国际货物运输代理企业管理办法》。

此外，我国近几年还陆续出台了一些物流方面的法律法规，如国务院发布的《中华人民共和国海运条例》，全国人大修正通过的《中华人民共和国海关法》，外经贸部颁布的《外商投资现代物流企业管理规定》，铁道部颁布的《铁路货物运输管理条例》，交通部颁布的《国内水陆货物运输细则》，中国民航总局颁布的《中国民用航空国际运输规则》等。

已发布的国家现代物流标准有《物流术语》。此外还发布了《中国联运通用托盘外形尺寸及公差》，《中国联运托盘技术条件》，《中国联运通用托盘实验方法》等相关文件。这些法律法规和标准对规范我国的电子商务物流市场，推动我国电子商务物流行业的健康发展具有重要的意义。

8.5.3 中国电子商务物流发展对策

针对我国电子商务下物流配送体系存在的主要问题，能否建立和完善电子商务下物流配送体系将直接关系到我国电子商务的进一步推广和应用。从我国的现实情况考虑，在构建电子商务物流配送体系时可采取如下措施。

1）积极发挥政府对物流发展的促进作用

政府应在政策和资金上对电子商务物流配送系统的建设给予支持和帮助。首先，针对当前我国物流产业管理分散的现状，从政府的角度来说，应从明确管理部门入手，建立统一管理全国物流的机构或权威性的组织协调机构，由其承担组织协调职能。其次，政府要制定规范的物流产业发展政策，确立物流业发展总目标，以政府为主导并引导企业共同加大对物流业的投资力度，统一进行物流发展规划，重点建设和科学分布物流基础设施，以改变当前物流业不合理的布局状态，并以此为基础，建立起我国物流实体网络，为物流产业整体发展水平的提高奠定基础。最后，政府要在高速公路和铁路、航空、水运、信息网络等方面投入大量资金，以保证交通流和信息流的通畅，形成覆盖全社会的交通网络和信息网络，为发展电子商务网络配送提供良好的社会环境。

2）建立适应国际化发展的物流标准化体系

随着电子商务在全球范围内展开，物流业必然跨越国界发展，国际化物流是物流业发展的方向。要发展国际化物流必须实现国内物流与国际物流标准的接轨，包括物流术语标准化、物流条码标准化和物流设备标准化。因此，政府相关部门及行业组织要加强对物流标准化工作的重视。

一方面要在计量标准、技术标准、数据传输标准、物流作业和服务标准等方面做好基础工作；另一方面，要加强对标准化工作的协调和组织工作，对国家已颁布的各种与物流活动相关的国家标准、行业标准进行深入研究，及时淘汰一批落后的标准，增加通用性较强的物流设施和装备的标准制定。

3）实现物流配送体系的社会化和产业化

物流配送的社会化和产业化是指流通代理制与配送制相结合，通过合理化布局的社会物流网将分散的物流集中起来，形成产业，实现物流的规模效益和企业零库存生产。要实现物流配送体系的社会化和产业化，关键是建立适合电子商务发展的物流中心。建立物流中心的途径主要有自建、改建、联建、代建4种。电子商务企业自建和改建物流中心所需的建设投资都比较大、物流成本高，而且对物流管理水平要求高。因此，在我国目前条件下不宜普遍采用。

目前，适宜的是联建或代建物流中心。联建物流中心包括电子商务企业与物流企业或生产企业联建两种形式，这样电子商务企业可以利用原有企业的储运设施，节约建设投资，降低物流成本，提高配送效益。代建物流中心又称第三方物流，是指电子商务企业委托供应商或物流中心代其完成物流服务的运作方式。这样电子商务企业可以将主要精力集中在核心业务上，而与物流相关的业务环节，则交给专业化的物流企业操作，以求节约和高效。

4）实现物流配送体系的现代化

建立现代化的物流配送体系，应从硬件、软件两方面着手。

首先，实现物流配送手段机械化、自动化和现代化。物流配送采用机械化、自动化、现代化的储运设备和运载工具，如立体仓库、旋转货架、自动分拣输送系统、悬挂式输送机等高效、多功能的物流机械。

其次，实现物流配送管理现代化、规范化、制度化。采用现代化的管理理念、管理技术和管理手段，改革和优化物流企业现有组织结构。物流配送企业制定科学、规范的操作规程和管理制度，建立、健全科学的管理体制，从而提高物流的管理水平、服务水平以及物流从业人员的素质和技术水平。

最后，实现物流配送信息化。物流配送信息化表现为：物流信息搜集的数据库化和代码化、物流信息处理的电子化和计算机化、物流信息传递的标准化和实时化、物流信息存储的数字化等。

5）制定适合电子商务发展的物流配送方案

要制定一套适合电子商务发展的完整的、高效的物流配送方案，必须做好一系列工作：

首先，合理定位销售区域。电子商务经营者应根据消费者的收入、需求偏好、地理分布等条件的不同，合理地定位销售区域，对不同的销售区域可采取差别性的物流服务政策。

其次，认真筛选销售品种。销售商所经营的商品品种越多，进货渠道及销售渠道越复杂，商品批次越多，批量越小，组织物流的难度就越大，成本也就越高。为了将某一商品的销售批量累积得足够大，从而减少物流环节的成本和费用，销售商就必须认真筛选商品品种，确定最适合自己销售的商品。

最后，精心策划配送方案。在制定配送方案时须考虑的因素有：订货状况信息、库存的可供性、反应速度、送货的可靠性、送货频率、配送文档的质量、首次报修修复率、投诉程序和可提供的技术支持等。

配送方案是一项专业性极强的工作，须由专业人员精心策划。

6）培养高素质的物流经营管理人才

首先，应由政府教育管理部门牵头行动，着手建立包括高校学历教育、物流职业教育、企业岗位教育、社会培训机构继续教育互相结合、多种层次、互为补充的人才培养体系，加快启动我国物流人才教育工程。

其次，加快我国高校的物流教育工程。政府主管教育的部门，应当积极鼓励各高校结合本身的特点探索物流专业的课程设置和学生的培养问题，以各种形式推动我国的物流学历教育，扩大物流管理专业的教育规模。

最后，大力发展职业教育。职业教育是培养物流和配送人才的最重要方式，如开办物流职业技术学校或者培训班。

另外，积极引进国际先进的物流培训体系，在物流产业中推行物流从业人员的资格管理制度。物流相关的有关部门应当积极地引进国际权威认证机构的培训项目，从更加广阔的角度来加快物流人才的教育与培训。

综上所述，物流配送是电子商务的重要组成部分，是实施电子商务的根本保证。若想突破我国电子商务发展的物流配送瓶颈，当务之急是建立社会化、产业化和现代化的高效合理的物流配送体系，使我国电子商务不断地发展和完善。

➢ 本章小结

本章主要介绍了物流、电子商务物流的基本内容；电子商务物流管理、电子商务物流配送及国内外电子商务物流解决方案等内容。

1. 物流是由对商品的运输、仓储、包装、搬运装卸、流通加工以及相关的物流信息等环节构成，并对各个环节进行综合和复合化后所形成的最优系统。物流系统主要包括运输、储存保管、包装、装卸搬运、流通加工、配送、物流信息处理等功能要素。

电子商务物流是指在电子商务环境下，针对社会需求，严格地、守信用地按用户的订货要求，进行一系列分类、编配、整理、分工、配货等理货工作，定时、定点、定量地交给没有范围限度的各类用户，满足其对商品的需求所进行的物流活动。电子商务与物流具有相互制约与促进关系；电子商务物流具有自动化、网络化、信息化、智能化和柔性化等特点；除了包括传统物流的功能外，还包括便利性的服务、加快反应速度的服务、降低成本的服务和延伸服务等增值服务内容。

2. 电子商务物流管理简单地说就是对电子商务物流活动所进行计划、组织、指挥、协调、控制和决策等。主要包括电子商务下的物流系统、电子商务下的物流过程、电子商务下的物流技术和电子商务下的物流管理方法等内容。其中电子商务物流技术主要包括 GIS（地理信息系统）、GPS（全球卫星定位）、EDI（电子数据交换）、BAR CODE（条码）等。

3. 电子商务物流配送是信息化、现代化、社会化的物流配送。按照采用模式可分集货型配送模式、散货型配送模式和混合型配送模式。包括电子商务配送中心的库存管理制度、配送中心管理的目标、配送中心的岗位设置、订单处理、送货与退货处理、配送中心的成本管理和设备管理等内容。

4. 国外电子商务物流中心主要有批发型、零售型和仓储型 3 种类型；国外电子商务物流的典型解决方案主要有：①美国的物流中央化；②日本的高效配送中心；③第三方物流。

5. 我国的电子商务物流企业可分为两大类：受控型物流企业和非受控型物流企业。本章从物流基础设施、物流企业管理能力和服务水平、政府法律环境三个方面分析我国电子商务物流的现状。我国电子商务物流发展对策：①积极发挥政府对物流发展的促进作用；

②建立适应国际化发展的物流标准化体系;③实现物流配送体系的社会化和产业化;④实现物流配送体系的现代化;⑤制定适合电子商务发展的物流配送方案;⑥培养高素质的物流经营管理人才。

复习思考题

(1) 结合实际,谈一下物流的基本分类。

(2) 物流的基本功能要素有哪些?

(3) 简述电子商务与物流的关系。

(4) 简述电子商务物流的概念及特点。

(5) 电子商务物流的主要内容有哪些?

(6) 电子商务物流的基本流程是什么?

(7) 电子商务物流管理的主要内容有哪些?

(8) 通过实际调查,分析国内外电子商务物流的现状及存在的问题。

第9章　电子支付

学习目标

本章重点介绍传统支付手段及形式；电子支付的概念、一般实现形式；网上银行的基本概念、特点、功能与实现形式；电子支付、网络银行与交易实体间的关系。

学习要求

了解：传统支付手段及形式，电子支付存在的问题及对策。

掌握：电子支付的概念、一般实现形式；网上银行的基本概念、特点、功能与实现形式。

» 9.1 传统支付

支付方式按使用的技术不同，大体上可以分为传统支付方式和电子支付方式两种。传统支付指的是通过现金流转、票据转让以及银行转账等物理实体的流转来实现款项支付的方式，如图 9-1 所示。电子支付是借助先进的通信技术和可靠的安全技术实现的款项支付结转方式。

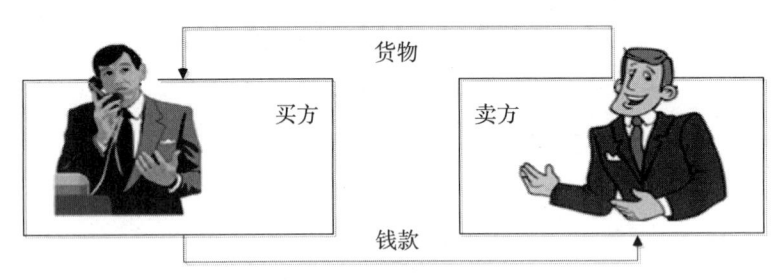

图 9-1 传统的现金支付流程

传统的支付方式主要有 3 种：即现金、票据和信用卡。

9.1.1 现金

现金有两种形式，即纸币和硬币，是由一国中央银行发行的，其有效性和价值是由中央银行保证的。纸币本身没有价值，它只是一种由国家发行并强制流通的货币符号，但却可以代替货币加以流通，其价值是由国家加以保证的；硬币本身含有一定的金属成分，所以具有一定的价值。

在现金交易中，买卖双方处于同一位置，而且交易是匿名的。卖方不需要了解买方的身份，现金具有使用方便和灵活的特点，多数小额交易是由现金完成的。其交易流程一般是：一手交钱，一手交货。

但是现金支付有一定的缺陷：

（1）受时间和空间限制。对于不在同一时间、同一地点进行的交易，无法采用这种方式支付。

（2）受不同银行主体的限制。不同国家的现金的单位和代表的购买力不同，这给跨国交易带来不便。

（3）不利于大宗交易。大宗交易涉及金额巨大，倘若使用现金作为支付手段，不仅不方便，而且不安全。

9.1.2 票据

票据分为广义票据和狭义票据。广义上的票据包括各种具有法律效力、代表一定权利的书面凭证，如股票、债券、货单、车船票、汇票等，人们将它们统称为票据；狭义上的票据指的是《票据法》所规定的汇票、本票和支票，是一种载有一定的付款日期、付款地点、付款人的无条件支付的流通凭证，也是一种可以由持票人自由转让给他人的债券凭证。

这里所指的都是狭义票据。国际贸易结算，基本上是非现金结算。使用以支付金钱为目的并且可以流通转让的债权凭证——票据为主要的结算工具。

票据是为了现金交易的不足而出现的，通过使用票据，异地交易不必涉及大量现金，减少了携带大量现金的不便和风险，同时，票据使得交易中的物流和货币流的分开更有保障。

票据本身的特性使得交易可以异时异地进行，突破了现金交易同时同地的限制，大大提高了交易实现的可能性，由此而促进了交易的繁荣。但票据也存在一些问题，比如易于伪造、容易丢失，商业承兑汇票甚至存在拒绝付款和到期无力支付的风险，因此，使用票据仍然具有一定的风险。

各国都对票据进行了立法。我国于1995年5月10日通过了《中华人民共和国票据法》，并于1996年1月1日起施行。票据可分为汇票、本票和支票。国际贸易结算中以使用汇票为主。

9.1.2.1 汇票

1）汇票的定义

汇票（Bill of Exchange，Draft）是出票人签发的，委托付款人在见票时或者在指定日期无条件支付确定的金额给收款人或者持票人的票据。

从以上定义可知，汇票是一种无条件支付的委托，有3位当事人：出票人、付款人和收款人。

2）汇票的内容

根据我国票据法规定，汇票必须记载下列事项。

（1）表明"汇票"的字样。

（2）无条件支付的委托。应理解成汇票上不能记载支付条件。

（3）确定的金额。

（4）付款人名称。在国际贸易中，通常是进口方或其指定银行。

（5）收款人名称。在国际贸易中，通常是出口方或其指定银行。

（6）出票日期。

（7）出票人签章。

汇票上未记载规定事项之一的，汇票无效。实际业务中汇票尚需列明付款日期、付款地点和出票地点。倘未列明，可根据票据法予以确定。

3）汇票的种类

汇票从不同角度可分成以下几种。

（1）按出票人不同，可分成银行汇票和商业汇票。银行汇票（Bank's Draft），出票人是银行，付款人也是银行。商业汇票（Commercial Draft），出票人是企业或个人，付款人可以是企业、个人或银行。

（2）按是否附有包括运输单据在内的商业单据，可分为光票和跟单汇票。光票（Clean Draft），指不附带商业单据的汇票。银行汇票多是光票。跟单汇票（Documentary Draft），指附有包括运输单据在内的商业单据的汇票。跟单汇票多是商业汇票。

（3）按付款日期不同，汇票可分为即期汇票和远期汇票。汇票上付款日期有4种记载方式：见票即付（at sight）；见票后若干天付款（at days after sight）；出票后若干天付款（at days after date）；定日付款（at a fixed day）。若汇票上未记载付款日期，则视作见票即付。见票即付的汇票为即期汇票。其他3种记载方式为远期汇票。

（4）按承兑人的不同，汇票只可分成商业承兑汇票和银行承兑汇票。远期的商业汇票，经企业或个人承兑后，称为商业承兑汇票。远期的商业汇票，经银行承兑后，称为银行承兑汇票，银行承兑后成为该汇票的主债务人，所以银行承兑汇票是一种银行信用。

4）票据行为

汇票使用过程中的各种行为，都由票据法加以规范，主要有出票、提示、承兑和付款。如需转让，通常应经过背书行为，如汇票遭拒付，还需做成拒绝证书和行使追索权。

汇票的票据行为简图如图9-2所示。

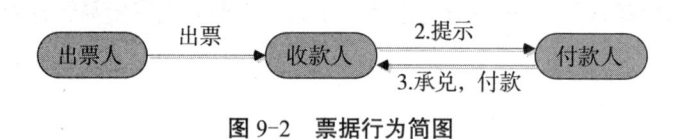

图9-2　票据行为简图

（1）出票（Issue）。出票人签发汇票并交给收款人的行为。出票后，出票人即承担保证汇票得到承兑和付款的责任。如汇票遭到拒付，出票人应接受持票人的追索，清偿汇票金额、利息和有关费用。

（2）提示（Presentation）。提示是持票人将汇票提交付款人要求承兑或付款的行为，是持票人要求取得票据权利的必要程序。提示又分付款提示和承兑提示。

（3）承兑（Acceptance）。指付款人在持票人向其提示远期汇票时，在汇票上签名，承诺于汇票到期时付款的行为。具体做法是付款人在汇票正面写明"承兑（Accepted）"字样，注明承兑日期，于签章后交还持票人。付款人一旦对汇票作承兑，即成为承兑人，以主债务人的地位承担汇票到期时付款的法律责任。

（4）付款（Payment）。付款人在汇票到期日，向提示汇票的合法持票人足额付款。持票人将汇票注销后交给付款人作为收款证明。汇票所代表的债务债权关系即告终止。

（5）背书（endorsement）。票据包括汇票是可流通转让的证券。根据我国《票据法》规定，除非出票人在汇票上记载"不得转让"外，汇票的收款人可以以记名背书的方式转让汇票权利。即在汇票背面签上自己的名字，并记载被背书人的名称，然后把汇票交给被背书人即受让人，受让人成为持票人，是票据的债权人。受让人有权以背书方式再行转让汇票的权利。在汇票经过不止一次转让时，背书必须连续，即被背书人和背书人名字前后一致。对受让人来说，所有以前的背书人和出票人都是他的"前手"，对背书人来说，所有他转让以后的受让人都是他的"后手"，前手对后手承担汇票得到承兑和付款的责任。

> **注意**
>
> 在金融市场上，最常见的背书转让为汇票的贴现，即远期汇票经承兑后、尚未到期，持票人背书后，由银行或贴现公司作为受让人，从票面金额中扣减按贴现率结算的贴息后，将余款付给持票人。

（6）拒付和追索（Dishonor & Recourse）。持票人向付款人提示，付款人拒绝付款或拒绝承兑，均称拒付。另外，付款人逃匿、死亡或宣告破产，以致持票人无法实现提示，也称拒付。出现拒付，持票人有追索权，即有权向其前手（背书人、出票人）要求偿付汇票金额、利息和其他费用，在追索前必须按规定做成拒绝证书和发出拒付通知。拒绝证书，用以证明持票人已进行提示而未获结果，由付款地公证机构出具，也可由付款人自行出具退票理由书，或有关的司法文书。拒付通知，用以通知前手关于拒付的事实，使其准备偿付并进行再追索。

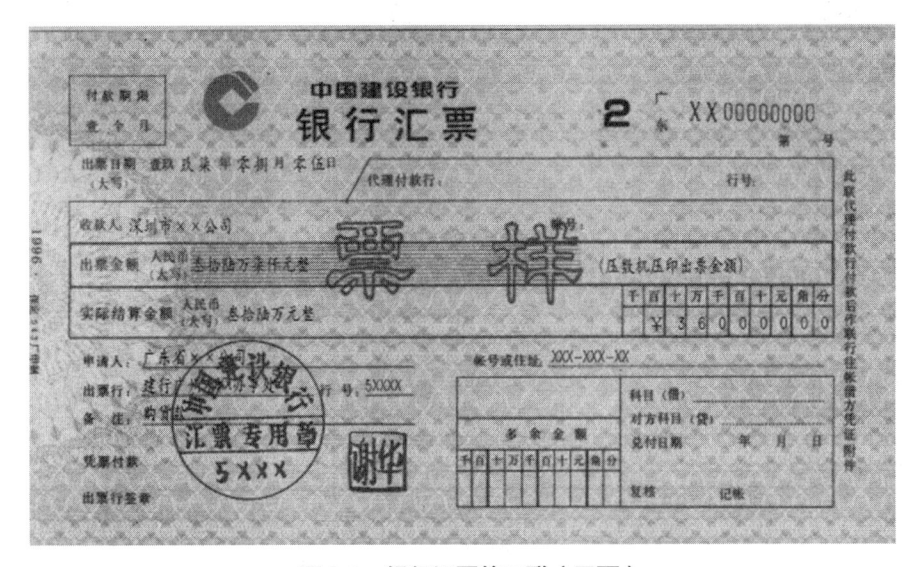

图 9-3 银行汇票第二联（正面）

9.1.2.2 本票

1）本票的定义

本票（PROMISSORY NOTES）是一个人向另一个人签发的，保证即期或定期或在可以确定的将来的时间，对某人或其指定人或持票人支付一定金额的无条件书面承诺。

2）本票的必要项目

拿到一张本票后，这张本票是否生效，根据《日内瓦统一法》规定，这张本票要求具备以下的必要项目。

（1）标明其为"本票字样"。

（2）无条件支付承诺。

（3）出票人签字。

（4）出票日期和地点。

（5）付款地点。

（6）付款期限，如果没有写清的，可以看作见票即付。

（7）金额。

（8）收款人或其指定人。

3）本票的种类

（1）一般本票：出票人为企业或个人，票据可以是即期本票，也可以是远期本票。

（2）银行本票：出票人是银行，只能是即期本票，图9-4为中国建设银行本票的样票。

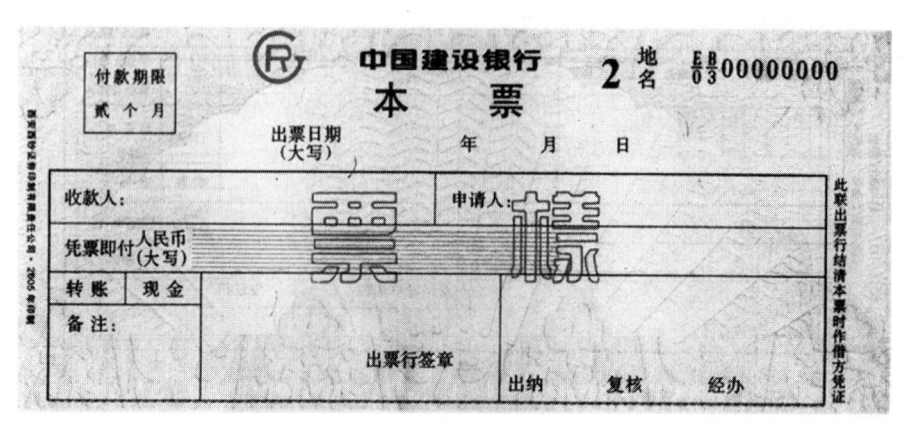

图9-4 中国建设银行本票的样票

4）本票与汇票的区别

本票是出票人签发的，承诺自己在见票时无条件支付确定的金额给收款人或者持票人的票据。我国的票据法所称本票，是指银行本票，不承认商业本票。汇票是出票人签发的，委托付款人在见票时或者在指定日期无条件支付确定的金额给收款人或者持票人票据。

（1）证券性质不同。汇票为委付证券，本票为自付证券。本票是出票人自己付款的承诺，汇票是出票人要求他人付款的委托或指示。

（2）主债务人不同。汇票为委付证券，主债务人为承兑人，无承兑人时，则无主债务人；本票为自付证券，出票人为主债务人。

（3）有无承兑不同。本票无需承兑，汇票除见票即付的汇票外均可以或应当请求承兑；见票后定期付款的本票也无需承兑，而应当见票，见票后定期付款的汇票必须请求承兑，以确定汇票的到期日。

（4）有无资金关系不同。在票据的基础关系中，由于汇票为委付证券，所以一般都必须有资金关系；本票为自付证券，一般都不需要有资金关系。

（5）出票人和背书人责任不同。汇票的出票人应负担保承兑和担保付款的责任，本票的出票人应负绝对付款责任；汇票的背书人也应负承兑和付款的担保责任，本票的背书人仅负付款的担保责任。

（6）付款人的责任不同。汇票的付款人不再承兑时，可以不负任何票据责任，只有经承兑而成为承兑人后，才负付款责任；本票的出票人即为付款人，自出票之后即应负绝对付款责任。

（7）票据种类不同。在我国现行《票据法》中，本票仅指银行本票，而汇票包括银行汇票和商业汇票两种。

（8）付款方式不同。本票仅限于见票即付，而汇票可以见票即付、定日付款、出票后定期付款、见票后不定期付款。

（9）付款期限不同。本票的付款期限，自出票日起不得超过 2 个月，而汇票的付款期限无此特别限制。

9.1.2.3 支票

1）支票的概念

支票是出票人签发的，委托办理支票存款业务的银行在见票时无条件支付确定的金额给收款人或者持票人的票据。单位或个人在同一票据交换区域的各种款项的结算，均可使用支票。

2）支票的特点及结算

支票结算方式使用简便，结算迅速，在同城结算中比较广泛地得到应用。但对支票的保管、签发、使用必须严格管理，做到支票由财会部门统一管理，专人负责；签发支票和加盖印鉴工作应由两人以上办理；使用支票应按支票号码顺序进行，对填写错误的支票作废时要加盖"作废"戳记与支票存根一起保存以备查；不准外单位借用本单位的银行账户办理结算。

（1）支票一律记名，提示付款期限为自出票日起 10 日内。

（2）存款人领购支票，必须填写"票据和结算凭证领用单"并加盖预留银行印鉴，存款账户结清时，必须将全部剩余空白支票交回银行注销。

（3）支票上印有"现金"字样的为现金支票，现金支票只可以支取现金；支票上印有"转账"字样的为转账支票，转账支票只能转账；支票上未印有"现金"或"转账"字样的为普通支票，普通支票即可以支取现金，又可以办理转账。在普通支票右上角划两条平行线的，为划线支票，划线支票只能用于转账，不得支取现金。

（4）签发支票时，应使用蓝黑墨水或碳素墨水，将支票上各要素填写齐全，并在支票上加盖预留银行印鉴。签发人必须在银行存款账户余额内按规定向收款人签发支票，对签发空头支票或违反其他规定的，银行除退票外，还按票面金额处以 5% 但不低于 1000 元的罚款。持票人有权要求出票人赔偿支票金额 2% 的赔偿金。

（5）已签发的现金支票遗失，可以向开户银行申请挂失；若挂失前已经支付，银行概不负责。转账支票遗失，银行不予挂失，可请求收款人和银行协助防范。

支票结算程序如图 9-5 所示，支票的基本格式如图 9-6 所示。

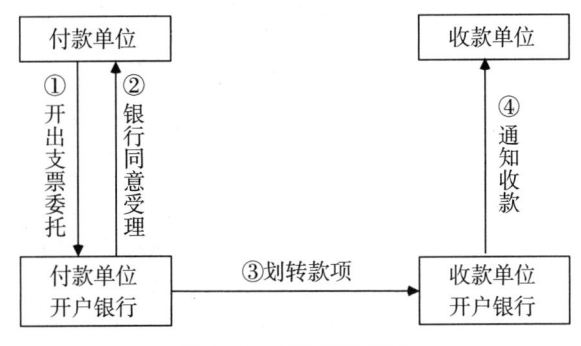

图 9-5 支票结算程序

图9-6 支票

9.1.3 信用卡

信用卡起源于美国,早在1915年,美国的一些饭店和百货公司为推销商品、扩大业务,开始发行信用卡。到了20世纪60年代,信用卡得到了广泛的运用,在英国、加拿大、日本以及西欧国家盛行起来,使用范围也拓宽了,大到买房置地、旅游购物,小到公用电话、公共汽车,均可使用信用卡。我国自中国银行1981年将信用卡这一新型的支付方式引进国内后,其他银行也纷纷仿效。

9.1.3.1 信用卡的定义

信用卡是指具有一定规模的银行或金融公司发行的,可凭此向特定商家购买货物或享受服务,或向特定银行支取一定款项的信用凭证。

信用卡的大小与名片相似,卡面印有信用卡和持卡人的姓名、卡号、发行日期、有效日期、发卡人等信息,背面有持卡人的预留签名、磁条和发卡人的简要声明等。中国工商银行的信用卡样如图9-7所示。

9.1.3.2 信用卡的使用流程

(1)持卡人用卡购物或消费并在购签单上签字。

(2)商家向持卡人提供商品或服务。

(3)商家向发卡人提交购签单。

(4)发卡人向商家付款。

(5)发卡人向持卡人发出付款通知。

(6)持卡人向发卡人归还贷款。

9.1.3.3 信用卡的缺陷

使用信用卡作为支付方式,高效便捷,可以减少现金货币流通量,简化收款手续,并且可以用于存取现金,十分灵活方便。但是,信用卡也存在一些缺点。

(1)交易费用较高。

(2)信用卡具有一定的有效期,过期

图9-7 中国工商银行的信用卡样

失效。

（3）有可能遗失而给持卡人带来风险和麻烦。

票据和信用卡属于封闭式支付。一般来说，开放式支付比较方便，因为支付工具不须由发行主体重新确认流通；而封闭式支付在这一点上显然不如开放式支付，重新回笼增加了作为支付工具本身的成本，也正因如此，票据才使用诸如背书转让的手段来增加其流通性。但由于技术条件所限，传统的开放式支付具有很大的风险和不便。正是这种权衡，才使得票据、信用卡等支付方式在电子支付出现以前多在大额交易中频繁使用。

9.2 电子支付概述

目前世界上许多参与电子交易的消费者纷纷与支票道别，他们越来越热衷于通过因特网进行网上付款。伴随着电子商务的浪潮，网上付款方式渐入人心，这种快捷和日渐安全的在网上支付购物货款，支付各项公用事业费用的账单，甚至进行个人网上理财的方式，让使用者大有时代弄潮儿的感觉，同时随着消费者对信息安全技术信心的提高，网上支付越来越受欢迎。

9.2.1 电子支付概念及特点

电子支付是以金融电子化网络为基础，以商用电子化机具和各类交易卡为媒介，以计算机技术和通信技术为手段，将货币以电子数据（二进制数据）形式存储在银行的计算机系统中，并通过计算机网络系统以电子信息传递形式实现流通和支付。

随着计算机技术的发展，电子支付的方式越来越多。这些支付方式可以分为三大类：第一类是电子货币类，如电子现金、电子钱包等；第二类是电子信用卡类，包括智能卡、借记卡、电话卡等；第三类是电子支票类，如电子支票、电子汇款（EFT）、电子划款等。这些方式各有自己的特点和运作模式，适用于不同的交易过程，如下图所示。

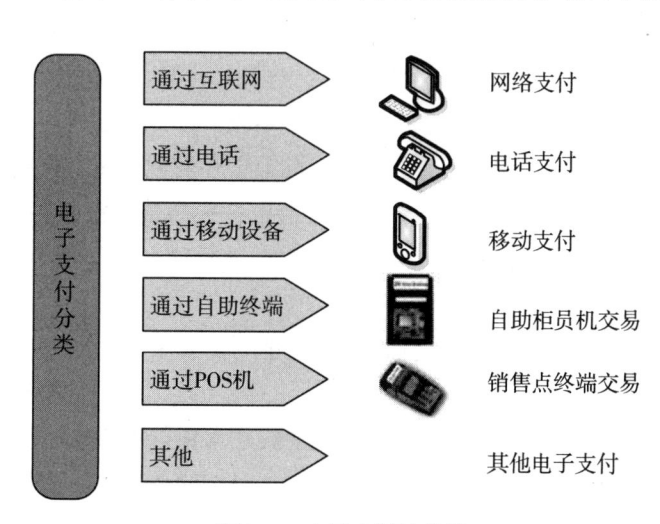

图 9-8　电子支付的分类

与传统的支付方式相比，电子支付具有以下特点。

（1）电子支付是采用先进的技术通过数字流转来完成信息传输的，其各种支付方式都是采用数字化的方式进行款项支付的；而传统的支付方式则是通过现金的流转、票据的转让及银行的汇兑等物理实体的流转来完成款项支付的。

（2）电子支付的工作环境是基于一个开放的系统平台（即因特网）之中，而传统支付则是在较为封闭的系统中运作。

（3）电子支付使用的是最先进的通信手段，如 Internet、Extranet，而传统支付使用的则是传统的通信媒介。电子支付对软、硬件设施的要求很高，一般要求有联网的 PC 机、相关的软件及其他一些配套设施；而传统支付则没有这么高的要求。

（4）电子支付具有方便、快捷、高效、经济的优势。用户只要拥有一台上网的 PC 机，便可足不出户，在很短的时间内完成整个支付过程。支付费用仅相当于传统支付费用的几十分之一，甚至几百分之一。

9.2.2 电子现金

用户拨号进入互联网网上银行，使用一个口令（Password）和个人识别码（PTN）来验明自身，直接从其账户中下载成包的低额电子"硬币"时，这时候电子现金才起作用。然后，这些电子现金被存放在用户的硬盘当中，直到用户从网上商家进行购买为止。为了保证交易安全，计算机还为每个"硬币"建立随时选择的序号，并把这个号码隐藏在一个加密的信封中，这样就没有人可以搞清是谁提取或使用了这些电子现金。按这种方式购买实际上可以让买主无迹可寻，提倡个人隐私权的人对此很欢迎。

9.2.2.1 电子现金的概念

电子现金是一种以数据形式流通的货币。它把现金数值转换成为一系列的加密序列数，通过这些序列数来表示现实中各种金额的币值。用户在开展电子现金业务的银行开设账户并在账户内存钱后，就可以在接受电子现金的商店购物了。

9.2.2.2 电子现金的特点

（1）银行和商家之间设有协议和授权关系。

（2）用户、商家和 E-Cash 银行都需使用 E-Cash 软件。

（3）E-Cash 银行负责用户和商家之间资金的转移。

（4）身份验证是由 E-Cash 本身完成的。E-Cash 银行在发放电子货币时使用了数字签名。商家在每次交易中，将电子货币传送给 E-Cash 银行，由 E-Cash 银行验证用户支持的电子货币是否有效（伪造或使用过等）。

（5）匿名性。

（6）具有现金特点，可以存取、转让，适用于小的交易量。

9.2.2.3 电子现金的缺陷

（1）只有少数商家接受电子现金，而且只有少数几家银行提供电子现金开户服务。

（2）成本较高。电子现金对于硬件和软件的技术要求都较高，需要一个大型的数据库存储用户完成的交易和 E-Cash 序列号以防止重复消费。因此，尚需开发硬软件成本低廉的电子现金交易系统。

（3）存在货币兑换问题。由于电子硬币仍以传统的货币体系为基础，如德国银行中能以德国马克的形式发行电子现金，法国银行以法郎为基础发行电子现金，因此从事跨国贸易就必须要使用特殊的兑换软件。

（4）风险较大。如果某个用户的硬盘损坏，电子现金丢失，钱就无法恢复，这个风险许多消费者都不愿承担。更令人担心的是电子伪钞的出现，美国联邦储备银行电子现金专家 Peter Ledingham 在他的论文《电子支付实施政策》一文中告诫说："似乎可能的是，电子'钱'的发行人因存在伪钞的可能性而陷于危险的境地。使用某些技术，就可能使电子伪钞获得成功的可能性将非常低。然而，考虑到预计的回报相当高，因此不能忽视这种可能性的存在。一旦电子伪钞获得成功，那么，发行人及其一些客户所要付出的代价则可能是毁灭性的。"

尽管存在种种问题，电子现金的使用仍呈现增长势头。Jupiter 通信公司的一份分析报告称，1987 年，电子现金交易在全部电子交易中所占的比例为 6%，到 2014 年底，这个比例已超过 14%，在 10 美元以下的电子交易中所占的比例则达 60%。因此，随着较为安全可行的电子现金解决方案的出台，电子现金将成为未来网上贸易方便的交易手段之一。

9.2.2.4 电子现金的支付过程

电子现金的支付过程如图 9-9 所示。

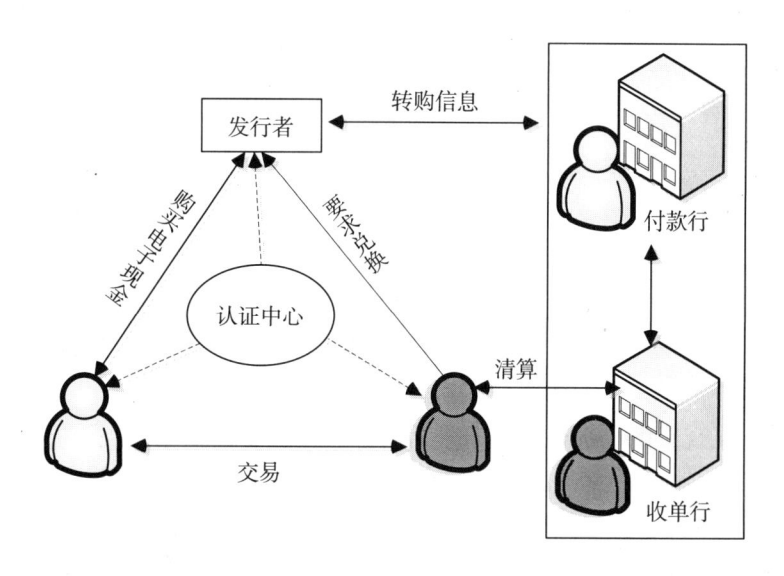

图 9-9 电子现金支付流程

（1）用户在 E-Cash 发布银行开立 E-Cash 账号，用现金服务器账号预先存入的现金来购买电子现金证书，这些电子现金就有了价值，并被分成若干成包的"硬币"，可以在商业领域中进行流通。

（2）使用计算机电子现金终端软件从 E-Cash 银行取出一定数量的电子现金（通常少于 100 美元）存在硬盘上。

（3）用户与同意接收电子现金的厂商洽谈，签订订货合同，使用电子现金支付所购商品的费用。

（4）接收电子现金的厂商与电子现金发放银行之间进行清算，E-Cash 银行将用户购买商品的钱支付给厂商。

9.2.2.5 电子现金系统现状

迄今为止，电子现金在美国还没有取得成功，但在欧洲和日本很普及。康柏公司的电子现金技术可让用户用其 NetCoin 电子现金付 4～5 美分玩一小时游戏，或付 4 美分下载一个图片。IBM 公司对电子现金很有信心，它公开了 IBM MicroPayments 的软件代码，让软件/网站开发者使用并提供反馈。即使美国的网上消费者还没有接受电子现金，但电子现金还是有大量的支持者。IBM 公司的 Micropayments 软件更像是面向技术人员而不是消费者的。

发明了用于小额支付的 CyberCoin（用软件系统来处理的电子现金）的 CyberCash 公司还没有取得它所期望的巨大成功。DigiCash 公司是电子现金的先锋，由戴维·昌姆（DavidChaum）创建的这家公司已破产了。FirstVirtual 公司则完全退出了在线结算领域，并把公司名改成了 MessageMedia。FirstVirtual 公司以前主要处理信息、产品和结算的跟踪和记录。

KDD 通信（KCOM）是日本最大的长途电话公司 Kokusai Denshin Denwa 的因特网子公司，提供了自己的 NetCoin 电子现金系统，并通过其 NetCoin Center 来提供电子现金，此中心是由 MilliCent 软件系统来支持的。购物者可到 NetCoin Center 将电子现金装到自己的电子钱包里，然后就可在线购买食谱、旅行手册（10 美分 1 份）或以每首 1 美元的价格来下载一些 MP3 音乐。其他内容提供商会很快行动起来，如日文报纸会收取很少费用来提供对过期报纸的访问服务。日本甚至还计划创建一个捐赠网站，浏览者可向某些组织捐赠电子货币。

美国电子现金系统失败的原因到现在还不完全清楚。有些行业观察家认为原因在于许多电子现金系统的实现方式，这些系统大部分都要求用户下载和安装同浏览器一起运行的复杂的客户端软件。另外，由于存在很多相互竞争的技术，因此没有开发出电子现金系统的标准。缺乏电子现金的标准就意味着消费者面临多种专用的电子现金方案，而且相互不能互可操作。

互可操作软件可在多种硬件平台的各种操作系统上透明地运行。尽管起步艰难，美国的电子现金企业并没有都失败。例如，Clickshare 是面向报刊出版商的电子现金系统。Clickshare 技术有时会被误以为只能支持小额支付的系统，类似 MilliCent 或 IBM 的 MicroPayments。完成小额支付是 Clickshare 功能之一。如果用户的因特网服务商（ISP）支持 Clickshare，用户就可自动注册 Clickshare。当用户点击其他支持 Clickshare 的网站链接时，就能直接在这些网站上采购，不需要再次注册 Clickshare。Clickshare 可跟踪交易，并向用户的 ISP 收费。而 ISP 已为此用户设置了账号，可从此账号中扣除用户的采购费。Clickshare 的另一个特点是可跟踪用户对因特网的访问，这对想了解受众偏好的广告主和营销公司非常重要。公司认为小额支付只是其识别用户的核心功能的副产品。Clickshare 是用标准的 HTTP 协议来实现这个功能的，不需要 Cookie 或软件钱包。Clickshare 声称它是唯一实现这一功能的公司。

9.2.3 电子钱包

随着消费者对在线购物的热情越来越高，人们已开始厌倦了每次采购都重复输入送货地址和结算信息，这就是电子钱包要解决的问题。电子钱包的功能和实际钱包一样，可存放信用卡、电子现金、所有者的身份证书、所有者地址以及在电子商务网站的收款台上所需的其他信息。电子钱包提高了购物的效率。消费者选好要采购的商品时，可立即点击自己的钱包从而加速了订购的过程。

9.2.3.1 电子钱包的概念和功能特点

在电子支付中，使用一种抽象化的钱包，称为电子钱包。它是一种应用软件，通常装在用户的计算机上，通过银行的电子钱包服务系统来管理自己账户上的各种电子货币或电子金融卡上的数据，从而进行交易。

电子钱包是顾客在电子商务购物活动中常用的一种支付工具。使用电子钱包购物，通常需要在电子钱包服务系统中进行。电子商务活动中的电子钱包的软件通常都是免费提供的，可以直接使用与自己银行账号相连接的电子商务系统服务器上的电子钱包软件，也可以从 Internet 上调用，采用各种保密方式利用 Internet 上的电子钱包软件。目前世界上有 VISA Cash 和 Mondex 两大电子钱包服务系统，其他电子钱包服务系统还有 MasterCard cash、EuroPay 的 Clip 和比利时的 Proton 等。

使用电子钱包的顾客通常在银行里都是有账户的。在使用电子钱包时，将有关的应用软件安装到电子商务服务器上，利用电子钱包服务系统就可以把自己的各种电子货币或电子金融卡上的数据输入进去。在发生收付款时，如果顾客要用电子信用卡付款，例如用 Visa 卡或者 MasterCard 卡等收付款时，顾客只要单击一下相应项目（或相应图标）即可完成。

在电子钱包内只能装电子货币，即可以装入电子现金、电子零钱、安全零钱、电子信用卡、在线货币、数字货币等，这些电子支付工具都可以支持单击式支付方式。

> **注意**
>
> 在电子商务服务系统中设有电子货币和电子钱包的功能管理模块，称为电子钱包管理器。顾客可以用它来改变保密口令或保密方式，用它来查看自己银行账号上的收付往来的电子货币账目、清单和数据。电子商务服务系统中还有电子交易记录器，顾客通过查询记录器，可以了解自己都买了些什么物品，购买了多少，也可以把查询结果打印出来。

9.2.3.2 电子钱包购物过程

电子钱包购物过程如图 9-10 所示。

（1）消费者在商家页面完成订单并确认结账。

（2）消费者登录电子钱包。

（3）电子钱包从商家网站支付页面读取相关信息。

（4）电子钱包向发卡行钱包服务器发送授权请求。

（5）钱包服务器生成认证记号并发送至消费者电子钱包。

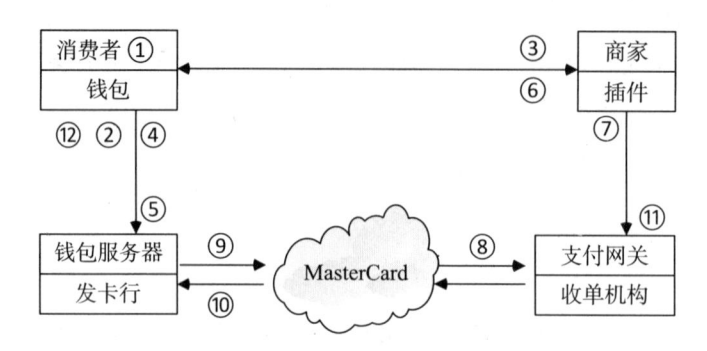

图 9-10　电子钱包购物过程

（6）电子钱包将认证记号作为隐含字段向商家提交支付表单。
（7）商家向收单机构发送支付请求与认证记号。
（8）收单机构通过 MasterCard 网络向发卡行发送支付请求与认证记号。
（9）发卡行接收认证记号并与保存在钱包服务器中的认证记号进行对比检验。
（10）发卡行返回支付授权信息。
（11）收单机构向商家返回交易信息。
（12）消费者电子钱包接收交易收据。

对于顾客（购物消费者）来说，整个购物过程自始至终都是十分安全可靠的。在购物过程中，顾客可以用任何一种浏览器（如用 Netscape 浏览器）进行浏览和查看。购物以后无论什么时候一旦需要，顾客即可开机调出电子购物账单，利用浏览器进行查阅。由于顾客的信用卡上的信息别人是看不见的，因此保密性很好，用起来十分安全可靠。这种电子购物方式也非常方便，单击电子钱包取出信用卡，即可利用电子商务服务器立即确认销售商店是真的而不是假冒的。这是与单独使用 Internet 的最大区别。在只单独利用 Internet 采用国际信用卡购物时，最令人担心的问题就是害怕销售商店是假冒的，顾客遇到一个自己不知道的假冒商店，顾客一买东西就让人把信用卡上的信息全部收去了，这样很不安全。有了电子商务服务器的安全保密措施，就可以保证顾客去购物的销售商店必定是真的，不会是假冒的，保证顾客安全可靠地购到货物。

就上述电子购物而言，在实际进行过程中，即从顾客输入订货单后开始到拿到销售商店出具的电子收据为止的全过程仅用 5～20 秒的时间。这种电子购物方式十分省事、省力、省时。购物过程中虽经过信用公司和商业银行等多次进行身份确认、银行授权、各种财务数据交换和账务往来等，但所有业务活动都是在极短的时间内完成的。

总之，这种购物过程彻底改变了传统的面对面交易和一手交钱一手交货及面谈等购物方式，这是很有效的、保密性十分好的、非常安全保险和可靠的电子购物过程。利用各种电子商务保密服务系统，就可以在 Internet 上使用自己的信用卡放心大胆地购买自己所需要的物品。从整个购物过程看出，购物的顾客也仅仅是输入电子订货单，说明自己购买的物品，调出自己的电子钱包和电子信用卡，只要电子信用卡上的钱足够即可完成购物，并得到电子收据。这是一种与传统购物方式根本不同的现代高新技术购物方式。

9.2.3.3 电子钱包相关技术介绍

1）Agile Wallet

由 Agile Wallet 安全服务器提供。这是 CyberCash 开发的服务器，可处理消费者结算和采购信息，提供快速和安全的交易。消费者第一次用 Agile Wallet 采购时需要输入姓名、地址和信用卡数据。这些信息会被安全地存储在 Agile Wallet 服务器上。以后访问支持 Agile Wallet 的商家网站时，在商家的结算页面上会弹出有顾客采购信息的 Agile Wallet 框。消费者验证了框内信息的正确性后，用鼠标点击一次就可完成采购交易。消费者还可将新的信用卡和借记卡信息加入到受保护的个人信息中。目前 Agile Wallet 还不支持 CyberCash 自己的电子现金，也不支持智能卡，但它宣布其电子钱包会很快支持这些结算方式。

2）eWallet

Aunchpad 技术公司的 eWallet 是一个免费的钱包软件，消费者可下载并安装到自己的计算机上。它不像其他电子钱包那样存在中心服务器上。和其他电子钱包一样，eWallet 将顾客个人信息和结算信息存在钱包里。eWallet 甚至还专门为用户留出放照片的地方（就像真正的钱包一样）。当用户采购商品时，只需点击图标并输入口令，然后从 eWallet 中选定信用卡并拖到结算表中，eWallet 就根据用户在安装软件时所提供的个人信息填写到表中。为保护用户的个人信息，eWallet 有加密和口令保护措施。用户可在 eWallet 的主页上点击 Install and Use eWallet 链接来下载 eWallet。

3）Microsoft Wallet

Microsoft Wallet 预装在 Internet Explorer 里，其功能与大多数电子钱包一样，在用户要求时可自动填写订单表。Microsoft Wallet 是微软公司为电子钱包的标准化而推出的。用户输入到 Microsoft Wallet 里的所有个人信息都经过加密并用口令进行保护。其未来的版本还能同电子现金系统、网络银行账户及其他结算模式交互。目前它支持 American Express 卡、Discover 卡、万事达卡和 Visa 卡。用户可选择 Internet Option 菜单项，在 Content 选项夹中填写用户的个人信息。

用鼠标点击 Content 选项夹中的 Personal Information 面板上的 Wallet 按钮就会弹出一系列对话框。在第一个对话框中输入用户的个人信息，用鼠标点击"Add"按钮，显示对话框，用户可在其中输入自己的信用卡信息。用户可在后续面板中输入地址信息，并在最后一个对话框中输入口令，这样就完成了整个过程。

用 Microsoft Wallet 消费非常容易。首先，用户在支持 Microsoft Wallet 的网站上选择欲采购的商品。当用户来到电子结账台时，商家网站的软件会询问用户是直接输入自己的信息还是让 Microsoft Wallet 代用户输入。如果选择后者，就会显示出钱包中的信用卡清单，用户可挑选一种信用卡并输入用户的口令。如果用户有多个送货地址，用户可告诉 Microsoft Wallet 究竟让商家把商品送往何处，剩下的工作就由 Microsoft Wallet 和商家网站来完成了。

9.2.4 电子支票

9.2.4.1 电子支票的概念和功能特点

电子支票是一种借鉴纸质支票转移支付的优点，利用数字传递将钱款从一个账户转移到另一个账户的电子付款形式。这种电子支票的支付是在与商户及银行相连的网络上以密码方式传递的，多数使用公用关键字加密签名或个人身份证号码（PIN）代替手写签名。用电子支票支付，事务处理费用较低，银行也能为参与电子商务的商户提供标准化的资金信息，故而可能是最有效率的支付手段。

使用电子支票进行支付，消费者可以通过电脑网络将电子支票发向商家的电子信箱，同时把电子付款通知单发到银行，银行随即把款项转入商家的银行账户。这一支付过程在数秒内即可实现。然而，这里面也存在一个问题，那就是：如何鉴定电子支票及电子支票使用者的真伪？因此，就需要有一个专门的验证机构来对此做出认证，同时，该验证机构还应像 CA 那样能够对商家的身份和资信提供认证。

9.2.4.2 电子支票的交易过程

电子支票交易的过程如图 9-11 所示，可分以下几个步骤。

（1）消费者和商家达成购销协议并选择用电子支票支付。

（2）消费者通过网络向商家发出电子支票，同时向银行发出付款通知单。

（3）商家通过验证中心对消费者提供的电子支票进行验证，验证无误后将电子支票送交银行索付。

（4）银行在商家索付时通过验证中心对消费者提供的电子支票进行验证，验证无误后即向商家兑付或转账。

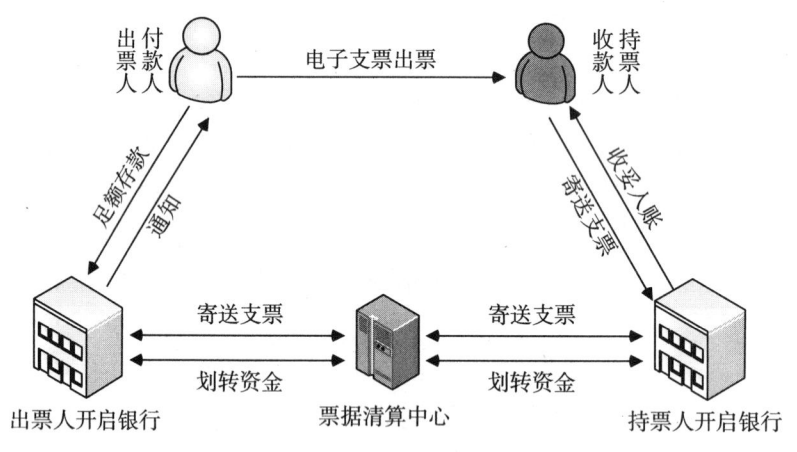

图 9-11 电子借记支票流转程序

9.2.4.3 电子支票发展现状

1996 年，美国通过的《改进债务偿还方式法》成为推动电子支票在美国应用的一个重要因素。该法规定，自 1999 年 1 月起，政府部门的大部分债务将通过电子支票方式偿还。1998 年 1 月 1 日，美国国防部以及由银行和技术销售商组成的旨在促进电子支票技术发展的金融服务技术财团（FSTC）通过美国财政部的财政管理服务支付了一张电子支票以显示系统的安全性。近期，向 Internet 站点提供后端付款和处理服务的 PaymentNet 将开始处理电子支票。采用 SSL 标准保证交易安全，美国最大的支票验证公司 Telecheck 通过对储存在数据库中的购物者个人信息及风险可靠度进行交叉检验来确认其身份。CheckFree 公司一年内处理了 8500 万宗电子交易；总额达 150 亿美元。不过，目前还没有人试过在电子商务站点通过 Internet 直接使用支票。只有美国银行支持的支票才能在 Internet 上被接受，因为在线检验需要依赖美国的支票兑现基础设施。

因此，尽管电子支票可以大大节省交易处理的费用，但是对于在线支票的兑现，人们仍持谨慎的态度，电子支票的广泛普及还需要有一个过程。

9.2.5 电子信用卡

电子信用卡的代表是智能卡。智能卡最早是在法国问世的。20 世纪 70 年代中期，法国 Roland Moreno 公司采取在一张信用卡大小的塑料卡上安装嵌入式存储器芯片的方法，率先开发成功 IC 存储卡。经过 20 多年的发展，真正意义上的智能卡，即在塑料卡上安装嵌入式微型控制器芯片的 IC 卡，是由摩托罗拉和 Bull HN 公司共同于 1997 年研制成功的。

9.2.5.1 智能卡的概念和功能特点

智能卡就是嵌入了一个微处理芯片的塑料卡，在芯片里存储了大量关于用户的信息。信用卡、借记卡和签账卡目前都是在一张磁卡上存储了有限的个人信息。而且和智能卡不同，信用卡不含现金，只有用户的账户号码。智能卡的信息存储量比一个磁卡大 100 倍，可存储用户的个人信息，如财务数据、私有加密密钥、账户信息、信用卡号码及健康保险信息等。

智能卡比传统信用卡更易防止滥用，因为智能卡上的信息是加密的。例如，传统信用卡在卡的正面清楚地印有用户的账户号码。窃贼要用用户的信用卡来支付他的采购所需的就是用户的信用卡号加上伪造的签名。而使用智能卡就基本上不会发生这种情况，由于智能卡内安装了嵌入式微型控制器芯片，因而可储存并处理数据。卡上的价值受用户的个人识别码（PIN）保护，因此只有用户能访问它。多功能的智能卡内嵌入有高性能的 CPU，并配备有独自的基本软件（OS），能够如同个人电脑那样自由地增加和改变功能。这种智能卡还设有"自爆"装置，如果犯罪分子想打开 IC 卡，非法获取信息，卡内软件上的内容将立即自动消失。另外智能卡还有便于携带及方便使用的好处。

9.2.5.2 智能卡的工作过程

首先，在适当的机器上启动用户的互联网浏览器，这里所说的机器可以是 PC 机，也可以是一部终端电话，甚至是付费电话。

然后，通过安装在 PC 机上的读卡机，用户的智能卡登录到用户服务的银行 Web 站点上，智能卡会自动告知银行用户的账号、密码和其他一切加密信息。

完成上面两步操作后，用户就能够从智能卡中下载现金到厂商的账户上，或从银行账号下载现金存入智能卡。

【例 9-1】

用户如想购买一束 20 元的鲜花，当用户在花店选中了满意的花束后，将用户智能卡插入到花店的计算机中，登录到用户的发卡银行，输入密码和花店的账号，片刻之后，花店的银行账户上增加了 20 元，而用户的现金账面上正好减少了这个数。当然，用户买到了一

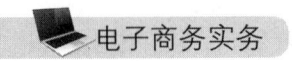

束鲜花。

在电子商务交易中，智能卡的应用类似于实际交易过程。只是用户在自己的计算机上选好商品后，键入智能卡的号码登录到发卡银行，并输入密码和在线花店的账号，完成整个支付过程。

9.2.5.3 Mondex 智能卡介绍

Mondex 卡是能存储电子现金的智能卡，它是万事达国际公司的产品。随着 Mondex 卡在因特网和传统市场上逐渐为人们所接受，它已开始支持其他应用。Mondex 卡是 1990 年发明的。Mondex 卡在香港的试验始于 1996 年，到 1997 年春季，香港的持卡人已有 45 000 人，有约 400 家商家支持这个系统。Mondex 的报告说大多数的持卡人采购额在 100 美元以下（超过 65%），用 Mondex 卡采购 1000 元以上的人很少。这是迄今最大的电子现金产品的试验。虽然 Mondex 没有在试验中取得巨大成功，但它一直坚持到了今天，也许未来会成为可选的智能卡之一。

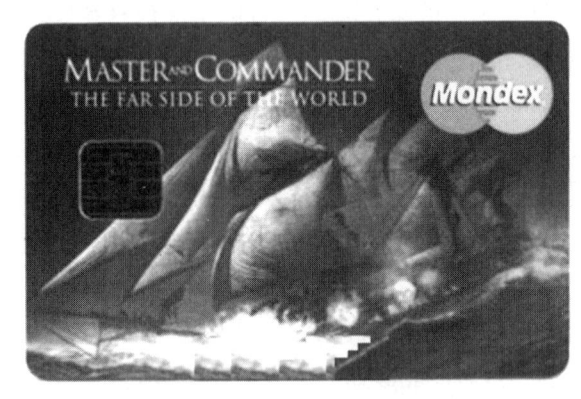

图 9-12　Mondex 卡（截图）

Mondex 卡面临很多挑战。它需要一个特殊设备，接受 Mondex 卡的商家必须在结账台上安装专用的刷卡器。在结账时 Mondex 卡必须与专用的刷卡器实际接触。因特网用户可用 Mondex 卡在网上转账，但必须在 PC 机上连一个刷卡器。这些要求对 Mondex 卡的普及是一个障碍。

Mondex 卡上有一个微处理芯片，可直接从用户的银行账户上接收电子现金。持卡人可在有 Mondex 刷卡器的任何商家消费。两个持卡人甚至还可用电话线在他们的 Mondex 卡之间转移现金。这是 Mondex 卡的优点：一张卡既可在在线环境下使用，又可在普通商店里使用，不受信用卡失窃的威胁。

Mondex 卡的另一个优点是顾客在各类自动售货机上都能找开钱。据可口可乐公司的调查报告显示，因顾客没有零钱而使其自动售货机的销售损失了大约 25%。Mondex 电子现金支持小到 3 美分的小额支付。

Mondex 卡也有缺点。它以电子形式储备真正的现金，用户担心 Mondex 卡的失窃，就不会在卡上存放大笔资金。而且 Mondex 卡没有信用卡的延期结算的优点：用户可在一个月后再付信用卡账单而没有任何利息，Mondex 卡则需要立即支付现金。

Mondex 卡的交易有若干步骤（大部分步骤对用户是透明的），以保证转账的现金能安全抵达正确的地方。用 Mondex 卡将电子现金从买者转给卖者的步骤如下。

（1）持卡人将 Mondex 卡插入刷卡器，这样，商家和持卡人彼此都可得到证实对方有权进行交易。

（2）商家终端在请求结算，同时传输商家的数字签名。

（3）顾客 Mondex 卡检查商家的数字签名，如果签名有效，即从持卡人的卡上减去交易额。

（4）商家终端检查顾客刚提交的数字签名来进行认证。如果顾客的数字签名有效，商家终端通过将自己的数字签名转发持卡人的卡以表明已经确认了持卡人的签名。

（5）一旦电子现金从持卡人的卡上减去，同样金额的资金就转到商家的电子现金账号上。在从持卡人的卡上减去了交易额所等待的时间内要保证电子现金不能重新产生或者丢失。换句话说，在交易完成前，增减账户金额的连续动作要保证操作期间可能出现的系统故障不会引起现金的产生或丢失。

图 9-13 所示为整个采购交易过程，即持卡人将电子现金加入自己的卡内到商家将累积的电子现金付给银行以使自己银行账户存款增加的整个交易过程。

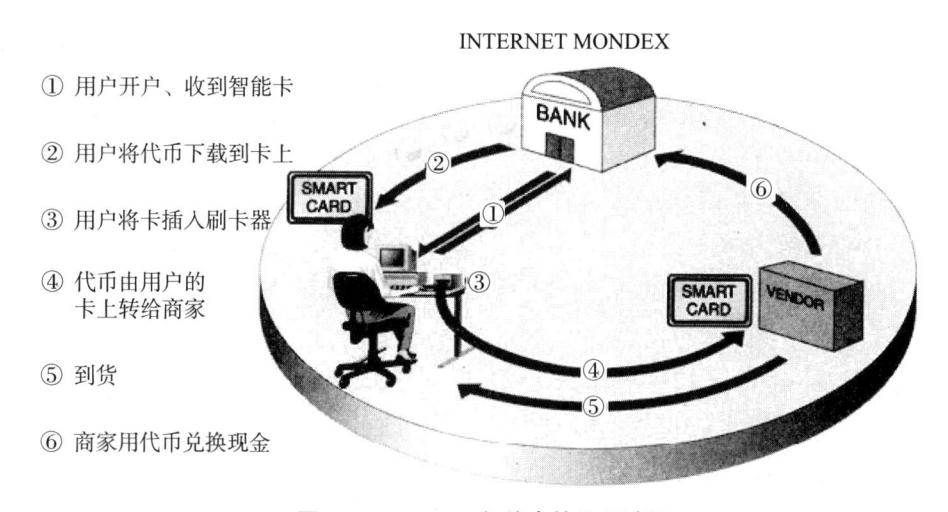

图 9-13 Mondex 智能卡的处理过程

9.3 网上银行

1995 年 10 月美国安全第一网络银行的开业，标志着全新的网上银行正式诞生了。开业后的短短几个月，即有上千万人次浏览该网站，极大地震撼了金融界。此后世界各大银行纷纷在网上建立自己的站点，网上银行逐渐风靡世界，覆盖率为 100%。在我国，1997 年招商银行率先推出了自己的网上银行"一网通"，到目前为止，国内所有商业银行均开展了网上银行业务。

相对于有400多年历史的银行业，网上银行诞生至今不过短短二十多年的时间，但它的扩展速度却以几何级数增长，大有取代传统银行业务方式之势，新兴的网上银行无疑是对传统银行的挑战。

网上银行一词，通常泛指以 Internet 为基础提供各式各样金融服务的银行。网上银行的功能一般包括银行业务项目、商务服务以及信息发布。银行业务项目主要包括：个人银行、对公业务（企业银行）、信用卡业务、多种付款方式、国际业务、信贷及特色服务等功能。商务服务包括：投资理财、资本市场、政府服务等功能。信息发布包括：国际市场外汇行情、对公利率、储蓄利率、汇率、国际金融信息、证券行情、银行信息等功能。

9.3.1 网上银行特点

目前，网上银行实现的功能主要是信用卡、个人银行、对公业务等客户与银行间关系较密切的部分。

利用计算机和通信技术实现资金划拨的电子银行业务已经有几十年的历史了，传统的电子银行业务主要包括资金清算业务和用 POS 网络及 ATM 网络提供服务的银行卡业务。网上银行是随着 Internet 的普及和电子商务的发展在近几年逐步成熟起来的新一代电子银行，它依托于传统银行业务，并为其带来了根本性的变革，同时也拓展了传统的电子银行业务功能。与传统银行和传统电子银行相比，网上银行在运行机制和服务功能方面都具有不同的特点。

9.3.1.1 全球化、服务内容丰富

传统银行是通过开设分支机构来发展金融业务和开拓国际市场的，客户往往只限于固定的地域，而网上银行是利用 Internet 来开展银行业务的，因此，可以将金融业务和市场延伸到全球的每个角落。打破了传统业务地域范围局限的网上银行，不仅可吸纳本地区和本国的客户，还可直接吸纳国外客户，为其提供服务。正如 SFNB 总裁 James Mahan 所言："任何人，只要有一台电脑，都是我的潜在客户。"

以国内各大银行的网上银行的服务项目为例，主要有以下4大类。

（1）交易类。包括网上转账、网间转账、个人小额抵押贷款、个人外汇买卖、企业外汇买卖、换兑、代收和代付费业务，比如从活期或信用卡账户代扣代缴水、电、煤气、电话费等付费。

（2）查询类。包括个人综合账户余额查询、交易历史查询、企业综合账户余额查询、交易历史查询、支票情况查询、企业授信额度查询、企业往来信用证查询、客户贷款账户资料查询、汇兑状态查询、利率查询等。

（3）扩展业务类。包括证券交易、网上购物、网上支付、移动电子交易、企业银行服务等。

（4）信息服务类。银行基本信息发布、银行业务品种介绍，以及银行储蓄网点、自动柜员机的分布情况等。

9.3.1.2 开放性与虚拟化

传统电子银行所提供的业务服务都是在银行的封闭系统中运作的，而网上银行的 Web

服务器代替了传统银行的建筑物、网址取代了地址，其分行是终端机和 Internet 这个虚拟化的电子空间。因此有人称网上银行为"虚拟银行"，但它又是实实在在的银行，利用网络技术把自己与客户连接起来，在有关安全设施的保护下，随时通过不同的计算机终端为客户办理所需的一切金融业务。

网上银行让用户无需现金随时随地购物消费；网上证券交易让用户能决胜于千里之外；网上保险让用户享受快速周到的服务；而网上纳税、网上采购更是使得电子政务不再虚幻。网上银行不仅为客户提供了便捷快速的服务，而且节省了银行的人力开销，免去了柜员与实际地点的费用。

9.3.1.3 智能化

传统银行主要借助于物质资本，通过众多员工辛勤劳动为客户提供服务。而网上银行主要借助智能资本，靠少数脑力劳动者的劳动（如 SFNB 只有 15 名员工）提供比传统银行更多、更快、更好、更方便的业务，如提供多元且交互的信息、客户除可转账、查询账户余额外，还可享受网上支付、贷款申请、国内外金融信息查询、投资理财咨询等服务，其功能和优势远远超出电话银行和传统的自助银行。网上银行是一种能在任何时间（Anytime）、任何地方（Anywhere）、任何方式（Anyhow）为客户提供超越时空、智能化服务的银行，因此可称之为"三 A 银行"。

9.3.1.4 创新化

各国银行业纷纷电子化，尤其是自从 1995 年世界上第一个网上银行 SFNB 诞生以来，各国网上银行如雨后春笋般诞生，可谓方兴未艾。

中国网络银行的发展始于 1997 年 4 月，招商银行为了满足在线支付的要求并逐步实现电子货币和电子钱包的应用，在国内率先推出了被业界公认为最适合国内市场的网络银行"一网通"。"一网通"是指通过 Internet 网络或其他公用信息网将客户的电脑终端连接到招行网站，实现将招行的金融服务直接送到客户办公室、家中和手中的服务系统，建立了以网上企业银行、网上个人银行、网上支付、网上证券及网上商城为核心的网络银行服务体系，并经中国人民银行批准首家开展网上个人银行业务，成为国内首先实现全国联通"网上银行"的商业银行，开创了中国网上银行的先河。

农行网上银行的系统开发采用了集中统一接入的方式，建立了总行统一的网上银行中心，实现网上银行客户信息、操作界面、业务功能、电子数据的集中存放和统一管理，同一客户在不同地区开立的账户能归入同一客户号下进行管理。

中国银行根据券商要求，开发出的一项具有中行特色、在证券资金清算领域内处于领先地位、具有高科技含量的金融清算产品。本产品利用 Internet 网络技术为券商提供安全、快捷的服务，可使券商在二级证券市场的清算业务中，在规定时间内完成证券总公司与交易所、证券总公司与各营业部之间的资金清算业务。

在个人服务方面，工商银行相继开通个人汇款、代缴学费、银证通、外汇买卖、基金交易等业务。个人客户几乎可以门不出户地通过网上银行办理从账户查询、转账、汇款、缴费到证券、外汇、基金等一系列业务，享受更贴身、更值得信赖的金融服务。此外，工商银行还积极支持电子商务的发展，为开展网上商务活动的买卖双方、上下游关联企业提

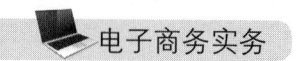

供方便、先进的 B2B 和 B2C 等在线支付服务。

交通银行网上银行业务系统，主要包括个人银行、外汇宝、企业银行、银证通、网上支付等业务系统，网上银行业务系统 24 小时为用户提供银行卡的账务查询、卡内转账、卡间转账、缴纳费用、国库券买卖、抵押贷款、口头挂失、企业公存账户查询、企业公存账户对外支付、外汇买卖、网上炒股、网上购物等服务。用户可以足不出户，轻松理财，随时掌握各种信息，适时调度资金。

汇丰银行可以在内地提供广泛的网上个人银行服务，包括：查询账户结余及往来记录；办理转账，包括转账至内地银行和海外银行；查询汇率和利率；开立定期存款账户；其他辅助服务，包括预订支票簿、下载月结单、个人资料更新。

9.3.1.5 运营成本低

据美国研究机构的调查显示，在互联网上进行每一笔货币结算的成本不到 13 美分，电话银行是 54 美分，而在传统银行营业机构是 1.08 美元，网上银行的综合成本占营业收入的 15%～20%，而传统银行则高达 60%；开办网络银行的成本只有 100 万美元，而建一个传统的银行分行的成本是 150 万～2000 万美元，外加每年的附加经营成本 35 万～50 万美元。

9.3.1.6 亲和力增强

增加与客户的沟通和交流是企业获取必要信息，改进企业形象，贴近客户，寻找潜在客户的主要途径。在这方面，网上银行具有传统银行无法比拟的优势。网上银行可通过统计客户对不同网上金融产品的浏览次数和点击率，以及各种在线调查方式了解客户的喜好与不同需求，设计出有针对性的金融产品以满足其需求，这不仅方便了客户，银行也因此增强了与客户的亲和力，提高了竞争力。

网上银行与传统的营业网点相比，网上银行提供的服务是更加标准化和程序化的服务，避免了由于个人情绪及业务水平不同带来的服务质量的差别。与新型的电话银行、ATM 机和早期的企业终端服务相比，网上银行服务更生动、更灵活、更多样化，可以在更高层次上满足客户需要。

9.3.2 网上银行功能介绍

无论是国外已经发展成熟的还是国内刚刚起步的网上银行，其功能一般包括：银行业务项目、网上银行服务、信息发布和商务服务几个部分。电子银行运作的基本流程如图 9-14 所示。

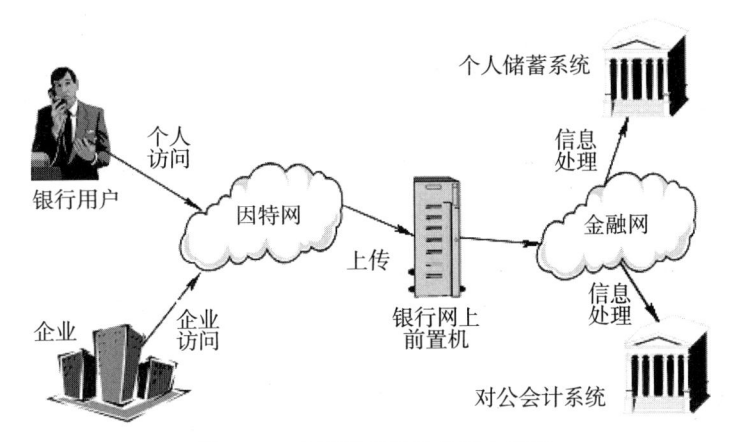

图 9-14　电子银行运作的基本流程

9.3.2.1　网上银行业务项目

主要包括家庭银行（储蓄业务）、企业银行（对公业务）、信用卡业务、国际业务、各种支付、信贷及特色服务等传统的银行业务功能。

（1）家庭银行（Home Banking）：为用户提供方便的个人理财渠道。包括网上开户、清户、账户余额、利息的查询、交易历史查询、个人账户挂失、电子转账、票据汇兑等。美国的美洲银行网上业务主要集中在家庭银行方面。通过其 Home Banking 网页，用户可以在一天中的任何时间里进行银行业务：储蓄、外汇及货币交易，当前账户余额查询，资金划拨，下载所需的理财软件等。还可以使用"pay bill"来支付如每月 5.95 美元的小笔开支。Home Banking 的理财软件可帮助用户规划各种金融事务，甚至跟踪和分析花费情况。

（2）企业银行（Firm Banking）：为企业或团体提供综合账户业务，如查阅本企业或下属企业账户余额和历史业务情况；划转企业内部各单位之间的资金；核对调节账户，进行账户管理等服务；电子支付职工工资；了解支票利益情况，支票挂失；将账户信息输出到空白表格软件或打印诸如每日资产负债表报告、详细业务记录表、银行明细表之类的各种金融报告或报表；通过互联网实现支付和转账等。目前中国银行推出的"企业在线理财"就属于这类业务。

（3）信用卡业务：包括网上信用卡的申办、信用卡账户查询、收付清算等功能。与传统的信用卡系统相比，网上信用卡更便捷。如用户可通过 Internet 在线办理信用卡申请手续；持卡人可通过网络查询用卡明细；银行可定期通过电子邮件向用户发送账单，进行信用卡业务授权、清算、传送黑名单、紧急止付名单等。

（4）各种支付：提供数字现金、电子支票、智能卡、代付或代收费等网上支付方式，以及各种企业间转账或个人转账，如同一客户不同账号间，包括活期转定期、活期转信用卡、信用卡转定期、银行账户与证券资金账户之间的资金互转等。

（5）国际业务：包括国际收支的网上申报服务、资金汇入、汇出等。目前国内的企业可向中国银行总行申请办理此项业务国际收支申报。

（6）信贷：包括信贷利率的查询、企业贷款或个人小额抵押贷款的申请等，银行可根据用户的信用记录决定是否借贷。

(7) 特色服务：主要是指通过 Internet 向客户提供各种金融服务，如网上证券、期货、外汇交易、电子现金、电子钱包以及各种金融管理软件的下载等。目前国外银行从存贷差中获取的利润已不足 50%，其余的都来自于各种在线服务回报。从整个银行业的发展趋势来看，提供在线服务将成为未来银行利润的主要来源。在香港地区有 4000 多家企业用户的汇丰银行目前以每月最低 2000 元港币的租金向这些企业提供银行在线服务，仅此一项每月的收入就近千万元。

9.3.2.2 网上银行商务服务

商务服务主要提供资本市场、投资理财和网上购物等子功能。对资本市场来说，除人员直接参与的现金交易之外的任何交易均可通过网上银行进行。投资理财服务可通过客户主动进入银行的网站进行金融、账户等的信息查询以及处理自己的财务账目；也可由网上银行系统对用户实施全程跟踪服务，即根据用户的储蓄、信贷情况进行理财分析，适时地向用户提供符合其经济状况的理财建议或计划。在网上购物方面，网上银行可以网上商店的形式向供求双方提供交易平台，商户在此可建立自己的订购系统，向网上客户展示商品并接受订单，商户在收到来自银行的客户已付费的通知后即可向客户发货；客户可进入银行的网上商店，选购自己所需的商品，并通过银行直接进行网上支付，这种供求双方均通过网上银行这一中介机构建立联系和实现收支，降低了交易的风险度。

9.3.2.3 网上银行信息发布

目前网上银行发布的信息主要有：国际市场外汇行情、对公利率、储蓄利率、汇率、证券行情等金融信息，以及银行历史、业务范围、服务项目、经营理念等银行信息，使客户能随时通过 Web 网站了解这些信息。

9.3.3 网上银行系统实现形式

"网上银行"系统相比银行其他已有的应用系统，具有一些不同于银行传统应用系统的实现形式。

9.3.3.1 网上银行以已有的业务处理系统为基础

"网上银行服务"系统，不是一个单独的业务处理系统，它本身不能独立地处理某项银行业务，必须以已经存在的业务处理系统为基础，所有的业务处理最终都是要由现有的业务处理系统来实现。

9.3.3.2 网上银行采用 Internet/Intranet 技术

采用 Internet/Intranet 技术，因为它具有网络分布计算和与系统平台无关的特点，这两个特点特别适合解决银行业务系统分散和系统平台种类多的问题。另外在采用这种技术后，对系统的开发和维护，都会带来巨大的好处。

特别值得强调的是，网上银行不仅要考虑利用 Internet 向外部客户延伸，还要对内部 Intranet 的建设高度重视，在网络基础设施建设、业务系统的联网程度、银行整体业务的统一规范性等不同层次上，都有要求。

9.3.3.3 网上银行将现有的业务系统有机地联系起来

总的来说，国内银行现有的业务系统都是分散形式的，通过建立"网上银行服务"系统与传统业务处理系统之间的接口，使分散的不同的业务系统，通过"网上银行服务"系统这个桥梁有机地联系起来。

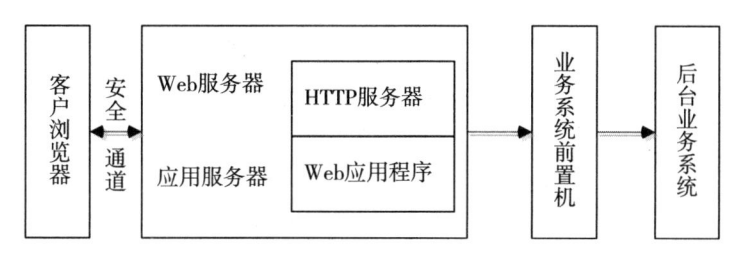

图 9-15 网络银行系统结构

9.3.3.4 网上银行提供综合服务

由于网上银行能够把现有的分散的业务系统有机地联系起来，打破了地区的限制，也就应该能够从更大的范围，为客户提供综合的服务。甚至可以说这一系统能够包容国内银行所有的面向外部客户的业务品种，涉及银行所有的业务系统，并利用现有的业务品种，结合新的技术手段，发展出新的服务项目。

可以看出，"网上银行服务"系统的作用和意义已经远远超出了任何一个传统的业务系统。如果能够成功地建立"网上银行服务"系统，把客户终端、电话银行等手段结合起来，将在整个银行范围内形成一个统一的面向客户的综合服务体系。同时，对解决银行业务系统分散、业务做法不统一、系统平台不统一等问题，提供一个较好的途径。

9.3.4 我国网上银行发展策略

9.3.4.1 营造网上银行发展的良好环境

1）大力推进信息化、网络化建设

扩大网上银行的生存空间，电子商务与网上银行的发展空间取决于信息基础设施的规模和水平、信息终端以及信息技术的普及程度。因此，要加强网络信息基础建设，尽快普及计算机及网络知识。现阶段必须提高认识，增强紧迫感，必须进一步推广应用网上银行成果，使国民通过感性认识，感觉到网上银行发展对信息化、自动化、现代化的促进优势，感受到网上银行对于促进国民经济发展的重大作用，感知到网上银行的迅速发展。通过教育、培训等方式提高国民素质，更新理财观念，大力发展互联网业务，提高银行体系网络化水平，这是推动网上银行发展的前提，也是当务之急。

2）结合信贷登记系统和存款实名制，建立和完善社会信用体系

要积极推行"银行信贷登记咨询系统"，在建立和完善企业信贷登记制度的基础上，尽快开发和推广个人信贷登记系统，逐步实现贷款信息共享，为防范信贷风险服务，还可以以居民存款实名制为基础，开发个人信用数据库，用以提供个人信用报告网络查询服务、个人信用资信认证，信用等级评估和信用咨询服务，逐步建立个人信用体系。中国人民银行应尽快组织进行个人信用评估体系建设，逐步建立健全全社会的个人信用体系。

3）建立和规范安全认证体系

资金在网上划拨，安全性是最大问题。发展网上银行业务，将导致大量的经济信息在网上传递。国内不少银行都在做网络银行业务，但都因为法律、管理等方面的原因，最后只能实行局部交易，也就是说国内目前的网络银行还不能算真正的网络银行，只有真正建

立起国家金融权威认证中心（CA）系统，才能为网上支付提供法律保障。目前中国金融CA工程已正式启动，必须研究商业银行及有关金融机构进行电子商务的网上相关的法规制度，逐步为网络银行的发展创造一个良好的法律环境。

4）建立统一的支付网络体系，构建跨行结算体系

支付网关连接消费者、商家和银行，是商业银行系统与公共网络联系的桥梁。由于历史的原因，我国国有银行资金平衡能力脆弱，超负荷经营态势严重，直接制约了银行内控机制的建立和资产负债比例管理的实施，而这一问题的症结，在于银行系统内不同行之间结算资金和资金收付而引起的债务的清算方式，为了彻底改革这种传统的联行业务体制，必须尽快建立资金汇划清算系统的高速公路，而建立这种支付网关，需要选择与各商业银行紧密联系有权威性、公正性，又可按市场化动作的第三方机构进行建设，可由中国人民银行牵头，建立会员制机构。

5）建立健全自身的网络安全系统

随着网上银行业务的发展，必然出现很多新型的金融业务，也必将涉及现行金融管理体制和政策的空白点或禁区。同时计算机及计算机网络系统极易遭受黑客和病毒的攻击，内部技术和操作故障都难以避免，而由此产生的损失则因我国涉及网络交易方面的条款还不健全，各方的合法权益难以得到保障。在网络环境下，银行业一些传统业务的风险将被放大，使银行面临的风险更大。因此，银行应尽快建立计算机网络安全体系，不仅包括防范计算机犯罪、防病毒、防黑客，还应包括各类电脑识别系统的防护系统，以及防止自然灾害恶意侵入，人为破坏，金融诈骗等各类问题。

9.3.4.2 积极转变观念，加强网上银行运营管理

1）建立新型的银行组织管理制度

银行业是一种具有规模经济的行业，在传统经济条件下，商业银行实现规模经济的基本途径是组织体系的分支行制，而网络银行的出现和发展不仅仅使传统的银行经营理念和经营方式发生了变化，而且正在使传统的银行外部组织结构由物理形态向虚拟形态变化，实现规模经济的基本途径已不再是分支行制，而是技术、创新和品牌。这是就外部组织制度而言。从内部组织制度看，随着商业银行外部制度的变化，商业银行的内部组织结构由垂直式形态向扁平式形态发展，从而多层次的内部制度将被平行式的制度所替代，银行内部的管理成本的协调成本会大大降低。我国传统的商业银行组织机构是一种金字塔形的树形结构，即由商业银行总行下辖多个一级分行，一级分行下辖多个二级分行，二级分行下辖多个支行的总分支行组织机构形式。这种组织机构大多按行政规划对等设置，管理层次多、管理机构庞杂，业务上的条块分割造成了管理效率低下、冗员较多、管理成本高，不利于商业银行的经营与发展。

2）树立全新的银行理念

在网络经济条件下，银行业拓展全新的服务，以此来实现以客户为中心，提高智能化、标准化、个性化的业务发展模式。因此，要求银行在经营管理的指导思想中，只有客户这个中心，而没有其他的中心，银行运作所有构件都是为客户这个中心服务的。从国际经验看，客户导向的服务理念经历了客户至上、客户第一、客户满意、增加客户价值四个阶段。

在客户至上阶段，把客户放在银行组织体系和业务流程图的上方，体现了银行的服务姿态；在客户第一阶段，把客户放在银行的前端，银行全体人员和全部行为都围绕客户，客户的事情是银行工作的重心；在客户满意阶段，把客户的需求和利益放在前面，调动所有资源让客户感到满意，以客户的满意程度作为评价银行工作的标准；增加客户价值是目前客户导向理念的最新表现，在这一阶段，把客户资产价值增加放在首位，让客户享受增值服务。

3）开发新的产品服务，进行全新的业务拓展

拓展银行业务、实施传统业务与创新业务的结合，采用新业务开拓视角，用新的操作方式和金融服务的延伸来赋予传统业务以新的内涵外延至网络银行。网络银行不断创新金融产品，增强网上银行支付的灵活性。网上银行要适应客户在电子网络上进行买卖交易时的支付与结算需要，就必须创新与电子网络交易相关联的交易支付手段和金融工具产品，这些必将对传统的商业银行的支付手段产生深刻的影响。网上银行新的交易支付手段主要有数字现钞，电子支票，电子信用卡，其他电子金融工具。新的产品及服务内容主要包括：线上市场销售、线上或电话客户服务（如透过网上、电话申请信用卡）、客户远程操作及结算（如电子信用卡）、线上产品查询服务（如线上查询存款利率）、数码货币系统、电子信用卡支付系统、电子支票支付系统、网上电子现金产品（如数码现金、电子货币）等，网上银行还可以对传统的银行金融工具进行电子化改造，以提高这些业务的办理效率与质量，改善对客户的服务，降低经营管理的成本，扩大银行的收益水平。

9.3.4.3 强化银监会对网上金融风险的监管

一般认为，政府之所以要对金融机构实施广泛的监管，是因为存在着市场缺陷。这些缺陷包括信息不对称，以及由此引发的逆向选择和道德风险。这些缺陷加上银行业较强的外部性和天然的脆弱性，都极易给消费者带来消极影响。引发消费者对银行体系的不信任。因此，需要政府进行干预，政府对银行业监管的最基本目的是保护消费者的利益，提升公众对银行体系的信心。传统的监管体系正是在这个基础上建立起来的。对网上金融风险的监管主要包括以下两个方面。

1）市场进入

大多数国家都对设立网络银行有明确的要求，需要申报批准。这些要求一般包括：注册资本或银行规模；技术协议安全审查报告；办公场所与网络设备标准；风险提示与处置规划；业务范围与计划；交易记录保存方式与期限；责任界定与处理措施等。其中，对于网络分支银行，一般还要求其总行承担相应的承诺。

2）业务扩展

包括两方面的内容：一是业务范围，除了基本的支付业务处，是否已经在多大程度上允许网络银行经营存贷款、保险、证券、信托投资、非金融业务、联合经营等业务，以及所采用的方式等；二是对纯网络银行是否允许其建立分支机构或代理机构等。

3）日常检查与信息报告

一般都要求网络银行接受各监管机构的检查，除资本充足率、流动性等检查以外，还包括交易系统的安全性、客户资料的保密与隐私权的保护、电子记录的准确性和完整性等检查。除此之外，还普遍要求网络银行建立相关的信息资料和独立评估报告的报告备案

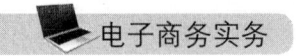

制度。

> **注意**
>
> 网络银行的金融监管应重点考虑以下几方面的问题:
>
> 第一,将网络银行业务正式列入金融机构管理范畴,建立专门的网络银行准入制度;完善现行法律,补充适用于网络银行业务的相关法律条文;
>
> 第二,加强网络银行的信息披露制度,以便促使网络银行的经营者提高经营管理水平;制定网络银行的安全标准,建立安全认证体系;
>
> 第三,结合网络银行业务的特点、完善现行金融监管办法;加强国际间的网络银行监管合作;
>
> 第四,加强金融监管人员的计算机培训,提高监管人员的素质和水平等。

9.4 电子支付存在的问题及对策

9.4.1 国内电子支付现状分析

中国网上支付交易额规模近年来始终保持高速增长的态势,年增幅都在 100% 以上。艾瑞监测数据显示,2015 年第一季度中国第三方互联网支付交易规模达到 24308.8 亿元,同比增长 29.8%,环比增长 3.4%。图 9-16 为 2014 年第一季度—2015 年第一季度中国互联网支付业务交易规模统计数据。

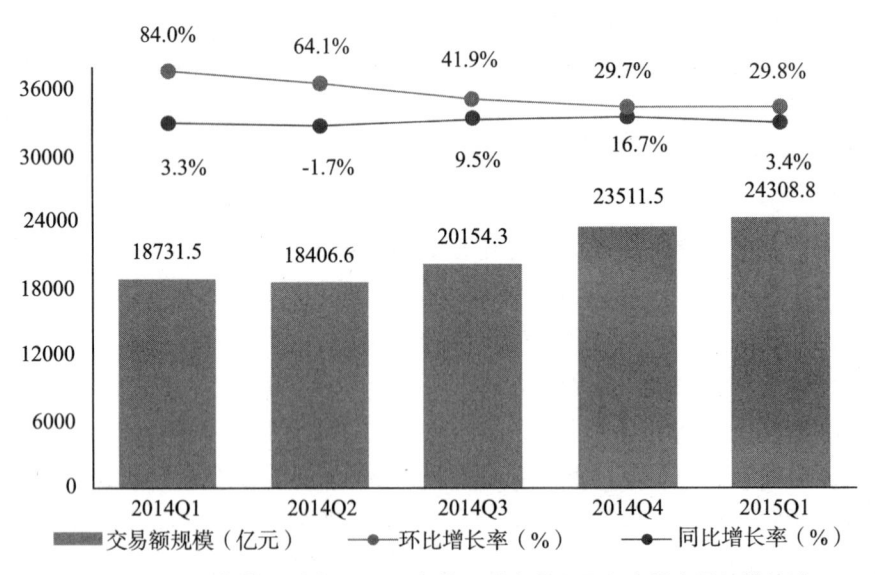

图 9-16 2014 年第一季度至 2015 年第一季度中国网上支付交易规模统计

2015 年第一季度第三方互联网支付交易规模市场份额中,支付宝占比 48.9%,财付通占比 19.9%,银商占比 10.7%,快钱占比 6.8%,汇付天下占比 4.9%,易宝占比 3.2%,环迅占比 2.1%,京东支付占比 1.9%。

网上支付等电子支付业务的产生和发展，推动了支付业务流程的再造，优化了经营过程，降低了交易成本，但我国开展此项业务起步较晚，发展还不充分，目前主要存在以下几个方面的问题。

1）网上支付硬件设施落后

用于开展电子支付业务的硬件设备、系统软件、网络通信及银行前端等基础设施建设与发达地区相比还显落后。近年来我国网络发展速度增快，但发展不均衡，与国际先进水平以及国内网络应用需求相比仍有较大的差距。特别是县以下的银行机构，由于受资金、设备的影响，普及银行电子化还存在相当大的难度。此外，普遍存在的网络带宽较窄、速度缓慢的问题，也严重影响了运行效率和支付质量。

2）电子支付业务的支撑系统存在安全隐患

一是信息泄漏。电子支付业务是主要应用互联网进行交易、清算和信息发布的系统。网络存在安全漏洞，无法保证网络中信息的隐秘性。例如，电信从业人员可能利用工作之便，很容易地获取网络中传输的信息；网络攻击者也可以通过搭线等方法，从传输信道窃取信息；二是假冒通信。互联网提供了灵活的数据交换机制，但同时也给假冒通信以可乘之机。网络外的用户，只要将他的设备配置成与网络内的设备配置相同，就可能欺骗总部，与其进行通信；如果网络外的用户将他的设备配置得与总部的设备相同，并采取一些措施将总部的设备阻塞，他就可以假冒总部，欺骗网络内的所有网点；三是假冒信息。攻击者窃取了网络中传输的信息后，采用一些并不复杂的技术，尤其是在内部人员的配合下，就能进行信息的假冒。例如，重复进行一些本已完成的业务等。

3）信用风险的恶性循环会危及银行业

开展电子支付业务的整个过程几乎全部在网上完成，这种支付方式的"虚拟性"，一方面使银行摆脱了时间和地域的限制，另一方面也使交易对象变得难以明确，交易过程更加不透明。电子支付指令未被广泛接受使得电子银行比传统银行具有更大的信用风险。强大的负面公众舆论将导致银行资金或客户的严重流失。由于银行本身信息技术水平的限制，它们往往会依靠第三方的服务供应商（即提供高科技的专业技术服务公司）来承担银行的外包业务。这一领域仅由少数几个技术服务供应商来控制，一旦他们中的任何一个出现了问题，就会导致很多银行连带受损。

4）技术规范和实施标准缺乏统一规划

对于身份认证的权威性和独立性、数据加密强度、商用密码产品、通信安全控制措施等电子支付业务的核心技术等关系行际互联的技术参数，都没有制定相应的国家标准。目前各家银行各行其是，互不兼容。更有甚者，商业银行系统内部也不统一，省级分行自行开发运行电子支付业务，自己建立 CA 身份认证中心。这种状况弊端很多。首先，各行网上银行业务标准不一，技术各异，对以后的互相合作、互相联合非常不利；其次，重复投资，造成资源的巨大浪费。商业银行自建 CA 认证中心，自己为客户颁发数字证书，自己验证客户身份的做法，缺乏独立性和客观性，一旦发生法律纠纷，商业银行将处于被动局面。

5）相关法律法规缺乏

迄今为止，我国银行开展电子支付业务已经有 20 年多了，但国内法律法规还不能给电子支付业务发展提供充分的保障,涉及计算机和网络领域的立法工作还相对滞后,缺乏保障网上银行和电子商务活动有效开展的法律框架体系。一些基础性法律尚未出台,而《商业银行法》、《中国人民银行法》均未涉及网上银行的业务。目前除了《安全法》、《保密法》外,仅有中国人民银行制定的《网上银行业务管理暂行办法》在起作用,致使银行在可能与客户发生的纠纷中处于无法可依的尴尬境地。此外,对传统交易方式中具有法律效力的合同等如何在电子介质中应用,电子记录如何作为证据等问题均无明确规定。

6) 监管措施不完善带来风险

首先,电子支付的业务都是通过网络来进行,没有了以往的签字、盖章及纸质凭证。其次,客户、银行都没有各种密码和相应的保护措施,使监管当局无法收集到相关的资料进行调查。最后,银行业务的各种账目和业务记录都可以不留痕迹地修改,监管部门看到的数据不能正确地反映银行状况。电子支付业务不仅易于诱发网络犯罪,还容易产生各种业务风险。

电子支付业务的这些特点,给金融监管部门带来了新的课题。巴塞尔委员会及各国银行监管当局正密切关注网络银行的发展并进行研究,建立我国电子支付监管方面法规的步伐也应该加快。

7) 诚信度太低和认知缺失

据调查,电子支付工具的用户群一般在15～50岁,因为使用互联网的用户主要集中在这一年龄段。他们上网并尝试网络消费,有一定的知识水平和消费能力。目前信用体系尚不完善,他们最担心的是支付后获得的服务以及产品非网络购买时的当初所想,商品质量问题使用户心理不安全。很多从业人员认为,中国电子支付与国外相比存在很大差距:一是电子支付的应用开发不全面;另一个是国内使用银行卡的人很少,使用电子支付的人就更少了。目前阻碍电子支付发展的一个重要的因素是网络教育不全面。很多人根本没有机会接触到电子支付。另外,支付公司并未真正地用商品价值和服务来吸引用户,并且引导用户使用电子支付方式购物。

9.4.2 国内电子支付发展对策

9.4.2.1 政府要积极扶持电子支付业务的发展

我国加入 WTO,既给网上银行开展电子支付业务提供了前所未有的机遇,也面临实力雄厚且掌握先进技术的外国网上银行的激烈竞争。因此,需要国家从多方面对电子支付业务的发展予以扶持。要总结国外先进经验并结合我国实际,做好发展规划和宏观指导。政府要注重对银行网络化的宣传,提供资金、人才、技术、科研、税收、法律、认证等方面的政策支持。我国可以将电子支付作为知识经济的重要组成部分,组织人民银行、银监会和信息产业部等力量开展攻关研究,逐步解决电子支付发展中遇到的各种问题;要制定一套行之有效的优惠政策,刺激研究所和企业从事网上银行相关产品和技术的研究与开发。

加快电子支付业务相关标准的制定,包括基础标准、安全标准、操作标准和电子数据交换标准等。电子支付的产生将挑战传统支付所形成的知识体系、法律体系、价值体系、社会组织体系,因此亟须探讨和完善在网络环境下支付的相应体系,为电子支付的发展提供理论指导。

9.4.2.2 提高网上银行的安全性

电子支付的安全性是客户信任度的关键,决定着电子支付业务的成败。因此,有必要做到以下三点。

首先,要增强计算机系统的关键技术和关键设备的安全防御能力。主要是通过提高操作系统的安全管理能力和不断完善安全机制以加强网上银行的安全性,在运行过程中要不断检测各种网络入侵,审核安全记录,发现对网上银行安全构成威胁的情况及时做出处理。

其次,要大力提高应用软件的科技含量,敢于使用创新技术,特别是在安全策略上,更应注重采用新技术,提高系统安全管理自动化程度,减少人为因素对系统安全的影响。同时,要注意借鉴和吸取国际先进经验,使我国网上银行的发展与国际先进技术同步。

最后,要特别加强管理机制的建立,加大执行力度,加强对内部员工的计算机安全教育,提高员工的整体素质。

9.4.2.3 健全必要的法律保障体系

电子支付业务的健康发展必须有相应的法律法规来保障,因此国家有关部门应加快立法的步伐,为电子支付的持续发展提供健全的法律保障体系和服务支持体系。一是我国政府有关部门应就网上银行的通信安全、控制权的法制责任、存款保险、保护措施和争端的适应条文等问题加以立法。二是制定有关数字化,电子货币的发行、支付与管理的制度以及电子支付业务结算、电子设备使用等标准。为给电子支付发展一个规范、明确的法律环境,立法机关要密切关注电子支付业务的最新发展和科技创新,集中力量研究、制定与完善有关的法律法规,比如加密法、电子证据法等。要明确定义电子交易各方(消费者、商家、银行、CA 中心)的权利和义务,明确法律判决的依据。

9.4.2.4 加强网络基础设施建设

发展电子支付业务首先应该进一步完善电子化基础设施。一是在大力建设宽带化、智能化、个人化的高速通信网的基础上,应重点抓紧建立功能强大的金融通信网络。二是要加快各类银行卡的发行和功能拓展,更新完善电子网络系统,增加金融电子设备。在设备上,可以通过购买、租用等方法,选择并拥有诸如硬件设备、系统软件、网络通信及银行前端等基础设施。三是应加强国内商业银行之间的联系,实现资源共享,逐步建立集中统一的信息中心,降低服务成本,提高服务效益和质量。四是由国家出面建设统一公用的 CA 认证中心,保证认证中心的中立和权威。

9.4.2.5 银监当局要强化对电子支付业务的风险控制

对电子支付业务的风险防范和控制,主要由人民银行和银监会进行。

1)人民银行要加快信息管理系统的建设

根据《网上银行业务管理暂行办法》的要求,商业银行应建立网络银行业务信息管理系统,人民银行可借机开发与商业银行对接的信息管理系统,人民银行应对电子支付业务有"重点"地监管,即对网上支付的频发非法交易进行跟踪,报告可疑的金融交易;规定人民银行对加密金融信息的解密权限、范围等。所有准备通过互联网为客户开立新账户的银行应当建立严格的开户标准,银行还应建立监控系统来识别非正常活动,并在必要时填报"可疑活动报告"。为了防止洗钱等违法活动,对于规定标准没有达到豁免条件的电子支

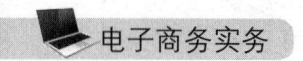

付业务，银行应按照规定以书面记录或电子记录方式保存客户信息。

2）银监会要严格市场准入、退出和市场运行机制

现阶段，要避免没有规划、一哄而上的现象，在审批过程中应把握风险防范、化解机制。网上银行的设立或电子支付业务的开展，必须具备完善的风险识别鉴定、管理、风险弥补和处置方案、计划。

3）建立强制信息披露制度

就监管而言，信息披露应当成为重中之重，电子支付的诸多特性加大了监管当局稽核审查的难度，导致外部公众难以全面真实了解经营情况。为了保护客户利益，建立强制信息披露制度尤其重要。

> **注意**
>
> 应该制定比传统银行业务更为严格的信息披露规则，遵循"公开、公平、公正"的原则，定期向社会发布经审计后的经营活动信息，不断提高信息披露的质量。

9.4.2.6 改变监管方式和创新监管手段

改变监管方式，由机构监管向功能监管过渡。根据电子支付业务的功能实施相应的监管，提高了监管部门利用市场手段进行电子支付创新产品监管的能力，从而避免了对电子支付业务创新造成的影响。这使得功能性的金融监管与基于网络为背景的电子支付业务这两种表面上的对立关系演变成为协调关系。

创新监管手段。传统的监管手段可能导致对电子支付业务无法实施高效、全面的监管，因此作为监管当局除了制定具有针对性的管理办法外，还应加快自身电子化建设步伐，依托先进的科技手段，实施非现场监测，以不断适应金融监管中出现的新情况和新问题。

9.4.2.7 加快人才的培养和技术培训

引进专业技术人才，搞好专业技术培训，强化知识的储备，特别是同时具备网络知识和金融知识人才的培养，彻底解决科技人才的瓶颈问题。网络银行所提供的电子支付业务是技术的产物，而科技人才则是建立、发展我国电子支付业务的必要保证。一是要引进、稳定专门的技术人才，提供专门的技术保障；二是要通过诸如举办专门的技术讲座，参加业务研讨会、工作小组培训等活动，跟踪市场和技术的发展，以培养一批既掌握计算机技术、网络技术、通信技术，又掌握金融实务和金融管理知识的复合型高级技术人员和管理人才。除对员工进行培训以外，还应该对客户进行教育和培训，教会他们如何使用银行的设备，并通过培训向客户披露有关的信息，以减少相应的法律风险。

9.4.2.8 建立社会信用体系

建立社会信用体系是一个综合系统工程，必须运用法律、经济、道德等各种手段来提升整个社会的信用水平，建立完善的信用体系。

本章小结

1. 支付方式按使用的技术不同，可以大体上分为传统支付方式和电子支付方式两种。传统支付指的是通过现金流转、票据转让以及银行转账等物理实体的流转来实现款项支付的方式。电子支付是通过先进的通信技术和可靠的安全技术实现的款项支付结转方式。

2. 电子支付是以金融电子化网络为基础，以商用电子化机具和各类交易卡为媒介，以计算机技术和通信技术为手段，将货币以电子数据（二进制数据）形式存储在银行的计算机系统中，并通过计算机网络系统以电子信息传递形式实现流通和支付。

从电子支付的定义中可以总结出如下特点：以计算机技术为支撑、进行存储、支付和流通；集储蓄、信贷和非现金结算等多种功能为一体；可广泛应用于生产、交换、分配和消费领域；使用简便、安全、迅速、可靠；电子支付通常要经过银行专用网络。

随着计算机技术的发展，电子支付的方式越来越多。这些支付方式可以分为三大类，第一类是电子货币类，如电子现金、电子钱包等；第二类是电子信用卡类，包括智能卡、借记卡、电话卡等；第三类是电子支票类，如电子支票、电子汇款（EFT）、电子划款等。这些方式各有自己的特点和运作模式，适用于不同的交易过程。

3. 网上银行由于自身的动因和外在的压力近年来取得了快速的发展，它提供无地域限制、无时间限制的多样化综合服务。虽然目前网上银行的发展还面临法律、安全、体制等方面的问题，但它的发展前景还是乐观的。

4. 我国网上银行面临的环境有自身的特殊性，因此要在环境改善、产品开发、监督管理等各个方面取得进步，从而促进我国网上银行快速健康的发展。

复习思考题

（1）什么是电子支付？与传统的支付形式相比有什么特点？

（2）就目前而言，电子支付存在哪些缺陷？

（3）电子现金的支付过程如何？

（4）电子现金有什么优缺点？

（5）智能卡的结构包括哪几部分？工作过程如何？

（6）解释 Mondex 之类的智能卡的优缺点。

（7）讨论为什么有信用卡的人也会愿意在因特网上使用电子现金，即电子现金满足了什么样的市场，电子现金在国际性销售中使用时有什么问题。

（8）用几句话来解释什么是电子钱包，为什么有用，电子钱包有没有正在提出的标准，解释电子钱包的标准有用与否。

（9）网络银行有什么特点？主要业务有哪些？

（10）阐述网络银行产生的原因。

（11）谈谈目前电子支付存在哪些问题，应如何解决。

第10章 电子商务交易安全

学习目标

本章重点介绍电子商务交易安全的重要性；电子商务交易常用的安全技术；防火墙和用户管理在安全技术方面的使用；加密技术的原理、分类和使用；认证技术的原理、分类和使用；安全协议技术的原理和使用；电子商务交易安全的管理。

学习要求

了解：电子商务交易安全的重要性，电子商务交易常用的安全技术，电子商务交易安全的管理。

掌握：防火墙和用户管理在安全技术方面的使用；加密技术的原理、分类和使用；认证技术的原理、分类和使用；安全协议技术的原理和使用。

伴随着世界经济的发展和网络技术的不断进步，全球化和网络信息化已经成为不可逆转的潮流。电子商务作为连接世界经济发展的纽带，也在不断地发展和普及。随着电子商务模式的多样化和交易量快速的发展，网络交易风险凸显，国内外的犯罪分子也将触角伸向电子商务领域。为了保证交易的安全进行，通过对网络交易风险源分析，从技术、管理、法律等方面对网络交易安全管理涉及的问题进行全面认识是非常必要的。

10.1 电子商务交易安全的重要性

10.1.1 电子商务交易安全问题

电子商务交易安全问题从 1999 年电子商务网站风起云涌时就出现了，电子商务交易就成为电子商务发展过程中最重要的环节。然而，正是出于对这个环节的安全顾虑，使得电子商务的普及与发展受到了巨大阻碍。

美国一家著名的社会调查公司在对 563 家企业、大学及政府机构的调查表明，被调查对象的 85% 都碰到过不同程度上的欺骗与盗窃事件以及病毒的侵害，总损失达到 1 亿美元。美国每年信息与网络安全问题所造成的经济损失达 75 亿美元，企业电脑安全受到侵犯的比例一直在 50% 以上。

在互联网概念重新被资本市场追捧的同时，"鼠标＋水泥"的电子商务也同样开展得如火如荼。从 2001 年至今，虽然不少企业的传统商业模式借助互联网平台得以进化，但传统的电子商务交易手段仍然阻碍着新商业模式挺进的步伐。而近三年来，电子商务交易市场每年都以高于 30% 的速度在成长，据艾瑞咨询的数据显示，2014 年中国电子商务市场交易规模达 12.3 万亿元。作为电子商务核心的交易环节正在加速电子化，网上电子商务交易、移动电子商务交易、电话电子商务交易等多种交易形式的出现使得电子商务企业的步伐更加轻快起来。

然而电子商务交易环节频频出现问题，如病毒或恶意代码危及电子商务安全、内部人员滥用计算机资源、黑客攻击、用户数据的泄漏、假冒的交易等问题所带来的安全隐患，使得电子交易的普及与发展受到了巨大阻碍，而"网银大盗"、"证券大盗"的出现，更使其蒙上了一层阴影。

Visa 和 MasterCard 公司的调查报告表明，担心信用卡号被窃取已经成为影响人们通过网络进行交易中存在的最大问题。如何在网上保证交易的公正性和安全性，保证交易方身份的真实性，保证传递信息的完整性以及交易的不可抵赖性，成为推广电子商务过程中人们最为关心的问题。

一份业内调查数据显示，Web2.0 时代，在选择电子商务交易考虑的诸多因素中，64.5% 的商户首选安全因素。39.8% 的商户关注电子商务交易是否快捷和方便。这同时也是电子商务交易公司和银行共同关心的要素。因为电子商务交易产业从某种角度而言就是安全产业。业内人士一致认为，从技术角度看，国内电子商务交易的安全系数远远高于国外，但是从电子商务交易安全管理而言，与国外还有一定距离。通过调查发现，为了进一步提高安全管理水平，不少商业银行都采取了各种措施，比如使用第三方证书和动态密码作为电子商务交易安全的双保险等。在关注安全的同时，电子商务交易的快捷和方便等因素也受到商户的重视。图 10-1 为网民对互联网的信任度情况。

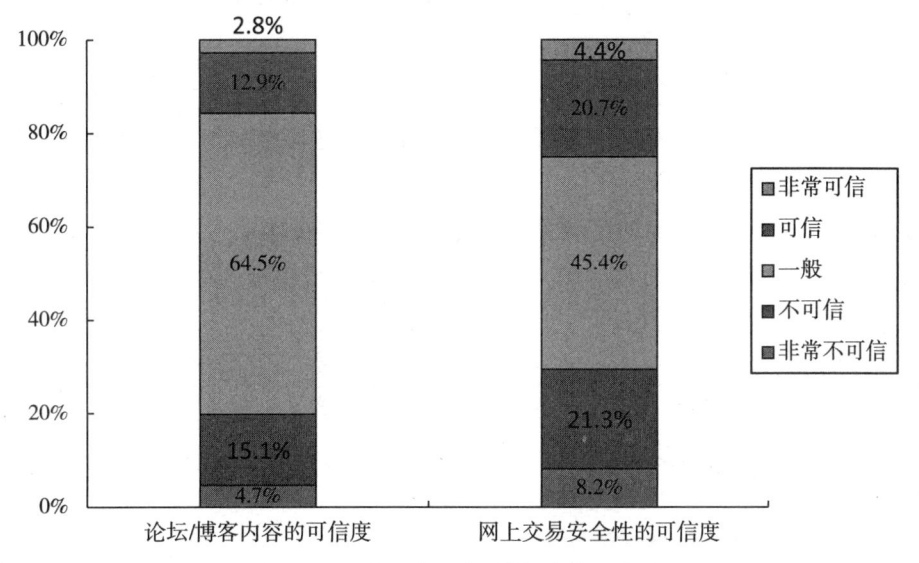

图 10-1 网民对互联网信任度情况分布

我国电子商务交易安全方面存在的主要隐患如下。

1）网络安全在全球还没有形成一个完整体系

这一点对我国也不例外，虽然有关电子商务安全的产品数量不少，但真正通过认证的却相当少。近两年，有将近 20 家有关电子商务安全的产品申请认证，但最后通过的并不多，这主要是因为其中不少安全措施是从网上直接拷贝下来的；另外，不少搞电子商务安全技术的厂商对网络技术很熟悉，但是对安全技术普遍了解得偏少，因而他们很难开发出真正实用、安全的产品。

2）安全技术的强度普遍不够

国外有关电子商务的安全技术，虽然整体来看其结构或加密技术都不错，但一些算法（无论是对称的还是非对称的）受到了外国密码政策的限制，因此强度普遍不够，这种技术用在 B2C 方面还勉强可行，但用在 B2B 上就显然不够。

3）安全管理存在很大隐患

普遍难以抵御黑客的攻击。这个问题应当引起高度重视，国内电子商务网站被攻击的事件报道得较少并不表示企业的网站就坚不可摧，这是因为部分网站本身规模小，对于黑客来说没有多少可攻击的价值。

从国内外的情况来看，电子商务发展的速度太快，致使其安全技术和安全管理都跟不上，这是一个越来越突出的问题。电子商务的快速发展需要业界特别是信息安全业快速做出反应，否则安全方面的问题将会制约它的发展。现在不仅仅是发展中国家，就连美国这样的发达国家，电子商务在很多领域还是没有像其他传统商务那样发达，一个重要的原因

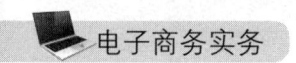

就是安全问题。这就需要信息安全业的同行做出不懈的努力，不要因为安全问题而制约了电子商务的发展。

10.1.2 电子商务交易风险来源

电子商务的一个重要技术特征是利用IT技术来传输和处理商业信息。因此，电子商务安全从整体上可分为两大部分：计算机网络安全和商务交易安全。

计算机网络安全的内容包括：计算机网络设备安全、计算机网络系统安全、数据库安全等。其特征是针对计算机网络本身可能存在的安全问题实施网络安全增强方案，以保证计算机网络自身的安全性为目标。

商务交易安全则是紧紧围绕传统商务在互联网络上应用时产生的各种安全问题，在计算机网络安全的基础上，如何保障电子商务过程的顺利进行，即实现电子商务的保密性、完整性、可鉴别性、不可伪造性和不可抵赖性。

计算机网络安全与商务交易安全实际上是密不可分的，两者相辅相成，缺一不可。没有计算机网络安全作为基础，商务交易安全就犹如空中楼阁，无从谈起。没有商务交易安全保障，即使计算机网络本身安全，仍然无法达到电子商务所特有的安全要求。

10.1.2.1 计算机网络的潜在安全隐患

1）未进行操作系统相关安全配置

不论采用什么操作系统，在缺省安装的条件下都会存在一些安全问题，只有专门针对操作系统安全性进行相关的和严格的安全配置，才能达到一定的安全程度。网络软件的漏洞和"后门"是进行网络攻击的首选目标。

2）未进行CGI程序代码审计

如果是通用的CGI问题，防范起来还稍微容易一些，但是对于网站或软件供应商专门开发的一些CGI程序，很多存在严重的CGI问题，对于电子商务站点来说，会出现恶意攻击者冒用他人账号进行网上购物等严重后果。

3）拒绝服务（DoS，Denial of Service）攻击

随着电子商务的兴起，对网站的实时性要求越来越高，DoS对网站的威胁越来越大。以网络瘫痪为目标的袭击效果比任何传统的恐怖主义和战争方式都来得更强烈，破坏性更大，造成危害的速度更快，范围也更广，而袭击者本身的风险却非常小，甚至可以在袭击开始前就已经消失得无影无踪，使对方没有回击的可能。2005年2月美国"雅虎"、"亚马逊"受攻击事件就证明了这一点。

4）安全产品使用不当

虽然不少网站采用了一些网络安全设备，但由于安全产品本身的问题或使用问题，这些产品并没有起到应有的作用。很多安全厂商的产品对配置人员的技术背景要求很高，超出对普通网管人员的技术要求，就算是厂家在最初给用户做了正确的安装、配置，但一旦系统需要改动相关安全产品的设置时，很容易产生许多安全问题。

5）缺少严格的网络安全管理制度

网络安全最重要的还是要在思想上高度重视，网站或局域网内部的安全需要用完备的安全制度来保障。建立和实施严密的计算机网络安全制度与策略是真正实现网络安全的

基础。

10.1.2.2 商务交易安全隐患

当许多传统的商务方式应用在 Internet 上时，便会带来许多源于安全方面的问题，如传统的贷记和借记卡支付保证方案及数据保护方法、电子数据交换系统、对日常信息安全的管理等。电子商务在 Internet 上的大规模使用虽然只有几年时间，但不少公司都已经推出了相应的软、硬件产品。由于电子商务的形式多种多样，涉及的安全问题各不相同，但在 Internet 上的电子商务交易过程中，核心和关键的问题就是交易的安全性。一般来说，商务安全中普遍存在着以下几种安全隐患。

1）窃取信息

由于未采用加密措施，数据信息在网络上以明文形式传送，入侵者在数据包经过的网关或路由器上可以截获传送的信息。通过多次窃取和分析，可以找到信息的规律和格式，进而得到传输信息的内容，造成网上传输信息泄密。

2）篡改信息

当入侵者掌握了信息的格式和规律后，通过各种技术手段和方法，将网络上传送的信息数据在中途修改，然后再发向目的地。这种方法并不新鲜，在路由器或网关上都可以做此类工作。

3）假冒

由于掌握了数据的格式，并可以篡改通过的信息，攻击者可以冒充合法用户发送假冒的信息或者主动获取信息，而远端用户通常很难分辨。

4）恶意破坏

由于攻击者可以接入网络，则可能对网络中的信息进行修改，掌握网上的机密信息，甚至可以潜入网络内部，其后果是非常严重的。

10.1.3 电子商务交易安全要求

电子商务发展的核心和关键问题是交易的安全性。由于 Internet 本身的开放性，使网上交易面临了种种危险，也由此提出了相应的安全控制要求。

10.1.3.1 电子商务安全控制要求

1）有效性

电子单据以电子形式取代了纸张，那么如何保证这种电子形式的贸易信息的有效性则是开展电子商务的前提。电子商务作为贸易的一种形式，其信息的有效性将直接关系到个人、企业或国家的经济利益和声誉。因此，要对网络故障、操作错误、应用程序错误、硬件故障、系统软件错误及计算机病毒所产生的潜在威胁加以控制和预防，以保证贸易数据在确定的时刻、确定的地点是有效的。

2）机密性

电子商务作为贸易的一种手段，其信息直接代表着个人、企业或国家的商业机密。传统的纸面贸易都是通过邮寄封装的信件或通过可靠的通信渠道发送商业报文来达到保守机密的目的。电子商务是建立在一个较为开放的网络环境上的（尤其 Internet 是更为开放的网络），维护商业机密是电子商务全面推广应用的重要保障。因此，要预防非法的信息存取和

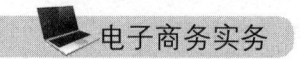

信息在传输过程中被非法窃取。

3）完整性

电子商务简化了贸易过程，减少了人为的干预，同时也带来维护贸易各方商业信息的完整、统一的问题。由于数据输入时的意外差错或欺诈行为，可能导致贸易各方信息的差异。此外，数据传输过程中信息的丢失、信息重复或信息传送的次序差异也会导致贸易各方信息的不同。贸易各方信息的完整性将影响到贸易各方的交易和经营策略，保持贸易各方信息的完整性是电子商务应用的基础。因此，要预防对信息的随意生成、修改和删除，同时要防止数据传送过程中信息的丢失和重复并保证信息传送次序的统一。

4）可靠性、不可抵赖性、可鉴别

电子商务可能直接关系到贸易双方的商业交易，如何确定要进行交易的贸易方正是进行交易所期望的贸易方这一问题则是保证电子商务顺利进行的关键。在传统的纸面贸易中，贸易双方通过在交易合同、契约或贸易单据等书面文件上手写签名或印章来鉴别贸易伙伴，确定合同、契约、单据的可靠性并预防抵赖行为的发生。这也就是人们常说的"白纸黑字"。在无纸化的电子商务方式下，通过手写签名和印章进行贸易方的鉴别已是不可能的。因此，要在交易信息的传输过程中为参与交易的个人、企业或国家提供可靠的标识。

5）审查能力

根据机密性和完整性的要求，应对数据审查的结果进行记录。

10.1.3.2 保障电子商务交易安全涉及的方面

电子商务交易安全是一个系统工程，一个完整的网络交易安全体系，至少应包括三类措施，并且三者缺一不可：一是技术方面的措施；二是管理方面的措施；三是社会的法律政策与法律保障。

10.1.4 电子商务交易常用安全技术简述

电子商务面临的技术安全问题威胁着电子商务的发展与运作，因此需要一些技术，如防火墙技术、加密技术、信息验证技术和身份认证等来保障电子商务交易的安全。

网络安全技术是伴随着网络的诞生而出现的，但直到20世纪80年代末才引起关注，90年代在国外获得了飞速的发展。近年来频繁出现的安全事件引起了各国计算机安全界的高度重视，计算机网络安全技术也因此出现了日新月异的变化。安全核心系统、VPN安全隧道、身份认证、网络底层数据加密和网络入侵主动监测等越来越高深复杂的安全技术极大地从不同层次加强了计算机网络的整体安全性。安全核心系统在实现一个完整或较完整的安全体系的同时也能与传统网络协议保持一致，它以密码核心系统为基础，支持不同类型的安全硬件产品，屏蔽安全硬件以减少各种应用的影响，实现多种网络安全协议，并在此之上提供各种安全的计算机网络应用。

互联网已经日渐融入人类社会的各个方面，网络防护与网络攻击之间的斗争也将更加激烈，这就对网络安全技术提出了更高的要求。未来的网络安全技术将会涉及到计算机网络的各个层次，但围绕电子商务安全的防护技术将在未来几年中成为重点，如身份认证、授权检查、数据安全、通信安全等将对电子商务安全产生决定性影响。

10.1.4.1 简易的安全措施

在早期的电子交易中,曾采用过一些简易的安全措施,包括:

(1)部分告知(Partial Order):即在网上交易中将最关键的数据如信用卡号码及成交数额等略去,然后用电话告之,以防泄密。

(2)另行确认(Order Confirmation):即当在网上传输交易信息后,再用电子邮件对交易做确认,才认为有效。

此外还有一些其他方法,这些方法均有一定的局限性,且操作麻烦,不能实现真正的安全可靠性。

近年来,针对电子交易安全的要求,IT 业与金融业联手,推出了不少有效的安全交易标准和技术。

10.1.4.2 主要的协议标准

1)安全超文本传输协议(S-HTTP)

依靠密钥对的加密,保障 Web 站点间的交易信息传输的安全性。

2)安全套接层协议(SSL)

由 Netscape 公司提出的安全交易协议,提供加密、认证服务和报文的完整性。SSL 被用于 Netscape Communicator 和 Microsoft IE 浏览器,以完成需要的安全交易操作。

3)安全交易技术协议(Secure Transaction Technology,STT)

由 Microsoft 公司提出,STT 将认证和解密在浏览器中分离开,用以提高安全控制能力。Microsoft 在 Internet Explorer 中采用这一技术。

4)安全电子交易协议(Secure Electronic Transaction,SET)

1996 年 6 月,由 IBM、MasterCard International、Visa International、Microsoft、Netscape、GTE、VeriSign、SAIC、Terisa 就共同制定的标准 SET 发布公告,并于 1997 年 5 月底发布了 SET Specification Version 1.0,它涵盖了信用卡在电子商务交易中的交易协定、信息保密、资料完整及数据认证、数据签名等。

SET 2.0 预计,它增加了一些附加的交易要求。这个版本是向后兼容的,因此符合 SET 1.0 的软件并不必要跟着升级,除非它需要新的交易要求。SET 规范明确的主要目标是保障付款安全,确定应用之互通性,并使全球市场接受。

所有这些安全交易标准中,SET 标准以推广利用信用卡支付网上交易,而广受各界瞩目,它将成为网上交易安全通信协议的工业标准,有望进一步推动 Internet 电子商务市场。

10.1.4.3 安全交易涉及的主要技术

1)虚拟专用网(Virtual Private Network,VPN)

这是用于 Internet 交易的一种专用网络,它可以在两个系统之间建立安全的信道(或 Tunnel,隧道),用于电子数据交换(EDI)。它与信用卡交易和客户发送订单交易不同,因为在 VPN 中,双方的数据通信量要大得多,而且通信的双方彼此都很熟悉。这意味着可以不使用复杂的专用加密和认证技术,只要通信的双方默认即可,没有必要为所有的 VPN 进行统一的加密和认证。现有的或正在开发的数据隧道系统可以进一步增加 VPN 的安全性,因而能够保证数据的保密性和可用性。图 10-2 是基于企业外部网 VPN 的网络结构。图

10-3 是基于企业内部网 VPN 的网络结构。

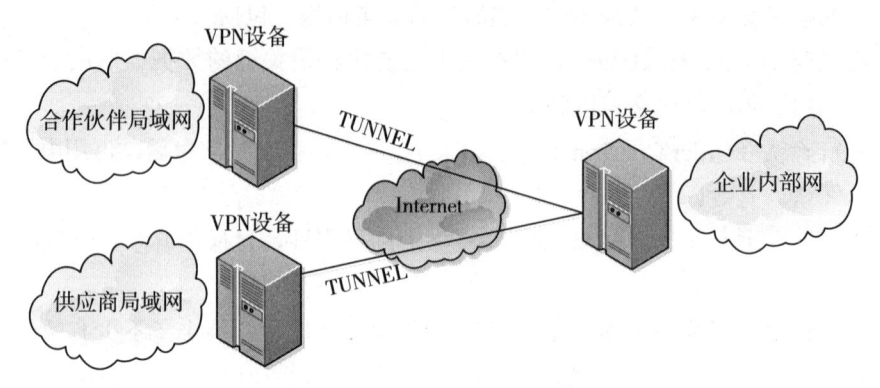

图 10-2　基于企业外部网 VPN 的网络结构

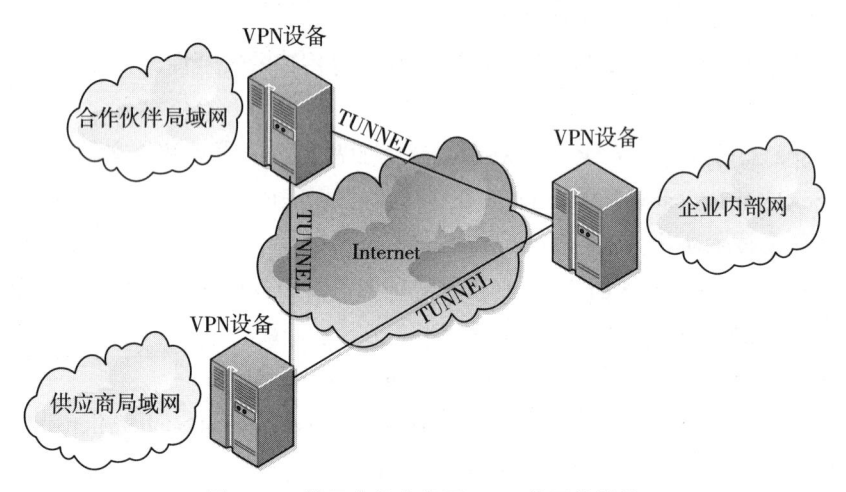

图 10-3　基于企业内部网 VPN 的网络结构

2）数字认证

数字认证可用电子方式证明信息发送者和接收者的身份、文件的完整性（如一个发票未被修改过），甚至数据媒体的有效性（如录音、照片等）。随着商家在电子商务中越来越多地使用加密技术，人们都希望有一个可信的第三方，以便对有关数据进行数字认证。

目前，数字认证一般都通过单向 Hash 函数来实现，它可以验证交易双方数据的完整性，Java JDK1.1 也能够支持几种单向 Hash 算法。另外，S/MIME 协议已经有了很大的进展，可以被集成到产品中，以便用户能够对通过 E-mail 发送的信息进行签名和认证，同时，商家也可以使用 PGP（Pretty Good Privacy）技术，它允许利用可信的第三方对密钥进行控制。可见，数字认证技术将具有广阔的应用前景，它将直接影响电子商务的发展。

3）加密技术

保证电子商务安全的最重要的一点就是使用加密技术对敏感的信息进行加密。现在，一些专用密钥加密（如 3DES、IDEA、RC4 和 RC5）和公钥加密（如 RSA、SEEK、PGP 和 EU）可用来保证电子商务的保密性、完整性、真实性和非否认服务。

加密技术的广泛使用不是一件容易的事情，密码学界有一句名言：加密技术本身都很优秀，但是它们实现起来却往往很不理想。现在虽然有多种加密标准，但人们真正需要的是针对企业环境开发的标准加密系统。加密技术的多样化为人们提供了更多的选择余地，但也同时带来了一个兼容性问题，不同的商家可能会采用不同的标准。另外，加密技术向来是由国家控制的，例如 SSL 的出口受到美国国家安全局（NSA）的限制。

> **注意**
>
> 目前，美国的商家一般都可以使用 128 位的 SSL，但美国只允许加密密钥为 40 位以下的算法出口。虽然 40 位的 SSL 也具有一定的加密强度，但它的安全系数显然比 128 位的 SSL 要低得多。据报载，最近美国加州已经有人成功地破译了 40 位的 SSL，这已引起了人们的广泛关注。美国以外的国家很难真正在电子商务中充分利用 SSL，这不能不说是一种遗憾。
>
> 上海市电子商务安全证书管理中心推出 128 位 SSL 的算法，弥补国内的空缺，并采用数字签名等技术确保电子商务的安全。

10.2 防火墙和用户管理

10.2.1 防火墙技术

几乎所有接触网络的人都知道网络中有一些费尽心机闯入他人计算机系统的人，他们利用各种网络和系统的漏洞，非法获得未授权的访问信息。不幸的是如今攻击网络系统和窃取信息已经不需要什么高深的技巧，网络中有大量的攻击工具和攻击文章等资源，可以任意使用和共享，不需要去了解那些攻击程序是如何运行的，只需要简单地执行就可以给网络造成巨大的威胁，甚至部分程序不需要人为参与，非常智能化地扫描和破坏整个网络。这种情况使得近几年的攻击频率和密度显著增长，给网络安全带来越来越多的危险隐患。

用户可以通过很多网络工具，设备和策略来保护不可信任的网络，其中防火墙是运用非常广泛和效果最好的选择，它可以防御网络中的各种威胁，并且做出及时的响应，将那些危险的连接和攻击行为隔绝在外，从而降低网络的整体风险。

10.2.1.1 防火墙的概念和作用

"防火墙"是一个通用术语，是指在两个网络之间执行控制策略的系统。

防火墙通常是由软件系统和硬件设备组合而成，在内部网和外部网之间构建起安全的保护屏障。其一般结构如图 10-4 所示。

防火墙可以被看成是阻塞点，所有内部网和外部网之间的连接都必须经过此阻塞点，在此进行检查和连接，只有被授权的通信才能通过此阻塞点。防火墙使内部网络与外部网络在一定条件下隔离，从而防止非法入侵及非法使用系统资源，同时，防火墙还可以执行安全管制措施，记录所有可疑的事件。可以说，防火墙为网络安全起到了把关的作用。

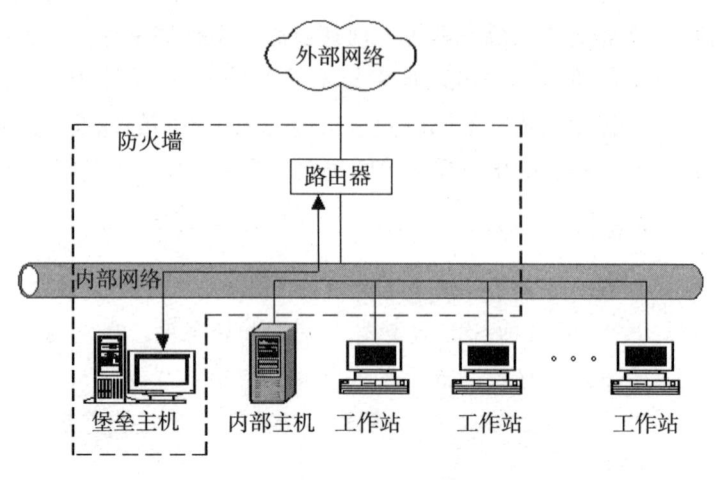

图 10-4　防火墙结构

防火墙的基本功能是对网络通信进行筛选屏蔽以防止未授权的访问进出计算机网络，简单的概括就是，对网络进行访问控制。绝大部分的防火墙都是放置在可信任网络和不可信任网络之间。

防火墙一般有 3 个特性：①所有的通信都经过防火墙；②防火墙只放行经过授权的网络流量；③防火墙能经受得住对其本身的攻击。

防火墙可以看成是在可信任网络和不可信任网络之间的一个缓冲，防火墙可以是一台由访问控制策略的路由器（Route+ACL）、一台多个网络接口的计算机、服务器等被配置来保护指定网络，使其免受来自于非信任网络区域的某些协议与服务的影响。所以一般情况下防火墙都位于网络的边界，例如保护企业网络的防火墙，将部署在内部网络到外部网络的核心区域上。

> **注意**
>
> 在没有防火墙的情况下，整个网络的安全性将被网络中最脆弱的部分所严格制约。网络越庞大，把网络中所有主机维护至同样高的安全水平就越复杂，将会耗费大量的人力和时间，因为很多系统在缺省情况下都是脆弱的。最显著的例子就是 Windows 系统，在 Windows 2003 以前的时代，Windows 默认开放了太多不必要的服务和端口，共享信息没有合理配置与审核。如果管理员通过安全部署，包括删除多余的服务和组件，严格执行 NTFS 权限分配，控制系统映射和共享资源的访问，以及账户的加固和审核，修补等。否则，整体的安全响应速度将不可忍受，最终导致网络安全框架的崩溃。因此服务器系统无法在安全性、可用性和功能上进行权衡和妥协。

事实上，对非法通信的完全防御和对授权通信的完全开放是存在对立性的两个方面。如果安全策略能够提供对外部侵入的完全保护，那么达到这一策略的最有把握的方式是删除所有与网络相连的路径，这种情况下的 Intranet 是完全与外界没有联系的。然而，当今世界的内外部联系在不断加强，这种极端的安全策略对企业是不合适的。建立一个有效的防火墙来实施安全策略，应选择最适合企业需求的技术，并正确地创建防火墙。

防火墙成为了与不可信任网络进行联络的唯一纽带，通过部署防火墙，就可以通过关注防火墙的安全来保护其内部的网络安全。并且所有的通信流量都通过防火墙进行审计和保存，对于网络安全犯罪的调查取证提供了依据。总之，防火墙减轻了网络和系统被用于非法和恶意目的的风险。

10.2.1.2 防火墙的安全策略

防火墙的安全策略有两种：允许访问和禁止访问。

1）允许访问

允许访问是指在防火墙的安全策略中没有被列为允许访问的服务都是被禁止的。这意味着需要确定所有可以被提供的服务以及他们的安全特性，开放这些服务，并将所有其他未列入的服务排斥在外，禁止访问。

2）禁止访问

禁止访问是指在防火墙的安全策略中没有被列为禁止访问的服务都是被允许的。这意味着首先确定那些被禁止的、不安全的服务，以禁止他们被访问，而其他服务则被认为是安全的，允许访问。

10.2.1.3 防火墙的常用技术

1）包过滤

在实际应用中，防火墙有时可能只是一个具备包过滤功能的简单路由器，用来支持 Internet 安全。这是实现企业内部网与 Internet 安全连接的一种简单方法，因为包过滤是路由器的固有属性。

在网上传输的文件一般在发出端被划分成一串包，经过网上的中间站点，最终传到目的地，然后这些包中的数据又重新组成原来的文件。每个包有两个部分：数据部分和包头。包头中含有源地址和目标地址等信息。

包过滤是一种简单而有效的拦截数据包的方法，可以通过读出并拒绝那些不符合标准的包头来过滤掉不应入站的信息。

包过滤器又称为筛选路由器，它通过将包头信息和管理员设定的规则表进行比较，发现不符合规则或不允许发送的某个包，路由器就将它丢弃。

包过滤型防火墙可以动态检查流过的 TCP/IP 报文头，检查报文头中的报文类型、源 IP 地址、目的 IP 地址、源端口号等，并根据事先定义的规则，决定哪些报文允许通过，哪些报文禁止通过。

但是，包过滤不能有效到足以保证站点的安全。目前，连接 Internet 的站点受到许多新的协议的威胁，有些协议能毫不费力地通过网络过滤器。例如，对于 FTP 协议，包过滤就不十分有效，由于为完成数据传输，FTP 允许连接外部服务器并使连接返回到端口 20。这甚至成为一条规则附加于路由器之上，即内部网络机器上的端口 20 可用于探查外部情况。因此，黑客们很容易"欺骗"这些路由器。但防火墙会使这些"欺骗"变得困难，甚至几乎不可能实现。

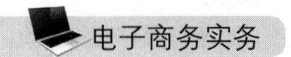

2）堡垒主机

通常，防火墙是位于内部网或 Web 站点与 Internet 之间的一个路由器或一台计算机。当防火墙位于一台计算机上时，这台计算机通常称为堡垒主机。其目的如同一个安全门，为门内的部门提供安全，控制并检查站点的访问者。堡垒主机通常是运行代理软件的计算机，它暴露于受保护网络之外，是一个多边协议路由器。

堡垒主机有两个网络联接：一边与内部网相连；另一边与 Internet 相连。在有的配置中，堡垒主机经常作为公共 Web 服务器、FTP 服务器或 E-mail 服务器使用。

3）代理服务器

由于包过滤并不总是十分有效，因此，在应用中，如果数据流的实际内容很重要，并且需要控制，就应使用代理服务。一个应用代理可以用来限制 FTP 用户，控制他们与 Internet 的通信，例如，可以使他们只能够从 Internet 上下载文件，而不能把文件上传到 Internet 上。

代理服务器在内部网和外部网之间起"中间人"的作用。代理服务器允许直接从防火墙后访问 Internet 并允许进行信息交流。代理服务器软件可以独立地在一台机器上运行，或者与诸如包过滤器的其他软件一起运行。

代理服务器还用于控制出入 Web 站点或任何内部网络的访问。它可以对客户机和服务器访问加以限制，只允许他们访问预先选定的服务器或主机，可控制哪些站点允许访问，哪些站点不允许访问。

代理服务器还可以对不同的协议进行检查，以保护指令的完整性，滤去可疑的 URL 及其他的 HTTP 子集，以及不连贯的或形式错误的 HTML 指令。通过滤去已知的危险和陌生的数据和程序，使内部网的安全得到保障。

代理服务器的功能很强大，如果正确配置，代理服务器将非常安全，它们是站点忠实的"看门狗"，决不允许任何未授权的连接进入。但在设置代理服务器时，应确保设置的准确性，若不仔细操作，也会给站点带来不利影响。

10.2.1.4 防火墙的优点与不足

防火墙的优点：防火墙可以通过执行访问控制策略而保护整个网络的安全，并且可以将通信约束在一个可管理和可靠性高的范围之内；防火墙可以用于限制对某些特殊服务的访问；防火墙功能单一，不需要在安全性，可用性和功能上做取舍；防火墙有审计和报警功能，有足够的日志空间和记录功能，可以延长安全响应的周期。

尽管防火墙对内部网起到了很好的保护作用，但是应当注意，防火墙并不是坚不可摧的，防火墙也有许多弱点。

（1）不能防御已经授权的访问，以及存在于网络内部系统间的攻击。尽管防火墙可以禁止系统用户经过网络连接发送保密信息，但是用户可以将数据复制到磁盘、磁带，或者纸上，放在公文包里带出去。因此，如果侵袭者已经在防火墙的内部，防火墙实际上是无能为力的。内部用户能偷窃数据，破坏硬件和软件，并且巧妙地修改程序而从不接近防火墙，这种威胁只有靠加强内部安全防范来予以解决。

（2）不能防御合法用户恶意的攻击，以及黑客攻击等非预期的威胁。

（3）不能修复脆弱的管理措施和存在问题的安全策略。

防火墙不能控制不通过它的连接。防火墙仅能有效地控制穿过它的信息传输，却无法控制不穿过它的信息传输。比如，用户或者系统管理员为了一时方便，临时或者永久地设置了他们自己的网络"后门"（诸如拨号调制解调器连接等），这就为网络安全埋下了隐患，而且，这种隐患轻易不会被发现。

（4）不能防御不经过防火墙的攻击和威胁。

10.2.2 用户配置

网络安全除了需要解决外部威胁外，还要抵御来自内部的威胁，如网络内部客户端的非法操作；对网络的不合法的访问与利用；访问非法网站；下载或运行不可信程序；使用移动设备复制带有病毒的文件等看似平常的操作等。而内部网络中某一台工作站的这些操作往往使病毒、木马、间谍程序、恶意脚本等进入网络并且迅速地蔓延。由于如今流行的操作系统存在大量的漏洞与缺陷，并且新的漏洞与利用各种漏洞的蠕虫变种层出不穷，网络的迅速发展，也给这类威胁提供了高速繁殖的媒介，特别是企业内部拥有高速的网络环境，给各种威胁的扩散与转移提供了可能。

用户配置就是要对内部用户的增删、分配、访问权限、访问记录统计等操作进行管理，以期减少内部的威胁。

» 10.3 加密技术

10.3.1 加密技术概述

由于数据在传输过程中有可能遭到侵犯者的窃听而失去保密作用，加密技术是电子商务采取的主要保密安全措施，是最常用的保密安全手段。加密技术也就是利用技术手段把重要的数据变为乱码（加密）传送，到达目的地后再用相同或不同的手段还原（解密）。

加密技术包括两个元素：算法和密钥。一个加密算法是将普通的文本（或者可以理解的信息）与一串数字（密钥）的结合，产生不可理解的密文的步骤。密钥和算法对加密同等重要。

密钥是用来对数据进行编码和解码的一种参数。在安全保密中，可通过适当的密钥加密技术和管理机制，来保证网络的信息通信安全。密钥加密技术的密码体制分为对称密钥体制和非对称密钥体制两种。

相应地，对数据加密的技术分为两类，即对称加密（私人密钥加密）和非对称加密（公开密钥加密）。对称加密以数据加密标准（DES，Data Encryption Standard）算法为典型代表，非对称加密通常以 RSA（Rivest Shamir Adleman）算法为代表。对称加密的加密密钥和解密密钥相同，而非对称加密的加密密钥和解密密钥不同，加密密钥可以公开而解密密钥需要保密。

加密技术涉及的基本概念有：

（1）明文：可理解的信息，即原始信息。

（2）密文：经过转换，表面上看来是无规则、无意义的信息。

（3）加密技术：是实现信息保密性的一种重要的手段，目的是为了防止合法接收者之外的人获取信息系统中的机密信息。

（4）密钥：密钥是控制算法并独立于明文的参数，同算法一起加密明文。密钥分为加密密钥和解密密钥。

（5）加密过程：加密过程由算法和密钥构成。如图10-5所示。

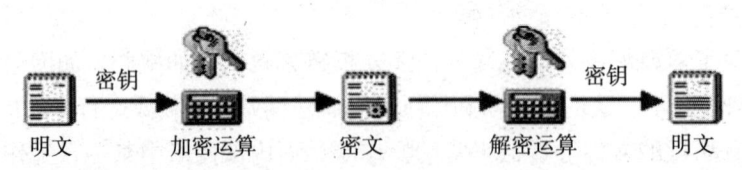

图 10-5　加密过程

10.3.2 对称加密技术

对称加密采用了对称密码编码技术。它的特点是文件加密和解密使用相同的密钥，即加密密钥也可以用作解密密钥。这种方法在密码学中叫做对称加密算法，对称加密算法使用起来简单快捷，密钥较短，且破译困难，除了数据加密标准（DES），另一个对称密钥加密系统是国际数据加密算法（IDEA），它比DNS的加密性好，而且对计算机功能要求也没有那么高。IDEA加密标准由PGP（Pretty Good Privacy）系统使用。

10.3.2.1 对称加密的工作过程

对称加密过程如图10-6所示。

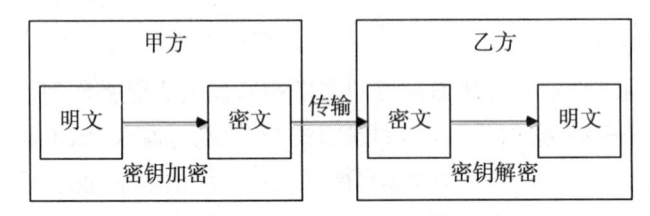

图 10-6　对称加密过程

10.3.2.2 对称加密算法在电子商务交易过程中存在的问题

（1）要求提供一条安全的渠道使通信双方在首次通信时协商一个共同的密钥，直接地面对面协商可能是不现实而且较难实施的，所以双方可能需要借助于邮件和电话等其他相对不够安全的手段来进行协商。

（2）密钥的数目较难管理，因为对于每一个合作者都需要使用不同的密钥，很难适应开放社会中大量的信息交流。

（3）对称加密算法一般不能提供信息完整性的鉴别，它无法验证发送者和接收者的身份。

（4）对称密钥的管理和分发工作是一件具有潜在危险的和繁琐的过程，对称加密是基于共同保守秘密来实现的，采用对称加密技术的贸易双方必须保证采用相同的密钥、保证彼此密钥的交换是安全可靠的，同时还要设定防止密钥泄密和更改密钥的程序。

10.3.3 非对称加密技术

1976 年，美国学者 Dime 和 Henman 为解决信息公开传送和密钥管理问题，提出了一种新的密钥交换协议，允许在不安全的媒体上的通信双方交换信息，安全地达成一致的密钥，这就是"公开密钥系统"。相对于"对称加密算法"这种方法也叫做"非对称加密算法"。

与对称加密算法不同，非对称加密算法需要两个密钥：公开密钥（Public key）和私有密钥（Private Key）。公开密钥与私有密钥是一对。如果用公开密钥对数据进行加密，只有用对应的私有密钥才能解密；如果用私有密钥对数据进行加密，那么只有用对应的公开密钥才能解密。因为加密和解密使用的是两个不同的密钥，所以这种算法被称为非对称加密算法。

10.3.3.1 非对称加密系统密钥的约束

（1）每位用户都有两把密钥，分别为本人的公钥和私钥。

（2）每位用户的公钥和私钥是一对，形成加密解密关系。

（3）所有用户的公钥都是公开的，任何人都可以得到。

（4）每位用户的私钥都是保密的，只有本人知道。

（5）各位用户的密钥（公钥和私钥）没有关系，不能进行加解密配对。

10.3.3.2 非对称加密的工作过程

贸易方利用该非对称加密算法实现机密信息交换的基本过程（乙方向甲方传递信息）如图 10-7 所示。

（1）贸易方甲生成一对密钥并将其中的一把作为公用密钥向其他贸易方公开。

（2）得到该公用密钥的贸易方乙使用该密钥对机密信息进行加密后再发送给贸易方甲。

（3）贸易方甲再用自己保存的另一把专用密钥对加密后的信息进行解密。贸易方甲只能用其专用密钥解密由其公用密钥加密后的任何信息。

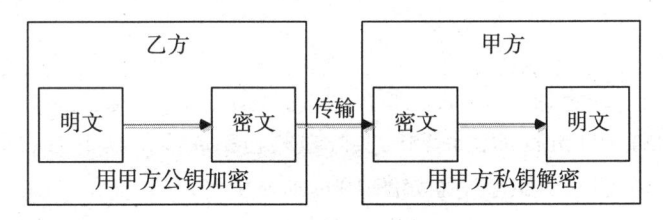

图 10-7 非对称加密过程

10.3.3.3 非对称加密技术的特点

（1）非对称加密技术的保密性比较好，它消除了最终用户交换密钥的需要，但加密和解密花费的时间长、速度慢，它不适合于对文件加密而只适用于对少量数据进行加密。

（2）由于非对称加密中接收信息方的私钥只有自己掌握，所以在信息的传递过程中，可以达到信息保密性的要求。

（3）由于非对称加密中接收方的公钥是公开的，所以不能排除假冒发送信息的可能性。因此单纯依靠着一项技术，不能确定发送方的身份，不能解决可靠性、不可抵赖的要求。

（4）由于非对称加密安全的前提是接收信息方私钥的保存完好，该方法中没有验证接

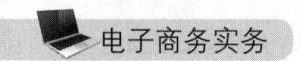

收信息方私钥的保存是否完好的方法。可能存在接收信息方私钥丢失而不知道的情况,产生传送信息途中被篡改,不能保证信息的完整性和可靠性。

10.3.4 对称加密和非对称加密的综合应用

对称加密的优点在于算法实现后的效率高、速度快。对称加密的缺点在于密钥的管理过于复杂。如果任何一对发送方和接收方都有他们各自商议的密钥的话,那么很明显,假设有 N 个用户进行对称加密通信,如果按照上述方法,则他们要产生 $N(N-1)$ 把密钥,每一个用户要记住或保留 $N-1$ 把密钥,当 N 很大时,记住是不可能的,而保留起来又会引起密钥泄漏可能性的增加。

非对称加密的缺点在于算法实现后的效率低、速度慢。非对称加密的优点在于用户不必记忆大量的提前商定好的密钥,因为发送方和接收方事先根本不必商定密钥,发送方得到接收方可靠的公开密钥就可以给他发送信息了,而且即使双方根本互不相识。但为了保证可靠性,非对称加密算法需要一种与之相配合使用的公开密钥管理机制,这种公开密钥管理机制还要解决其他一些公开密钥所带来的问题。

在实际的使用中,往往是对称加密和非对称加密综合使用,来提高信息交换的安全性和效率。

利用对称加密的方法来加密交易信息,保证交换信息的效率;用非对称的方法来加密会话密钥,保证会话密钥的安全性,从而保证交换信息的安全。当然,这种方法并不能彻底解决非对称加密中存在的安全隐患。

> **注意**
>
> 在微软的 Window NT 的安全性体系结构中,公开密钥系统主要用于对私有密钥的加密过程。每个用户如果想要对数据进行加密,都需要生成自己的密钥对(key pair)。密钥对中的公开密钥和非对称加密解密算法是公开的,但私有密钥则应该由密钥的主人妥善保管。

使用公开密钥对文件进行加密传输的实际过程包括 4 步,其中会话密钥非对称加密过程如图 10-8 所示、会话密钥加密过程如图 10-9 所示。

(1)发送方生成一个会话密钥(对称密钥)并用接收方的公开密钥对会话密钥进行加密,然后通过网络传输到接收方。

(2)发送方对需要传输的文件用会话密钥进行加密,然后通过网络把加密后的文件传输到接收方。

(3)接收方用自己的私有密钥进行解密后得到会话密钥。

(4)接收方用会话密钥对文件进行解密得到文件的明文形式。

因为只有接收方才拥有自己的私有密钥,所以即使其他人得到了经过加密的会话密钥,也因为无法进行解密而保证了会话密钥的安全性,从而也保证了传输文件的安全性。实际上,上述在文件传输过程中实现了两个加密解密过程:文件本身的加密解密与会话密钥的加密解密,这分别通过对称加密解密和非对称加密解密来实现。

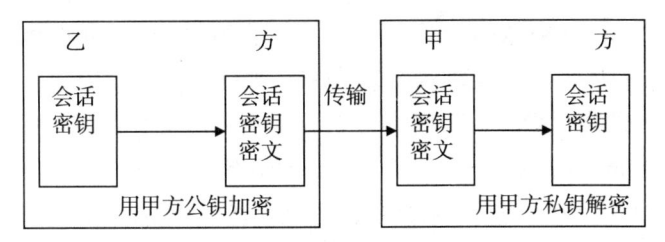

图 10-8　会话密钥非对称加密过程

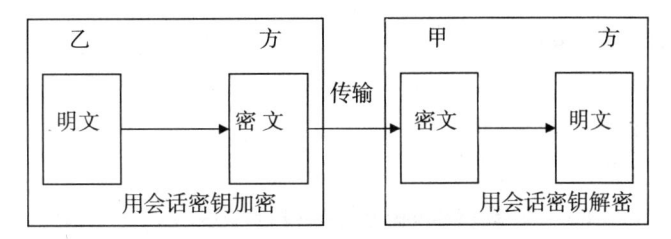

图 10-9　会话密钥加密过程

10.3.5 PKI 公开密钥体系

10.3.5.1 PKI 的基本概念

PKI（Public Key Infrastructure）即"公开密钥体系"，是一种遵循既定标准的密钥管理平台，它能够为所有网络应用提供加密和数字签名等密码服务及所必需的密钥和证书管理体系。简单来说，PKI 就是利用公钥理论和技术建立的提供安全服务的基础设施。PKI 技术是信息安全技术的核心，也是电子商务的关键和基础技术。

PKI 的基础技术包括加密、数字签名、数据完整性机制、数字信封、双重数字签名等。

10.3.5.2 PKI 的基本组成

完整的 PKI 系统必须具有权威认证机构（Certificate Authority，CA）、数字证书库、密钥备份及恢复系统、证书作废系统、应用接口（API：Application Programming Interface）等基本构成部分，构建 PKI 也将围绕着这 5 大系统来着手构建。

（1）认证机构（CA）：即数字证书的申请及签发机关，CA 必须具备权威性的特征。

（2）数字证书库：用于存储已签发的数字证书及公钥，用户可由此获得所需的其他用户的证书及公钥。

（3）密钥备份及恢复系统：如果用户丢失了用于解密数据的密钥，加密数据将无法被解密，这将造成合法数据丢失。为避免这种情况，PKI 提供备份与恢复密钥的机制，但须注意，密钥的备份与恢复必须由可信的机构来完成，并且，密钥备份与恢复只能针对解密密钥，签名私钥为确保其唯一性而不能够作备份。

（4）证书作废系统：证书作废处理系统是 PKI 的一个必备的组件。与日常生活中的各种身份证件一样，证书有效期以内也可能需要作废，原因可能是密钥介质丢失或用户身份变更等。为实现这一点，PKI 必须提供作废证书的一系列机制。

（5）应用接口（API）：PKI 的价值在于使用户能够方便地使用加密、数字签名等安全服务，因此一个完整的 PKI 必须提供良好的应用接口系统，使得各种各样的应用能够以安

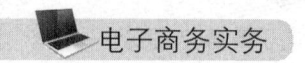

全、一致、可信的方式与 PKI 交互，确保安全网络环境的完整性和易用性。

通常来说，CA 是证书的签发机构，它是 PKI 的核心。众所周知，构建密码服务系统的核心内容是如何实现密钥管理。公钥体制涉及到一对密钥（即私钥和公钥），私钥只由用户独立掌握，无须在网上传输；而公钥则是公开的，需要在网上传送，故公钥体制的密钥管理主要是针对公钥的管理，目前较好的解决方案是数字证书机制。

10.4 安全协议技术

10.4.1 安全套接层协议（SSL）

10.4.1.1 SSL 的概念

SSL 最初是由 Netscape Communication 公司设计开发的，主要用于提高应用程序之间的数据的传输安全。SSL 的整个概念可以被总结为：一个保证安装了"安全套接"软件的客户和服务器间事务安全的协议。

SSL 中有两个重要的概念，即连接和会话。连接是指两台主机之间提供特定类型服务的传输，是点对点的关系。一般来说，连接是短暂的，每一个连接都与一个会话相关联。会话是客户和服务器之间的关联，会话是通过握手协议进行创建的。会话是加密安全参数的一个集合，包含了加密算法、临时加密密钥和初始向量等。会话可以被多个连接所共享，这样可以避免为每个连接重新进行安全参数的协商而花费昂贵的时间代价。任何一对服务器和客户之间可以存在多个 SSL 连接，这些连接可以共享一个会话，也可以共享不同的会话。

SSL 主要提供如下三方面的服务。

1）用户和服务器的合法性认证

认证用户和服务器的合法性，使得它们能够确信数据将被发送到正确的客户机和服务器上。客户机和服务器都是有各自的识别号，这些识别号由公开密钥编号，为了验证用户是否合法，安全套接层协议要求在握手交换数据时进行数字认证，以此来确保用户的合法性。

2）加密数据以隐藏被传送的数据

安全套接层协议所采用的加密技术既有对称密钥技术，也有公开密钥技术。在客户机与服务器进行数据交换之前，交换 SSL 初始握手信息，在 SSL 握手信息中采用了各种加密技术对其加密，以保证其机密性和数据的完整性，并且用数字证书进行鉴别，这样就可以防止非法用户进行破译。

3）保护数据的完整性

安全套接层协议采用 Hash 函数和机密共享的方法来提供信息的完整性服务，建立客户机与服务器之间的安全通道，所有经过安全套接层协议处理的业务，在传输过程中能全部完整准确无误地到达目的地。

10.4.1.2 SSL 的运行步骤

SSL 是一个保证计算机通信安全的协议，对通信对话过程进行安全保护。例如，一台客户机与一台主机连接上了，首先是要初始化握手协议，然后就建立了一个 SSL。

直到对话结束，SSL 都会对整个通信过程加密，并且检查其完整性。这样一个对话时段算一次握手。而 HTTP 协议中的每一次连接就是一次握手，因此，与 HTTP 相比，SSL 的通信效率会高一些。

（1）接通阶段：客户通过网络向服务商打招呼，服务商回应。

（2）密码交换阶段：客户与服务器之间交换双方认可的密码，一般选用 RSA 密码算法，也有的选用 Diffie-Hellmanf 和 Fortezza-KEA 密码算法。

（3）会谈密码阶段：客户与服务商间产生彼此交谈的会谈密码。

（4）检验阶段：检验服务商取得的密码。

（5）客户认证阶段：验证客户的可信度。

（6）结束阶段：客户与服务商之间相互交换结束的信息。

当上述动作完成之后，两者间的资料传送就会加密，另外一方收到资料后，再将编码资料还原。即使盗窃者在网络上取得编码后的资料，如果没有原先编制的密码算法，也不能获得可读的有用资料。

发送时信息用对称密钥加密，对称密钥用非对称算法加密，再把两个包绑在一起传送过去。

接收的过程与发送正好相反，先打开有对称密钥的加密包，再用对称密钥解密。

在电子商务交易过程中，由于有银行参与，按照 SSL，客户的购买信息首先发往商家，商家再将信息转发银行，银行验证客户信息的合法性后，通知商家付款成功，商家再通知客户购买成功，并将商品寄送客户。基于 SSL 模式的在线支付工作原理如图 10-10 所示。

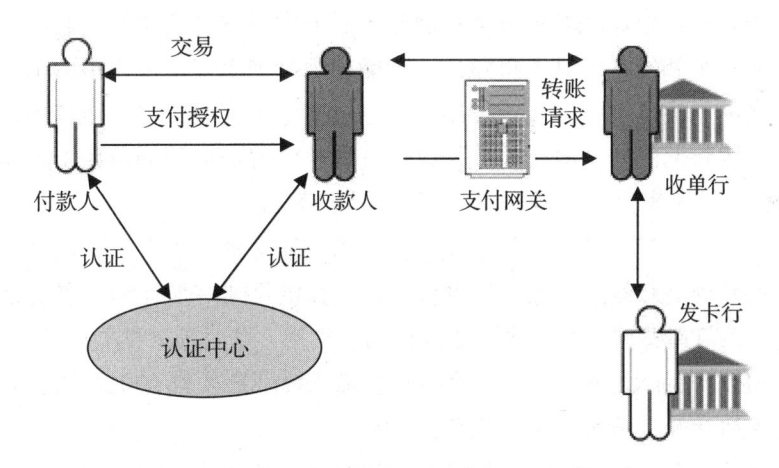

图 10-10　在线支付 SSL 模式工作原理

注意

SSL 是国际上最早应用于电子商务的一种网络安全协议，至今仍然有很多网上商店使用。在传统的邮购活动中，客户首先寻找商品信息，然后汇款给商家，商家将商品寄给客户。这里，商家是可以信赖的，所以客户先付款给商家。在电子商务的开始阶段，商家也是担心客户购买后不付款，或使用过期的信用卡，因而希望银行给予认证。

SSL 运行的基点是商家对客户信息保密的承诺。但在上述流程中，SSL 有利于商家而不利于客户。客户的信息首先传到商家，商家阅读后再传至银行，这样，客户资料的安全性便受到威胁。商家认证客户是必要的，但整个过程中，缺少了客户对商家的认证。在电子商务的开始阶段，由于参与电子商务的公司大都是一些大公司，信誉较高，这个问题没有引起人们的重视。随着电子商务参与的厂商迅速增加，对厂商的认证问题越来越突出，SSL 的缺点完全暴露出来。SSL 将逐渐被新的电子商务协议（如 SET）所取代。

10.4.2 安全电子交易协议（SET）

10.4.2.1 SET 的基本概念

在开放的因特网上处理电子商务，保证买卖双方传输数据的安全成为电子商务的重要的问题。为了克服 SSL 的缺点，满足电子交易持续不断地增加的安全要求，为了达到交易安全及合乎成本效益的市场要求，VISA 国际组织及其他公司如 Master Card、Microsoft、IBM 等共同制定了安全电子交易（Secure Electronic Transactions，SET）公告。这是一个为在线交易而设立的一个开放的、以电子货币为基础的电子付款系统规范。SET 在保留对客户信用卡认证的前提下，又增加了对商家身份的认证，这对于需要支付货币的交易来讲是至关重要的。由于设计合理，SET 得到了许多大公司和消费者的支持，已成为全球网络的工业标准，其交易形态将成为未来"电子商务"的规范。

安全电子交易规范，为在因特网上进行安全的电子商务提供了一个开放的标准。SET 主要使用电子认证技术，其认证过程使用 RSA 和 DES 算法，因此，可以为电子商务提供很强的安全保护。可以说，SET 规范是目前电子商务中最重要的协议，它的推出必将大大促进电子商务的繁荣和发展。SET 将建立一种能在因特网上安全使用银行卡进行购物的标准。安全电子交易规范是一种为基于信用卡而进行的电子交易提供安全措施的规则，是一种能广泛应用于因特网的安全电子付款协议，它能够将普遍应用的信用卡使用起始点从目前的商店扩展到消费者家里，扩展到消费者的个人计算机中。

由于安全电子交易规范是由信用卡发卡公司参与制定的，因此，一般认为，安全电子交易规范的认证系统是有效的。当一位供货商在计算机收到一张有 SET 签证的订单时，供货商就可以确认该订单背后是有一张合法的信用卡支持，这时他就能放心地接下这笔生意。同样，由于有 SET 作保障，发出订单的客户也会确认自己是在与一位诚实的供货商做买卖，因为该供货商受到万事达或维萨发卡组织的信赖。

SET 要达到的目标主要有如下 5 个。

（1）保证电子商务参与者信息的相互隔离，客户的资料加密或打包后经过商家到达银行，但是商家不能看到客户的账户和密码信息。

（2）保证信息在 Internet 上安全传输，防止数据被黑客或被内部人员窃取。

（3）解决多方认证问题，不仅要对消费者的信用卡认证，而且要对在线商店的信誉程度认证，同时还有消费者、在线商店与银行间的认证。

（4）保证网上交易的实时性，使所有的支付过程都是在线的。

（5）规范协议和消息格式，促使不同厂家开发的软件具有兼容性和互操作功能，并且可以运行在不同的硬件和操作系统平台上。

10.4.2.2 SET 的工作步骤

（1）消费者利用自己的 PC 机通过因特网选定所要购买的物品，并在计算机上输入订货单。订货单上包括在线商店、购买物品名称及数量、交货时间及地点等相关信息。

（2）通过电子商务服务器与有关在线商店联系，在线商店做出应答，告诉消费者所填订货单的货物单价、应付款数、交货方式等信息是否准确，是否有变化。

（3）消费者选择付款方式，确认订单签发付款指令。此时 SET 开始介入。

（4）在 SET 中，消费者必须对订单和付款指令进行数字签名，同时利用双重签名技术保证商家看不到消费者的账号信息。

（5）在线商店接受订单后，向消费者所在银行请求支付认可。信息通过支付网关到收单银行，再到电子货币发行公司确认。批准交易后，返回确认信息给在线商店。

（6）在线商店发送订单确认信息给消费者。消费者端软件可记录交易日志，以备将来查询。

（7）在线商店发送货物或提供服务并通知收单银行将钱从消费者的账户转移到商店账户，或通知发卡银行请求支付。在认证操作和支付操作中间一般会有一个时间间隔，例如，在每天的下班前请求银行结一天的账。图 10-11 为 SET 安全协议的工作原理。

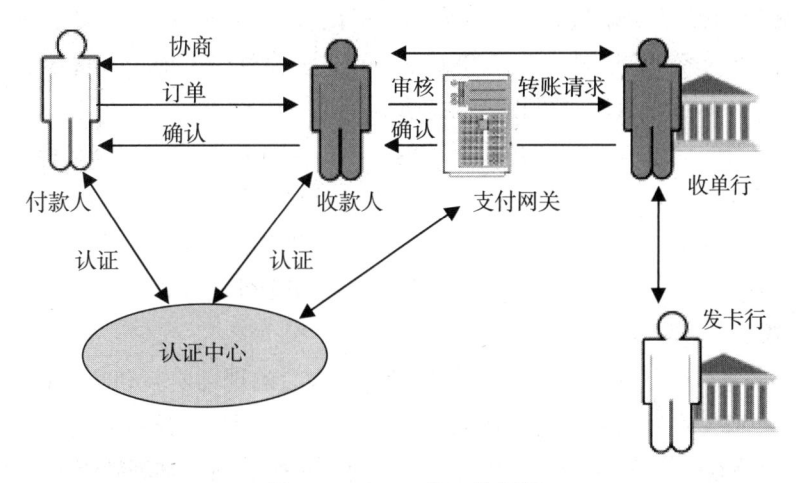

图 10-11　SET 的工作原理

前两步与 SET 无关，从第三步开始 SET 起作用，一直到第六步，在处理过程中通信协议、请求信息的格式、数据类型的定义等 SET 都有明确的规定。在操作的每一步，消费者、在线商店、支付网关都通过 CA（认证中心）来验证通信主体的身份，以确保通信的对方不是冒名顶替。所以，也可以简单地认为 SET 规格充分发挥了认证中心的作用，以维护在任何开放网络上的电子商务参与者所提供信息的真实性和保密性。

10.4.2.3 SET 和 SSL 比较

事实上，SET 和 SSL 除了都采用 RSA 公钥算法以外，二者在其他技术方面没有任何相似之处。而 RSA 在二者中也被用来实现不同的安全目标。

（1）SET 比 SSL 复杂，因为 SET 不仅加密两个端点间的单个会话，它还非常详细而准确地反映了交易各方之间存在的各种关系。SET 还定义了加密信息的格式和完成一笔支付交易过程中各方传输信息的规则。事实上，SET 远远不止是一个技术方面的协议，它还说明了每一方所持有的数字证书的合法含义，希望得到数字证书以及响应信息的各方应有的动作，与一笔交易紧密相关的责任分担。SET 实现起来非常复杂，商家和银行都需要改造系统以实现互操作。另外 SET 协议需要认证中心的支持。

早期的 SSL 并没有提供商家身份认证机制，虽然在 SSL3.0 中可以通过数字签名和数字证书实现浏览器和 Web 服务器双方的身份验证，但仍不能实现多方认证；相比之下，SET 的安全要求较高，所有参与 SET 交易的成员（持卡人、商家、发卡行、收单行和支付网关）都必须申请数字证书进行身份识别。

（2）SET 是一个多方的报文协议，它定义了银行、商家、持卡人之间的必需的报文规范，而 SSL 只是简单地在两方之间建立了一条安全连接。SSL 是面向连接的，而 SET 允许各方之间的报文交换不是实时的。SET 报文能够在银行内部网或者其他网络上传输，而 SSL 之上的支付系统只能与 Web 浏览器捆绑在一起。

（3）两者相比最不安全的可以说是 SSL，实际上当初它并不是为支持电子商务而设计的，后来为了克服其局限性在其基础上发展了 PKI。然而就当初的设计目的而言，SSL 和它的继任者——传输层安全协议（the Transport Layer Security Protocol）的功能完成得非常圆满。很多银行和电子商务解决方案提供商还在谈论着使用 SSL 构建更多的安全支付系统，但是如果没有优秀的客户端软件，基于 SSL 的系统的安全性是不能与 SET 相比的。

SET 规范了整个商务活动的流程，从持卡人到商家，到支付网关，到认证中心以及信用卡结算中心之间的信息流走向和必须采用的加密、认证都制定了严密的标准，从而最大限度地保证了商务性、服务性、协调性和集成性。而 SSL 只对持卡人与商店端的信息交换进行加密保护，可以看作是用于传输的那部分的技术规范。从电子商务特性来看，它并不具备商务性、服务性、协调性和集成性。因此 SET 的安全性比 SSL 高。

10.4.2.4 SET 的不足

从 1997 年 5 月 31 日 SET1.0 版正式发布以来，大量的现场实验和实施效果获得了业界的支持，促进了 SET 良好的发展趋势，SET 同样存在一些问题，这些问题如下。

（1）SET 没有说明收单银行给在线商店付款前，是否必须收到消费者的货物接收证书。如果在线商店提供的货物不符合质量标准，消费者提出异议，责任由谁承担。

（2）SET 没有担保"非拒绝行为"，这意味着在线商店没有办法证明订购是由签署证书的、讲信用的消费者发出的。

（3）SET 技术规范没有提及在事务处理完成后，如何安全地保存或销毁此类数据，是否应当将数据保存在消费者、在线商店或收单银行的计算机里。这种漏洞可能使这些数据以后会受到潜在的攻击。

10.5 认证技术

10.5.1 数字签名技术

10.5.1.1 数字签名的作用

对文件进行加密只解决了传送信息的保密问题，而防止他人对传输的文件进行破坏，以及如何确定发信人的身份还需要采取其他的手段，这一手段就是数字签名。在电子商务安全保密系统中，数字签名技术有着特别重要的地位。在电子商务安全服务中的数据源鉴别、完整性服务、不可否认服务中，都要用到数字签名技术。在电子商务中，完善的数字签名应具备签字方不能抵赖、他人不能伪造、在公证人面前能够验证真伪的功能。

在书面文件上签名是确认文件的一种手段，其作用有两点：第一，因为自己的签名难以否认，从而确认了文件已签署这一事实；第二，因为签名不易仿冒，从而确定了文件是真的这一事实。

数字签名与书面文件签名有相同之处，采用数字签名，也能确认以下两点：第一，信息是由签名者发送的；第二，信息自签发后到收到为止未曾作过任何修改。这样数字签名就可用来防止电子信息因易被修改而有人作伪，或冒用别人名义发送信息，或发出（收到）信件后又加以否认等情况的发生。

10.5.1.2 数字签名的方法

广泛应用的数字签名方法主要有3种，即：RSA签名（Ron Rivest, Adi Shamir, 及Leonard Adleman 三人合作开发的算法）、DSS（Digital Signature Standard）签名和Hash签名。这三种算法可单独使用，也可综合在一起使用。数字签名是通过密码算法对数据进行加、解密变换实现的，用DES算去、RSA算法都可实现数字签名。但这3种技术或多或少都有缺陷，或者没有成熟的标准。

（1）用RSA或其他公开密钥密码算法的最大方便是没有密钥分配问题（网络越复杂、网络用户越多，其优点越明显）。因为公开密钥加密使用两个不同的密钥，其中有一个是公开的，另一个是保密的。公开密钥可以保存在系统目录内、未加密的电子邮件信息中、电话黄页（商业电话）上或公告牌里，网上的任何用户都可获得公开密钥。而私有密钥是用户专用的，由用户本身持有，它可以对由公开密钥加密的信息进行解密。

> **注意**
>
> RSA算法中数字签名技术实际上是通过一个Hash函数来实现的。数字签名的特点是它代表了文件的特征，文件如果发生改变，数字签名的值也将发生变化，不同的文件将得到不同的数字签名。一个最简单的Hash函数是把文件的二进制码相累加，取最后的若干位。Hash函数对发送数据的双方都是公开的。

（2）DSS数字签名是由美国国家标准化研究院和国家安全局共同开发的。由于它是由美国政府颁布实施的，主要用于与美国政府做生意的公司，其他公司则较少使用，它只是一个签名系统，而且美国政府不提倡使用任何削弱政府窃听能力的加密软件，认为这才符合美国的国家利益。

（3）Hash 签名是最主要的数字签名方法，也称为数字摘要法（Digital Digest）或数字指纹法（Digital Finger Print）。该数字签名方法是将数字签名与要发送的信息紧密联系在一起，它更适合于电子商务活动。将一个商务合同的个体内容与签名结合在一起，比合同和签名分开传递，更增加了可信度和安全性。数字摘要（Digital Digest）加密方法亦称为安全 Hash 编码法（Secure Hash Algorithm，SHA）或 MD5（MD Standard For Message Digest），由 Ron Rivest 所设计。该编码法采用单向 Hash 函数将需加密的明文"摘要"成一串 128 位的密文，这一串密文亦称为数字指纹（Finger Print），它有固定的长度，且不同的明文摘要必定一致。这样这串摘要便可成为验证明文是否是"真身"的"指纹"了。

10.5.1.3 数字签名应用与过程

目前的数字签名是建立在公共密钥体制基础上，它是公用密钥加密技术的另一类应用。它的主要方式是，报文的发送方从报文文本中生成一个 128 位的散列值（或报文摘要），发送方用自己的私人密钥对这个散列值进行加密来形成发送方的数字签名，然后，这个数字签名将作为报文的附件和报文一起发送给报文的接收方。报文的接收方首先从接收到的原始报文中计算出 128 位的散列值（或报文摘要），接着再用发送方的公用密钥来对报文附加的数字签名进行解密。如果两个散列值相同、那么接收方就能确认该数字签名是发送方的。通过数字签名能够实现对原始报文的鉴别。

只有加入数字签名及验证才能真正实现在公开网络上的安全传输。加入数字签名和验证的文件传输过程如下（见图10-12）。

（1）发送方首先用 Hash 函数从原文得到数字签名，然后依照公开密钥体系用发送方的私有密钥对数字签名进行加密，并把加密后的数字签名附加在要发送的原文后面。

（2）发送方选择一个秘密密钥对文件进行加密，并把加密后的文件通过网络传输到接收方。

（3）发送方用接收方的公开密钥对密秘密钥进行加密，并通过网络把加密后的秘密密钥传输到接收方。

（4）接收方使用自己的私有密钥对密钥信息进行解密，得到秘密密钥的明文。

（5）接收方用秘密密钥对文件进行解密，得到经过加密的数字签名。

（6）接收方用发送方的公开密钥对数字签名进行解密，得到数字签名的明文。

（7）接收方用得到的明文和哈希函数重新计算数字签名，并与解密后的数字签名进行对比。如果两个数字签名是相同的，说明文件在传输过程中没有被破坏。

图 10-12　数字签名过程

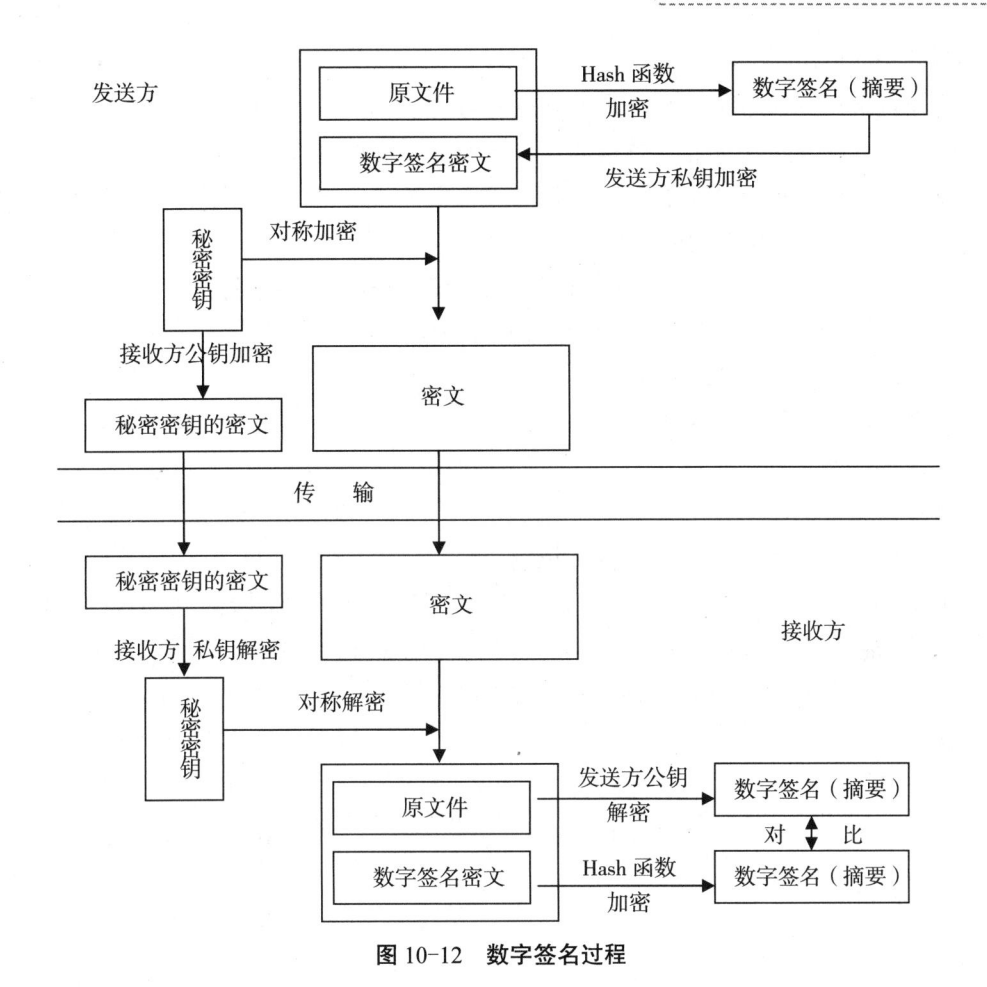

如果第三方冒充发送方发出了一个文件，因为接收方在对数字签名进行解密时使用的是发送方的公开密钥，只要第三方不知道发送方的私有密钥，解密出来的数字签名和经过计算的数字签名必然是不相同的，这就提供了一个安全的确认发送方身份的方法。

安全的数字签名使接收方可以得到保证：文件确实来自声称的发送方。鉴于签名私钥只有发送方自己保存，他人无法做一样的数字签名，因此他不能否认参与了交易。

数字签名的加密解密过程和私有密钥的加密解密过程虽然都使用公开密钥体系，但实现的过程正好相反，使用的密钥对也不同。数字签名使用的是发送方的密钥对，发送方用自己的私有密钥进行加密，接收方用发送方的公开密钥进行解密，这是一个一对多的关系：任何拥有发送方公开密钥的人都可以验证数字签名的正确性。而私有密钥的加密解密则使用的是接收方的密钥对，这是多对一的关系：任何知道接收方公开密钥的人都可以向接收方发送加密信息，只有唯一拥有接收方私有密钥的人才能对信息解密。在实际使用过程中，通常一个用户拥有两个密钥对：一个密钥对用来对数字签名进行加密解密；另一个密钥对用来对私有密钥进行加密解密。这种方式提供了更高的安全性。

10.5.2　数字时间戳

在电子商务的发展过程中，数字签名技术也有所发展，数字时间戳技术就是数字签名技术一种变种的应用。

在电子商务交易文件中,时间是十分重要的信息。在书面合同中,文件签署的日期和签名一样均是十分重要的防止文件被伪造和篡改的关键性内容。数字时间戳服务(DTS:Digital Time Stamp service)是网上电子商务安全服务项目之一,能提供电子文件的日期和时间信息的安全保护,由专门的机构提供。

如果在签名时加上一个时间标记,即是有数字时间戳的数字签名。

时间戳(Time-Stamp)是一个经加密后形成的凭证文档,它包括3个部分:

(1)需加时间戳的文件的摘要(digest);

(2)DTS收到文件的日期和时间;

(3)DTS的数字签名。

书面签署文件的时间是由签署人自己写上的,而数字时间戳则不然,它是由认证单位DTS来加的,以DTS收到文件的时间为依据。

一般来说,时间戳产生的过程为:用户首先将需要加时间戳的文件用Hash函数加密形成摘要,然后将该摘要发送到DTS,DTS在加入了收到文件摘要的日期和时间信息后再对该文件加密(数字签名),然后送回用户(图10-13)。

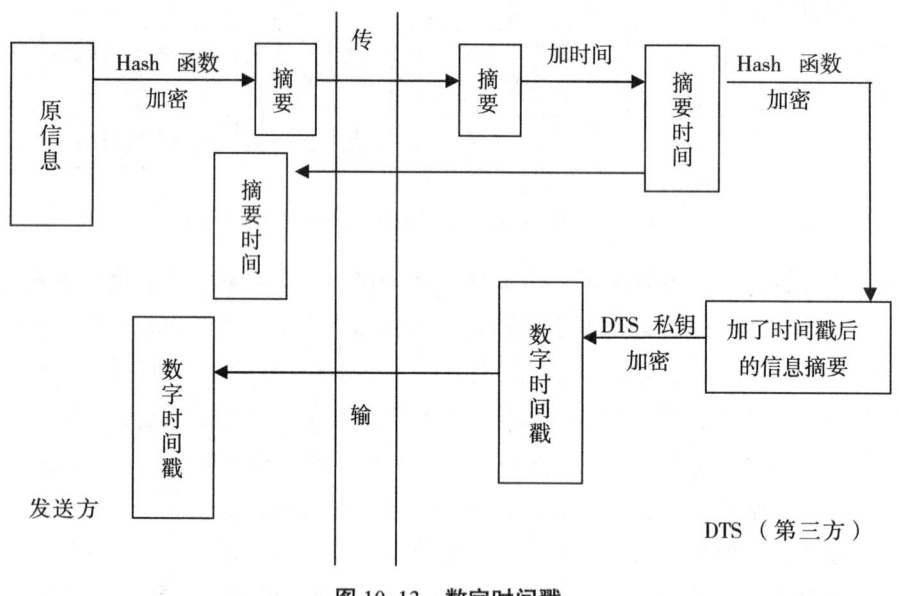

图 10-13 数字时间戳

10.5.3 身份认证技术

在网上购物的顾客能够极其方便轻松地获得商家和企业的信息,但同时也增加了对某些敏感或有价值的数据被滥用的风险。买方和卖方都必须保证在因特网上进行的一切金融交易运作是真实可靠的,并且要使顾客、商家和企业等交易各方都具有绝对的信心,因而因特网电子商务系统必须保证具有十分可靠的安全保密技术。也就是说,必须保证网络安全的四大要素,即信息传输的保密性、交易者身份的确定性、发送信息的不可否认性、数据交换的完整性。

1）信息传输的保密性

交易中的商务信息均有保密的要求，如信用卡的账号和用户名被人知悉，就可能被盗用，订货和付款的信息被竞争对手获悉，就可能丧失商机。因此在电子商务的信息传播中一般均有加密的要求。

2）交易者身份的确定性

网上交易的双方很可能素昧平生，相隔千里。要使交易成功首先要能确认对方的身份，商家要考虑客户端是不是骗子，而客户也会担心网上的商店是不是一个玩弄欺诈的黑店。因此能方便而可靠地确认对方身份是交易的前提。对于为顾客或用户开展服务的银行、信用卡公司和销售商店，为了做到安全、保密、可靠地开展服务活动，都要进行身份认证的工作。对有关的销售商店来说，他们对顾客所用的信用卡的号码是不知道的，商店只能把信用卡的确认工作完全交给银行来完成。银行和信用卡公司可以采用各种保密与识别方法，确认顾客的身份是否合法，同时还要防止发生拒付款问题以及确认订货和订货收据信息等。

3）发送信息的不可否认性

由于商情的千变万化，交易一旦达成是不能被否认的。否则必然会损害一方的利益。例如，订购黄金，订货时金价较低，但收到订单后，金价上涨了，如收单方否认收到订单的实际时间，甚至否认收到订单的事实，则订货方就会蒙受损失。因此电子交易通信过程的各个环节都必须是不可否认的。

4）不可修改性

"例如订购黄金，订货时金价较高，但收到订单后，金价下跌了，如收单方修改收到订单的实际时间，则订货方就须以较高的价格完成订单。因此电子交易通信过程的各个环节都必须是不可修改的。"

10.5.3.1 数字证书

数字证书又称为数字凭证，是用电子手段来证实一个用户的身份和对网络资源的访问权限。数字安全证书提供了一种在网上验证身份的方式。安全证书体制主要采用了公开密钥体制，其他还包括对称密钥加密、数字签名、数字信封等技术。

用户可以使用数字证书，通过运用对称和非对称密码体制等密码技术建立起一套严密的身份认证系统，从而保证：信息除发送方和接收方外不被其他人窃取；信息在传输过程中不被篡改；发送方能够通过数字证书来确认接收方的身份；发送方对于自己的信息不能抵赖。

数字签字与验证过程如图10-14所示。

在网上的电子交易中，如双方出示了各自的数字证书，并用它来进行交易操作，那么双方都可不必为对方身份的真伪担心。数字证书可用于电子邮件、电子商务、群件、电子基金转移等各种用途。

1）数字证书包含的内容

数字证书的内部格式是由CCITT X.509国际标准所规定的，它包含了以下几点。

（1）证书拥有者的姓名。

（2）证书拥有者的公共密钥。

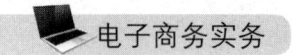

(3)公共密钥的有效期。

(4)颁发数字证书的单位。

(5)数字证书的序列号（Serial number）。

(6)颁发数字证书单位的数字签名。

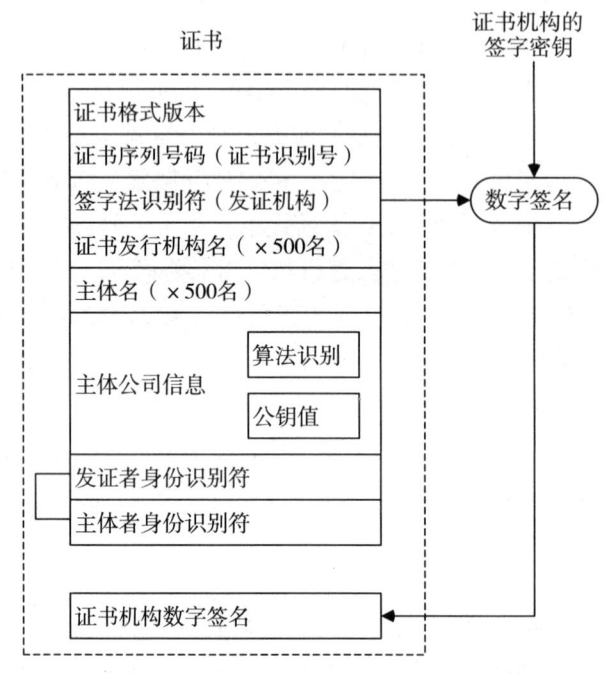

图10-14 数字签字与验证过程示意图

2）数字证书的类型

（1）个人数字证书（Personal Digital ID）：它仅仅为某一个用户提供证书，以帮助其个人在网上进行安全交易操作。个人身份的数字证书通常是安装在客户端的浏览器内的，并通过安全的电子邮件（Secure Multipurpose Internet Mail Extensions，S/MIME）来进行交易操作。

（2）企业（服务器）证书（Server ID）：它通常为网上的某个Web服务器提供证书，拥有Web服务器的企业就可以用具有证书的万维网站点（Web Site）来进行安全的电子交易。有证书的Web服务器会自动地将其与客户端Web浏览器通信的信息加密。

（3）软件（开发者）证书（Developer ID）：它通常为Internet中被下载的软件提供证书，该证书用于和微软公司Authenticode技术（合法化软件）结合的软件，以使用户在下载软件时能获得所需的信息。

上述三类证书中前二类是常用的证书，第三类则用于较特殊的场合，大部分认证中心提供前两类证书，能提供各类证书的认证中心并不普遍。

10.5.3.2 CA认证中心

1）CA（Certificate Authority）认证中心基本概念

所谓CA（Certificate Authority）认证中心，它是采用PKI（Public Key Infrastructure）

公开密钥基础架构技术，专门提供网络身份认证服务，负责签发和管理数字证书，且具有权威性和公正性的第三方信任机构。它的作用就像现实生活中颁发证件的公司，如护照办理机构。目前国内的 CA 认证中心主要分为区域性 CA 认证中心和行业性 CA 认证中心，如广东省电子商务认证有限公司是由广东省人民政府批准建立的国内较为著名的一家区域性认证机构。

目前 CA 认证系统主要由三部分组成：一是在客户端面向证书用户的数字证书申请、查询和下载系统；二是在 RA 端（Release Auditing，证书发放审核部门）由 RA 管理员对证书申请进行审批的证书授权系统；三是在 CA 控制台签发用户证书的证书签发系统。

2）CA（Certificate Authority）认证中心的体系结构

作为 PKI 的 CA 系统分为两大类总体结构：SET CA 系统和 non-SET CA 系统。

（1）SET CA 系统一般为层次结构。PKI SET CA 的总体结构如图 10-15 所示。

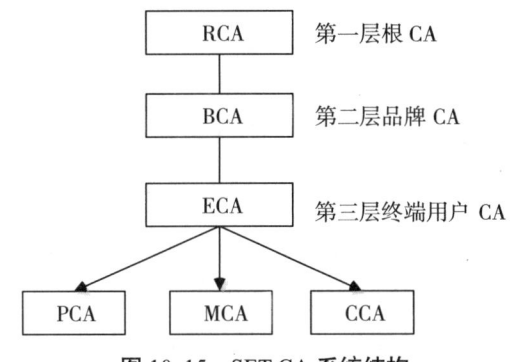

图 10-15 SET CA 系统结构

系统结构的第一层为根 CA，简称 RCA，即 Root CA。

RCA 的职责是：负责制定和审批 CA 的总政策；签发并管理第二层 CA 证书；与其他根 CA 进行交叉认证。

系统结构的第二层 CA 称为品牌 CA，即 Brand CA，简称 BCA。

BCA 为各个商业银行所发放的不同信用卡品牌发放证书。它的职责是：根据 RCA 的规定，制定具体政策、管理制度及运行规范；签发第三层证书并进行证书管理。

系统结构的第三层 CA 为终端用户 CA（End user CA），简称 ECA。

ECA 为参与 SET 电子商务各实体颁发证书，即为支付网关（Payment Gateway）、商家（Merchant）及持卡人（Cardholder）签发证书。签发这三种证书的对应 CA 为 PCA、MCA 及 CCA。

SET 安全协议使用 PKI 加密技术能提供信息的机密性，保证支付的完整性，验证支付网关、商家和持卡人的真实身份。SET CA 对其所签发的持卡人、商家和支付网关三种证书具有完善的证书管理功能。

PKI SET CA 系统签发持卡人证书、商家证书以及支付网关证书。签发证书的目标是面向持卡人、发卡行、商家、收单行和支付网关。

SET CA 的总体目标为：为商家和持卡者提供方便的应用，最大限度降低现有应用的改

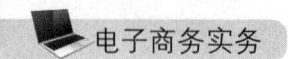

变；为现有客户应用的支付协议提供插件应用；降低对收单行、商家、持卡人之间关系的改变；降低对现有商家、收单行、支付系统应用和结构的改变；为金融机构提供安全有效的协议。

（2）non-SET CA 系统由根 CA（Root CA）、政策 CA（Policy CA）及运营 CA（Operation CA）组成，具有完善的证书管理功能。non-SET CA 签发的各种证书，其主要目标是支持广泛的电子商务应用模式、网上安全银行应用模式、网上证券以及电子政务等的应用。

PKI non-SET CA 系统目前一般为层次结构，参考模型为三层结构如图 10-16 所示。

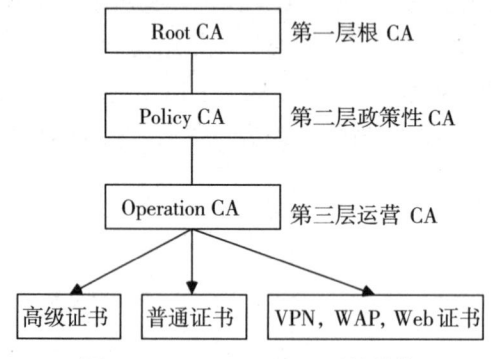

图 10-16 non-SET CA 系统结构

系统结构的第一层为根 CA，即 Root CA（简称 RCA）。

RCA 的职责是：负责制定和审批 CA 的总政策；为自己"自签"根证书，并以此为根据为二级 CA 签发并管理证书；与其他 PKI 域的 CA 进行交叉认证。

系统结构的第二层 CA 为政策性 CA，称 Policy CA，简称 PCA。

PCA 的职责是：根据根 CA 的各种规定和总政策，制定具体政策、管理制度和运行规范；安装根 CA 为其签发的证书；为第三级 CA 签发证书；管理证书及证书撤消列表（CRL）。

系统结构的第三层为运营 CA，也称终端用户 CA（Operation CA），简称 OCA。

OCA 的职责是：安装政策 CA 签发的证书；根据根 CA 及政策性 CA，直接为最终用户颁发终端实体证书，即支持电子商务各种应用的数字证书；管理所发证书及证书撤消列表（CRL）。

» 10.6 电子商务交易安全的管理

管理是保障电子商务安全的重要环节。在信息化高速发展的形势下，在不断推出高技术产品应用于保护电子商务交易安全的同时，管理也成为交易安全一个重要保障。电子商务安全管理涉及电子商务安全规划、电子商务安全管理机构、电子商务安全管理制度和电子商务安全管理教育等多个方面。

10.6.1 电子商务安全规划

电子商务安全规划的主要内容是进行电子商务系统的安全需求分析和风险分析，在此基础之上，确定电子商务系统的访问控制规划、系统备份与恢复策略以及电子商务系统应急事件的处理规程。电子商务信息系统安全规划的结果是电子商务信息系统的安全政策。

制定安全政策的最重要目标是网络节点的安全管理能够取得最佳的效果，因此安全政策的制定不能受外部影响的误导，必须对风险做客观的评估。对于大多数网络节点而言，内部使用造成的损失要远大于外部的损失。风险评估的目标是确定保护对象的可用性、安全性和完整性，以及对这些特性造成威胁的可能性。

电子商务安全要求取决于电子商务信息系统的用途，因此电子商务系统的安全策略是电子商务安全管理的基本依据。电子商务系统安全服务的选取和安全机制的选用都依赖于电子商务系统的安全策略，即根据电子商务安全需求决定了电子商务信息系统服务的内容和安全机制的强度。

安全政策的内容：

（1）设备采购指南。给出采购的设备应具有的安全特性和标准。

（2）数据私有性政策。定义合理的数据私有性保护范围，即哪些数据是需要进行安全检查和审计的，而哪些是属于私人隐私的，以及检查私人数据的条件。

（3）访问政策。定义访问权限限制和优先级控制，包括与外部连接的各种访问控制，设备的连接方式，以及用户在访问时系统给出的访问控制提示信息。

（4）审计政策。定义各有关人员的责任，审计的涵盖范围（即需要哪些日志）和安全事件的处理规程。

（5）鉴别政策。确定系统的鉴别机制，如口令设置政策和口令强度。

（6）可用性申明。关于系统预期的可用性，包括系统的可用时间，以及系统的冗余和恢复机制。

（7）系统维护政策。描述内部和外部的维护人员的责任和权限。

（8）违规报告政策。规定必须报告的违规事件类型和报告方法。

（9）支援信息。包括各种联系信息、工作手册、参考资料以及其他一些与安全管理有关的内部信息。

（10）例外情况处理。如在哪些情况下，安全管理员的权限可以扩大。

10.6.2 电子商务安全管理机构的设置

从宏观上看，电子商务安全管理机构分为政策制定、组织管理、具体实施以及检查监督等类别。在国家这一级中，安全审查机构是负责国家安全的技术权威机构，它负责对重要部门所应用的保密部件的加密方法进行审查。因为加密方法是安全技术的核心。安全决策机构的作用是根据安全审查机构对安全措施的审查意见，确定安全措施的方针和政策。国家的最高主管机构，如国务院的有关部门，负责制定安全策略和安全原则。

为了保证电子商务的安全，各电子商务使用单位应建立电子商务安全管理机构。电子商务安全管理机构大小、性质和定位在很大程度上取决于它的使用单位（或它所服务的组织或机构）的性质、文化、定位和大小。

各级电子商务安全管理机构负责与交易安全有关的规划、建设、投资、人事、安全政策、资源利用和处理等方面的决策和实施。各级电子商务安全管理机构应根据国家电子商务安全的有关法律、法规、制度、规范,结合本单位安全需求建立各自电子商务安全策略、安全策略和实施细则,并负责贯彻实施。

安全管理机构的建立原则如下。

(1)按从上至下的垂直管理原则,上一级机关安全管理机构指导下一级机关安全管理机构的工作。

(2)下一级机关安全管理机构接受并执行上一级机关安全管理机构的安全策略。

(3)各级安全管理机构不隶属于同级电子商务管理和业务机构。

(4)各级全管理机构由系统管理、系统分析、软件、硬件、安全保卫、系统稽核、人事、通信等有关方面的人员组成。

(5)安全管理机构应常设一个办事机构,负责安全日常事务工作。

10.6.3 电子商务安全管理制度

电子商务安全管理机构建立后,就需要建立各项安全管理制度,用具体的文字做出各项明确的规定,同时要将责任落实到人,实行岗位职责的有效管理与全程监督,这是保证电子商务活动取得成功的环境基础。这些安全管理规章制度包括:从业人员管理制度、信息保密制度、跟踪审计制度、系统维护制度、数据备份制度、信息签发制度、病毒防护制度等。安全管理制度能否实施到位,是管理水平的具体体现,也是关系到电子商务交易安全顺利运作的重要保证。

10.6.3.1 从业人员管理制度

电子商务系统运行的各类管理人员在很大程度上支配一个企业的命运,他们既要严律自己又要防患未然,面临双重任务尤其是面对日趋严重的计算机网络犯罪,安全防范任务艰巨。众所周知,利用信息技术,特别是计算机网络实施犯罪不同于一般意义上的犯罪,犯罪带有明显的智能型特征,具有一定的隐蔽性、连续性、高效性等特征。因此,在对交易系统管理人员进行管理时,不是简单按照安全管理条例管理就可以阻止犯罪行为的发生,而是需要采用先进的技术手段、严格的管理措施和人文化管理方法约束从业人员,加强社会公德与职业道德教育,强化法制观念。

1)对从业人员必须岗前审查、培训,定期进行规章制度和法制教育

系统的关键岗位人选,如安全负责人、安全管理员、系统管理员、安全分析员、安全设备操作员、保密员等,必须经过严格的政审并要考核其业务能力,关键岗位的人员不得兼职。人员审查必须根据系统所规定的安全等级确定审定标准。人员应具有政治可靠、思想进步、作风正派、技术水平高、职业道德好等基本素质。

应定期对从事操作和维护信息系统的工作人员进行培训,包括,计算机操作维护培训、应用软件操作培训、信息系统安全培训等,保证只有经过培训的人员才能上岗。对于涉及安全设备操作和管理的人员,除进行上述培训外,还应由相应部门进行安全保密专门培训。对于安全负责人要进行高级安全培训,并且取得"上岗证"后方可任职。

2)落实岗位责任制,对违反安全规定的行为予以打击,严肃处理责任人

人事部门要定期组织对信息系统所有的工作人员从政治思想、业务水平、工作表现、遵守企业规程等方面进行考核,对于考核合格者应予表扬和奖励,不合格者应教育、批评

或处罚。对于考核发现有违反安全法规行为的人员或发现不适合接触信息系统的人员要及时调离岗位，不应让其再接触系统。

3）贯彻落实安全运行制度与原则

这些制度原则包括，多人负责原则、相互监督原则、最小权限原则、任期有限原则等。重要业务不安排一个人单独管理，实行两人或多人相互制约监督机制；任何人不得长期担任与交易安全有关的某一职务；明确规定只有网络管理员才可进行物理访问，只有网络管理员才可进行软件安装工作等。

多人负责原则：在人员允许的情况下，由最高领导人指定两个或多个可靠且能胜任工作的专业人员，共同参与每项与安全有关的活动，并经过签字、记录、注册等方式证明。

责任分工原则：一项事务的拟定、认可、处理和结果，不能只由一个部门独揽，尤其不能给一个部门独揽结果的权力。

任期有限原则：负责系统安全和系统管理的人员要有一定的轮换制度，以防止由单人长期负责一个系统的安全。

最小权限原则：指所有人员的工作、活动范围和访问权限应当被限制在完成其任务的最小范围内，即只授予用户和系统管理员执行任务所必需的基本权限。

4）签订保密合同，处理好人员调离工作

进入系统工作的人员，应签订保密合同，承诺其对系统应尽的安全保密义务，保证在岗工作期间和离岗后的一定时期内，均不得违反保密合同，泄露系统秘密，对于保密合同应有惩处条款。

对人员的调离，特别是因不适合安全管理要求被调离的人员，必须严格办理调离手续。进行调离谈话，承诺其调离后的保密义务，交回所有钥匙及证件，退还全部技术手册、软件等有关资料。系统必须及时更换系统口令和机要锁，撤销其用过的所有账户。重要机房或岗位的工作人员辞职或调离，应立即取消其出入安全区域、接触保密信息的授权。

10.6.3.2 信息保密制度

电子商务活动涉及企业的市场、生产、财务、供应等多方面的机密，必须实施严格的保密制度。保密制度需要将组织内的各种信息资源进行划分，确定安全级别，确保安全防范重点，并提出相应的保密措施。

信息安全级别可以分为如下三级。

绝密级。如企业战略计划、企业内部财务报表等，涉及此类信息的网址、密码不在网络上公开，仅限于企业少数高层人员掌握。

机密级。如企业的日常管理情况信息、重要会议通知和产品质量通报等，有关此部分的网址、密码也不在网上公开，只限于企业中层管理者以上的人员掌握。

秘密级。如公司简介、新产品介绍及订货方式、客户建议等，这些信息可以在网上公开，提供给消费者浏览，但必须有相应的保护措施，以防非法侵害。

保密工作中对密钥的管理尤为重要，电子商务活动中必然使用大量的密钥，密钥管理的范围包括密钥产生、传递和销毁的全过程。私密钥需要定期更换，防止外泄和非法盗用。

10.6.3.3 日志、审计、稽核制度

企业必须建立网络交易系统日志制度，用来记录交易活动运行的全过程。日志分为系统日志、交易日志、更新维护日志等多种。系统日志文件是自动生成的，其内容包括操作日期、操作方式、登录次数、运行时间、交易内容等。对系统的运行进行监督、维护分析、故障恢复，这对于防止案件的发生或在案件发生后，为侦破工作提供监督数据，起着非常重要的作用。

审计制度是对系统日志的检查、审核，便于及时发现问题。可以找出故意入侵系统行为的原始记录和对系统安全功能违反的原始记录监控和捕捉各种安全事件；保存、维护和管理系统日志等。

稽核制度是指工商管理、银行、税务人员利用计算机及网络系统进行执法的制度，它有助于稽核业务中的文件调阅、查询、审核，判断辖区内各电子商务参与单位业务经管活动的合理性、安全性以及漏洞堵塞情况，保证网上商务活动的安全，发出相应的警示警告并做出相应的处理、处罚决定等一系列步骤与措施。

10.6.3.4 系统日常维护制度

对于企业的电子商务系统来说，网络系统的日常维护主要针对企业内部网（Intranet）进行日常管理与维护，这是企业的一项繁重任务。由于企业网络环境使用的计算机系统机号和网络设备品种众多，系统日常维护需要做的工作也就比较多。

系统日常维护制度主要包括：

（1）要对自动监管的各种设备，利用网管软件有效监控，找出系统故障，显示并通告网络流量、运行状态，并及时发布监控、统计与分析报告，另外，优化网络性能，实行负载均衡，保证网络的吞吐能力与传输效率。

（2）要对检测不到的设备实施监管，通过手工的方式检查运行状态，做到定期检查与随机抽查相结合，以便及时准确地掌握这些网络设备的运行状况，一旦故障发生能做到心中有数随时处理。

（3）要对各种数据进行备份与转储，采用定期与不定期、自动与手动相结合的方式，实行数据备份与恢复制度。数据备份主要是利用存储介质，如磁介质、光碟、微缩载体等对数据进行存储、备份和恢复，有时还包括对系统设备的备份的保护措施，如容错计算机、双工存储系统等。

10.6.3.5 病毒防护制度

在网络环境下，病毒无处不在，所以对病毒的防范是重要的一环，它是电子商务交易正常进行的保证。如今网上信息及交易活动常常遭到各种病毒的侵害，直接妨碍和破坏了电子商务活动的顺利进行，常规的病毒防范制度是一刻也少不了的。对于病毒防扩散，目前主要有硬件保护和软件防护两种。对杀病毒软件需要不断升级更新，网络杀毒、防毒软件目前有两种：一种是单机版防杀病毒软件产品；另一种是网络版防杀病毒软件产品。软件采取的都是检测病毒、排除病毒的方法，基本是系统被感染了病毒以后，防杀毒软件才会起作用。因此事前防护就显得非常重要，其原理是在网络端口设置一个病毒过滤器，有效将病毒拒之系统之外。

▷ 本章小结

电子商务交易安全问题从1999年电子商务网站风起云涌时就出现了,电子商务交易就成为电子商务发展过程中最重要的环节。然而,正是出于对这个环节的安全顾虑,使得电子商务的普及与发展受到了巨大阻碍。

1. 电子商务交易安全是一个系统工程。一个完整的网络交易安全体系,至少应包括三类措施,并且三者缺一不可。一是技术方面的措施,二是管理方面的措施,三是社会的法律政策与法律保障。

2. 技术方面包括密码技术、身份验证技术、交易的安全协议以及PKI等技术,技术虽然可以从一定程度上解决安全问题,但是还离不开管理的支持。

3. 在管理方面要按照电子商务安全的要求,按照一定的原则,建立安全管理机构,制定切实可行的安全管理制度,做好安全管理人员的筛选、培训和其他方面的管理。

面对电子商务快速发展所带来的新问题,相关的法律制度不可缺少。国际上对电子商务的法律建设已经走在了我国的前面,我国制定了一系列的法律,尤其是电子签名法的制定,对电子商务的良好发展起到了保障作用。

✎ 复习思考题

(1) 如何理解电子商务交易安全的重要性?
(2) 电子商务交易安全技术有哪些?
(3) 一般常用的防火墙软件有哪些,各有什么特点?
(4) 用户配置在电子商务交易安全方面的思路是什么?
(5) 对称加密和非对称加密的综合应用过程是什么?
(6) 数字签名技术在网络结算方面的应用情况怎么样?
(7) 什么是身份认证?有什么功能?
(8) 简述电子签名的工作流程。
(9) 安全套接层协议(Secure Sockets Layer)包括哪些内容?
(10) 安全电子交易协议包括哪些内容?
(11) 如何理解电子商务交易安全规划?

第11章 电子商务与法律

学习目标

本章重点介绍电子商务法律的相关问题；保护隐私、隐私权以及知识产权的相关法律法规；电子合同涉及的各方面问题的处理；《电子商务示范法》的主体内容。

学习要求

了解：电子商务法律的相关问题；保护隐私、隐私权的相关法律法规。

掌握：保护知识产权的相关法律法规，电子合同涉及的各方面问题的处理，《电子商务示范法》的主体内容。

电子商务的发展需要建立必要的法律框架。在网络空间中传统管辖边界不再适用，也使得哪一国的法律适用于电子商务存在着很大的不确定性，这就需要制定通用的法律原则，来解决类似的法律问题及明确相关的法律责任。

全球电子商务的持续发展将取决于法律框架的制定，它们将使电子商务中的交易具有统一性及法律上的确定性。电子商务是一种世界性的经济活动，它的法律框架已不应只局限在一国的范围内，而应适用于国际间的经济往来，得到国际间的认可和遵守。一桩成功的电子交易总是需要参与交易的个人、公司和政府之间有一个合同，明确知道彼此之间希望得到的利益，明确为实施合同所必须承担的义务（如果必要的话）。只有出台地方、国家和国际法律单据所认可的、明确的、共同的法律准则，也只有当客户、政府和公司认为电子商务与其目前进行的面对面的或纸上的交易有同等的确定性时，全球电子商务才能发挥出全部的潜力，中国参与全球电子商务也才有意义。为实现此标准，必须精心制定新的法律框架，以适应当前的法律（特别是合同法及相应的消费者权益保护法），才能在联网的全球电子商务环境中更有效的工作。

亚洲金融危机爆发的一个原因就是某些发展中国家的商业金融体制尚未完善，就急于向富国开放，结果某些富国集团以其敏锐的国际金融市场投机炒作嗅觉，发现某些东南亚国家信息滞后、缺乏防范国际金融危机的经验、财政金融体制僵化等漏洞，成功地发起了一场货币投机炒作大战，结果大获全胜，而某些东南亚国家几乎输光家当。所以只有联合起来，给与它一个统一的法律地位，让它在世界上有序的发展。

» 11.1 电子商务法律概述

11.1.1 电子商务法律问题的提出

20 世纪 90 年代后期，全球范围内的网络终端用户呈现爆炸性增长，以 Internet 互联技术为基础的电子商务活动更是如鱼得水遍地开花。于是，从事网上经营活动的行为亟须规范。这里所说的规范指的是两方面的问题：一个是网络经营中商务行为的法律问题；另一个则是 Internet 本身面临的法律问题。

更多的法律专家对新技术革命带来的新问题展开了深入的探讨。那些长期以来在法律上的争论和悬而未解的疑惑移师网上重现，权利和自由在网络环境中提出新的要求，问题的提出似乎使管理者更加尴尬。青少年和一些自律行为较差的群体更加追求"网民－网虫－黑客"的链式发展模型；失去控制的"网秀"们开始攻击政府和企业网站以发泄他们的不满；水平差一点的"模仿网秀"在互联网上大放厥词，肆无忌惮地攻击他人名誉和揭示他人隐私以得到片刻满足。

更加清楚的现实是网络环境中法律真空地带出现了，陈旧的法规在全球化的网络环境中已下相适应。由于高速的技术进步，电子商务在现代商业社会中的普及和高速发展，而法律法规的更新显得相对缓慢，使得构筑电子商务的法律屏障成为一种严峻的挑战。电子商务领域的技术进步速度已经大大超过了一个国家适时地调整其法律框架的能力，使得法律调整总是跟不上电子商务高速发展的步伐。

于是，关于电子商务法律问题的争论开始出现，争论的焦点越来越多，因为各种各样的争论使管理部门举棋不定，一些国家的网络通信管理政策和法规总是难以出台。这些争论的焦点主要在以下几个方面。

（1）电子商务法律的范畴，也就是说它都包含哪些方面的内容。

（2）电子商务法律纠纷的仲裁权问题。

（3）现在推出电子商务法律的行文，是否会制约电子商务的发展。

（4）全球化的网络环境中，电子商务法律的解释权问题。

（5）全球电子商务法律是否应该统一，等等。

焦点还在增加，旧的问题还没有解决，新的问题又出现了，电子商务成长的同时法律问题也越来越多。于是，一些国家先行采取一些电子商务方面的政策法规调整，引发了一种对跨领域规则的需求。电子商务导致了一场在数字化市场中对法律框架的根本性讨论。

11.1.2 电子商务法律的概念

对电子商务法律下一个标准的定义，目前还有很多的争议。有的观点认为它属于商务法律体系的一支，首先它应该遵循商品流通类法律条款的解释惯例，其次才属于计算机网络的法律体系；但是另一些观点认为电子商务的法律纠纷主要是在电子信息传输与交换的过程中引起的，因此他们的主要观点认为：因为商务活动借助于现代 Internet 技术才升华到电子商务活动，所以电子商务法律应以网络信息传输和数据交换相关法律为核心。

电子商务是一个综合性的系统工程，它涉及的法律问题包含了民法、刑法、经济法、行政法、程序法等几乎所有的法律门类，尤其在合同法、知识产权法、金融法、税法、国际贸易法、法院管辖权等领域，法律关系尤为复杂，争议也较多，特别是知识产权、税收、法律实施、全面加密和合同问题在电子商务中均有待解决，而且，关于政府管理电子商务的争论本身仍是一个不成熟的问题。但是，既然要行文成为法律，就必须为法律的执行创造一个有利的条件。

任何法律的制定，无一例外地体现管理者的司法管辖权和法律适用问题，如果法律制定出来没有明确司法管辖权和法律适用这一敏感问题，这样的法律无异于一纸空文。于是，针对这个问题，电子商务法律需要对这一概念进行解释。

电子商务法律是在一个国家（或者一个统一体），由被管理者所认知的立法机关所制定的有关利用网络进行商务活动的行为规则。它包含两方面的含义：一方面是在法律的管辖范围内对网络电子信息传输、交换与安全等问题的行为规则；另一方面是在法律的管辖范围内对经济交易行为的准则。

11.1.3 电子商务法律的法律体系

电子商务法律适用于全部的电子商务活动行为规范，而电子商务活动又属于一个宽口径与跨学科结合的综合性很强的活动。因此，有关电子商务法律体系不仅贯穿于整个电子商务活动本身，而且还涉及了宽口径的法律体系，所以电子商务活动的发展也要求现代法律界有必要进行相关的知识升级，以适应法律要规范的行为的飞速变化。

11.1.3.1 电子商务法律涉及的计算机网络工程方面的法律范畴

（1）对网上信息的传输和电子数据交换问题。

（2）网上安全问题。

（3）因特网服务商的权利与义务问题。

11.1.3.2 电子商务法律涉及的与经济交易相关的法律范畴

（1）网上经济交易合同问题。

（2）网上信用问题。

（3）支付与结算问题。

11.1.3.3 电子商务法律涉及的与知识产权相关的法律问题

（1）版权的保护问题。

（2）专利权的保护问题。

（3）域名的保护问题。

（4）商标权问题。

11.1.3.4 电子商务法律涉及的法律中的道德问题

例如隐私权的问题。

11.1.3.5 电子商务法律涉及的国际司法问题

（1）司法管辖问题。

（2）法律适用问题。

（3）国家法律同国际法律协调问题。

11.1.4 电子商务的立法原则

20 世纪 90 年代末期全球性的电子商务活动风起云涌，为了规范电子商务的发展有必要建立一整套网上商务活动的基本准则。但是，长期以来这一立法权应该属于贸易管理部门还是划归国家网络与信息管理机关的问题推迟了电子商务法律的制定步伐。

尽管如此，联合国国际贸易法委员会终于打破了寂静，于 1996 年 12 月率先制定并且通过了电子商务示范法，打破了这一僵局，为各国电子商务立法提供了一个标准范本。

1997 年 2 月，占全球电信服务收入 95% 的世贸组织 68 个成员国达成《全球基础电信协议》，承诺从 1998 年 12 月起，取消对电信部门的垄断，在所有电信服务领域实现自由化。

1997 年 4 月欧盟出台了《欧洲电子商务动议》，同年 7 月美国推出了《全球电子商务框架》，框架展示了美国政府电子商务系统化政策和谋求国际规则主导权的企图，框架中提出的发展全球电子商务的基本原则和国际协作受到了发达国家的普遍支持。该框架已经成为各国商讨全球电子商务政策法规问题的准则。1998 年 5 月世贸组织 132 个成员国签署的《关于电子商务的宣言》，规定至少一年内免征互联网上所有贸易活动的关税，以降低税收给电子商务造成的负面影响。

虽然一些国家采取制定相关法律法规、起草电子商务框架、签署双边协定、出台各种指令性文件等手段来构筑电子商务的国际规则，但是，电子商务在全球范围内的迅速普及，使得尽快通过国际合作和充分协商，从而系统、全面地推进电子商务法制建设和动员全球企业界积极参与电子商务法制建设成为当务之急。

国际社会在 1998 年 10 月召开了经济合作与发展组织的电子商务部长级会议，接着在 1999 年 9 月召开了电子商务全球商家对话的巴黎会议。这个大会为推进全球电子商务法制建设制定了《全球电子商务行动计划》，描绘了未来全球电子商务法制建设的蓝图，系统地阐述了国际社会对电子商务建设的指导原则，在巴黎会议上企业界对身份认证和安全等九大问题的关注，充分说明了电子商务法制建设的重要性已经引起了国际传统企业界、银行界和流通业界的广泛关心。

另外，各国政府和国际化组织纷纷出台的与电子商务活动相关的立法措施和行为准则，表明了发达国家正在从战略发展的视角来规范和建立电子商务的立法规则。发达国家之所以纷纷制定相关法律法规、起草电子商务框架、签署双边协定、出台各种指令性文件等，其目的都是为了获取电子商务国际规则的立法权，从而建立一个稳定的国际法律环境。特别应该指出的是，美国为着眼于 21 世纪经济的持续增长，把发展电子商务作为政府的主要任务之一，从美国 1997 年以来发表的有关电子商务的政策性文件、基本框架原则来看，美国的电子商务基本政策和原则框架已趋向成熟，并在某种意义上成为各国发展电子商务的先导。

目前我国的电子商务仍处在初级阶段，无论是政府职能部门还是企业界人士，对电子商务有关的讨论还仅仅集中在技术层面上和实施方面上，对于电子商务行为规则和政策指导却很少涉及。因此，现在需要政府有关部门、法律工作者、IT 业内专家和传统的企业界和银行界共同参与这项事关我国电子商务活动规范发展的大讨论，以便制定我国的电子商务法律规范，促进我国电子商务活动的健康发展。

国家在制定电子商务法律法规则时，应该明晰电子商务活动的范围和我国的具体国情，应着眼于 21 世纪国际经济一体化的大趋势和我国国民经济发展的总目标。因此，应从以下几个方面入手。

1 根据国情适时完善和调整传统立法

我国正处在计划经济向市场经济全面过渡的阶段，正处在市场经济法律法规的建设时期，各方面的立法工作尚处在建立和完善之中。电子商务活动还处于起步阶段，传统的经济交易方式和网络经济交易方式在相当长的一段时间里不构成谁取代谁的问题；而传统立法中有关的法律条文对于网上交易带来的一些新的问题又有不相适应的地方。因此，一方面要完善立法，另一方面要考虑到电子商务中出现的新问题，对传统立法做必要的调整，以保证网上贸易的顺利进行。

网上交易最明显的特征就是"标准化理念"，针对我国的多民族的特征，应该考虑以下两个方面的问题。

一方面要尊重各个民族的文化、语言、历史、传统，保护消费者的根本利益不受外界伤害，这种伤害即使是善意的或者是无意的，结果都将是致命的。对于网上那些低级的、暴力的、损害公共利益等方面的信息影响，必须进行有效控制和严厉的打击，这些都将是需要研究和解决的棘手问题。

另一方面要根据我国的具体国情，细致地研究我国经济发展的实际水平，首先解决"合理定位"问题，而后是"立法和规范"。构筑适合我国电子商务发展规范的统一法律体

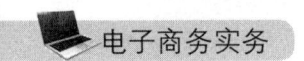

系，既要适合国情又要考虑经济贸易发展国际化大趋势。

电子商务法律体系的核心应该是保护消费者利益，主要反映在以下几个方面。

（1）使电子签名合法化、确定化。建立清晰的、有效的知识产权保护体系。

（2）个人隐私得到有效的保护。

（3）网上的安全保密工作，除了建立相应的法规，还应加强国际合作。

（4）网上商务交易的税收问题的解决。

（5）电子支付中的欺诈、伪造问题。

（6）网上管制方面，主要是有关信息接入的国际合作问题等。

2）构建电子商务法律应同国际经济一体化大趋势协调一致

电子商务活动属于全球性的商务活动而不仅仅是某个国家的国内业务，由于它的运作环境是全球性的，所以电子商务的法制建设既要考虑国内环境的问题，又要考虑与国际接轨的问题。因此，一些国家的电子商务发展和立法原则可供我国借鉴和研究。

目前，一些国际组织和机构，如世界贸易组织（WTO）、世界知识产权组织（WIPO）、国际商会（ICC）、经济合作与发展组织（OECD）、联合国国际贸易法委员会（UNCIRTAL）、欧盟（EU）、亚太经济合作组织（APEC）、世界银行（IBRD 或 WB）等，经常发布一些与电子商务有关的建议和报告，或者组织一些国际化的电子商务问题研讨会，一方面引导各国探索适合本国的电子商务发展道路，另一方面协调各国在电子商务发展过程中的问题。它们的建议和研究成果很可能成为日后国际化的相关法令和规则，一定要给予充分关注。特别是目前业已达成的共识性问题，应该特别关注，这些问题概括起来是：

（1）企业应成为电子商务活动的主导。

（2）电子商务应在开放、公平的环境中发展。

（3）政府起到促进法律国际化的作用。

（4）保护个人隐私和个人数据等。

3）构建电子商务法律框架重于电子商务法律细化问题

目前在世界范围内，电子商务法律的构建还处于一个探索和试验的研究阶段。就目前的状况而言，电子商务是一个在全球范围内运作的，极其复杂的国际社会系统工程，电子商务发展还处于初级阶段，一定要处理好框架制定与细化的关系。在我国，探讨电子商务的政策制定和立法工作，如电子商务立法的主体、客体、权利、义务、诉讼程序、诉讼管辖权等具体细节条款还为时过早。因为在电子商务活动发展初期过细的法律出台会制约它的发展。

> **注意**
>
> 在制定电子商务相关法律时，应该采取"构建框架、放松发展、发现问题、细化规范、健康发展"的方针，从制定有关电子商务立法的原则问题着手，进行有关电子商务定义、电子商务分类、网上交易统一的商业法典、电子支付、知识产权保护、国际私法、关税、个人隐私、安全保证、国民待遇、公共道德等问题的讨论和研究是要解决的首要问题，在发展中发现问题、解决问题最终以求得更大的发展。

4) 企业界应该积极参与电子商务法律的制定

企业是电子商务的活动主导力量。客户和商家是电子商务中的重要角色，他们之间的交易通过网上交易中介完成。认证中心（CA）则负责交易的安全认证及监管，银行、金融机构负责资金流通。无论是B2B，B2C还是日后发展的B2G政府管理体系，企业都充当了电子商务活动的核心。这些活动都需要企业的参与和配合。电子商务法律要建立良好的支撑环境，必须听取他们的意见，因为他们是制定一些相关法律法规和网上安全保证措施等电子商务法律约束行为的主体。

所以，政府部门、法律工作者、信息技术人员和企业界共同研究电子商务法律法规，才能做到国家、集体、个人利益的协调统一。

11.1.5 国外电子商务法制建设

在国际电子商务的发展过程中，相关的电子商务立法起到过非常重要的作用。1998年5月世贸组织在一次部长级会议上通过了《关于全球电子商务宣言》，经济合作与发展组织1998年10月推出了《全球电子商务行动计划》，欧盟于2000年5月通过了《电子商务指令》，美国1998年至2000年相继出台了《互联网免税法案》、《统一电子交易法》、《互联网保护个人隐私的政策》、《电子签名法》，欧日等国也先后提出了《欧洲电子商务行动方案》、《欧盟支持电子商务共同宣言》、《欧盟电子签名的法律框架指南》以及《日本改善电子商务环境》文件……这些法律规范为有关国家清扫发展电子商务的部分障碍，推动与保障电子商务的繁荣，起到了非常重要的作用。也正是有了电子商务立法的相关保障和促进的作用，才促使20世纪90年代中期以后一定时期内各国电子商务的快速发展。表11-1为早期国外电子商务主要立法情况。

表11-1 早期国外电子商务主要立法情况

洲别	国别	电子商务立法
亚洲	菲律宾	《2000年电子商务法》、《电子证据规则》
	印度	《1998年电子商务支持法》、《1999年信息技术法》
	日本	《电子签名与认证服务法》
	新加坡	《1998年电子交易法》、《电子交易（认证机构）规则》、《认证机构安全方针》
	韩国	《电子商务基本法》、《电子署名法》
	马来西亚	《1997年数字签名法》
欧洲	俄罗斯	《俄罗斯联邦信息法》、《信息存储标准暂行要求》、《电子数字签名法》
	德国	《信息与通信服务法》
	意大利	《数字签名法》、《数字签名技术规则》
	爱尔兰	《2000年电子商务法》
北美洲	加拿大	《电子商务与信息、消费者保护修正案已经马尼托巴省证据修正法》、《1998年统一电子证据法》
	美国	《全球与国内商务电子签名法》、《犹他州数字签名法》、《统一电子交易法》、《统一计算机信息法》
大洋洲	澳大利亚	《1999年电子交易法》

以往的国际经济贸易立法通常是先由各国制定国内法律，然后由一些国家或国际组织针对各国国内法的差异和冲突进行协调，从而形成统一的国际经贸法律。自20世纪90年代以来，由于信息技术发展的跨越性和电子商务发展的迅猛性，在短短的几年时间里，即已形成电子商务在全球普及的特点，因而使各国未能来得及制定系统的电子商务的国内法规。同时，由于电子商务的全球性、跨国界的特点，任何国家单独制定的国内法规都难以适用于跨国界的电子交易，因而电子商务的立法一开始便是通过制定国际法规范而推广到各国的。如联合国国际贸易法委员会1996年颁布的《电子商务示范法》，规定了电子合同的效力、电子合同履行的标准、电子签名的可接受性等。该法虽然没有法律效力，却为逐步解决电子商务法律问题奠定了基础。随后，不少国际组织和发达国家以示范法为范本，纷纷制定各种法律规范。

由于电子商务发展迅猛，目前仍在高速发展过程中，电子商务遇到的法律问题还将在网络发展过程中不断出现，因而目前要使国际电子商务法律体系一气呵成是不可能的，只能就目前已成熟或已达成共识的法律问题制定相应的法规，并在电子商务发展过程中加以不断完善和修改。典型法规为联合国贸法会的《电子商务示范法》，该法规第一部分为"电子商务总则"，第二部分为"电子商务的特定领域"，目前只制定了"第一章货物运输"，该部分其余章节则有待内容成熟后再逐章增加，该法于1996年通过后不久，其第一部分内容即于1998年6月由联合国国际贸易法委员会作了补充。联合国《电子商务示范法》的这一特点是以往国际经贸立法中所罕见的，也是与国际电子商务发展的特点相适应的。

电子商务的发展带来了许多新的法律问题，但电子商务本身并非同过去的交易方式相对立，而只是国际经贸往来新的延伸。因此，电子商务国际立法的重点在于对过去制定的国际经贸法规加以补充、修改，使之适用于新的贸易方式。例如，1980年通过的，《联合国国际货物销售合同公约》在制定时并未预见到电子商务的发展，因而其合同订立方面的规定实质上是对《联合国国际货物销售合同公约》的补充和完善，而并非推倒重来。又如国际商会2000年1月1日生效的《2000年国际贸易术语解释通则》，在使用电子方式通信方面，基本沿用了1990年修订本的表述方式，而并未作推倒重来式的修订。

11.1.6 我国电子商务法制建设

由于我国电子商务的发展仍处在初级阶段，有关立法并不健全。我国的计算机立法工作开始于20世纪80年代。1981年，公安部开始成立计算机安全监察机构，并着手制定有关计算机安全方面的法律法规和规章制度。1986年4月开始草拟《中华人民共和国计算机信息系统安全保护条例》（征求意见稿）。1988年9月5日第七届全国人民代表大会常务委员会第三次会议通过的《中华人民共和国保守国家秘密法》在第三章第十七条中第一次提出："采用电子信息等技术存取、处理、传递国家秘密的办法，由国家保密工作部门会同中央有关机关规定"。1989年，我国首次在重庆西南铝厂发现计算机病毒后，立即引起有关部门的重视。公安部发布了《计算机病毒控制规定（草案）》，开始推行"计算机病毒研究和销售许可证"制度。

1991年5月24日，国务院第八十三次常委会议通过了《计算机软件保护条例》。这一条例是为了保护计算机软件设计者的权益，调整计算机软件在开发、传播和使用中发生的利益关系，鼓励计算机软件的开发与流通，促进计算机应用事业的发展，依照《中华人民共和国著作权法》的规定而制定的，这是我国颁布的第一个有关计算机的法律。1992年4月6日机械电子工业部发布了《计算机软件著作权登记办法》，规定了计算机软件著作权管理细则。

1991年12月23日，国防科学技术工业委员会发布了《军队通用计算机系统使用安全要求》，对计算机实体（场地、设备、人身、媒体）的安全、病毒的预防以及防止信息泄露提出了具体措施。

1994年2月18日，国务院令第147号发布了《中华人民共和国计算机信息系统安全保护条例》，为保护计算机信息系统的安全，促进计算机的应用和发展，保障经济建设的顺利进行提供了法律保障。这一条例于1988年4月着手起草，1988年8月完成了条例草案，经过近四年的试运行后方才出台。这个条例的最大特点是既有安全管理，又有安全监察，以管理与监察相结合的办法保护计算机资产。

1996年3月14日，国家新闻出版署发布了电子出版物暂行规定，加强对包括软磁盘（FD）、只读光盘（CD-ROM）、交互式光盘（CD-I）、图文光盘（CD-G）、照片光盘（Photo-CD）、集成电路卡（IC-Card）和其他媒体形态电子出版物的保护。

1997年10月1日起我国实行的新刑法，第一次增加了计算机犯罪的罪名，包括非法侵入计算机系统罪、破坏计算机系统功能罪、破坏计算机系统数据程序罪，以及制作、传播计算机破坏程序罪等。这表明我国计算机法制管理正在步入一个新阶段，并开始与世界接轨，计算机法制的时代已经到来。

针对国际互联网的迅速普及，为保障国际计算机信息交流的健康发展，1996年2月1日国务院令第195号发布了《中华人民共和国计算机信息网络国际联网管理暂行规定》，提出了对国际互联网实行统筹规划、统一标准、分级管理、促进发展的基本原则。1997年5月20日，国务院对这一规定进行了修改，设立了国际联网的主管部门，增加了经营许可证制度，并重新发布。1997年6月3日，国务院信息化工作领导小组在北京主持召开了"中国互联网络信息中心成立暨《中国Internet域名注册暂行管理办法》发布大会"，宣布中国互联网络信息中心（CNNIC）成立，并发布了《中国Internet域名注册暂行管理办法》和《中国互联网络域名注册实施细则》。中国Internet信息中心将负责我国境内的Internet域名注册、IP地址分配、反向域名登记等注册服务；协助国务院信息化工作领导小组制定我国Internet的发展、方针、政策，实施对中国Internet的管理。

1997年12月8日，国务院信息化工作领导小组根据《中华人民共和国计算机信息网络国际联网管理暂行规定》，制定了《中华人民共和国计算机信息网络国际联网管理暂行规定实施办法》，详细规定国际互联网管理的具体办法。与此同时，公安部颁布了《计算机信息网络国际联网安全保护管理办法》，原邮电部也出台了《国际互联网出入信道管理办法》，旨在通过明确安全责任，严把信息出入关口，设立监测点等方式，加强对国际Internet使用的监督和管理。

为保护计算机网络安全，在《中华人民共和国计算机网络国际联网管理暂行规定》中规定，我国境内的计算机互联网必须使用国家公用电信网提供的国际出入信道进行国际联网。任何单位和个人不得自行设立或者使用其他信道进行国际联网。除国际出入口局作为国家总关口外，邮电部还将中国公用计算机互联网划分为全国骨干网和各省、市、自治区接入网进行分层管理，以便对入网信息进行有效的过滤、隔离和监测。此外还规定了从事国际互联网经营活动和从事非经营活动的接入单位必须具备的条件，以及从事国际互联网业务的单位和个人，应当遵守国家有关法律、行政法规，严格执行安全保密制度，不得利用国际互联网从事危害国家安全、泄露国家秘密等违法犯罪活动，不得制作、查阅、复制和传播妨碍社会治安的信息和淫秽色情等信息。

2003年4月，由国务院法制办牵头制定的《电子签名法》，进入了正式起草的阶段。依据《中华人民共和国电信条例》的相关原则，在各方面的共同努力下，2004年的8月28日，《电子签名法》获得全国人大常委会审议通过，以国家主席胡锦涛签署的第18号主席令的方式对外公布，全称为《中华人民共和国电子签名法》，自2005年4月1日起实施。

我国的《电子签名法》和国外相关法律的共性特点主要体现在以下三个方面。

一是电子签名技术问题复杂，但法律问题相对简单。与传统商务相比，电子商务本身也是商务，只是载体发生了变化，因此在制定《电子签名法》时着重进行了技术方面的规定，而在法律方面大多数只要采用功能等同于传统法律即可，因此条文中有关法律描写的章节较少。这一点与国际上相关的法律十分吻合，国际上许多国家的相关立法在法律方面的篇幅也都很少。

二是具有很强的国际统一趋势。电子商务最大的优势就是可以利用全球的网络进行网上交易，这就要求《电子签名法》必须具有国际性。在联合国的努力下，目前很多国家有关数据电文和电子签名的规定大体一致。我国《电子签名法》的基本规定与联合国的《电子商务示范法》也基本一致。

三是采取了"技术中立"的立法原则。法律只是规定了作为安全可靠的电子签名所应达到的标准，对于采用何种技术手段法律不做规定。因为信息技术的发展日新月异，如果法律过多局限于某项技术，随着技术的变化就可能失效。我国立法初期名称的不断改变就是为了规避因技术发展可能产生的矛盾。

我国《电子签名法》的个性特点主要体现在以下三个方面。

一是引导性，而不是强制性。如在电子商务活动或电子政务活动中，可以使用电子签名，也可以不使用电子签名；可以用第三方认证，也可以不用第三方认证。

二是开放性，而不是封闭性。虽然从条文规定来看主要适用于电子商务，但又不完全局限于电子商务，电子政务也同样适用。另外从技术层面上看，并不局限于使用一种技术。

三是原则性，而不是具体性。如条文中对"第三方"的界定、对认证机构的条件设置等，都是采用了"原则性"而非"具体性"的处理方式，留下了很大的法律空间。

与《电子签名法》相配套，同样于2005年4月1日实施的还有《电子认证服务管理办法》。表面上看以信息产业部第35号部令形式出现的《电子认证服务管理办法》只是一个部门规章，但因为它是国家法律特别授权制定的，与《电子签名法》配套同步实施，具有重要法律效力和作用，所以《电子认证服务管理办法》又有别于一般的部门规章。

上述表明，我国对与信息相关的立法一直很重视，但我国有关这方面的立法，主要集中在涉及信息技术领域的计算机立法和网络安全立法，对于涉及交易本身的商法和民法还缺乏相应的具体规定。这一方面，是由于我国的电子商务发展还处在起步阶段，网上立法任务尚不突出；另一方面，是我国一些现有的市场法律体系还不健全，从而影响网上立法的发展。根据美国经验，许多网上交易的法律规范其实是可以借鉴传统市场交易的法律规范，只是形式和方式有所变化，因此只需对传统的一些相关法律进行重新解释和补充说明即可沿用。加强网上交易的相关立法是推动电子虚拟市场发展的有力保障，这就需要我国立法机关，一方面尽快完善现有市场的法律体系建设；另一方面，要针对新市场、新问题提出新法案，如在全国九届人大三次会议上，上海代表第一个提案是建议设立《电子商务法》。对于电子虚拟市场的立法，我国政府与其他国家政府是处在同一起点上的，因此应当加强各国之间的相互学习和相互协作，尽快进行网上立法，进一步规范网上交易行为。

» 11.2 保护隐私与隐私权

11.2.1 隐私与隐私权的概念

11.2.1.1 隐私的概念

隐私，顾名思义是隐蔽和私家拥有之意，是指私人生活安宁不受他人非法干扰，私人信息保密不受他人非法搜集、刺探和公开。

隐私主要有两方面涵义：一方面它是一种信息，并且具备这样的条件：它是必须隐藏起来的不需要或不应该在公众场合或不恰当场所明示的私家信息；另一方面它是一种权利，表明具有上述特征的信息的收集权和公示权，并且具备这样的条件：这种权利一旦被侵犯会使人的生存权、发展权等基本人权受到侵害。

在我国，由于几千年封建社会的影响，再加上公民受教育水平的限制，导致在法律角度对于隐私的定义尚无处可查，但是有关"隐私"的定义，美国的《隐私权法》里对其进行了这样的描述："隐私就是指个人希望某些信息不被泄露，信息的范围包括事实，图像（例如照片、录像带），以及诽谤的观点，如果该个人具有适当的敏感，一旦在私人场所透露出的关于他的机密性个人信息被泄露给第三者可能会使他感到窘迫或情绪压抑。"

> **注意**
>
> 各国法律对"隐私"的定义有所不同，其原因在于各国国情不同，民众对隐私所包含的范围认识不同。一般来说，在欧美等发达国家，隐私所包含的范围较广：诸如个人的年龄、工资、信用状况、财产状况、健康情况、就业状况等均被视为个人隐私。而在我国由于历史原因，人民普遍缺乏隐私概念及隐私保护意识，因而对某些个人信息重视不够，未上升到保护个人隐私的高度。但是，随着我国经济实力的进一步加强，随着我国经济活动与世界经济一体化的整合，必将使我国经济改革进一步深化，广大公民受教育程度必将进一步提高，从而对"隐私"的理解更为明晰，最终必将对我国法律法规中公民隐私的理念产生影响。

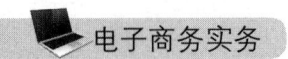

11.2.1.2 网上隐私权的概念

网上隐私权是指公民享有的私人生活安宁与私人信息依法受到保护，不被他人非法侵犯、知悉、搜集、利用和公开的一种人格权。也就是说个人对于其在网上所传递的个人资料享有支配权，未经其同意，任何组织和个人不得擅自收集使用该信息，或者将该个人资料用于未经许可的目的。

分析隐私权的概念，可分为消极意义与积极意义。前者强调个人私生活事务不受恣意公开干扰的权利，后者则是个人数据控制支配权，也即赋予个人对其个人数据的搜集利用发动权、转让权、内容提示权、更正权等。换言之，个人对于其个人数据享有主动积极控制支配的权利。

网上隐私权更加强调的是"信息隐私权"（Information Privacy），它有别于传统意义上的隐私权。

传统的个人隐私包括：姓名、出生年月日、身份证统一编号、婚姻、家庭、教育、病历、职业、财产情况、特征、指纹等信息。

网上隐私是所谓的"信息隐私"，随着网络在全球的盛行，出现了许多新型的个人数据，如电子邮件地址（E-mail Address）、网域名称（Domain Name）、统一资源定位符（URL）、使用者名称、通行码（User Name 及 Password）、网络之间互连协议地址（IP Address），等等。

网际网络中的个人隐私保护转向以"个人数据保护"（Data Protection）为重心，以对抗信息时代中隐私权所受到的冲击，其意义在于"没有通知当事人并获得其同意之前数据持有者不可以将当事人为某特定目的所提供的数据用在另一个目的上"。其制度设计中心思想仍在于，个人不仅是个人数据产出的最初来源，也是其正确性、完整性的最后审核者以及是该个人数据使用范围的参与决定者。所以，赋予个人对其个人数据主动积极控制支配之权利。

11.2.2 隐私权保护

11.2.2.1 我国隐私权保护的法律基础

到目前为止，根据艾瑞网络调查显示：对于网上冒用个人的名义从事活动，57%的人非常担心，14.59%的人已经发生；对于网上发送或接收的文件或 E-mail 被第三者偷看，52.3%的人非常担心，18.43%的人已经发生。通过对 2012 年安全事件的调查数据，也可见一斑，如图 11-1 所示。

问题依然存在，但是我国还没有出台针对个人隐私保护的法律，因此，隐私权保护，尤其是网络与电子商务中的隐私权保护，在我国法律界还是一个比较新的课题。

1）我国已有的有关个人隐私权的法律法规

（1）我国的《宪法》第 38 条规定：中华人民共和国公民的人格尊严不受侵犯，禁止用任何方法对公民进行侮辱、诈骗和诬告陷害。

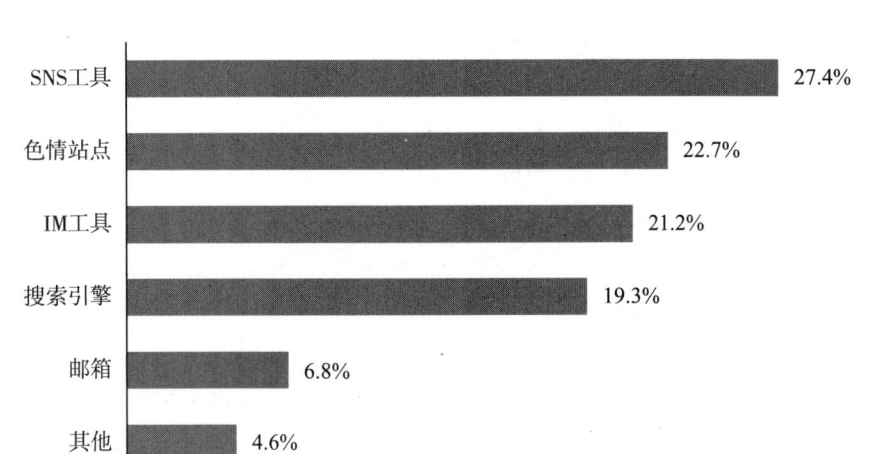

2012 年恶意网站传播渠道

渠道	百分比
SNS工具	27.4%
色情站点	22.7%
IM工具	21.2%
搜索引擎	19.3%
邮箱	6.8%
其他	4.6%

图 11-1 2012 年安全事件的调查数据

（2）我国《民法通则》第 100 条规定：公民享有肖像权，未经本人同意，不得以盈利为目的使用公民的肖像。第 101 条规定：公民、法人享有名誉权，公民的人格尊严受到法律保护，禁止用侮辱诽谤等方式损害公民、法人的名誉。

（3）我国《计算机信息网络国际联网安全保护管理办法》第 7 条规定：用户的通信自由和通信秘密受法律保护、任何单位和个人不得违反法律规定，利用国际互联网侵犯用户的通信自由和通信秘密。

（4）我国《计算机信息网络国际联网管理暂行规定实施办法》第 18 条规定：用户应当服从接入单位的管理，遵守用户守则；不得擅自进入未经许可的计算机网站、篡改他人信息；不得在网络散发恶意信息，冒用他人名义发出信息，侵犯他人隐私；不得制造传播计算机病毒及从事其他侵犯网络和他人合法权益的活动。

2）网上隐私权保护成为焦点

网上隐私权保护成为近期法律界讨论的焦点，其原因有如下 4 种。

（1）电子商务的发展对从业者们提出了更高的要求。

（2）消费者普遍对当前的隐私权保护状况表示不满。

（3）国际合作中越来越重视对个人数据的保护。

（4）立法实践需要研究其他国家的网上隐私权保护状况。

11.2.2.2 电子商务中隐私权的细分

在网上电子商务活动中，从隐私权的形态来分有：

（1）隐私不被窥视的权利主要体现在用户的个人信箱、网上账户、信用记录的安全保密性上。

（2）隐私不被干扰的权利主要体现在用户使用信箱、交流信息及从事交易活动的安全保密性上。

（3）不被非法收集利用的权利主要体现在用户的个人特质、个人资料等不得在未经许

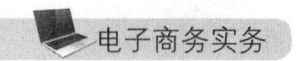

可的状态下被利用上。

在网上电子商务活动中，从隐私权的内容来分有：

（1）个人特质的隐私权（姓名、身份、肖像、声音等）。

（2）个人资料的隐私权（地址、年龄、身高、学历等）。

（3）个人行为的隐私权（行业、爱好、工作简历、奖惩情况等）。

（4）通信内容的隐私权（电子邮件、附件、合同等）。

（5）匿名的隐私权等（真实姓名及其他个人真实信息等）。

上述这些权利之中，受到威胁最大的恐怕要算个人资料、特质等不被非法利用的权利了。因为网络的发展已无异于一个虚拟的世界，人们在网上漫游，驻足感兴趣的网站，收集有价值的信息，在BBS上发表自己的看法，在网上购物，在网上交友，在网上旅游，如果把人们从事这些活动的所有信息集中起来加以分析并公之于众。他人可能会比自己知道的个人信息更多。而在网络上要达到这样的目的，显然要比在现实生活中收集这些信息容易上百倍！如果从这个角度来看这个问题，恐怕就不难理解网络与电子商务中隐私权问题的重要性了。

11.2.3 我国电子商务隐私权立法的重点

网络与电子商务隐私权的保护应体现在不同环节，应有专门对ISP的责任规范，还要有行业自律方面的约束。也就是说，保护隐私权的规定可能要分散在几部不同的法律法规中。所以，结合这两方面的因素，立法者倾向于从一些不同的法规的角度对网络电子商务中的隐私权加以保护，如网络与电子商务中的消费者保护法、网上广告管理办法、ISP的经营规范及个人数据的保护法等，而一般认为先订立网络与电子商务中的消费者保护法、网上广告管理办法、ISP的经营规范，要更具可操作性。

11.2.3.1 网络与电子商务隐私权立法的原则

关于我国网络与电子商务隐私权立法的原则，专家认为，可以参照结合国际组织以及一些国家的做法，确立一些个人资料保护的原则，主要有：

（1）限制的原则：经本人同意以合法、公正的手段于适当场所收集；

（2）资料内容的原则：符合资料利用的目的，并保持资料的正确、完整；

（3）目的明确公开原则：进行收集的目的必须明确公开；

（4）限制利用的原则：除本人同意外，不得作目的范围以外的利用；

（5）安全保护的原则：对资料应采取合理的安全保护措施；

（6）公开原则：资料的开发、利用遵循公开的原则；

（7）个人参与的原则：个人有权确认资料管理者是否保存着自己的资料，并知悉个人资料的内容，还可以请求删除改正。

还可以再附加一些在网络与电子商务中的私人事务不受打扰的有关原则。

11.2.3.2 个人资料的收集利用与提供免费服务

目前在我国Internet的发展处于初期阶段，网上的许多服务都是免费的，如免费电子邮箱、邮寄免费期刊、免费电子读物的邮寄、免费下载软件、免费登录为用户或会员以接收一些信息以及一些免费的咨询服务等。然而，现在消费者接受这些免费服务时必经的一道程序就是登录个人的一些资料，如姓名、地址、工作、兴趣爱好等，至于这些信息的用途，最起码的是为了管理起来方便，但也不排除相关服务者将这些资料用作他用甚至出售给第三方谋利的可能。那么，如何认识这样的现象呢？正确的做法有：

（1）隐私权保护的最基本原则之一就是个人资料应在资料所有者许可的情况下被收集利用，而这项原则不应因提供的服务是否收费而有所变化，除非商家在提供免费服务时在附加条件中就明确了可以将相关资料用作一些商业利用的要件。

（2）提倡保护隐私权，一方面隐私权存在于社会文化中，那就是对人的尊重和人权的认可；另一方面，隐私权也存在于社会经济中。那就是隐私在一定的条件下可以转化为有价值的信息，而这种转化或价值的体现在信息经济时代就更具现实意义。

（3）用户提供信息和网络服务商提供服务可以看作是一种交换或对价的行为，当然不可能是完全对等的对价。但既然是对价的行为，双方都应承担一定的权利与义务，服务商有获得相关资料的权利，也相应地负有在获得资料时，征求用户是否同意自己的资料被用于商业用途的义务。

11.2.3.3 ISP 在保护隐私权中的责任

ISP 在隐私权保护的责任与义务方面，可以包括以下的一些内容。

（1）在用户申请或开始使用服务时，告知使用因特网可能带来的对个人权利的危害。

（2）在用户申请或开始使用服务时，告知用户可以合法使用的降低风险的技术方法，采取适当的步骤和技术保护个人的权利，特别是保证数据的统一性和秘密性，以及网络和基于网络提供的服务的物理和逻辑上的安全；告知用户匿名访问因特网及参加一些活动的权利。

（3）在用户申请或开始使用服务时，服务商不得擅自修改或删除用户传送的信息。

（4）在用户申请或开始使用服务时，服务商仅仅为必需的准确、特定和合法的目的收集、处理和存储用户的数据。

（5）在用户申请或开始使用服务时，服务商不为促销目的而使用数据，除非得到用户的许可，对适当使用数据负有责任，必须向用户明确个人权利保护措施。

（6）在用户开始使用服务或访问 ISP 站点时，告知其所采集、处理、存储的信息内容、方式、目的和使用期限，根据用户的要求更正不准确的数据或删除多余的、过时的或不再需要的信息，避免隐蔽地使用数据。

（7）向用户提供的信息必须准确，及时予以更新，在网上公布数据应谨慎。

随着电子商务的发展，较传统购物方式更多的不可知因素导致隐私被泄露的可能性加大，因而消费者要求保护个人隐私权的呼声日渐激烈，各国政府为了保证电子商务的蓬勃发展，相应地制定了一系列的新的隐私权保护法。目前，我国也正在着手制定有关隐私权保护的法律，相信不久的将来就会出台更合乎我国国情的相应法律。

11.2.4 电子商务中的隐私权保护

电子商务经过多年的发展，已取得了长足的进步，网上贸易额逐年增加，长势强劲，使传统贸易中最为棘手的跨地域问题大大缓解，但是网络的这种开放性同时也给个人隐私权的保护造成了极大困难。据统计，在网上浏览者中，有 45% 的潜在消费者由于担心个人隐私得不到有效保障而放弃了网上购物。隐私权保护问题正成为困扰电子商务发展的重要障碍。

由于网上流传着许多与消费者调查有关的让消费者不寒而栗的事件，所以消费者日益担心个人隐私问题，产生了对网上购物的抵触情绪，这是开展电子商务亟须解决的一个问题。

当前，世界上许多国家正在着手制定本国的网上隐私权保护法，因为要保护网上隐私，除了技术手段外，更重要的是要加强立法约束。在这种背景下，我国要制定网络隐私权保护必须参考别的国家的立法实践，总结其合理内涵，并且要结合本国实际。

11.2.4.1 规范个人数据二次开发利用

个人数据的二次开发利用，指的是商家把网上收集到的个人数据，存储在专门的数据库中，然后经过数据加工、数据挖掘等方法得到有商业价值的信息，用于生产经营之中。

> **注意**
> 在电子商务中，对个人数据的二次开发利用是通过数据库来实现的。

对电子商务中个人数据的二次开发利用加以规范，这是一个较为复杂的工作。从商家角度讲，它们是通过自己的分析知悉个人隐私的，目的主要是为了向顾客提供更多的、持续的服务，出发点是好的，所用方法也是科学的，所以个人数据的二次开发利用备受推崇。而从消费者的角度讲，有些人欢迎商家的这种举措，认为能给自己带来方便；有些人则感觉个人隐私被泄露，感到自己已经失去了个人信息的控制权。

11.2.4.2 限制个人数据交易

个人数据交易，是对个人数据的一类较为特殊的二次开发利用，目前有以下两种形式。

一是公司之间互相交换个人信息。具体说，当某一公司对另一公司所掌握的个人资料感兴趣，且另一公司也对该公司有类似要求时，两公司之间通过协商各取所需。

二是个人资料买卖。在网络上，有提供各种商品与服务的公司，其中有一类就是出售个人资料的公司，它们通过各种渠道收集了许多人的个人资料，而且明码标价公开出售。

个人数据交易如未经所涉个人的同意，完全在其不知情的情况下进行，这完全违背了保护个人隐私权的原则，而且对电子商务的顺利开展也是一个威胁。个人隐私情况的泄露，使黑客们在破解消费者所设定的重要密码时更加容易，使得本来就饱受质疑的电子商务安全系统更加脆弱。鉴于此，必须采取措施限制个人数据交易，以保证电子商务健康有序的发展。

综上所述，个人数据的二次开发利用、个人数据交易这两大问题对网上隐私权保护的影响不容忽视。在网络时代，企业之间的竞争更加注意信息资源的使用，尽管其出发点可能是为消费者提供服务，但是却形成了对消费者隐私的侵犯，其作用可能适得其反，将阻碍电子商务的发展。

11.3 知识产权及其保护

20世纪90年代以来，以Internet为基础的电子商务迅速发展，在Internet上的这些商业活动经常包括知识产权的出售和许可使用。因此，建立网络时代清楚而有效的版权、专利、商标等保护制度是非常必要的。保护知识产权在电子商务活动中有着关键作用，因此，重点研究电子商务所依赖的信息技术给知识产权保护带来的新问题十分必要。

11.3.1 知识产权的概念和特点

11.3.1.1 知识产权的概念

从广义上来看，知识产权可以包括一切人类智力创作的成果。而狭义或者传统的知识产权则包括工业产权与版权（也称"著作权"）。其中，工业产权中又包含专利权、商标权等；版权中则包括狭义的版权与邻接权等。

11.3.1.2 知识产权的特点

1）知识产权是无形财产

这是知识产权最重要的一个特点，这一特点将它与其他一切有形财产相区别。知识产权的"无形"特点给知识产权保护、知识产权侵权的认定等带来了比有形财产复杂得多的问题，这就要对知识产权客体本身和知识产权的载体进行区分。知识产权作为人类的智力成果是无形的，但记载知识产权的载体却可能是有形的。

2）知识产权具有专有性

知识产权的专有权具有排他性。即使是完全独立的人研究出来的相同的智力成果，权利人只能为其中一人。知识产权的专有性并不是绝对的，法律对各种知识产权都进行了必要的"权利限制"，这种限制是为了公共利益的需要，并不因此而否定知识产权的专有性。

3）知识产权具有地域性

知识产权的地域性是指知识产权只能依照一定国家的法律产生，并只在该国地域内有效。一项智力成果可能在某一个国家依照该国法律被确认为一项知识产权，而在另外一个国家却因为法律制度的差异可能得不到该国法律的承认和保护。

4）知识产权具有时间性

知识产权的时间性是指知识产权仅在法律规定的时间内有效，超过了法定期限，它们就不再属于知识产权制度保护的客体。法律将知识产权的所有权限定在一定的时间内，超过了一定的期限。知识产权就进入了公共领域，这时对知识产权的使用就不用再顾虑原所有人了。这样的法律规定促进了对知识产权这种智力成果进行更好地利用。

11.3.2 知识产权的保护

知识产权既然具有地域性特征，那么知识产权的保护就存在国界问题。实际上，知识产权的申请地所在国可以依据该国的相关法律对该知识产权进行有效的保护，而其他国家不负有保护该知识产权的义务，这种认识是将知识产权的地域性片面理解了。因为人类的智力成果不可能也不应该仅仅局限于一国范围内使用，为了人类的共同繁荣，应当鼓励这种国际交流。于是原来仅限于在一国国内进行保护的知识产权就需要得到国际保护，在世界范围内建立有关知识产权方面的一些统一规则是十分必要的。

知识产权的国际保护正是通过双边条约、多边公约等国际化条约缔结来实现的。对于我国的知识产权国际保护，也进行着双边条约的谈判及中美知识产权双边协议等，也应参加多边知识产权公约并履行公约义务，在现有的世界性知识产权众多公约中，覆盖整个知识产权领域，即包括工业产权和版权的就有两个：一个是《建立世界知识产权组织公约》；另一个是世界贸易组织的《与贸易有关的知识产权协议》（TRIPS）。从此，另一个国际组织——世界贸易组织（在乌拉圭回合以后产生）在知识产权国际保护上的作用就不容忽视了。除了这两个覆盖整个知识产权领域的世界性知识产权公约以外，还有一些工业产权以及版权各自的基本公约。工业产权方面的公约主要有《保护工业产权巴黎公约》、专利合作条约有《商标国际注册马德里协定》、《商标注册条约》等；版权方面的公约主要有《保护文学艺术作品伯尔尼公约》，《保护表演者、录音制品制作者与广播组织罗马公约》、《世界知识产权组织版权条约》、《世界知识产权组织表演和唱片条约》等。这些条约或者公约都对知识产权的国际保护发挥着不可估量的作用。

11.3.3 版权及其保护

11.3.3.1 版权的概念

版权也称作者权，在我国被称为著作权，是基于特定作品的精神权利以及全面支配该作品并享受其利益的经济权利的合称。

11.3.3.2 计算机软件成为版权的新客体

法律上客体是指主体的权利与义务所指向的对象，版权的客体是指版权法所认可的文学、艺术和科学等作品，简称作品。计算机技术给版权的客体带来了新的内容。

1）计算机软件的涵义

狭义的计算机软件就是指计算机程序，也就是指由人们所编制的，使得计算机可以完成一定任务的指令代码序列。广义的计算机软件除了程序之外，还包括程序的设计规划文档、程序描述文档等一系列与程序有关的文档。

2）计算机软件纳入版权保护的分析

一方面，计算机软件中的文档部分是采用自然语言所编写的与一般文字作品或图表作品在形式上并无区别，因此计算机软件中的文档部分作为版权的客体受版权法的保护是没有异议的。

另一方面，计算机软件中的计算机程序是计算机软件法保护的主要部分，虽然对程序部分是否应列入版权法的保护范围目前在理论上尚有争议，但是，计算机软件属于技术劳动产品，并且这种劳动会使别人的工作效率和经济效益大大提高，特别是知识经济时代为保护从事这种技术劳动者的积极性，各国政府纷纷立法保护软件（计算机程序）生产商的权利。

11.3.3.3 数据库信息成为版权的新客体

随着计算机网络的发展，各个网站建立了许多专门的数据库为客户提供及时的服务，在这些数据库中存储了丰富的资料，与此同时，数据库是以文件形式存在的，很容易被复制和剽窃，因此，对数据库的法律保护也就被提上了议事日程。这样，数据库成为版权保护的新客体之一。如全国中文期刊网（中国知网）、搜数网等的数据库就是典型例子，图 11-2 是全国中文期刊网数据库关键词搜索页。

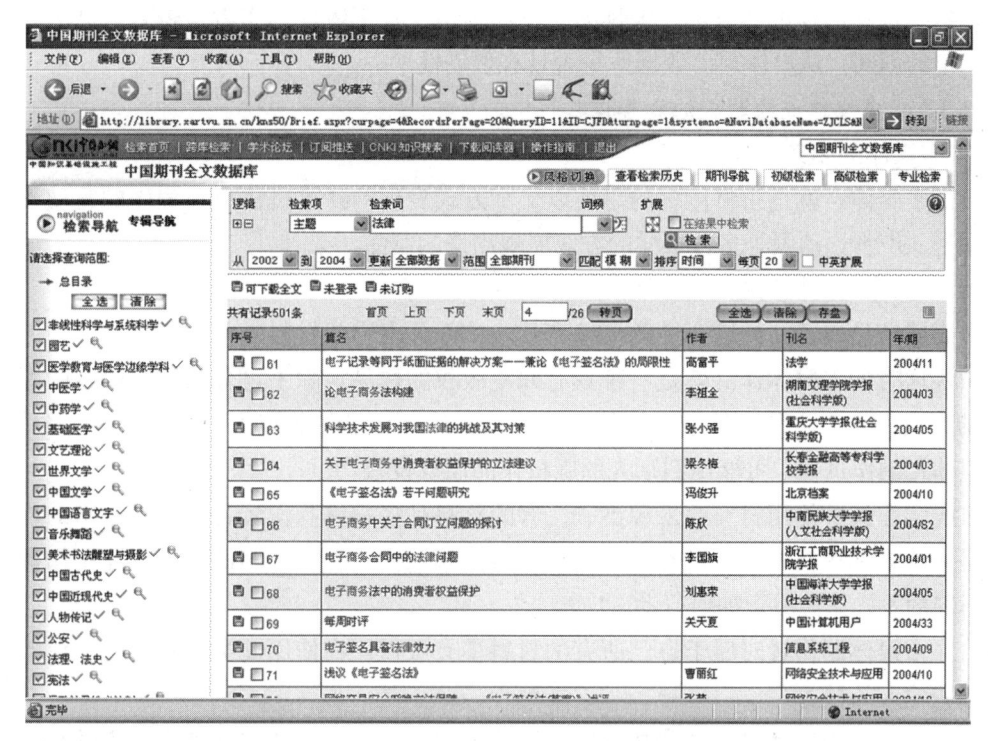

图 11-2　全国中文期刊网数据库关键词搜索页

1）数据库的组成要素

数据在被搜集之后进行有效的整理和过滤使其成为有用的信息，而信息的集合则被称为数据库。

数据库由如下要素组成。

首先，数据库是信息（有用的数据）的集合体。

其次，数据库并不是信息材料的简单集合，而是经过系统的选择或有序的排列而形成的集合体。

再次，数据库作为集合的内容是版权作品或者版权作品之外的其他信息材料。

最后，数据库的内容可以单独地进行访问，从而满足用户需要。

2）数据库作为版权客体的基本条件

数据库要成为版权法所保护的作品，必须满足版权法保护作品的基本条件。版权法上的作品必须具备两个基本条件，即独创性和可复制性。对于可复制性，数据库当然具备。而对于数据库是否具有独创性，要看信息的搜集过程中在选择和组织安排方面，是否体现了一定的创造性和独创性，只有这样的数据库才能受到法律的保护。以邮电局为例，邮电局利用用户在申请电话时所填写的数据（姓名、住址），按照姓氏笔画进行简单排列和汇总而成的"电话簿"，就不能被认定为受版权法保护的数据库。因为邮电局在制作这个"电话簿"时没有对数据进行选择，其编排是一种常识性的编排，没有任何与众不同的地方。虽然电话簿的制作者付出了努力和投资，但并没有独立的选择、判断和一定的创新，没有独创性。可见，真正体现数据库独创性的是制作者对数据库的内容即"数据信息"的选择和编排，这些选择的标准和方法、编排的顺序和结构才真正体现制作者是否有自己的独立判断和一定的创新，从而体现出数据库是否具有独创性。

11.3.3.4 多媒体成为版权的新客体

1) 多媒体的涵义

所谓多媒体，就是指将传统的单纯以文字方式表现的计算机信息在程序的驱动下以文字、图形、声音、动画等多种多样的方式展现出来的制品。

2) 多媒体的授权问题

多媒体产品属于一种综合性的汇编产品。其部分内容或材料是受到版权法保护的作品或材料，这时的多媒体作品就是一种具有双重版权的作品，除了可分的作品内容的版权由各自的版权人享有之外，整个多媒体作为一个整体有自己的版权人。这就涉及一个问题，即多媒体在创作过程中可能用到别人的版权作品而要授权。

多媒体作品所使用材料的来源不一，有的材料是多媒体制作者自己创造出来的，有些材料是从他人那里获取的，还有的材料属于公共领域内的材料。因此，多媒体制作者可以根据材料的不同来源决定如何行动。

（1）多媒体制作者对属于自己所有的材料享有版权，在使用此类材料时比较保险，不容易侵犯他人的权益。

（2）多媒体制作者可通过委托合同、转让合同和使用合同从他人那里获得的材料，同时享有合同所规定的版权权利。

（3）对于公共领域的材料，人人可以自由利用，多媒体制作者在制作多媒体的时候可以直接使用这类材料而不用征求任何人的同意。

11.3.3.5 侵权问题

1) 直接侵权

未经作者或者其他版权人许可，以任何方式复制、出版、发行、改编、翻泽、广播、表演、展出、摄制影片等，均构成对原版权人的直接侵犯。

那么，对于网站经营者，如何做到有效利用链接技术来丰富自己网站的内容、扩大影响的目的，同时又不致侵犯他人的合法权益呢？可以着重从以下几个方面来考虑。

（1）单纯地列出他人网站名称并加底线的行为。首先，在著作权领域，正像书名不受著作权保护一样，网站名称也应不属著作权保护范围；其次，如果网站名称涉及商标，但又不含商标中图案那一部分的，也不应被视为商标侵权，如果这种行为并未造成消费者的误认与混淆，也不应构成不正当竞争。

（2）复制他人新闻标题并链接他人新闻的行为。首先，新闻标题本身也不应是版权保护的对象，但如果这种行为是为了提高访问率、牟取利益，则可以构成不正当竞争。

（3）视框链接的行为。如果将他人网站的全部内容摘入自己网站的某一视框中，虽没有对其进行修改，但因在电脑的画面中已经构成附加了其他的图案，所以可能被视为擅自修改他人著作。当然，被侵犯的还有作品的复制权。

综合上述分析，对于链接行为，首先，应取得所有权人的同意与授权；其次，应保留其中的版权等信息；最后，链接时，以直接链接到他人的网站为最佳，以避免因视框链接可能带来的著作权侵权。

2) 间接侵权

间接侵权有两种含义：其一是指某人的行为系他人侵权行为的继续，从而构成间接侵权；其二是指某人须对他人的侵权行为负一定责任，而他自己并没有直接从事任何侵权活动。

前一种间接侵权责任被称为帮助性侵权的责任，又称二次侵权责任。二次侵权行为依赖于直接侵权行为，是直接侵权行为的继续与扩大。后一种间接侵权责任被称为代替责任，委托人代替承担受托人履行委托合同时的侵权责任。

网上的间接侵权责任主要是 ISP 和网主因用户的侵权行为承担的侵权责任。在确定 ISP 和网主的责任时，应当注意考察他们的主观心理状态。对于帮助性侵权的 ISP 和网主而言，明知故犯是他们的心理特征，对于承担代替责任的 ISP 和网主而言，是否从直接侵权行为中获得了明显和直接的经济利益成为衡量的关键。

11.3.4 域名及其保护

域名是因特网主机的字符地址，它在本质上并不是一种知识产权，但是，随着域名商业价值的不断增强，法律已经开始将这些知识产权的权利内容赋予给域名。保护权利人利益，同时也对域名的使用做出规范性规定，防止由于域名的错误使用而产生的侵犯、干扰或削弱商标或其他名称的价值。

11.3.4.1 域名的概念

在对因特网上的各个站点进行数字标识分配一个唯一的数字型 IP 地址的同时，允许各站点用户为自己站点的网络地址选择一个字符型名字来命名，这个字符型名字就是域名。国内申请域名的形式一般如表 11-2 所示。

表 11-2 中国互联网络域名体系结构

域名	意　　义
ac	适用于科研机构
com	适用于工业、商业、金融业等企业
edu	适用于教育机构
gov	适用于政府部门
net	适用于 Internet、接入网络的信息中心（NIC）和运行中心（NOC）
org	适用于各种非盈利性组织

11.3.4.2 域名的特征

域名的法律特征在很大程度上取决于它的技术特征，主要包括：

（1）标识性。域名产生的基础是为了在因特网上区分各个不同的计算机用户，就像人以自己的名字来相互识别一样，因特网上的不同用户是通过各自的域名来标识自身从而相互区别的。

续表

（2）唯一性。因特网是一个开放的、全球性的网络系统，为了保证域名标识作用的发挥，域名必须在全球范围内具有唯一性，即每个域名在全球范围都必须是独一无二的。只有这样，才能根本保证域名的标识性作用。

（3）排他性。由于域名在全球范围内是唯一的，因此，它在全球范围内也是排他的，即一个域名的出现就意味着其他域名不能使用与之相同的名称，这就要体现在域名的注册问题上。在因特网上使用域名必须首先申请注册，申请注册要遵循"先申请先注册"的原则，即只有欲申请注册的域名不与已注册的所有域名相同，才能获得有效的注册，而域名一旦获得注册，它就必然排斥此后欲申请注册的与此相同的域名。域名的排他性是其唯一性的进一步延展和保证。

（4）域名的商标特征。一个域名已经注册，其他任何机构就不能再注册相同的域名了，所以大部分机构、企业、事业单位都采用自己单位名称的缩写或自己所有的商标来定义自己的域名，这样易于别人认识自己。于是，域名实际上就与企业名称、产品商标有了很相类似的意义，因此有人把域名又称为"网络商标"。

11.3.4.3 域名的法律问题

随着电子商务的发展，域名的重要性已越来越被人们所认识，域名中含有的类似于商标权与企业名称权的无形资产的价值也逐渐被更多的人所接受。所以，从法律的角度明确域名的法律地位，以及其与商标、企业名称的关系，对域名进行规范已相当必要。

> **注意**
> 中文域名管理的法规，除了对中国互联网域名的体系结构、域名注册的申请审批程序、注册域名的变更和注销等方面进行具体的规定外，还应从法律的角度，承认域名的无形资产属性，确认其法律地位，明确其与商标、企业名称等相关知识产权的关系。

根据我国现有的域名注册管理办法中的规定，如果域名注册者与争议人对同一域名拥有相同的权利，则域名注册者在法律地位上不如争议人有利。这种做法有悖于公平合理的原则，并且不利于域名法律关系状态的稳定。

还有，现有的域名注册管理办法规定：各个域名管理单位不负责向国家工商行政管理部门及商标管理部门查询用户域名是否与注册的商标或企业名称相冲突，是否侵害了第三方的权益。任何因这类冲突引起的纠纷，由申请人自己负责处理并承担法律责任。这样的规定，显然不利于域名法律状态的稳定与相关争议的解决，所以在新的法规中，有必要加强域名管理机关的职责及其在争议中的作用。

11.3.4.4 国际域名的恶意抢注

通用顶级域名（.corn、.net、.org，也称为国际域名）由美国政府控制，产生国际域名争议时，需要参照美国的相关法律和政策来处理恶意抢注国际域名事件。1999年11月29日，美国国会通过《域名反抢注法》，此法对恶意抢注域名定义是"未经许可，注册的域名是或者包含了美国商标或活着的名人名"，对于恶意抢注域名者，除了强制取消域名外，还要处以 10 万美元的罚金。

目前通用顶级域名由美国政府指定的 ICANN 来管理。ICANN 于 1999 年 10 月 20 日通过《统一域名争议解决办法》(UDRP)，这个政策与《域名注册协议》、《统一域名争议解决办法程序规则》、域名争议解决机构的补充规则一起作为域名争议政策。《统一域名争议解决办法》第 4 节 a 项规定：提起域名争议解决程序应同时满足以下 3 个条件。

（1）提起争议的域名与投诉人所持有的商标或服务标记相同或具有误导性的相似。

（2）域名持有人对该域名本身并不享有正当的权利或合法的利益。

（3）域名持有人对域名的注册和使用均为恶意。

此项规定了恶意注册和使用域名的行为。恶意注册和使用域名的行为包括但不仅限于以下几类。

（1）有证据证明，域名持有人注册或获得域名的主要目的是向商标或服务标记的所有者或所有者的竞争者出售、出租或以其他任何形式转让域名，以期从中获得额外价值。

（2）根据域名持有人的行为可以证明，域名持有人注册或获得域名的目的是阻止商标和服务标记的持有人通过一定形式的域名在互联网络上反映其商标。

（3）域名持有人注册域名的主要目的是破坏竞争者的正常业务。

（4）域名持有人目的是通过故意制造与投诉人所持有的商品或服务标记的混淆，以诱使互联网用户访问域名持有人的网站或者其他联机地址，并从中牟利。

需要指出的是，此项政策中所提到的商标或服务标记是指在美国注册的商标或服务标记。

11.3.4.5 国内域名的恶意抢注

中国国家代码（.cn，也称为国内域名）由中国政府指定的 CNNIC 来管理。相关的域名政策有《中国互联网络域名注册暂行管理办法》和《中国互联网络域名注册实施细则》，这两个政策对 .cn 下的域名注册有严格的规定，在中国互联网信息中心（CNNIC）网上的"域名注册政策介绍"栏目中可以看到，图 11-3 所示的是域名注册一般流程。

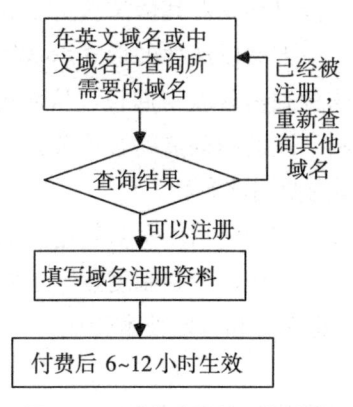

图 11-3 域名注册的一般流程

1）对域名归属问题出现纠纷时的处理

在由于域名的注册和使用而引起的域名注册人与第三方的纠纷中，CNNIC 不充当调停人，由域名注册人自己负责处理并且承担法律责任。当某个三级域名与在我国境内的注册商标或企业名称相同，并且注册域名不为注册商标或者企业名称持有方拥有时，注册商标或者企业名称持有方若未提出异议，则域名注册人可继续使用其域名，若注册商标或者企业名称持有方提出异议，在确认其拥有注册商标权或企业名称权之日起，CNNIC 为域名持有方保留 30 日域名服务，30 日后域名服务自动停止，其间一切法律责任和经济纠纷均与 CNNIC 无关。

2）防止域名被恶意抢注

根据《中国互联网络域名注册暂行管理办法》规定，禁止转让或买卖域名，有了这一条，就能够比较有效地防止域名被恶意抢注的情况发生。但在域名申请的实际工作中，域名被恶意抢注的现象还是存在的。一旦发现自己的域名被恶意抢注，可以通过法律程序解决。但是，这要花费大量的人力、财力，所以最好还是尽快注册自己的域名，以防止域名被抢注。

这说明时下的恶意抢注域名的解决方案与政策措施还很不完善。《中国互联网络信息中心域名争议解决办法》（2014 年 9 月实施）第九条规定：被投诉的域名持有人具有下列情形之一的，其行为构成恶意注册或者使用域名：

（1）注册或受让域名的目的是为了向作为民事权益所有人的投诉人或其竞争对手出售、出租或者以其他方式转让该域名，以获取不正当利益；

（2）多次将他人享有合法权益的名称或者标志注册为自己的域名，以阻止他人以域名的形式在互联网上使用其享有合法权益的名称或者标志；

（3）注册或者受让域名是为了损害投诉人的声誉，破坏投诉人正常的业务活动，或者混淆与投诉人之间的区别，误导公众；

（4）其他恶意的情形。

11.3.5 专利及其保护

11.3.5.1 专利的概述

所谓专利是专利权的简称，指权利人对其依法获得专利的某项发明创造在法定期限内所享有的一种独占权或专有权。一方面以法律的形式承认发明创造者对其成果具有一定期限的独占权，使他们通过行使这种独占权获得回报，从而更激发他们的创造热情；另一方面，发明创造者只要申请了专利，该发明创造就必须公开，其他人可以在得到专利权人的许可并支付使用费后在授权范围内使用该专利。

更重要的是，发明创造超过一定期限后，发明创造者的独占权消失，该发明创造可以被无偿使用，成为社会公共财产。这样，专利制度兼顾了发明创造者的个人利益和全人类的整体利益，促进了发明创造信息交流和有偿技术转让。

11.3.5.2 专利权的主体

专利权的主体，是指可以申请并取得专利权的单位和个人，或者是专利权的合法受让人。根据我国专利法的规定，可以作为专利权人的有：

（1）做出职务发明创造的全民所有制企业、事业单位和其他组织，是以"专利持有人"身份出现的专利权人。

（2）做出职务发明创造的单位包括非全民所有制以外的企业、事业单位、团体，是"专利所有人"。

（3）非职务发明创造的发明人、设计人，是"专利所有人"。

（4）做出发明创造并向中国提出专利申请的外国人，是"专利所有人"。

（5）专利权的合法受让人。

11.3.5.3 专利权的客体

专利权的客体是指专利被保护的对象，即依法可以取得专利权的发明创造。专利权客体的具体内容在不同国家规定有所不同。根据我国专利法的规定，专利权的客体具体包括发明、实用新型、外观设计。

（1）发明，是指对产品、方法或者其改进所提出的新的技术方案。

（2）实用新型，是指对产品的形状、构造或者二者的结合所提出的、适于实用的新的技术方案，这种新的技术方案能够在产业中制造出具有使用价值和实际用途的产品。实用新型又被称为小发明。

（3）外观设计，是指对产品的形状、图案、色彩或者其结合所做出的富有美感并适于工业上应用的新设计。

我国专利法根据我国的国情，并参照世界各国有关法律规定，对专利权客体的范围作了某些限制性规定。我国专利法明确规定凡是违反国家法律、社会公德或者妨害公众利益的发明创造，均不能授予专利权。

11.3.5.4 专利范围的界定

电子商务的发展推动了计算机网络技术和电信技术的发展，使得这方面的发明创造不断涌现，有关网络技术和电信技术的专利不断增加。不仅如此，电子商务的发展对可专利性主题，即计算机程序本身和商业方法能否获得专利，成为知识产权产生了更深层次的影响。按照传统的专利法理论和专利制度，计算机程序本身和商业方法是不能作为可专利性主题而被授予专利权的。道理很简单，就是因为计算机程序属于一种纯数学算法，商业方法属于人们的经验总结，二者均属于智力活动的规则和方法的范畴，与技术领域无关，故不能授予专利权。但是，伴随着电子商务的产生和发展，传统的专利法理论和专利制度受到了严峻的挑战。

1）软件发明是否属于专利的界定

随着计算机网络技术特别是电子商务的发展，计算机软件业得到了前所未有的发展，计算机软件在人们的生产、生活中发挥了巨大作用。通过计算机软件，实现了生产、交易的自动化、智能化，节约了成本，提高了效率。在这样一种情况下，还以计算机程序不具有技术性而将其排除在专利保护之外，会对软件业乃至整个经济发展不利。

1996 年 6 月美国发布了《对软件以及与电脑相关发明的检验标准》。该文件规定，包含于软件中的数字算法只是一种"抽象思想"，但是，若将这种数字算法用于实践，从而产生"有用的、具体的、有形的"后果，该软件能够获得专利。

2）关于商业方法是否属于专利的突破

过去商业经营方法是不可以申请专利的，因为如果获得专利申请，其范围等于是独占

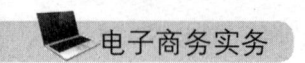

该商业本身，这样会制约该商业本身的发展。

但是，随着计算机网络的发展，应用计算机技术的电子商务工程方法，属于商业经营方法并不具备唯一性。相反，有些方法特征性极为明显，几乎是企业的一种象征，并且会因此带来收益。那么，商业方法就具备专利性。

» 11.4 电子合同的法律问题

11.4.1 电子合同概述

在网络世界，企业商务往来方式正在发生着改变。交易双方不需要"在纸质合同上画押盖章"才能缔结合同，人们只要采取电子邮件等数据电文的方式签订电子合同就可以达成协议。

11.4.1.1 电子合同概念

所谓电子合同是指在专用的或公开的网络环境里通过数据电文达成的非纸质的数字化合同。

11.4.1.2 电子合同分类

按照是否可以更改这一达成协议的方式，可以分为定式合同和协议合同。

（1）定式合同是一种格式合同，它通常是一种已经写好的固定内容的合同，购买人直接用鼠标点击即可签订合同。

（2）协议合同是一种非标准化合同，它通常是要约人和承请人共同约定条款的合同，通常是通过电子邮件等现代手段完成要约程序。

按照在什么网络空间达成合同可分为：在公共的因特网上通过电子邮件签订的电子合同和在专用网络里利用电子数据交换 EDI 系统达成的电子合同等。

11.4.1.3 电子合同特征

1）电子合同具有可编辑性

电子合同可以由人随意编辑、修改、增加或删除而没有明显的修改痕迹。电子合同的这一特征，给法院认定证据效力方面带来许多困难。

2）签订电子合同的数据电文具有易消失性

数据电文通常是存储在半导体器件中的，一旦操作不当或遭受停电等不可抗拒力影响会失去部分或者所有数据。

3）电子合同易受侵害性

数据电文是通过键盘输入的，用磁性介质保存，容易受到物理灾难的威胁同时容易受到计算机病毒或黑客的攻击。

4）电子合同易复制性

因为电子合同属于电子文档，也就具备了极易复制的特征，为电子合同的安全性和隐私性带来新的课题。

11.4.1.4 合同的要约和承诺

合同一般是由要约和承诺构成的。提出订立合同的人为要约人，提出订立合同的意思表示为要约，对要约内容表示完全同意的为承诺，接受要约的人为承诺人，一个合同通常经过不断地要约和承诺才达成协议，合同一定是当事人的真实意图与合同概述内容完全一致才能生效。

11.4.1.5 电子合同的要约和承诺环境

电子合同是完全自动化的无纸化合同，缔约方通过利用计算机进入因特网或是专有的网络自动发出要约和承诺，订立合同是非面对面自动化完成的。

一方面在这一订立合同过程中，由于是利用网络非当面达成的协议，电子合同的要约和承诺可能会被黑客或病毒袭击而使电子合同的文档发生改变，而不能准确反映当事人的真实意思，导致电子合同被错误地执行。

另一方面，由于数据电文的修改可以不留痕迹，如何解决这一问题显得相当重要。欧洲共同体委员会的《关于通过电子商务订立合同》的研究报告中提出解决这一问题的方案，可以将对计算机的运作拥有最后决定权的人看作是同意计算机发出的要约或承诺的人，由他对计算机系统所做出的一切决定承担责任。

11.4.1.6 要约和承诺的撤消

对数据电文来说，它的传递速度极其快，同时，有些受要约人的计算机系统收到要约的数据电文后，可以自动处理并发出承诺的电文，这样，要约就很难有撤消的机会。

通过电子邮件处理要约也相当快，一旦发出承诺，电子邮件马上就到达对方当事人，想通过任何途径使得撤消要约或承诺的通知先于原来的电子邮件到达不太可能，尤其是对点击类的格式合同来说，一旦输入信用卡号码并点击购买后要想反悔已不可能了。

11.4.2 电子合同条款概述

11.4.2.1 完整性条款

完整性条款又称全部契约条款或一般条款，其作用主要在于明确有关契约事项均已在合同中完整且排他地作了约定，所有其他口头或书面文字均不对当事人产生约束力。其目的在于使双方的权利义务清晰且单纯，减少企业不可预测的经营风险。该条款的目的一般为：

（1）免除供应商或其他销售人员在定约前为促销目的，以口头或书面陈述所可能引起的责任。

（2）限制供应商担保责任的范围。

（3）限制争端发生时，其他的救济方法及所请求损害赔偿额总数等。

（4）免除契约签订前之备忘录或意向书的权利与义务。

（5）限制契约的范围，如使用手册、建议书、规范书、附件等是否属于契约的一部分需要明确。

（6）在履约期间发生争端时，使他方除依契约规定行使契约权利外，不得援引民法或英美普通法所获得解除或终止契约的原因。

11.4.2.2 担保及免责条款

计算机硬件和软件系统对电子商务活动的正常运行相当关键，所以，相应的担保及免

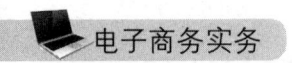

责条款就显得非常重要。

11.4.3 我国《合同法》对电子合同的法律规定

1999年10月1日实施的《合同法》删掉"功能等同法",认可了电子合同属于书面合同。

1) 对合同书的解释

第十一条规定:"书面形式是指合同书、信件和数据电文（包括电报、电传、传真、电子数据交换和电子邮件）等可以有形地表现所载内容的形式。"

2) 对合同书到达时间的解释

第十六条规定:"要约到达受要约人时生效,采用数据电文形式订立合同。收件人指定特定系统接收数据电文的,该数据电文进入该特定系统的时间,视为到达时间,未指定特定系统的,该数据电文进入收件人的任何系统的首次时间,视为到达时间。"

第二十六条第二款规定"采用数据电文形式订文合同的,承诺到达的时间适用本法第十六条第二款的规定。"

由此可见,我国采用大陆法系的"到达主义",这既与我国通常的做法一致,又同国际上的做法接轨,而且符合技术发展的趋势。

3) 对合同书生效地点的解释

第三十四条规定:"承诺生效的地点为合同成立的地点,采用数据电文形式订立合同的,收件人的主营业地为合同成立的地点;没有主营业地的,其经常居住地为合同成立的地点,当事人另有约定的,按照其约定。"

这也是采用大陆法系的"到达生效原则"来确定合同生效的地点。在点击式电子商务的格式合同中,由于数据电文的传递非常快,无论是采用"投邮主义"还是"到达主义",对于合同成立的意义都不是很大。因为点击式合同的"投邮"和"到达"几乎是同一时间。一旦点击并通过信用卡、电子支票或数字货币支付来购买数字产品,如软件或音乐等,也仅相隔很短的时间,整个交易就已经完成,除非信息在传递过程中路径不通或是对方的服务器发生故障无法接收信息。

4) 对合同书的相关责任的解释

第四十条规定:"格式合同具有本法第五十二条和第五十三条规定情形的,或者提供格式条款一方免除其责任,加重对方责任,排除对方主要权利的,该条款无效。"

5) 对合同书的有关争议的解释

第四十一条规定:"对格式条款的理解发生争议的,应当按照通常理解予以解释,对格式条款有两种以上解释的,应当做出不利于提供格式条款一方的解释,格式条款与非格式条款不一致的,应当采用非格式条款。"

《合同法》之所以这么规定,既考虑到传统法律的规定以及买方没有参与合同制定,无讨价还价的余地,也根据网络空间的消费者可能来自世界各地的实际情况,这一规定有利于保护消费者。

6) 对合同书确认书的解释

通过签订电子合同来进行电子商务虽然具有方便、快捷、成本低、速度快、市场全球化等优点，但也存在一定的风险。电子合同通常是在开放网络中通过数据电文这一信息流传递的，虽然可以采取加密的方式进行传递，但在传递过程中仍然具有发生信息被他人截获、篡改、被病毒侵蚀等可能性，导致电子合同的内容变更。

为此，新《合同法》第三十三条规定："当事人采用邮件，数据电文等形式订立合同的，可以在合同成立之前要求签订确认书，签订确认书时合同成立。"这一规定在网络经济刚刚兴起，电子商务正在迅速发展，而法律严重滞后的情况下无疑是必要的，这对于防范电子合同的风险起到相当大的作用，这也是我国为适应21世纪网络发展过程中有关法律过渡的暂时措施。

11.5 虚拟财产的法律保护

11.5.1 虚拟财产的法律界定

11.5.1.1 虚拟性

顾名思义，虚拟财产首先要满足虚拟的特性，这就意味着虚拟财产对虚拟环境的依赖性，甚至在某种程度不能脱离虚拟环境而存在，当然也正是这一特征使得按照现行的法律难以调整与规范。

11.5.1.2 价值性

虚拟财产要成为法律上财产之一种，就必须具备财产的特性。财产应该凝结着某种体力或脑力劳动，并且具有一种稀缺性，有价值和使用价值。网络游戏中的一些虚拟角色、虚拟物品等的获得有两种方式：其一是通过不断地练级得到；其二通过支付对价从其他玩家那里直接获得。因此虚拟角色等具有经济学上的价值的特点，而且这种价值在玩家这一特定的群体之间得到了普遍的认可和接受。这种虚拟财产应该成为法律意义上的虚拟财产。

11.5.1.3 现实联系性

虚拟物品或虚拟财产如果仅仅发生在虚拟空间里也不能成为法律意义上的虚拟财产，只有与现实社会发生了某种联系才有可能被界定为法律上的虚拟财产，这就排除了纯粹产生并存在于虚拟空间的所谓"财产"，比如大富翁游戏里的楼房、股票等，对于玩家而言在虚拟世界里这些是有一定的意义的，但这不能作为法律意义上的虚拟财产。判断这种联系一个重要的衡量标准就是这种虚拟的物品或所谓的虚拟财产能在现实中找到相应的对价，而且能实现虚拟与现实间的自由转换。

11.5.1.4 合法性

这一特征主要是指虚拟财产获得方式的合法性，而非符合现行法律规定的财产，因为目前我国法律尚未明确将虚拟财产纳入法律上财产的范畴。通过非法方式获得的财产包括：通过使用外挂获得的虚拟财产、通过玩私服而得到的虚拟财产、通过玩非法游戏积累的虚拟财产以及通过非法途径入侵游戏程序修改虚拟物品属性而得到的虚拟财产等。诸如此类的虚拟财产对于特定范围内的玩家而言或许有一定价值，也可能发生了真实的交易关系，甚至这种交易存在的范围比较广，但这种虚拟财产不能被界定为法律上的虚拟财产。这是基于打击私服、外挂等网游顽症、维护虚拟世界的公平秩序的立法价值取向。

11.5.1.5 期限性

如果虚拟财产不具有期限性，那么会给网络游戏运营商带来一个难以估量的影响，意味着运营商倒闭或破产之时必须解决玩家财产损失的赔偿问题。因为，一旦承认了虚拟财产的合法性且虚拟财产的所有权没有期限的限制，当运营商的原因网络游戏无法继续运营，以之为存在媒介的虚拟财产的所有权将受到侵害，且往往无法回复原状，那么运营商就应对此进行赔偿，而游戏中虚拟财产往往数额巨大，运营商难以赔偿或将背上沉重的包袱，尤其是当运营商运营情况一旦出现不景气的情况就被申请破产，则将对网络游戏产业的发展带来很大的负面影响。

11.5.2 虚拟财产纠纷的表现形式

因虚拟财产而引发的或者与虚拟财产有关的纠纷主要有以下几种情形。

1）虚拟财产被盗引发的玩家与盗窃者之间、玩家与运营商之间的纠纷

虚拟财产一旦被盗，用户查找盗窃者往往比较困难，或者虽能找到但难以举证，因此一旦发生虚拟财产被盗后往往会请求运营商协助提供证据，更多的是直接以运营商没有尽到应尽的安全义务为由将运营商诉诸法院。

2）虚拟物品交易中欺诈行为引起的纠纷

虚拟物品交易已经非常普遍，因利益驱使也滋生了大量的欺诈行为。例如，一方支付价款，而对方不履行移交虚拟物品的义务，或者虽然履行该义务，但与对方支付的对价不相符等。

3）因运营商停止运营引发的虚拟财产方面的纠纷

运营商停止运营原因很多，多数是因经营不善而终止运营，也有恶意终止运营的情况。不管哪种情况都会使得玩家的虚拟财产失去存在的依据和价值，因此往往会引起玩家和运营商之间的纠纷。

4）游戏数据丢失损害到虚拟财产而引起的纠纷

数据的丢失有的并不对虚拟财产带来影响，但也可能会引起有关服务质量方面的纠纷，在此谈及的是数据丢失对虚拟财产产生影响的情形，这种影响可以表现为虚拟物品属性的更改，进而影响到虚拟物品的价值，也可表现为虚拟物品的丢失使得玩家的虚拟财产化为乌有等。这些都可能引发玩家与运营商之间的纠纷。

5）因使用外挂账号被封引起的虚拟财产纠纷

使用外挂一般而言属非法行为，如果说运营商有权对使用外挂的行为予以惩罚，那么这种惩罚能否延及玩家合法获得的虚拟财产？事实上的做法是，一旦玩家使用外挂，那么账号将被封，与之相连的用户的虚拟财产也等于被完全查封了，因此往往会引起有关的纠纷。还有一种情况就是运营商因判断错误而误封玩家账号，这也会引起纠纷。

11.5.3 虚拟财产的保护

11.5.3.1 合同方式保护及其局限

有关虚拟财产的纠纷，在某种程度上都可以采取合同方式解决，但都有局限性。例如，虚拟财产被盗的情况下，运营商可以通过与玩家签订合同的方式约定彼此的权利义务，这

使得一旦发生纠纷往往按照合同约定来处理，操作比较简便，但是合同中运营商的义务比较难以界定。

11.5.3.2 计算机安全法保护及其局限

对于盗窃他人游戏账号，不论是采取何种手段（如利用黑客工具），在目前我国民法没有明确保护虚拟财产的情况下，可以通过计算机安全法来解决。可根据我国《计算机信息网络国际互联网安全保护管理办法》第六条第一款"未经允许进入计算机信息网络或使用计算机信息网络资源的"；及第二十条规定"由公安机关给予警告，有违法所得的，没收违法所得，对个人可以并处五千元以下的罚款，构成违反治安管理行为的，依照治安管理处罚条例的规定处罚，构成犯罪的，依法追究刑事责任"。这是在目前情况下对利益受到侵害的玩家而言比较可行的救济方法。但是这种救济方法的范围还是非常窄的，对于其他几种纠纷往往难以适用。

11.5.3.3 知识产权相关保护

有人主张，目前应以知识产权法来保护虚拟财产。虚拟财产被认为是智力成果，因为其具备新颖性、创造性、可复制性以及需要载体，故应该把其视为知识产权中的著作权来保护，玩家通过购买或练级得到的都只是著作权的使用权，而非独占权和所有权。

» 11.6《电子商务示范法》

联合国探讨有关电子商务的法律问题是从 20 世纪 80 年代开始的。在 1982 年联合国国际贸易法委员会（UNCITRAL，以下简称贸法会）的第 15 届会议上，正式提出了计算机记录法律价值问题。在贸法会的第 17 届会议上，大会提出了计算机自动数据处理在国际贸易流通中所引起的法律问题则以主题作为优先事项列入其工作计划。从此，贸法会正式开始了对电子商务立法工作的全面研究，并将 ADP（Automatic Data Processing，自动数据处理）定为大会报告的总标题之一。

贸法会对电子商务立法工作的第一步，是解决法庭诉讼程序中使用计算机可读数据作为证据的问题，在第18届会议上提出了《计算机记录的法律价值》的报告中建议各国政府：

（1）重新审查涉及使用计算机记录作为诉讼举证的法律规则，以便清除对其使用所造成的不必要的障碍，确保这些规则符合技术的发展，并为法院提供适当的办法来评价这些记录中的资料的可靠性。

（2）重新审查关于某些贸易方面的交易和与贸易有关的文件要用书面形式的法律规定，不管这种书面形式是能否执行的一个条件，还是该项交易或单证是否有效的一个条件，以期酌情允许把该项交易或文件的计算机只读形式记录下来或予以发送。

（3）重新审查关于亲笔签字或其他书面方法认证与贸易有关的文件的规定，以酌情允许使用电子处理认证方法。

（4）重新审查关于提交给政府的文件需用书面形式并亲笔签字的法律规定，以期酌情允许购置了必要设备并建立了必要程序的那些行政部门，以计算机只读形式实现提交此类文件。

至此，国际上已开始做出努力突破电子商务在签字、书面形式和认证方面的法律障碍。

贸法会在 1990 年提出了题为《对利用电子方法拟定合同所涉法律问题的初步研究》的报告。该报告提出，在以后的工作中间用"电子数据交换"替代以往的"自动数据处理"，具有划时代的意义，由此，电子商务的概念正式出现在联合国贸法会的论坛上，并成为联合国大会的总标题之一。

从 1991 年开始，贸法会下的国际支付工作组（现改名为电子数据交换工作组）开始负责电子商务的法律工作。该工作组在对电子商务的广泛使用引起的法律问题进行了审查后，提出有必要在电子数据交换领域制定世界性统一法。

1993 年 10 月，电子数据交换工作组在维也纳召开第 26 届大会，会议全面审议了世界上第一个电子商务统一法草案——《电子数据交换及贸易数据通信有关手段法律方面的统一规则草案》。接着，在 1994 年的第 27 届会议上，工作组又提出了该草案的修改条文。工作组认为，鉴于世界上很多国家对电子商务已有明文规定，不同法系的法律不可能很快协调完善，为适应当前国际上对电子商务统一法的迫切要求，统一法应采取较灵活的"示范法（Model Law）"形式。之后，第 28 届会议通过了《电子数据交换电子商务及有关的数据传递手段法律事项示范法草案》。

1996 年 5 月贸法会召开了第 29 届会议，大会认为，《电子数据交换电子商务及有关的数据传递手段法律事项示范法草案》通过以来的两年间，国际贸易形势发生了很大改变。1996 年 6 月，联合国国际贸易法委员会提出了"电子商务示范法"蓝本，为各国电子商务立法提供了一个范本。

到 1996 年为止，一种在开放式计算机网络基础上的开放式数据交换 EDI 得到了更广泛的应用。所以，第 29 届贸法会大会决定，统一法标题中不再使用"电子数据交换（EDI）"的字样，而代之以"电子商业（Electronic Commerce）"，并将《电子数据交换电子商务及有关的数据传递手段法律事项示范法草案》名称改为《电子商务示范法草案》。1996 年 12 月，联合国大会以 51/62 号决议通过了《电子商务示范法》。《电子商务示范法》是迄今为止世界上第一个关于电子商务的法律，它的出台，使电子商务的主要法律问题迎刃而解。

1998 年以来，联合国国际贸易法委员会还开始了重点在于数字签名和认证许可的模型法律的制定工作。前进的电子商务全球化趋势要求无论哪个国家采用何种体制或法律原则，必须拥有使文件和交易得到国际认可的体制。在电子商务环境中，要求对有关公司、客户和合同的某些信息进行核查，这对于在电子交易中建立信任是必不可少的，尤其是初次交易更是如此。到目前为止，电子市场中与身份验证相关的信息和与交易认证有关的中心问题一直是数字签名技术和有关法律的使用。许多国家（包括美国的许多州）已经通过数字签名和身份认证的法律。

《电子商务示范法》包括两部分，共 17 条。第一部分涉及电子商务总的方面；第二部分涉及特定领域的电子商务。其中只有一章（2 条）涉及货物运输中使用的电子商务（不是重点内容）。《电子商务示范法》中"对数据电文适用的法律要求"，包括对数据电文的法律承认、书面形式、签字、原件、数据电文的可接受性和证据力、数据电文的留存、合同的订立和有效性、当事各方对数据电文的承认、数据电文的归属、确定收讫、发出和收到数据电文的时间和地点等作了详细规定。

在《电子商务示范法》中没有涉及电子商务的安全问题、为发出通知或通知错误的责任问题、电子提单问题。那是因为在《电子商务示范法》颁布之前，已有其他一些国际组织对此作了规定。例如，国际商会1987年制定的《电传交换贸易数据统一行动守则》对解决电子商务的安全问题、为发出通知或通知错误的责任问题起到了十分重要的作用。早在1990年，国际海事委员会专门制定的《电子提单规则》对电子提单的转让规则作了尝试。

联合国贸法会在《电子商务示范法的颁布指南》中指出《电子商务示范法》的性质："《电子商务示范法》的目的是要向各国立法提供一套国际公认的规则，说明怎样去清除此类法律障碍，如何为所谓的'电子商务'创造一种比较可靠的法律环境。《电子商务示范法》中表述的原则还可供电子商务的用户个人用来拟定为克服进一步使用电子商务所遇到的法律障碍所必需的某些合理解决方法。"可见，对于各国而言，《电子商务示范法》仅仅是起到示范作用的有关电子商务的法规，帮助那些有关传递和存储信息的现行法规不够完善和已经过时的国家去完善健全其法律和惯例。贸法会相信："《电子商务示范法》将大大有助于所有国家增强他们使用不是基于纸张的通信和信息办法的立法，并有助于那些目前尚无这种立法的国家制定这种法律。"所以，作者认为，目前《电子商务示范法》既不是国际条约，也不是国际惯例，不具有任何强制性，各国可根据本国的实际情况，考虑是否使用或颁布《电子商务示范法》。但是，随着国际贸易的发展，《电子商务示范法》有可能演变成为一个具有某种强制力的国际条约或国际惯例。

《电子商务示范法》的出台，确实使电子商务的一些法律问题得到了很好解决，"它是供各国评价涉及计算机技术或其他现代通信技术的商务关系中本国法律和管理的某些方面，并使之现代化的参照范本。"《电子商务示范法》的作用不可低估，但也有它的缺陷。《电子商务示范法》毕竟只起到一个"示范"的作用，它不具有强制性，只供各国参考。而且由于各国法律制度的差异性，《电子商务示范法》在许多方面都没有做出具体详细的规定，有的只提出一个总原则，只能依据各国国内法解决，这些无疑都削弱了它的作用。《电子商务示范法》仍需要在今后的发展中得到进一步的修订和完善。

▶ 本章小结

1. 电子商务的发展中产生了大量传统法律难以解决的新问题，对传统法律提出了挑战。随着电子商务成为未来商业活动的主要形式，电子商务法律的作用将日益重要。电子商务法律的任务是，为电子商务发展创造良好的法律环境、保障电子商务交易安全、鼓励利用现代信息技术促进交易活动。

2. 电子商务法律是调整以数据电信为交易手段而形成的以交易形式为内容的商务关系的规范体系，电子商务法律涉及电子商务网站、在线交易的主体等多个方面的法律制度。

3. 1996年联合国《电子商务示范法》的颁布为各国电子商务立法提供了包括原则和框架在内的示范文本。同时，该示范法也可用来解释妨碍电子商务的现有国际公约和其他国际机制。随后，有关世界组织和国家纷纷出台了一系列的电子商务相关法律和法规，为电子商务健康稳定的发展提供了法律基础。我国也陆续制定和完善了电子商务相关法律法规，2005年4月1日实施的《中华人民共和国电子签名法》在电子商务法律的发展中具有里程碑的意义。

复习思考题

(1) 谈一下我国电子商务立法的基本问题有哪些。
(2) 分析电子商务立法与政策的关系。
(3) 比较各个国家和地区采取电子商务政策的出发点。
(4) 我国电子商务法律建设的思路是什么？
(5)《电子商务示范法》能否有效规范电子商务的交易行为？
(6) 简述电子商务法律的概念。
(7) 简述电子商务的法律体系。
(8) 简述网上隐私权的概念。
(9) 关于我国电子商务隐私权立法的原则是什么？
(10) 什么是个人数据的二次开发利用？
(11) 域名的法律特征是什么？
(12) 域名的归属问题出现纠纷时应如何处理？
(13) 电子合同的基本特征是什么？

第12章　电子商务与税收

学习目标

本章重点介绍电子商务给现行税收体制带来的挑战，电子商务中相关税收问题分析与对策，国外电子商务税收问题的解决方式，我国电子商务的征税探索。

学习要求

了解：电子商务给现行税收体制带来的挑战，国外电子商务税收问题的解决方式，我国电子商务的征税趋势。

掌握：电子商务中相关税收问题分析与对策，我国电子商务的征税探索。

税收是国家为实现其职能，凭借政治权力参与社会生产的再分配，强制无偿获取财政收入的一种手段。税收是政府经济能力的主要来源，自古以来就受到各国政府的高度重视。英国有句谚语说："只有死亡和纳税逃脱不了。"也正因为税收有巨大的作用，合理地运用税收这个手段，可以提高国家的综合国力，税收制度不合理会阻碍经济的发展，也不利于社会的稳定。

电子商务的飞速发展，既给税务部门带来了新的机会，又提出了挑战。它的产生和发展促进了贸易，增加了税收；但同时它又对税收制度及其管理手段提出了新的要求。为了让全球电子商务市场繁荣起来，各国政府要相互合作，实行合理、适当的电子商务税收政策。

艾瑞咨询统计数据显示，2015 年中国电子商务市场交易规模达 15.0 万亿元，相对 2014 年增长率为 22.3%，其中网络购物增长 48.7%，占社会消费品零售总额渗透率年度首次突破 10%，成为推动电子商务市场发展的重要力量。另外，在线旅游增长 27.1%，本地生活服务 O2O 增长 42.8%，共同促进电子商务市场整体的快速增长。图 12-1 为 2011 年～ 2018 年中国电子商务市场交易规模情况统计与预测。

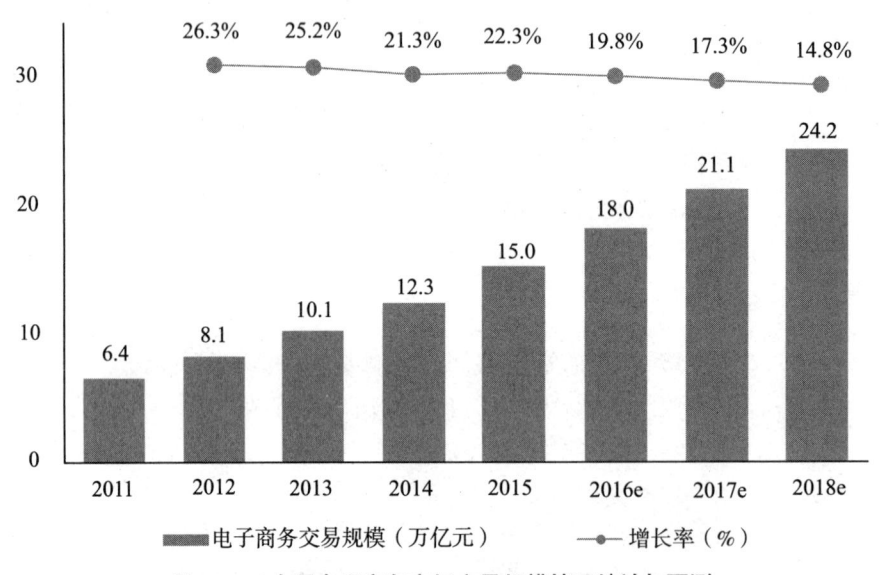

图 12-1　中国电子商务市场交易规模情况统计与预测

2015 年中国中小企业 B2B 电子商务市场营收规模为 290.4 亿元，相对 2014 年增长率为 23.9%。专家预测未来几年中国中小企业 B2B 电子商务市场营收增速仍保持在 20% 以上，预计 2018 年电子商务营收规模将接近 540 亿元。图 12-2 为 2011 年～ 2018 年中国中小企业 B2B 电子商务总营收规模情况统计与预测。

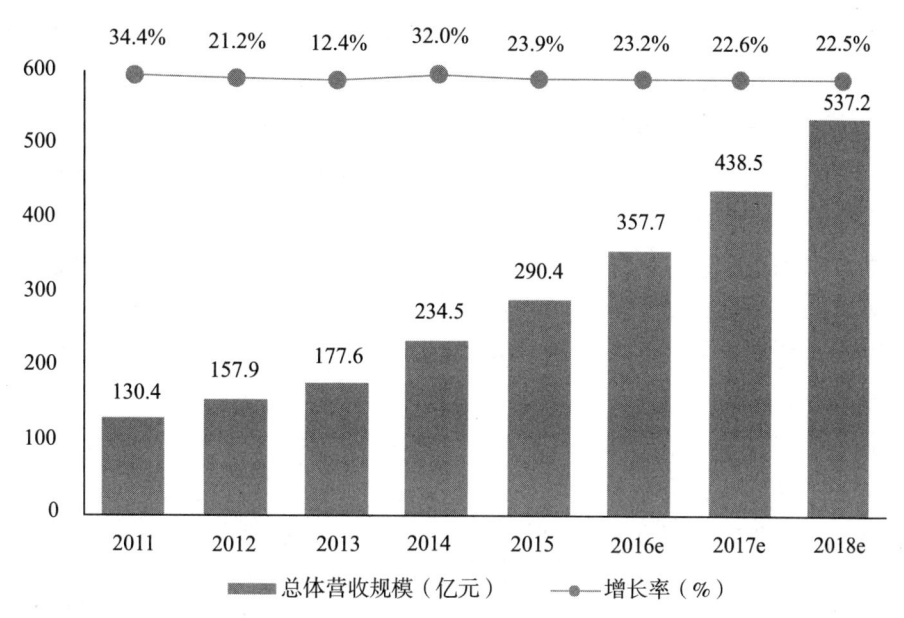

图 12-2　中国中小企业 B2B 电子商务总营收规模情况统计与预测

以上统计与预测都从不同的侧面预示了电子商务巨大的发展潜力和美好的未来，但是如果我们从另一个角度来分析这些统计与预测，就会发现问题，那就是：对于如此庞大的贸易额与交易额，如果解决不好其中的税收问题，对于电子商务的发展意味着什么，对于我国乃至世界的发展又意味着什么呢？

全球电子商务在改变传统贸易框架的同时，必然在某种程度上给现行的税收制度及其管理手段提出新的要求和挑战。同时，信息革命在推进税收征管现代化，提高税收质量的同时，也使税收理论、税收原则受到不同程度的冲击。

12.1　电子商务给现行税收体制带来挑战

首先，由于电子商务以一种无形的方式，在一个虚拟的市场中进行交易活动，其无纸化操作的快捷性，交易参与者的流动性，使得对纳税主体、客体、纳税环节、地点等基本概念的界定陷入困境。其次，在电子市场这个独特的环境下所有买卖双方的合同，以及作为销售凭证的各种票据都以电子形式存在，这些无纸化操作导致传统的凭证追踪审计失去基础。如何对这些网上交易征税，又如何确保这些征收所得及时、定额地入库，是摆在税务机关面前的一大难题。

在美国，根据 Forrester 公司调查显示：2007 年各州中估计有近 1130 亿美元的原本会由商店销售的商品经由网络售出，而这其中只有约 20% 的销售被课以税收。随着网络零售业的发展，政府财政税收问题将日益恶化。

沃尔玛特网上交易公司为了减轻其税收压力而成立一家独立的互联网公司的举动，又成为人们对电子商务税收问题争论的焦点。因为根据美国针对直邮销售和在线销售的法律，公司必须将销售行为产生的销售收入向其实体（如商店或库房）所在地的州或地方政府纳税，沃尔玛特在全美范围内拥有2000多家社区商店，这就意味着沃尔玛特必须向所有商店所在州或地方政府交纳其在线营业税。而成立一家独立的在线公司，将改变这种重复纳税的状况，减轻其税收压力。沃尔玛特公司则表示，创建Wal-Mart.com与避税无关，此举只是为了加速公司向互联网方向发展的步伐。由于在线销售的范畴实质上必然是跨越世界和城市区划的，美国政府担心这种销售方式的风行会动摇地方的税收体系，从而影响赖以生存的警察系统和消防系统。

类似的争议还有很多。具体来说，电子商务给现行税收体制带来的挑战主要应包括以下几个方面。

（1）传统税制规定，无论是从事生产、销售还是提供劳务、服务的单位和个人，都要办理税务登记。税务登记是税务机关对纳税人实施管理、了解掌握税源情况的基本手段，它对于税务机关和纳税人双方来说，既是征税关系产生的基础，又是法律关系成立的依据和证明。然而电子商务自问世以来，就给这方面的不法分子以较大的可乘之机，任何区域性电脑网络只要在技术上执行互联网协议，就可连入互联网；任何企业缴纳一定的注册费，就可获得自己专用的域名，在网上从事一定的商贸活动和信息交流；任何人只要拥有一台电脑、一只猫（Modem）和一根电话线，通过互联网入口提供的服务就可以参与网上交易。

（2）传统的税收是以常设机构，即一个企业进行全部或部分经营活动的固定经营场所来确定经营所得来源地，但在电子商务中常设机构这一概念却无法界定，因为电子商务是完全建立在一个虚拟的市场上，企业的贸易活动不再需要原有的固定营业场所、代理商等有形机构来完成，大多数产品或劳务的提供并不需要企业实际出现，而仅需一个网站和能够从事相关交易的软件。而且互联网上的网址、E-mail地址、身份（ID）等，与产品或劳务的提供者并没有必然的联系，仅从这些信息上是无法判断其机构所在地的。

（3）电子商务改变了产品的固有存在形式，使课税对象的性质变得模糊不清。税务机关在对某一课税对象征税时，会因为不知其运用何种税种而无从下手。同时，电子商务中许多产品或劳务是以数字化的形式，通过电子传递来实现转化的，传统的计税依据在这里已失去了基础。例如，一家书店在一个月内卖出100本书，税务机关就可以根据100本书的销售额对该书店搬到网上，读者通过上网下载有关书籍的内容，那么既可以将其视为有形的商品销售征收增值税，也可以将其视为无形的特许权使用转让征收所得税，但是这个网上书店1个月销售了多少本或多少字节的电子信息，还是不能确定。

（4）电子商务的无形化给税收征管带来了前所未有的困难。传统的税收征管是建立在各种票证和账簿的基础上的，而电子商务实行的是无纸化操作，各种销售依据都是以电子形式存在，税收征管监控失去了最直接的实物对象。同时，电子商务的快捷性、直接性、隐匿性、保密性等，不仅使得税收的源泉、扣缴的控管手段失灵，而且客观上促成了纳税人不遵从税法的随意性，加之税收领域现代化征管技术的滞后，都使得依法治税变得苍白无力。

12.2 电子商务中相关税收问题分析与对策

电子商务课税的最基本问题是如何将现存的国际税收原则恰当地适用于电子商务，且保证能同时得到不同利益征税权主体的一致赞同，这将是十分困难的。随着电子商务的不断发展与深化，电子商务中的相关税收问题变得越来越复杂，不同利益主体间的争议也变得更加尖锐。从目前电子商务的发展现状以及发生的相关问题来看，电子商务引发的相关税收问题主要包括以下几个方面。

12.2.1 对电子商务征收新税

从企业到企业的电子商务（B2B）、企业到消费者的电子商务（B2C）、消费者到消费者的电子商务（C2C）；从电子商务中的电子商店、电子贸易、电子金融、电子营销到电子化的服务、电子广告；从网上直销、集团竞价、网上拍卖到网上服务；从汽车、计算机到软件、CD，电子商务涵盖了许多的交易方式、交易范围与交易产品，并且其中的一些交易方式是以往传统交易方式中所没有的，如网上的集团竞价等。对待这些特定的交易范围、交易方式与交易产品，尤其是其中一些新的交易方式，是否有必要征收新的税种，自然成为摆在税收政策面前的一个首要问题。

美国在其《互联网免税法案》及相关的国际协议中，一直在倡导不对互联网或电子商务征收新的税种，当然会有其作为电子商务的推动者及最大受益者的特殊考虑。但是如果对电子商务中的某些交易行为征收新的税种，因有时很难明确地将电子形式的交易与实体的交易截然分开，就很可能会产生双重征税或发生对电子商务的歧视性待遇的问题。而不对电子商务双重征税及不对电子商务征收歧视性的税种，已是国际社会及各国普遍接受的原则之一。

12.2.2 对电子商务免征关税

在 WTO 1998 年的部长会议及 OECD 1998 年的部长会议上，都曾倡导不对电子商务征收关税。当然，当时的电子商务，还不是真正意义上的电子商务，即数字化产品的电子商务，而不包含实物的转移。所以，这种不对电子商务征收关税的倡导显然有三个基础：

其一，旨在通过这一优惠措施极力推进电子商务这种新兴商业模式的推广与应用；

其二，从实际操作的情况来看，其实即便是不这样做，也很难从税收的角度对数字产品的电子商务实行有力的控制；

其三，一般涉及的数字产品，其中计算机软件及信息服务占很大一部分，而对于这一部分产品，根据 WTO 组织协议中的信息技术协议，许多发达国家已经实现了对其的零关税。而在我国，是否对电子商务征收关税及如何征收，还需要许多理论及实践中的探讨。

12.2.3 税收基本环节在电子商务环境下存在的问题

12.2.3.1 对纳税人身份判定中的问题

在实体经济环境下纳税人身份的判定是指税务机关能正确判定其管辖范围内的纳税人及交易活动是以实际的物理存在为基础的，因此在纳税人身份的判定上不存在问题。但在互联网环境下，互联网上的商店不是一个实体的市场，而是一个虚拟的市场，网上的任何一种产品都是触摸不到的。在这样的市场中，看不到传统概念中的商场、店面、销售人员，就连涉及商品交易的手续，包括合同、单证，甚至资金等，都以虚拟方式出现；而且，互联网的使用者具有隐匿性、流动性，通过互联网进行交易的双方，可以隐匿姓名、居住地等。企业只要拥有一台电脑、一个调制解调器、一部电话就可以从某种角度上轻而易举地改变经营地点，从一个高税率国家移至低税率国家。所有以上这些，都造成了对纳税人身份判定上的难度。

12.2.3.2 电子商务交易过程的可追溯性问题

电子商务交易过程的可追溯性，简单地说就是在确定了纳税主体后，是否有足够的依据收到应收的税款，证据是否足够、是否可查。目前我国电子商务还处于初级阶段，网上CA认证和网上支付体系正在建设中，在线的电子商务交易数额还较少。商家之间的电子商务主要是商谈、签订合同和订单处理，基本上还没有进入电子支付阶段。所以，在间接的电子商务阶段，商务交易过程电子化，而送货或电子成分更高的间接电子商务扩大或普及时，考虑到电子商务交易过程中的虚拟性，相关交易环节的具体情况有赖于交易者的如实申报，所以电子商务交易过程的可追溯性问题会更加突出，尤其是在数字产品的电子商务过程中。

12.2.3.3 电子商务过程的税务稽查问题

在具备税收管辖权、商务交易过程可追溯的前提下，电子商务稽查就成为保障电子商务税收的重要一环，即是否能足额征收的问题。税务机关要进行有效的征管稽查，必须掌握大量有关纳税人应税事实的信息和精确的证据，作为税务机关判断纳税人申报数据准确性的依据。为此，各国税法普遍规定纳税人必须如实记账并保存账簿、记账凭证以及其他与纳税有关的资料若干年，以便税务机关检查，这就从法律上奠定了以账证追踪审计作为税收征管的基础。但在互联网这个独特的环境中，由于订购、支付，甚至数字化产品的交付都可以通过网上进行，使得无纸化的程度越来越高，订单、买卖双方的合同、作为销售凭证的各种票据都以电子形式存在，且电子凭证又可被轻易地修改而不留任何线索、痕迹，导致传统的凭证追踪审计失去了基础；并且，互联网贸易的发展刺激了支付系统的完善，联机银行与数字现金的出现，加大了税务机关通过银行的支付交易进行监控的难度；还有，随着计算机加密技术的成熟，纳税人可以使用加密、授权等多种保护方式掩藏交易信息。如何将网上交易进行监管以确保税收收入及时、定额地入库是电子商务征税的又一难题。

12.2.3.4 数字产品电子商务税收的实现问题

纵观各种形式与产品的电子商务，数字产品的电子商务不仅具有一般形态的电子商务所具有的商流与信息流的虚拟性，更因其产品形态的特殊性，数字产品电子商务又具备物流的虚拟性的特点。这一特点使其在纳税人身份的判定中、交易过程的可追溯性上与税务稽查上有效实现的难度都大大增加。甚至可以说，如果一个数字产品电子商务的经营者不如实地履行各项纳税申报，那么对于税务机关，可以说基本上没有什么有效的方法与途径去追查其交易商品、资金的各项细节。这一问题已引起世界各国的普遍关注，欧洲有些国家曾提出按劳务征收数字产品电子商务税的设想，但总体来看，至今还没有太好的办法来

12.2.3.5 电子商务双重征税的问题

上面提到的对纳税人身份的判定问题、交易过程的可追溯性问题,电子商务过程的税务稽查问题、数字产品电子商务的税收问题等,都是从如何有效地实现税收征管、避免偷漏税的角度来列举这些问题的。

> **注意**
>
> 换一个角度来看,也正是因为电子商务中纳税人的身份、主营地点、交易的细节、交易凭证等环节都难以有效确认与监管,所以也必然会存在对电子商务双重征税或多征税的问题。即如果电子商务中的各环节不能有效地确认,或不能处理好依照电子商务中商流或信息流征税与根据物流征税的有效衔接的问题,那么电子商务中的双重征税或多征税的问题恐怕是无法避免的。

12.2.4 通过税收优惠政策鼓励电子商务

随着全球进入信息经济时代,电子商务作为21世纪的主要经济贸易方式之一,必将给各国经济的增长方式带来巨大的变革。对于这样一种崭新的、具有重大意义及强渗透性的产业,在其发展初期,尤其在其获利甚微的阶段,国家从政策优惠的角度对电子商务企业给予一定程度的税收优惠还是非常必要的。正如我国大部分科技园区实行的"二减三免"或"三减三免"的所得税优惠待遇,及我国近年来针对软件产业实施的将增值生产率降为6%的优惠政策,都很好地促进了相关产业或企业的发展一样,通过税收优惠政策鼓励电子商务的迅速发展。

12.2.5 国际电子商务中的税收管辖权

税收管辖权确定的困难已在国际电子商务中显现出来,这主要是由于世界各国所采取的确定税收管辖权的标准不同引起的。所谓税收管辖权是指一国政府对一定的人或对象征税的权力。当消费者通过在不同国家拥有的网络商业中心采购时,关于哪个国家有权提出消费税的问题就会显现出来。并且在处理相关问题的过程中,极易造成重复征税或偷漏税的现象发生。表12-1列举了税收征管从现有模式到数字化时代各阶段的比较。

表12-1 税收征管各阶段的比较

	传统税收征管	向数字时代发展的税收征管(现有税法不变)	未来数字时代的税收
税收管辖权	按经营所在地、居住地、收入来源地	"虚拟企业"、WWW站点导致纳税主体问题。要识别数字化经营的纳税主体	明确的纳税主体
法律依据	国内税法和法规	税法和法规的新的解释;跨国税收协定;跨地区的税收征管协调	电子商务法律与税收法规
国际税收	跨国避免双重税收协定	电子商务关税协定问题;转移定价;有关电子商务的国际税务协定和征管合作问题	跨国电子商务税收协定

续表

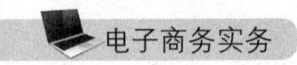

	传统税收征管	向数字时代发展的税收征管（现有税法不变）	未来数字时代的税收
管理手段	保持有纸的经营记录	电子化交易跟踪	电子化交易记录
增值税发票管理	依赖于纸质发票、"金税工程"发票认证、增值税发票交叉稽核	电子增值税发票的认证、稽核、抵扣问题	电子增值税发票自动认证、征收税款
技术手段	手工或税务机关内部电子化	电子税务与电子商务结合；纳税人与税务机关双向信息沟通	电子商务与电子税务一体化

电子商务带来国际电子商务税收中管辖权确定的困难，这主要是由于世界各国所采取的确定税收征管辖权的标准不同引起的。所谓税收管辖权是指一国政府对一定的人或对象征税的权力。世界上不同的国家之间确定税收管辖权的标准主要有两个：属地原则与属人原则。属人原则也称为居民或公民原则，是指一国依照人员范围作为其征税权力所遵循的指导思想原则。属地原则也称为行为发生地原则，是指一国依照地域范围作为其征税权力所遵循的指导思想原则，根据这一原则，一国在行使其征税权力时，要受该国地域界限的限制。比如，传统的消费税主要是以商品供应地为基础而享有管辖权。当货物发送和运输开始时，货物商品供应地规则意味着货物商品的存在地，而商品供应服务地或者是供应商所在地或者是消费者所在地。

在网络空间，从事电子商务的主要服务器的固定地可以被认为是服务地，消费者所在的国家被认为是消费地，货物与服务在互联网上的处理降低了物理位置的重要性，同时也使消费税的征收管辖权变得模糊起来。如消费者在 A 国，而有关该产品信息的数据库服务器安装在 B 国，拥有财产清单的电脑商店属于 D 国，供应国间没有协议，税收也依然可以根据每个国家的税法区分开来。消费者通过在不同国家拥有的网络商业中心采购时，关于哪个国家有权提出消费税的问题就会显现出来。

目前美国采用了销售税体系而欧共体和其他国家包括中国采用增值税体系，在国家间不同体系的环境下，互联网上的国际贸易就会导致双重征税或者逃税。

12.2.6 电子商务税收原则

电子商务通过对商流、信息流和物流的改变史无前例地改变了商务活动的形式，确实给相关税收带来极大的挑战。税收的监管与实现不仅需要对纳税人的经营场所、交易的细节进行准确的认定，还要有对交易的单据凭证进行核对的条件及对商品流通过程的监控，而这些环节基本都面临着虚拟化带来的难题，并且与同样面临虚拟化问题的网上支付、网上广告等又有所不同的是，有效的税收制度往往需要以有力的监控手段和一定的强制力为前提，这些又在不同程度上加大了电子商务税收实现的难度。

但是，难度归难度，并不是非要否定已有的税收制度或要在已有的税收制度上重建一套针对电子商务的税收制度。电子商务这种新形态的商务形式并没有给已有的税务体系带来根本性的动摇，或者可以说，我国的现行税制基本能够涵盖并调整目前存在的各种电子商务活动。

借鉴外国政府及相关国际组织的一些经验，一般认为，在制定或修改电子商务税收政策法规时，可以遵循的一些原则主要包括：

（1）税制应当不影响纳税人自由选择商务种类，即对电子商务与传统商务的征税无差异。

（2）税制应易于税务机关征管，税收成本低廉。并且，由于对电子商务进行税收监控使纳税人为此付出的成本，不应当多于纳税人从事同样的传统商务时为接受税收监控而付出的成本。

（3）税制应具有良好的防逃税功能，避免税收的大量流失。

（4）税制简便、透明、公平，易于纳税人理解和操作，而且应使纳税人对其税收负担的合理预期与实际纳税结果与实际纳税结果基本相符。尽量避免双重征税或重叠征税。

（5）在保证国家利益的前提下，谋求税制与已建立的国际税收原则相一致。从国际的角度来看，税收模式应保证各国之间的税收收益分配是公平的。

（6）坚持税收中性的原则。目前世界上已颁布的网上贸易税收政策的政府和权威组织都强调取消发展电子商务的税收壁垒，坚持税收中性的公平原则。所以，在考虑电子商务税收政策时，应以交易的本质内容为基础，而不应考虑交易的形式，以避免税收对经济的扭曲。

> **注意**
>
> 在税收的管辖权问题上，充分考虑我国及广大发展中国家的利益，联合其他发展中国家，坚持以居民管辖权与地域管辖权并重的原则。应意识到美国作为发达国家提出以居民管辖权取代地域管辖权的目的是保护其先进技术输出国的利益。发展中国家如果没有自己的方针对策，放弃地域管辖权将失去大量的税收收入。

» 12.3 国外解决电子商务税收问题的方式

12.3.1 美国

一个政府对某一新兴产业的重视程度及扶持与否，往往可以从其税收政策上得到一定程度的体现。美国是世界上第一个对电子商务税收政策做出反应的国家。从 1996 年开始，美国就有步骤地力推网络贸易的国内交易零税收和国际交易零关税方案。美国作为电子商务应用面最广、普及率最高的国家，已对电子交易制定了明确的税收政策，该政策的出台除对其本国产生影响外，也对处理全球电子贸易的税收问题产生了重要影响。

1）美国财政部的《全球电子商务选择性的税收政策》

美国财政部在 1996 年发表了《全球电子商务选择性的税收政策》，认为对电子商务的税收首先要做到中性，不能由于征税而使电子商务产生扭曲。其次，各国在运用现有国际税收原则上，要尽可能取得一致。再次，不对电子商务开征新消费税或增值税。对电子商务而言，现行国际税收原则还不够明确，有待补充。由于现有制度对电子商务很难征到税，其结果实质是强化了居民（公民）税收管辖权。美财政部认为：①没有必要对国际税收原则做根本性的修改，但是要形成国际共识，以确保不对全球电子商务征收新的或歧视性税收；②明确对电子商务征税的管辖权，以避免双重税赋。

2）美国总统克林顿发布的《全球电子商务纲要》

1997年7月1日，美国总统克林顿发布了《全球电子商务纲要》，号召各国政府尽可能地鼓励和帮助企业发展Internet商业应用，建议将Internet宣布为免税区，凡无形商品（如电子出版物、软件、网上服务等）经由网络进行交易的，无论是跨国交易或是在美国境内的跨州交易，均应一律免税；对有形商品的网上交易，其赋税应按照现行规定办理。从克林顿政府的《全球电子商务纲要》中，可以看到美国对电子商务征税的3个基本原则：①既不扭曲也不阻碍电子商务的发展，税收政策要避免对商务形式的选择发生影响，避免足以改变交易性质或交易地点的刺激性效果的产生；②保持税收政策的简化与透明度；③对电子商务的税收政策要与美国现行税制相协调，并与国际税收基本原则保持一致。

1998年5月20日，在WTO会议上，包括美国在内的132个世界贸易组织成员国的部长们达成一致，通过了Internet零关税状态至少1年的协议，使通过Internet进行的国际交易能够顺利地越过本国国界。这一方案能够得以通过，美国发挥了重要作用。

1997年冬，美国全国州长协会（NGA）在华盛顿召开会议，力促国会通过议案管理Internet商务，敦促美国联邦政府尽快颁布对Internet上的电子商务征税的法令。NGA提议各州应该对所有的电子商务和电子订购"建立一个单一的州内销售税率"并找到一条途径把这项收入分配给地方政府。目前，美国约有40个州对电子商务征税，由于各州税法不一致，此类税收官司不断发生。NGA建议创建一个第三方组织的网络担负起向州政府交税的职责，明确表示不打算将征税的权力交给联邦政府，加州和弗吉尼亚州的代表对此方案已投了反对票。

3）克林顿的"网络新政"

1998年2月26日，克林顿发表了著名的被称为"网络新政"的重要演讲，宣布了三项Internet贸易免税政策草案，并呼吁美国国会于1998年内通过网络贸易免税的议案，建立一种将网上交易与传统商业行为区分开来的新税制。这套税制应保证促进电子商务的迅速发展，而尤为重要的是要通过法律的形式，坚决制止对网络贸易采取"歧视政策"，杜绝所有不公平的新税种出现，确保建立对电子商务发展至关重要的统一的、非歧视的税收框架，并确保不影响政府当局公平以及传统征税的发展。克林顿认为，"经济繁荣依赖网际网络的全面发展"，"网际网络不应有特殊的阻碍，但企业不能让不公平税务拖垮，也不能干扰这种数十年来最有前途的经济"，"经济转型的下个大步骤，就是这种不寻常媒体的全面发展，以及它带来的电子商务"。克林顿赞同禁止向电子商务和网际网络歧视性征税，不准州县政府征收电子货物税和服务税，只要州政府和地方政府在税务上公平对待电子商务，这些政府将可照旧实施目前对电子商业的征税措施。

克林顿希望对电子商务的新税制能够做到公平、简捷、无歧视，只有这样，才能在保证各个州政府及时收缴税款的同时，大力促进电子商务的繁荣和发展。美国的Venture Capital成员，Internet Travel Network公司投资人Phil Yong表示赞同，他认为对网络贸易征税是不应该的，因为作为网络来讲，它仅仅是一种通信方式，人们选择它作为交易的工具是因为它方便、快捷，而税收在很大程度上只会抑制它的成长。税收政策应该鼓励更有效率的商业手段的进一步发展，对网络贸易征税的做法必然使这种购物方式处于一种极端不利的地位。同时，对电子商务的征税政策也会阻碍 Internet 企业更好地发挥风险投资基金的作用，因为对于那些刚刚成立或正处于发展初期的 Internet 企业来讲，对电子商务征税必将减少其收入和本应得到的利润，降低其发展潜力。克林顿认为，网络贸易的免税法案决不允许那些对电子行业带有歧视性的新的税种出现，对于那些在日常工作中会运用电子商务的商业种类，也要在法案中做出详实的规定。也有人表示反对克林顿的意见，律师 Robin Foor 说，新的税制法案应该由国会来最终决定。现行法律规定，州际间的商业活动的法律和规定的制定权属于国会。商业就是商业，网上的销售同其他商业方式一样，仍然属于商业的一种。既然其他的商业活动是需要征税的，那么电子商务也同样需要征税。Robin Foor 认为，对电子商务的征税应当比照邮购来进行。举例来说，如果加利福尼亚的一家公司将它的产品卖给同在加利福尼亚的另外一家公司或者个人，那么这家公司应该缴纳加利福尼亚当地政府所规定的税款，但如果同样是这家公司卖它的产品到加利福尼亚之外，难道它就用不着交税了吗？

4）电子商务自由化促进政策

1998 年 4 月 15 日，美国商务部部长 William M Daley 发表《新兴的数字经济》报告，再次呼吁尽快建立规范电子商务的法律框架，以避免不必要的税收和管制给电子商务发展带来负面影响。

1998 年 5 月 14 日，几经修改的 Internet 免税法案在美国参议院商业委员会以 41 票对 0 票的优势通过，为美国本土企业铺平了电子商务自由化发展的道路。同年，美国参议院以压倒多数（96 票赞成，仅有 2 票反对）的投票通过一项法案，在三年内禁止联邦和州政府对 Internet 访问征收新税、比特税（也称字节税）以及对电子商务征收重复或附加税。一些分析家认为，三年的延期是迈向电子商务成熟阶段的积极一步，暂缓对电子商务征税将有助于推进电子商务的发展，使其在美国在较短时间内发展到一定规模。面对着电子商务的迅速发展，美国政府正在积极寻求电子商务税收问题的永久性的解决办法，并使其合法化。目前旧的税收体制中，有约 30 000 种不同的税种，需要建立一套新的税制来促进电子商务的发展并为政府机构提供适当的收入，这种税制应当能够保证不存在特殊的因素来破坏 Internet 的成长，也没有不公平的税种来阻碍电子商务的成长。为网络贸易免税的战略使得电子商务能够在市场的大舞台上大显身手，同时也保证了美国电子商务领先于时代大潮，适应迅速发展的市场要求。

12.3.2 经济合作与发展组织（OECD）

经济合作与发展组织（OECD，Organization For Economic Co-operation and Development）在 1997 年 11 月于芬兰举行的会议中，就电子商务的赋税问题达成以下几点共识。

（1）任何赋税的提议应确保中立和合理税收的分配，避免造成双重课税和过多的执行费用。

（2）赋税执行的问题比赋税政策的问题更为迫切。

（3）政府与商家应共同发展解决税务问题的方法。

（4）国际合作的重要性。

（5）政府就税务管理制度必须以全球趋势为基础。

（6）税务问题不应该成为电子商务发展的阻碍。

（7）电子商务不应破坏税务制度，同时应尽可能避免"位元税"，即课征数字信息传输的消费税问题。

而在1998年10月，OECD的另一次关于电子商务税问题的会议上，该组织进一步明确：税收原则应建立在中立、有效、确实、简明、公平、有弹性的基础上；在现行体制中另设立一套税收体制并不实际；传统的商业环境中存在着实体交易的概念，如果强行套用电子商务行为，就会产生双重课税不均，等等。

12.3.3 加拿大

12.3.3.1 电子商务的政策

加拿大国税局于1997年4月成立电子商务咨询委员会，研究国际国内电子商务发展趋势，尤其是与电子商务有关税制的发展趋势。该委员会于1998年4月完成一份《电子商务与加拿大租税》的报告，就加拿大如何确保其租税制度的完整性提出了建议。就加拿大对电子商务的政策，该报告建议：

（1）电子商务的发展、管理和推广应由私人企业主导；

（2）为电子商务的成长，政府应创造有利的政策法律环境，同时认识到应该尽快排除所有妨碍电子商务发展因素的重要性；

（3）电子交易和一般传统交易，尽管其具备不同的形式，仍然必须被征同样的税；

（4）政府应避免对电子商务有过重的规范、限制和赋税；

（5）政府应认识因特网的特性，并应成为因特网和电子商务的模范使用者；

（6）在税收政策上可以采取经济中立、平等、简单可行的税务管理制度，避免多重课税、合理分配税收等。

此外，该报告还提出：对于"位元税"，会与不对电子交易课征新税的原则相违背。虽然有一些外国管辖区域已经提出或开始检验关于"位元税"的说法，然而委员会相信实施课征"位元税"将阻碍电子商务的成长。

> **注意**
>
> 位元税就是课征数字信息传输的消费税。

委员会还认为，一些问题主要来自于课征多重管辖权交易的管辖权冲突问题。其建议的解决方法，将是国际间就竞争管辖权之间税收的合理分享并相互合作。他们同时在考虑加拿大是否应提倡关于收入、利益和税收的国际分配新趋势。其中一种可能便是，在几个管辖区域从事商业的企业，其收入适用全球分配公式。而全球分配公式应包括以下三个重点：确认被征税的主体，包括企业的分支机构和分行；确认全球的利益收入，特别是不同的管辖区域对计算盈亏有不同的准则；确认就竞争管辖权之间分配其利益的公式。

12.3.3.2 所得税报税

关于电子商务所得税报税问题，委员会将其分为蓄意不报税和非蓄意不报税两种形态。对于前者，可采取的措施为：

（1）加拿大税务机关应思考出一套方法能确认在网络上从事的商业活动，如发展网络搜寻软件等，以追踪逃漏税者；

（2）检查现行税法中对未遵守法律规定的处罚条款，以确定其有效性；

（3）金融机构进行一定数量的现金或等同现金的交易，必须报告税务机关。

对于后者，可采取的措施为：

（1）教育纳税人在网络上从事商业应知道的税务规则；

（2）实现相关税收及宣传网站的链接，以扩大宣传教育并便于管理。

12.3.3.3 管辖权问题

关于电子商务税收的交叉管辖权问题，该委员会认为：只要居处在加拿大的公司就得缴纳税收，因此居处何处是加拿大税收的基础。而电子商务时代使得辨识一家公司真正的居处地越来越困难，所以委员会建议加拿大财政部和税务条约的共同签署者，应合作思考出如何缩短资格授权的过程，以减少双重课税对纳税人的影响，并应发行翻译公告，以强调现代电信居处观念的重要。还有，电子商务的兴起使得要判断商业行为是否在加拿大发生，及其程度的多少产生困难。同时，对于在外运作的商业，其中心管理组织不在加拿大，在国际交易获得的利益是否适时适当的报告，也越发难以确认。因此，委员会建议税务机关应检查电子商务环境中，在所得税法关于"从事商业"的定义是否适当，并强调现代电信科技对"居处"和"在加拿大境外从事商业"这两个概念的影响。此外，该报告还提出：在电子环境之下，"永久据点"这个概念是否有效？如果是，电子商务在多少的程度上扮演决定这个定义的角色，如果不是，是否应由另一个观念取代？因为加拿大参加的相关国际条约规定，非加拿大居民在加拿大从事商业时，除非其收入来自于永久住于加拿大的商业据点才须缴税。

12.3.3.4 关税

关于电子商务关税的问题，委员会认为：加拿大税务立法政策要求每一笔进口交易的计算和报告需载明的各项资料，包括原始国家，交易中的进口和出口者等。同时也规范了记录的取得性，和为确保加拿大财政机关能获得信息以确认进口和出口交易的适当性。在电子商务方面，税务机关应与相关方共同制定一套针对电子商务的标准，特别是建立可供辨识的资料储存格式的标准和资格授权。在加拿大，一般认为关税只适用于实体商品，而以电子传输的商品不是实体物，因此不在被课税的范围之内。委员会对这一现象未发表评论，但认为实体商品转变成电子商品或交易，不应与相类似一致的商品或仍是实体商品的交易有不同的课税待遇。

12.3.3.5 其他方面

最后，该报告还就记录的保存、记录的加密、数字签名和数字钞票等问题提出了相应的建设。如对记录的加密问题，该报告认为，如果纳税人不提供解密金钥，加拿大税务很难得知并利用那些加密的信息。所以建议如果原始加密者没有解密文件或提供解密金钥给加拿大税务机关,那么加拿大税务可以视同这些资料不存在和寻求司法救济。

12.3.4 电子商务税收研究委员会(ECTSG)

目前,通过Internet进行跨国交易正方兴未艾,然而传统的税收已成为阻碍Internet推广的因素之一。例如,现行增值税制的某些规定对电子商业产生负面影响。同时,电子商业的发展也使现行的增值税制面临挑战。1998年4月1—2日,由IBM公司、太阳电子公司和美国联机公司等代表组成的电子商务税收研究委员会(ECTSG)召开会议,同一些其他企业代表商讨电子商务带来的特别是增值税的有关问题,并提出有关建议。

ECTSG认为,为了适应电子商业发展,税收政策必须力求符合以下标准。

(1)中性原则,采用不同的购买方式或应用不同技术的各类交易,均应受到同等的税收待遇。

(2)避免国际间双重征税:进出口均只服从一个国家的税制。

(3)减轻管理和奉行负担从而减少电子商务的税收成本。

ECTSG提出的实现其税收政策目标的具体对策如下。

(1)对电子商务交易的课税不应重于其他可比性传统交易。

(2)电子商务进口税率不得高于对国内电子商务的课税(中性原则)。

(3)通过Internet进行商业活动的公司不应附加特别课税和奉行负担。

(4)为了避免国际电子商务的双重征税问题,须根据OECD税收协定范本,尽快执行有关间接税的退税和免税规定,并偿付因延期退税而发生的利息;必须制定统一的国际性规定,据以确定在电子商务中由哪国(是供应方所在国,还是买方所在国或是使用服务所在国)向未办理增值税登记的买方征收其应交的增值税;对增值税和其他间接税须尽量扩大国际间的协调范围,尽量避免反复修改。

(5)欧盟范围内的增值税法规应具有普遍性和一致性特点,但由于各成员国分别实行不同法规,使得在欧洲履行增值税义务难乎其难,所以最理想的做法是在欧洲建立统一的增值税征管制度。

(6)必须将现金流动和增值税奉行成本降到最小程度。

(7)税务当局须利用新技术以简化登记、申报和纳税等程序。

(8)税收制度应灵活机动。以适应不断变化的商业模式,顺应贸易全球化趋势。

ECTSG反对向电子商务开征"位元税"以及其他新税,因为这违背了中性原则,而且还会遏止电子商务的发展,ECTSG称赞美国政府和欧洲委员会采取反对"位元税"的政策立场。

12.3.5 欧盟

1997年4月,欧洲贸易委员会发布了《欧洲电子商务动议》(European Initiative in Electronic Commerce)。1997年7月8日,有29个国家参加的欧洲电信部长级会议通过了支持电子商务的宣言《波恩部长级会议宣言》(the Bonn Ministerial Declaration),主张官方应尽量减少不必要的限制,帮助民间企业自主发展以促进Internet商业竞争、扩大Internet的商业应用。这些文件,初步阐明了欧盟为电子商务的发展创建"清晰与中性的税收环境"

的基本政策原则。

欧盟经济一体化的发展为电子商务的运用提供了极其美好的前景。但是，由于欧盟一体化强化了税收的居民概念，损伤税收的属地原则，欧盟成员国对直接投资所给予的最优惠税收待遇的竞争将更加激烈。

目前欧洲委员会仅对电子商务在欧洲的扩展所产生的许多问题采取初步的反应。在最近一次欧洲委员会与欧洲议会、欧洲理事会、欧洲经济和社会委员会以及区域委员会的通信中，欧洲委员会在税收方面仅支持税收的中性，反对开征任何形式的新税。欧盟各成员国也参与了OECD成员国间的讨论和咨询，但是，欧盟成员国间还没有找到什么具体措施。某些欧洲国家把有利可图的Internet看作新的潜在税源，英国、意大利和爱尔兰都非常关心，要求保证任何条约不要影响国家税收政策。

1998年，欧盟委员会提出建议，要向在Internet上从事电子商务活动的欧洲消费者征收增值税。建议说，所有通过Internet购买商品接受服务的欧洲消费者都必须交纳增值税，即使是向国外供货商订货的情况也不例外。该建议还包括对于通过电子方式订购而使用邮件方式发送（如光盘、磁盘）的货物，应征收普通增值税和关税；对于在网上通过电子方式下载的货物，也应按服务类项目收税。欧洲联盟最高执行官强调，欧盟不准备针对网络上的电子商务活动增加新的税种，但也不希望为电子商务免除现有的税赋。电子商务活动必须履行纳税的义务，否则将导致不公平竞争。

12.3.6 发展中国家的电子商务税收政策

目前还没有哪个国家的现行税制能够解决电子商务税收问题，原因是建立这样一个税收体制非常困难。目前，许多国家正在着手考虑如何面对这场挑战。

发展中国家如果没有自己的方针政策，完全赞同发达国家的态度，本国的经济利益将受到严重的损失。发展中国家要有自己的方针政策，防止来源地税收管辖权的弱化，其首要任务是解决如何对Internet服务提供者提供的服务和在网上购销的商品及服务征税这一技术难题。因此，广大的发展中国家任务变得更加紧迫和艰巨。一方面，要维护本国的财政利益，同发达国家相抗争；另一方面，又要与广大的Internet用户和Internet服务提供者周旋。

> **注意**
>
> 尽管发达国家竭力标榜"公平、中性、透明和不开征新税"，但出于对各自财政利益的保护，各发达国家都在积极制定对策，在电子商务征税中弱化居民（公民）税收管辖权。这将使受电子商务冲击已变得模糊不清的地域税收管辖权受到进一步限制和削弱，广大发展中国家对此须密切关注并严加防范。

电子商务为广大发展中国家的企业，尤其是以往无实力从事跨国经营的中小企业提供了进入国际市场的现实可能性，它们可以在国际互联网络上介绍产品，展示企业形象，发布广告和信息，提供服务进而直接成交。只要进入电子商务的国际市场，便可分享由发达国家倡导创建的"免税的电子空间"。

12.4 我国电子商务的征税探索

我国当前应积极组织有关力量来研究电子商务，在新的税收政策格局尚未形成之前，建立起既符合我国利益又不违反目前国际通行做法的税收制度。

目前，中国税制在设计上还尚未对网上交易做出明确规定，但是考虑到电子商务在全球的发展，特别是如果 Internet 零关税持续下去的话，对发展中国家而言，则意味着保护民族工业的手段之———关税保护屏障将完全失效，从这个意义上讲，为推动我国电子商务发展，或者更长远地讲为扶植、保护民族工业，使其参与世界范围内的竞争，中国也有必要对从事电子交易的企业实行某些税收优惠政策。

12.4.1 我国电子商务环境下税收流失现状

随着电子商务的发展和日趋成熟，越来越多的企业搬到网上经营，其结果是一方面带来传统贸易方式的交易数量的减少，使现行税基受到侵蚀；另一方面由于电子商务是一个新生事物，税务部门的征管及其信息化建设还跟不上电子商务的发展，造成了网上贸易的"征税盲区域"，网上贸易的税收流失问题十分严重。

对于我国电子商务的税收流失规模，目前可行的估计方法主要有两种：一是"平均税负法"，二是"流失率法"。

据专家测算，不考虑所得税和少部分纳税额时，在 2010 年"窄口径"的税收流失规模约为 489 亿元，占实体总税收的 0.67%；而"宽口径"的税收流失规模约为 4419 亿元，占实体总税收的 6.04%。如果采取"税收流失率"方法进行估算，在 2010 年"窄口径"的税收流失规模约为 647.4 亿元，占实体总税收的 0.88%；而"宽口径"的税收流失规模约为 5850 亿元，占实体总税收的 7.99%。

2014 年电子商务市场交易额 12.3 万亿元，是 2010 年我国电子商务交易总额 4.5 万亿元的近 3 倍。如果按"平均税负法"估算，"宽口径"的税收流失规模为 1.3 万亿元；如果按"税收流失率"方法进行估算，2014 年"宽口径"的税收流失规模达 1.7 万亿元。从中可见每年我国电子商务税收流失的严重程度，这必将影响国家经济实力的增速，同时对传统实体企业也是极大的不公平。

12.4.2 我国开展电子商务税收的必要性

12.4.2.1 对电子商务征税是税收公平原则的要求

税收公平原则要求相同境遇的人应当承担相同的赋税，不能因贸易方式的不同而有所不同。但电子商务交易的特点、各国税收制度的不尽完善以及传统征管手段的滞后性，使得从事"虚拟"网络贸易的企业可以轻易避免纳税义务，偷税、漏税现象非常普遍，税务机关很难获得全面有效的信息，而且世界上许多国家目前对电子商务实行免税政策，这使得传统贸易主体与电子商务主体之间的税收负担明显不公。如果放任此种行为，势必会造成传统交易市场的萎缩，使传统交易市场内的就业等因素遭受冲击。因此，税法的公平原则，要求从事电子商务的主体应当承担纳税的义务，以实现公平的税负。

12.4.2.2 对电子商务征税是促进电子商务市场可持续发展的需要

就目前情况来看,电子商务行业已经进入发展的全盛时代。从中国电子商务研究中心的最新统计数据来看,2014年电子商务市场交易额(包括B2B和网络零售)为12.3万亿元,同比增长21.3%。其中,又以C2C运营模式的淘宝网的交易额最占优势。但需要引起注意的是,一方面我国的电商市场并没有贡献相应的税收来与其创造的巨大交易额相匹配;另一方面,由于电商行业缺乏必要的监管,进入门槛低,尤其是C2C电子商务市场上充斥着各种粗制滥造的产品和服务,成千上万的水货、假货正在瓦解着买方市场的信任,挑战电商市场的道德底线。因此,制定具体的电子商务征税政策,是促进中国电子商务市场健康有序发展的需要。在2015年"两会"上,人大代表对某些电商:"卖假货"还"不交税"提出了质疑,并指出"只有公平的市场环境,才能保护消费者权益,监管不能在线上线下两个样。"

12.4.2.3 对电子商务征税是促进我国经济发展的客观要求

我国是发展中国家,国家建设需要大量税收,不能为了扶持电子商务发展而放弃税收征管权。税收是我国调节经济发展的主要财政手段,同时又是国家财政收入的主要来源。如果放弃对电子商务进行征税,随着电子商务的迅猛发展,会丧失在未来不可估量的税源,造成税款流失严重,将削弱国家经济实力。

12.4.2.4 国际经济大环境促使我国对电子商务征税

我国是发展中国家,是电子商务的净输入国,遵循国际上已达成共识的税收中性原则,出于保护民族产业和维护国家利益的考虑,对电子商务征税并强化控管显得更加迫切,如果放弃电子商务征税权,实行互联网零关税,则意味着传统的关税保护屏障将完全失效。

12.4.2.5 大数据等技术为实现电子商务征税提供了可能

目前利用先进的数据处理和网络传输技术对电子商务环境下的交易、资金和数据进行精确而有效的税收征管已经是很容易的事了,只要工商、税务部门的数据进行对接,谁卖的东西,追溯起来非常容易。通过对电商实行税收代购代缴等做法,实行商品质量、税收先行负责制,让电商平台负起监管职责,以实现对电子商务的征税。

12.4.3 我国电商行业税收开展情况

本章讨论截止时间为2016年年初,中国电商行业税收的发展形势。

12.4.3.1 电商行业相关鼓励性政策

政府各部门密集发文鼓励电子商务,电商行业正处风口。2014年"鼓励电子商务创新发展"被写入政府工作报告。

2015年初至今,政府相关部门围绕促进发展网络购物、网上交易和支付服务出台了一系列政策、规章与标准规范,为构建适合我国国情和发展规律的电子商务政策法制环境做出了积极探索。

2015年5月5日,国税总局出台《关于坚持依法治税更好服务经济发展的意见》,要求各级税务部门今年内不得专门统一组织针对某一新兴业态、新型商业模式的全面纳税评估和纳税检查。同时还要求,"着力优化政策环境。深入分析电子商务、互联网+等新兴业态、新型商业模式的特点,积极探索支持其发展的税收政策措施,特别是对处在起步阶段、规模不大但发展前途广阔、有利于大众创业、万众创新的新经济形态，要严格落实好减半征收企业所得税、暂免征收增值税和营业税等税收扶持政策，坚决杜绝违规收税现象"。这意味着国家对中小网商税的政策环境仍然是宽松，C2C 模式短期内仍将享受国家税收红利。

2015 年 5 月 7 日，经李克强总理签批，国务院明文下发《大力发展电子商务加快培育经济新动力的意见》，提出包括营造宽松环境、合理降税减负等 7 项措施促电子商务的发展。

在一系列政策、文件出台鼓励电子商务的背景下，短期内实行严格的税收监管或进行大幅调整的可能性较小。

12.4.3.2 电子商务征税的客观条件尚不成熟

从电商征税的客观条件方面来看，电子商务作为税收领域的新生事物，其信息化、无形化的特点对税收管理本身造成了一定的困难。具体表现在以下 3 个方面。

1）征税对象难以确定

电子商务从本质上改变了线下交易方式，其突破传统交易的众多环节，交易主体不确定性增强，导致税收对象无法准确判定。

2010 年起实施的《网络交易暂行管理办法》及 2014 年 3 月 15 日实施的《网络交易管理办法》都规定了个人网店需实名登记，并且具备工商登记条件的需办理工商登记。但对工商登记的条件规定较为笼统，C2C 电子商务工商登记和税务登记难以落到实处。现行 C2C 模式电子商务经营者多未办理工商登记，也未进行税务登记，纳税主体的确定存在很大困难。

另外，很多网店的经营类目较为复杂，有形商品和服务的界限变得模糊，税务机关在对某一征税对象征税时，出现难以确定交易类别的情况，会导致同类对象不同征税方式的出现，严重影响了税收公平原则。

2）税务稽查管理困难

在电子商务交易中，交易信息以电子数据形式存在，其无纸化和隐蔽性的特征使得税收征管缺乏可信的计税依据。传统商业模式中，税收部门征税的依据是纸质发票和财务账目，以此来确定纳税人的纳税义务和额度，但目前很多电商在交易中并不开具发票或者根本不具备开发票的主体资格。从 2014 年 8 月开始，多家电商企业逐步在华北、华东、西南、华南等区域推行电子发票，但目前电子发票只能在区域内使用，尚未形成规模。

目前，对电子商务税收进行稽查管理的思路主要有如下两种。

一是从资金流入手。通过对网上交易资金流向的监控确定纳税义务和额度。但在资金结算方面，存在支付宝、网上银行、信用卡支付等多种支付方式，需要税收部门、第三方支付平台及银行等多方面的合作，且难以保证所有交易资金的转移都会通过监管账户进行，可能会存在较大的监管漏洞。因此通过这种方式进行监管难度很大。

二是从信息流切入。以网上交易痕迹及金额进行税收监管，但问题是交易痕迹和电子数据容易被修改和人为操纵，作为税收依据缺乏可信性和可靠性。

3）主管机关和归属地难以划分

《税收征收管理法》规定，税务登记是以常设机构，即企业或自然人进行全部或部分经营活动的固定经营场所来确定经营所得来源地，纳税人应向管辖地税务机关办理税务登记并依法纳税。然而建立在互联网基础之上的电子商务没有固定的经营场所，网络交易的信息隐蔽性使得征税主体对纳税主体的经营场所和身份追踪变得困难。电子商务交易的运营主体注册地、商品或服务提供地、商品或服务消费往往不一致，电子商务究竟应在商品或服务提供地纳税，还是在商品或服务消费地纳税，抑或在电子商务网站注册地纳税仍存在很大争议，税收收入的地域归属难以划分。

若要对电商全面征税应以解决以上3方面问题为前提，并且一旦开始征税，我国现行的税收征收体系将承受很大压力。

12.4.3.3 政府全面征税决心受阻，主观条件不具备

从电商征税的主观条件上来看，近年来电子商务迅猛发展，庞大的电子商务主体使得征税的决心受阻。根据中国电子商务研究中心监测数据显示，截至2014年12月，电子商务服务企业直接从业人员超过250万人。目前由电子商务间接带动的就业人数，已超过1800万人。随着电子商务规模的不断扩大，各地政府大力推进电商发展，电子商务对于快递等上下游行业都有很强的带动作用，由此衍生出来的就业市场大幅增加。随之而来的客服、配送、技术等岗位供不应求。2015年底，这一数字已经超过2000万人。

仅淘宝网公布的数据显示，阿里巴巴和淘宝就为1200万人提供了就业岗位，包括很多残疾人、下岗工人以及大学生。与京东、苏宁、1号店等电商平台相比，天猫、淘宝最大的特点是草根化。很多卖家都是从个人或家庭作坊发展起来的，往往规模小、经营利润低，店面成本的节省和税款的节约是网络店主相较实体店而言最大的优势。

一旦开始对电商征税，这种经营优势将消失，加上营销成本（技术服务费、积分推广服务费、广告位费用等）日益增加的双重打击，小电商卖家的利润空间将进一步被压缩。

2014年淘宝店铺突破700万家，年度总交易额为1.37万亿元，平均每家店铺年收入为19.6万元，其中如果利润率是20%（数据来源：艾瑞咨询），那么一家C2C店铺一年的利润也只有不到4万元。且经营一家淘宝店往往需要投入巨大的精力，如果在如此低的利润空间下再加之以税收负担，C2C卖家很有可能不堪重负难以经营下去。

由此可见，税收负担很有可能使中小电商面临经营状况恶化的局面，不利于促进经济发展和就业，使得政府部门全面征税的决心受阻。

12.4.4 我国电商征税的趋势

从长远视角看，对电商进行全面征税将是大势所趋。电商与实体店在税收方面的差异将随着电子商务模式的成熟、配套法规的完善逐步减小。对电商在长期内实行免税或优惠税收的政策必然会扭曲市场竞争机制，也不利于电商优化自身品质及增强市场竞争力等方面的长远发展。

2015年1月5日，国务院法制办公室网站公布了《中华人民共和国税收征收管理法修订草案（征求意见稿）》。该意见稿表示，国家将施行统一的纳税人识别号制度，并在第十九条中明确规定"从事网络交易的纳税人应当在其网站首页或者从事经营活动的主页面醒目位置公开税务登记的登载信息或者电子链接标识"，在第三十三条中强调"网络交易平台应当向税务机关提供电子商务交易者的登记注册信息"。

从 2015 年 4 月开始，包括北京和广西、江苏、上海、山东、深圳等在内的全国主要沿海省市税务部门，相继约谈辖区内的电商企业。虽然没有进行大范围检查，但说明整个税务部门从上到下已经对电子商务的税收问题足够重视。2015 年国家税务总局已将"电子商务税收研究"列入了绩效考核中。

2015 年 5 月 6 日晚，国务院法制办通报，由商务部起草的《无店铺零售业经营管理办法（试行）（征求意见稿）》开始征求意见。意见稿指出："无店铺零售经营者通过相关服务者从事销售活动，应当提交营业执照、经营许可证、授权经营证明以及法律、行政法规规定的其他证照信息。"这也使得营业执照成为电商平台开店的门槛，是自 2010 年起实施的个人网店实名制、2014 年 3 月 15 日实施的《网络交易管理办法》后的又一新的制度。

以上都是税收部门未来将逐步加强电商税收监管所释放出的重要信号。

12.4.5 对电商征税的政策建议

即使我国的电商市场征税存在税收征管困难等阻碍因素，而且短期内对电商征税也将会对该行业的发展产生一定的负面影响，但从该行业的发展来看，未来对电商征税是毋庸置疑的。结合我国电商行业的背景和国外的经验，相关的建议如下。

12.4.5.1 借鉴国外经验对电商征税，但避免征新税

2014 年，美国参议院通过了《市场公平法案》的立法提案，要求企业通过互联网、邮寄产品目录、电台和电视销售商品时，必须向购买者所在地政府交纳零售税。而最早开征电商税的英国，早在 2002 年生效的《电子商务法》中规定，大中型网店必须交纳增值税，而且小型的私人网店也要交纳一定的增值税。新加坡法律制度健全，而且是较早研究电子商务税收问题的国家之一。2000 年 8 月 31 日，新加坡发布了电子商务税收原则对有关的电子商务所得税和货物劳务税明确了征税的立场。在新加坡国内，通过网络销售货物和传统货物一样要征税。

虽然，各国在电子商务征税的规定上有差异，但各国普遍赞同公平竞争是市场经济发展的前提，电子商务作为市场经济发展的中坚力量也必须履行缴纳税款的义务，而且电子商务征税应当坚持税收中性原则，各国普遍明确在不征收新税的前提下对本国的电子商务进行税收控制。虽然我国的电子商务起步较晚，但市场潜力巨大，并且在发展的过程中也面临着与发达国家和部分发展中国家类似的问题。

因此，我国借鉴国外累积的探索经验并结合本国电子商务发展的基本国情对电子商务征税是可行的。但是，为促进电子商务的发展，应对电商征税采取税收中性原则，禁止开征新税和附加税。

12.4.5.2 完善相关流转税的规定

首先，完善增值税的相关规定。增值税是以商品或应税劳务在流转过程中产生的增值额为计税依据征收的一种流转税。在以电商交易的形式销售有形商品的情形下，交易双方只是通过网络达成了买卖协议，相关的商品和劳务也需要进行离线交换。例如，与实体店类似，淘宝网店上的卖家经营网店销售商品时也要经历从厂家进货等类似的交易环节。换句话说，除了交易媒介的区别外，电子商务交易与传统线下交易并没有实质的区别。电子商务中的有形商品当然可以纳入增值税暂行条例的规定，成为增值税的课税对象。而对

于数字化商品的税收问题，还需要进行深入的分析。虽然，依据我国现行税法的规定，无形资产的转让属于营业税的征税范围，但我国目前正处于"营改增"的试点阶段，在不久的将来，随着"营改增"的全面完成，数字化的产品也将被纳入增值税的征税客体之内。

其次，营业税的完善。营业税的课税对象包括劳务、无形资产和不动产。对于通过网络销售无形资产的行为与传统的无形资产转让并没有实质的区别，应当纳入现行的营业税征收体系。而对于劳务征税，则应该考虑：一方面，在当前，营业税属于流转税制中的一个主要税种，一般以劳务发生地为课税地点。但在电商模式下，卖方通过网络提供劳务，具体的劳务发生地难以确定。为此，可以借鉴我国《合同法》中的相关规定，对采用数据电文提供劳务的，以其主营业地或经常居住地为课税地点；另一方面，按照行业和类别的不同，我国现行的《营业税暂行条例》设置了不同的税目和税率。例如，邮电通信业是3%，服务业是5%的税率，而对于电子商务提供劳务的形式究竟应该归于哪类税目，我国的税收相关法律并没有明确的规定。在实务中，税务部门往往按照5%的服务业税率计征营业税的做法是明显缺少合理依据的。

再次，对个人所得税的完善。个人所得税是对个人（自然人）取得的各项所得征收的一种所得税。在我国，个人独资企业、合伙企业、个体工商户取得的各类所得都属于个人所得税的征收范围。目前，电商行业中利用网络进行交易的C2C个人卖家和现实中的个体户近乎相同。个体户需要通过申请工商登记经营，而网络卖家只需在电子交易平台上注册信息，就可以售卖商品。因而，对电子商务中的个人卖家可以按照个人所得税法的规定交纳个人所得税。由于我国实行分类所得税制，对电子商务个人卖家的经营所得要根据其业务种类归入营业所得、特许权收入所得和劳务报酬所得等。例如，搜集、加工网络数据资料属于提供劳务；而应客户要求制作数据资料，则包含了受托人的智力成果，属于许可使用的范畴。

12.4.5.3 对电商行业采取税收优惠政策

目前我国电子商务市场有多种运营模式，电商经营主体的规模大小不一，质量参差不齐。因此，要根据电商主体的不同规模和税负能力实行差别征税。现阶段，电子商务对于促进就业起着重要的作用，如果国家对电子商务市场实行严苛的税收措施，将不利于该行业的发展和个人创业。因此，对电子商务市场主体征税要适度，以此鼓励创业和保护中小企业的发展。而且，在立法层面上，大多数国家对电子商务实行减、免税政策，因此我国可以借鉴其他国家的做法，对电子商务实行税收优惠政策。

> **注意**
>
> 有专家建议，将符合条件的网店认定为增值税小规模纳税人，实行4%的低税率；在营业税的征收方面，对规模较小的网店划定营业税的免征额，以降低小规模网店的税收负担。我国可以将电子商务征税纳入现行税收征管体系，再综合国内外探索和研究的经验，对电子商务市场实行暂缓征收，从而促进电商行业在初期的发展。

12.4.5.4 创新征税方式

1）实行网络实名制管理

2010年7月实施的《网络商品交易及有关服务行为管理暂行办法》，使得我国国内网店经营进入"实名制"时代，其对识别管理网络商品交易主体有重要作用。未办理营业执照的网络经营主体应向网络交易平台提交其姓名和地址等真实的身份信息，交易平台经过核实和验证，对经营主体办理网络实名认证，并将经营主体的真实信息登记备查，以此为消费者有效识别查证网络交易主体的真实身份，维护自身合法权益提供基础性制度保证。

2）加强信息化建设

一方面，随着电子商务市场的发展，第三方交易平台如支付宝等缴费方式开始被广泛应用。目前我国居民纳税意识薄弱，部分网络店主甚至存在偷漏税的行为，电子商务市场上网络交易主体隐蔽化，交易内容易被当事人无痕篡改的情况大量存在，而对于网络间接支付可以采取利用第三方交易平台代扣代缴税款的方式征缴税款，而针对网上直接交易的主体，则可以通过银行等转账支付平台代扣代缴税款，以此来有效地帮助税收征管部门控制税款的流失。另一方面，加强税务部门自身信息网络建设，尽快实现与国际互联网、网上客户、网上银行等相关部门的链接，从网络支付入手，从源头上解决电子商务主体身份、交易数量与金额隐蔽性的问题，真正实现网络监督和稽查。

电子商务是当前我国经济发展的核心，随着社会各界对电子商务市场认识和探索的不断深入，将会不断产生税收技术和实践方面的创新与突破。结合我国电子商务的基本情况来看，对电子商务征税是必要的和可行的，而且相关国家对电商征税的探索也为引导我国电商行业的持续健康发展提供了借鉴。总的来说，电子商务未来将会被纳入我国税收征收体系，成为我国税收体制中的一个重要部分，依法纳税将成为符合条件的电商应税主体应尽的义务，因此，电商行业中的相关主体应当转变纳税观念，积极面对电商将被征税的现实。

➢ 本章小结

1. 由于电子商务以一种无形的方式，在一个虚拟的市场中进行交易活动，其无纸化操作的快捷性，交易参与者的流动性，使得对纳税主体、客体、纳税环节、地点等基本概念的界定陷入困境。还有，在电子市场这个独特的环境下所有买卖双方的合同，以及作为销售凭证的各种票据都以电子形式存在，这些无纸化操作导致传统的凭证追踪审计失去基础。如何对这些网上交易征税，又如何确保这些征收所得及时、定额地入库，是摆在税务机关面前的一大难题。

2. 不对电子商务双重征税及不对电子商务征收歧视性的税种，已是国际社会及各国普遍接受的原则之一。同时，在我国，是否对电子商务征收关税及如何征收，还需要许多理论及实践中的探讨。

税收基本环节在电子商务环境下存在的问题包括：①对纳税人身份的判定中的问题；②电子商务交易过程的可追溯性问题；③电子商务过程的税务稽查问题；④数字产品电子

商务税收的实现问题；⑤电子商务双重征税的问题。

在制定或修改与电子商务税收政策法规时，可以遵循的一些原则，主要包括：①税制应当不影响纳税人自由选择商务种类；②税制应易于税务机关征管，税收成本低廉；③税制应具有良好的防逃税功能，避免税收的大量流失；④尽量避免双重征税和重叠征税；⑤在保证国家利益的前提下，谋求税制与已建立的国际税收原则相一致；⑥坚持税收中性的原则。

3. 电子商务税收问题国际解决方式。主要介绍了美国、经济合作与发展组织、加拿大、电子商务税收研究委员会、欧盟5个国家或组织及发展中国家的电子商务税收征稽的探索。

4. 我国电子商务的征税概况。介绍了我国电子商务环境下税收流失现状，提出了我国开展电子商务税收的必要性；根据我国电商行业税收实际开展情况，提出对电商征税的政策建议。

复习思考题

（1）电子商务给现行税收体制带来哪些挑战？

（2）如何理解对电子商务免征关税？

（3）电子商务相关税收中基本环节有哪些，各有什么特点？

（4）试比较分析电子商务税收问题各国的解决办法。

（5）如何看待当前的电子商务征税情况，你认为难点在哪里？

参考文献

[1] 王小黎，杨楠. 电子商务实务［M］. 南京：南京大学出版社，2010.

[2] 杨利国. 移动电子商务商业模式研究［M］. 华北电力大学（北京），2012.

[3] 郭永强. 移动互联时代O2O电子商务研究［M］. 湖南师范大学，2015.

[4] 张进. 电子商务概论［M］. 北京：北京大学出版社，2001.

[5] 胡启亮. 电子商务与网络营销［M］. 北京：机械工业出版社，2009.

[6] 姚国章. 新编电子商务案例［M］. 2版. 北京：北京大学出版社，2008.

[7] 杨坚争. 电子商务实务［M］. 北京：中国人民大学出版社，2008.

[8] 杨荣明. 电子商务实用教程［M］. 合肥：安徽大学出版社，2008.

[9] 杨坚争. 电子商务基础与应用［M］. 西安：西安电子科技大学出版社，2008.

[10] 王天梅，涂梅，孙宝文. 电子商务［M］. 北京：经济科学出版社，2008.

[11]（美）施奈德，Schneider，G．P．电子商务（原书第7版）［M］. 北京：机械工业出版社，2008.

[12] 汪勇. 电子商务概论［M］. 北京：清华大学出版社，2009.

[13] 张润彤. 电子商务概论［M］. 2版. 北京：电子工业出版社，2009.

[14] 于卫红. 电子商务概论［M］. 北京：国防工业出版社，2009.

[15] 钟强. 电子商务模拟实训教程［M］. 北京：北京大学出版社，2008.

[16] 赵学凯. 电子商务基础知识与实验［M］. 北京：经济科学出版社，2008.

[17] 孙睿，宋冀东. 电子商务原理及应用［M］. 北京：北京大学出版社，2008.

[18] 孙永道，赵传慧. 电子商务设计实务［M］. 2版. 北京：机械工业出版社，2008.

[19] 曾子明. 电子商务安全与支付［M］. 北京：科学出版社，2008.

[20] 王建伟，王小建. 电子商务物流信息系统分析与设计［M］. 北京：首都经济贸易大学出版社，2008.

[21] 王生辉，王俊杰. 网上支付与结算［M］. 北京：科学出版社，2008.

[22] 余立新. 电子商务概论［M］. 上海：立信会计出版社，2008.

[23] 刘敏. 电子商务发展测度与预测方法［M］. 北京：经济科学出版社，2008.

[24] 杭州市信息化办公室，杭州市电子商务协会［M］. 中国电子商务之都2008年度发

展报告. 杭州：浙江大学出版社，2008.

[25] 欧阳峰. 电子商务解决方案：企业应用决策 [M]. 北京：北京交通大学出版社，2008.

[26] 才书训，王雷震. 电子商务概论 [M]. 北京：科学出版社，2009.

[27] 黄彦辉. 电子商务概论 [M]. 北京：中国水利水电出版社，2009.

[28] 刘枚莲. 电子商务环境下的消费者行为建模与模拟研究 [M]. 上海：上海财经大学出版社，2008.

[29] 章牧. 旅游电子商务 [M]. 北京：中国水利水电出版社，2008.

[30] 刘义春. P2P 电子支付理论与技术 [M]. 北京：电子工业出版社，2008.

[31] 韩林. 旅游电子商务：旅游管理专业 [M]. 重庆：重庆大学出版社，2008.

[32] 姜红波. 电子商务概论 [M]. 北京：清华大学出版社，2009.

[33] 杨坚争. 国际电子商务 [M]. 北京：电子工业出版社，2009.

[34] 李志刚. 电子商务系统分析与设计 [M]. 北京：机械工业出版社，2009.

[35] 杨林，陈炜. 电子商务基础 [M]. 4 版. 北京：首都经济贸易大学出版社，2009.

[36] 李琪. 电子商务概论 [M]. 北京：高等教育出版社，2009.

[37] 朱国麟，崔展望. 电子商务项目策划与设计 [M]. 北京：化学工业出版社，2009.

[38] 董铁. 物流电子商务 [M]. 北京：清华大学出版社，2009.

[39] 吴健. 电子商务物流管理 [M]. 北京：清华大学出版社，2009.

[40] 阿瓦德（美）著. 电子商务：从愿景到实现 [M]. 3 版. 干红华，蔡晓平译. 北京：人民邮电出版社，2009.

[41] 武新华，岳瑞凤，段玲华. 网上创业指南 [M]. 2 版. 北京：机械工业出版社，2008.

[42] 周虹. 电子支付与结算 [M]. 北京：人民邮电出版社，2009.

[43] 张宽海. 电子商务概论 [M]. 2 版. 北京：电子工业出版社，2009.

[44] 王绍军. 电子商务概论 [M]. 上海：立信会计出版社，2009.

[45] 赵春燕. 电子商务概论 [M]. 北京：北京大学出版社，2009.

[46] 陈拥军，孟晓明. 电子商务与网络营销 [M]. 北京：电子工业出版社，2008.

[47] 邓凯. 电子商务创新案例分析 [M]. 北京：中国电力出版社，2008.

[48] 严国辉，陈柏良. 电子商务 [M]. 北京：北京理工大学出版社，2008.

[49] 雷玲，贺兴虎. 电子商务概论 [M]. 武汉：武汉大学出版社，2008.

[50] 帅青红，张宽海. 电子商务导论 [M]. 成都：西南财经大学出版社，2008.

[51] 孙宝文，王天梅. 电子商务系统建设与管理 [M]. 2 版. 北京：高等教育出版社，2004.

[52] 李海刚，樊博. 电子商务 [M]. 北京：高等教育出版社，2006.

[53] 帅青红. 电子商务：管理视角 [M]. 大连：东北财经大学出版社，2009.

[54] 李海刚. 电子商务管理 [M]. 上海：上海交通大学出版社，2009.

[55] 赵莉，吴学霞. 电子商务概论 [M]. 武汉：华中科技大学出版社，2009.

[56] 周训武. 电子商务物流与实务 [M]. 北京：化学工业出版社，2009.

[57] 施志君. 电子商务案例分析 [M]. 北京：化学工业出版社，2009.

[58] 杨坚争. 电子商务法教程 [M]. 2版. 北京：高等教育出版社，2007.

[59] 司志刚. 电子商务图书：电子商务导论 [M]. 北京：水利水电出版社，2005.

[60] 张福德. 电子商务词典 [M]. 北京：清华大学出版社，2005.

[61]（美）克里希纳默西. 电子商务管理：课文和案例 [M]. 李北平，等译. 北京：北京大学出版社，2005.

[62]（加）纽森. 电子商务案例 [M]. 姜锦虎，王刊良，等译. 北京：机械工业出版社，2005.

[63] 邵兵家，袁建新，邓之宏. 电子商务师——资格认证技能实战（含盘）[M]. 北京：科学出版社，2004.

[64] 吴爱明. 电子政务教程：理论·实务·案例 [M]. 北京：首都经济贸易大学出版社，2004.

[65] 纳拉扬达斯，等. B-to-B 电子商务 [M]. 陈运涛，等译. 北京：中国人民大学出版社，2003.

[66] 斯雷沃斯基，等. B-to-C 电子商务 [M]. 王强译. 北京：中国人民大学出版社，2003.

[67] 陈景艳，敬娟琼. 电子商务技术基础 [M]. 北京：电子工业出版社，2003.

[68] 李琪. 电子商务图解 [M]. 北京：高等教育出版社，2001.

[69]（美）特伯恩，等. 电子商务：管理新视角 [M]. 2版. 王理平，等译. 北京：电子工业出版社，2003.

[70]（美）Brenda Kienan，健莲科技. 电子商务管理实务 [M]. 北京：清华大学出版社，2002.

[71]（美）加里·斯奈德詹姆斯·佩里. 电子商务 [M] 2版. 北京：机械工业出版社，2002.

[72] 邵兵家. 客户关系管理——理论与实践 [M]. 北京：清华大学出版社，2004.

[73] 邵兵家. 电子商务概论 [M]. 3版. 北京：高等教育出版社，2011.

[74] 邵兵家. 电子商务应用实验教程 [M]. 北京：科学出版社，2005.

[75] 邵兵家. 电子商务师资格认证技能实战 [M]. 北京：科学出版社，2004.

[76] 冯文辉. 电子商务案例分析 [M]. 2版. 重庆：重庆大学出版社，2005.

[77] 邵兵家. 电子商务案例教程 [M]. 北京：机械工业出版社，2001.

[78] 黄敏学. 企业电子商务 [M]. 武汉：武汉大学出版社，2007.

[79] 黄敏学. 电子商务 [M]. 3版. 北京：高等教育出版社，2007.

[80] 上海艾瑞咨询集团. http://www.iresearch.com.cn.

[81] 现代物流网．http://www.56cn.cn.

[82] CNNIC．http://www.cnnic.net.cn.

[83] 携程旅行网．http://www.ctrip.com.

[84] 海尔商城网．http://www.ehaier.com.

[85] 中华英才网．http://www.chinahr.com.

[86] 网络营销教学网站．http://www.wm23．com.

[87] 百度网．http://www.baidu.com.

[88] 李宗民．管理信息系统理论与实务［M］．重庆：重庆大学出版社，2005．

[89] 李宗民．管理信息系统［M］．南京：南京大学出版社，2007．